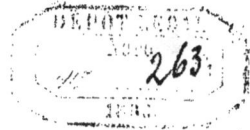

VOCABULAIRE

RAISONNÉ

DES

PRINCIPAUX ÉLÉMENTS CRÉATEURS

DE LA

LANGUE FRANÇAISE

THÉORIQUE - PRATIQUE

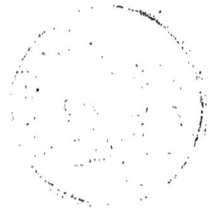

VOCABULAIRE

RAISONNÉ

DES

PRINCIPAUX ÉLÉMENTS CRÉATEURS

DE LA

LANGUE FRANÇAISE

PUISÉS DANS

LE GREC, LE LATIN, L'ITALIEN, L'ESPAGNOL, L'ARABE, L'ALLEMAND,
L'HÉBREU, LE SANSCRIT, LE SYRIAQUE, L'ÉOLIQUE, LE VIEUX FRANÇAIS,
ET DANS TOUS LES IDIOMES CONNUS.

Mis à la portée de toutes les intelligences et qui n'exige aucune étude des langues anciennes ou étrangères.

CONTENANT : 1° LES PRINCIPAUX ÉLÉMENTS CRÉATEURS DE NOTRE IDIOME NATIONAL ;
2° LE VRAI SENS DES FAMILLES DE MOTS, A PREMIÈRE VUE, LEURS ACCEPTIONS ;
L'ORTHOGRAPHE ABSOLUE ; 4° LA CONJUGAISON DE TOUS LES VERBES
FRANÇAIS ; 5° UN TRAITÉ PHILOLOGIQUE DU PARTICIPE, ETC.

SELON L'ACADÉMIE ET LES AUTEURS CORRECTS.

PAR

F. POULET-DELSALLE.

La lecture de ce livre facilite les opérations de l'esprit, et permet de résoudre, a
l'heure, plus de *dix mille difficultés ortho-*
graphiques qualifiées d'insurmontables,
dont la langue française était hérissée.

LILLE

E. VANACKERE, ÉDITEUR,

GRANDE - PLACE, 7.

Les formalités exigées par les lois en vigueur ont été remplies.

Tout exemplaire qui ne porte pas la signature de l'auteur est une contrefaçon.

INTRODUCTION

Livrer à la publicité une œuvre destinée à donner le vrai sens du mot français au moyen de l'*élément créateur* de ce mot, sans le secours des langues anciennes ou étrangères, c'est aider les jeunes intelligences, même les moins exercées, les édifier ingénieusement aux beautés, aux richesses, aux principes de la langue française, aujourd'hui langue diplomatique, langue universelle ; c'est procurer, en peu de temps, une connaissance essentielle que tout le monde voudrait posséder ; c'est épargner bien du temps et des peines à l'esprit laborieux, et en général aux personnes qui sont chargées de répandre les bienfaits de l'instruction, dont la tâche ne permet pas toujours d'opérer ces sortes de recherches minutieuses ; c'est enfin suppléer à l'imperfection des premières études, qui sont la base de toute instruction véritable et rationnelle, et prouver en même temps, sans sortir des propres éléments qui composent notre langue, en donnant l'art de la parler et de l'écrire comme on la parle dans le monde intelligent, éclairé et poli, qu'elle est, par son génie et par sa perfection, la plus riche de toutes les langues, au lieu de l'accuser de pauvreté et d'insuffi-sance. A ces fins tendent tous mes efforts.

Mais j'ai compris, sans dissimulation, combien ce genre d'ouvrage laisse de prise à la critique, surtout quand on observe la marche des langues, qui, sou-vent, partant d'une acception, arrivent, d'analogie en analogie, à une acception différente ou même opposée. Je n'ignore pas non plus combien peu de titres à la célébrité donne à son auteur une œuvre qui sera peut-être, avec quelque raison, considérée comme une espèce de compilation. Peu occupé de la question de gloire littéraire, animé seulement du vif désir d'être utile à la jeunesse

studieuse, à ma patrie, après avoir traversé les plus mauvais temps de
ma vie consacrée à une œuvre de patience que les savants ont dû
abandonner, j'éprouvais le besoin de finir ce travail commencé depuis
vingt ans, travail qui se lie à ma première carrière et dont il fut souvent
question dans mes séances littéraires.

A l'exemple des principaux grammairiens, j'ai souvent invoqué l'autorité de
l'Académie et les lumières des auteurs corrects et les plus célèbres, dans l'intérêt
de l'ouvrage qui est plutôt un *Complément des études grammaticales* qu'un
Vocabulaire. Et je m'estimerais heureux d'avoir pu recueillir ainsi religieuse-
sement, dans les meilleurs écrivains des deux derniers siècles et dans les
auteurs modernes, des exemples et des principes qui consacrent une opinion
fondée sur le progrès, sur l'usage et la raison. On me saura gré d'avoir
emprunté au sanscrit, à l'hébreu, au grec, à l'arabe, au syriaque, à l'éolique,
au latin, à l'allemand, à l'italien, etc., passés à l'état de mots français, enfin à
plus de deux cents auteurs, et surtout au savant et illustre Domergue, qui a
lui-même puisé ses étymologies à bonne source, étymologies qu'il a fallu étudier
avec un soin scrupuleux avant d'oser employer mes veilles à l'élaboration de
cet ouvrage. Quelques exemples improvisés dans mes séances publiques sont
reproduits intacts, afin de rappeler combien je suis touché de l'agréable témoignage de satisfaction que m'ont laissé mes auditeurs, ainsi que le souvenir
que j'ai conservé de ces réunions solennelles et bienveillantes où l'on approuvait
sans hésiter, mais après examen, les essais de ce travail, en même temps que
chacun semblait voir, dans cette instruction solide, un présage des temps
meilleurs et d'une étude moins ardue pour la jeunesse, etc.

Encouragé par de tels résultats qui m'ont valu bien des adhésions, j'ai
redoublé d'efforts, et ose espérer que l'on accordera à cette œuvre complète
un double but d'utilité, celui : 1° de développer l'intelligence et
d'aider la mémoire, en aplanissant la plupart des difficultés sans cesse
renaissantes qui hérissaient encore notre langue; celui : 2° de donner à
l'esprit laborieux, au monde intelligent, et surtout à la jeunesse studieuse,
qui est l'ornement et l'espoir de la société, l'exemple du respect et d'un amour
sympathique pour une opinion unanime régénératrice d'une autorité souveraine,
tant sous le rapport des lettres, des sciences, des arts, que sous celui de la
religion, de la morale, etc.

Si je donne quelquefois la racine originelle grecque, ou latine, ou arabe,
ou puisée dans la langue des orientaux, etc., de l'*élément créateur* du mot, c'est
afin de préparer l'élève qui voudrait, après de bonnes études françaises,
apprendre les langues anciennes, et de rafraîchir la mémoire de ceux qui
possèdent déjà la profondeur des langues de nos premiers pères. Et il suffit,
pour n'étudier que la langue française, de s'occuper de l'*élément créateur,*

tel qu'il se trouve reproduit dans le français moderne. On obtiendra ainsi d'heureux résultats de cette étude rendue aussi simple et facile, au moyen de ce vocabulaire, qu'elle paraissait aride et fastidieuse auparavant.

Quand on est embarrassé pour exprimer une idée claire et positive, c'est que le mot propre n'est pas présent à l'esprit. Dans ces circonstances, c'est aux *éléments créateurs* de la langue qu'il faut recourir, et jeter un coup d'œil à la table des matières qui indique la page où se trouve un grand choix de mots représentant l'idée dont il s'agit, avec des développements et dans presque toutes leurs acceptions.

Il était rarement nécessaire, comme on le verra, d'en référer à l'origine des langues anciennes ou des langues étrangères qui ont concouru plus ou moins à la formation de la nôtre, parce que l'Académie, autorité qui fait loi, et la nouvelle école, ont souvent consacré l'usage d'une autre signification que celle qui est représentée par le mot étranger, ou le mot grec, ou le mot latin, ou l'hébreu, ou le vieux français, etc., dont l'*élément créateur* a subi certaines transitions ou altérations, à cause des circonstances bizarres qui l'ont entouré depuis sa formation.

Pour marcher avec le progrès des temps, pour protéger l'innovation heureuse et lui ouvrir même un asile, on restera convaincu qu'il faut s'en rapporter au vrai sens de l'articulation telle qu'elle existe actuellement dans le langage français, sans se permettre pour cela des conjectures arbitraires[1].

Bien pénétré du rôle que joue dans le mot la *particule initiale ainsi francisée*, j'ai cru utile de donner des nomenclatures considérables de mots qu'elle sert à former, afin qu'on puisse, au moyen de cette particule initiale, ou *élément créateur*, concevoir à la première vue quelle est l'idée, enfin le vrai sens que présente toute une catégorie de mots, et dont le chiffre s'élève quelquefois à *plus de dix mille*. Quant à l'*orthographe absolue*, on obtient d'aussi beaux résultats en considérant également la syllabe, et non la lettre, comme le véritable élément du mot. Le *Vocabulaire raisonné des Éléments créateurs de la langue française* offre des avantages évidents sur les autres dictionnaires, sous le rapport de l'*orthographe* et de l'*étymologie*. En supposant que l'on doive recourir au *Vocabulaire*, pour l'une ou l'autre des deux difficultés, dont il vient d'être parlé, on trouve immédiatement, dans le mot qu'on cherche, l'*orthographe absolue* et le *vrai sens*, ou la racine originelle de toute la nomenclature des mots, ou à peu près, qui ont la même articulation pour initiale. On peut ainsi résoudre, en un seul coup d'œil, plusieurs milliers de difficultés, tandis que par le dictionnaire ordinaire on ne peut combattre que la difficulté d'un seul mot à la fois.

---

[1] Je n'ai pas eu l'ambition de prétendre que toutes les initiales sont ou grecques, ou latines, etc.; mon seul but est d'en donner le sens selon l'Académie.
Beaucoup d'observateurs célèbres prétendent que toutes les langues viennent du sanscrit.

En effet, l'anomalie orthographique n'est-elle pas résolue aussitôt qu'on peut concevoir l'élément du mot qui est l'objet de cette anomalie ? On trouvera, pour quelques-unes des circonstances difficultueuses, des lois de *mnémonique* qui, à cet égard, débarrassent l'esprit.

En résumé, l'*Orthographe absolue* et les *Étymologies indispensables* forment les deux branches fondamentales de l'instruction, et il importe d'en posséder les profondeurs.

Privé de l'étude de la dernière de ces deux branches essentielles, on éprouverait de grandes difficultés pour exprimer, avec clarté et précision, toute sa pensée qui demeurerait ensevelie ou dans le vague, ou dans le chaos des ténèbres et des sensations.

Privé de l'étude de la première, en supposant même que l'on possède, ou à peu près, la dernière, on n'a pas l'art de reproduire, sans les secours du dictionnaire, toute sa pensée, par le moyen de l'écriture, d'une manière intelligible à tous et pour tous. Et les recherches du dictionnaire qu'exigent, dans cette hypothèse, les difficultés de l'*orthographe absolue*, sous le jet rapide de la pensée, absorbent presque toujours toute la beauté et la lucidité de cette pensée.

15 novembre 1855.

POULET-DELSALLE.

AVIS.

Les verbes sont placés par ordre alphabétique dans le *Vocabulaire raisonné*, et conjugués dans tous leurs temps, toutes leurs personnes, etc. Les cinq mille verbes de la première conjugaison ne peuvent avoir que quinze modèles. Une table placée à la fin en facilitera les recherches et rendra l'œuvre *synoptique*, *mnémonique* et *didactique*. On trouvera à la table, par ordre alphabétique également, les anomalies orthographiques qui embarrassent l'esprit, et l'indication de la page du *Vocabulaire* où chacune d'elles est combattue, et à première vue. (Voyez : *Principes élémentaires.*)

Abréviations relatives au verbe.

Ind.	indicatif.	*Cond.*	conditionnel.
Imp.	imparfait.	*Impér.*	impératif.
P. déf.	passé défini.	*Subj.*	subjonctif.
Pl. q. parf.	plus que parfait.	*Imp. subj.*	imparfait du subjonctif.
Fut.	futur.	*P.*	participe.

APPRÉCIATIONS DES ŒUVRES

DE GRAMMAIRE

Dont M. POULET-DELSALLE est auteur.

Et extraites de quelques-uns des principaux Journaux qui en rendent compte.

Journal de Bruxelles.

(Bruxelles, 9 avril 1851, No 98.)

Un complément des études grammaticales, dont l'utilité et le mérite sont reconnus par des autorités compétentes, vient d'être livré à la publicité. Nous voulons parler du *Petit Dictionnaire national simplifié*, du *Petit Vocabulaire* des étymologies indispensables de la langue française, et d'un *Traité philologique*, du participe dont M. Poulet-Delsalle est l'auteur. Ces œuvres didactiques méritent, à plus d'un titre, l'attention des amateurs de l'étude exacte de la langue française et tous les fervents adeptes de cet idiome feront accueil à un travail aussi ingénieux qui vient combler la lacune de l'enseignement.

L'esprit embarrassé, soit pour l'orthographie absolue, soit pour le sens littéral du mot, y trouve un résultat immédiat. Une seule règle de ce travail permet, à la première lecture, de vaincre plusieurs milliers de difficultés orthographiques. Cette découverte a dû coûter à l'auteur bien des recherches minutieuses. Déjà un grand nombre de chefs d'institution de la Belgique ont adopté les ouvrages dont nous venons de nous occuper.

M. de Falloux, alors grand maître de l'Université, a admis à la bibliothèque du ministère de l'instruction publique et des cultes, ainsi qu'à la bibliothèque nationale de France, les œuvres de M. Poulet-Delsalle. Ce témoignage en atteste le mérite mieux que ne pourraient le faire nos éloges.

L'Indépendance Belge.

(Bruxelles, 8 avril 1851, No 98.)

L'ouvrage que M. Poulet-Delsalle vient de publier sous le titre de *Petit Dictionnaire national simplifié*, suivi d'un *vocabulaire des étymologies*, a recueilli en Belgique et en France de nombreuses adhésions. Le but de l'auteur est d'éviter de recourir sans cesse aux dictionnaires, en aplanissant les obstacles toujours renaissants de ce que l'on appelle avec tant de raison les difficultés de la langue française.

Le Messager de Gand.

(12 juin 1851, No 163.)

M. le gouverneur de la Flandre orientale a autorisé l'auteur M. Poulet-Delsalle à donner, dans les écoles normales de cette province, des *séances mnémotechniques* de son ingénieuse découverte qui aplanit les difficultés de la langue française.

Ces séances, accueillies par les maîtres et les élèves, ont eu des résultats satisfaisants.

Le Courrier de la Somme.

(Amiens, 3 mai 1849, No 353.)

M. Poulet-Delsalle, auteur dont le talent est constaté par les journaux des départements voisins, est arrivé à Amiens, où il se propose de donner des séances mnémoniques, afin de développer les principes ingénieux de son œuvre didactique de la bibliothèque nationale de France. Nos lecteurs jugeront du talent de l'écrivain par l'article suivant que nous trouvons dans l'*Impartial de Boulogne.*

Le *Petit Dictionnaire national* de M. Poulet-Delsalle, déjà honoré de près de deux cent mille suffrages, obtient à Boulogne l'accueil le plus flatteur que son auteur puisse ambitionner. C'est avec justice que les amis du progrès, les pères de familles, les chefs d'institution qui sont à la hauteur de leur tâche, font l'éloge de cette œuvre didactique qui aplanit les difficultés dont la langue française était hérissée. Cet opuscule, qui a dû demander à son auteur bien des recherches minutieuses, mérite, à plus d'un titre, la reconnaissance nationale dont il est déjà honoré, puisqu'il remplit la lacune de l'enseignement; puisqu'il donne, en quelques minutes, la manière d'écrire plusieurs milliers de mots difficultueux; puisque enfin il ramène à l'unité les faits disparates et les données incohérentes du grammairien. C'est avec un véritable plaisir que nous apprenons les succès de cette découverte dont le mérite et l'utilité sont incontestables.

—

RELIGIEUSES D'ISEGHEM.

Je me prête volontiers aux désirs des religieuses et des demoiselles du pensionnat des Sœurs de Marie, à Iseghem, pour exprimer à M. Poulet, grammairien, la grande satisfaction qu'il leur a fait éprouver dans les séances intéressantes, données en ma présence, le 21 août 1843, audit établissement.

JOSEPH DE PELICHY, prêtre directeur.

ATHÉNÉE ROYAL DE TOURNAI.

Le Principal de l'Athénée royal de Tournai à M. le professeur POULET.

MONSIEUR,

« Je ne ferai point, dit le grand Bacon, comme ceux qui, voulant connaître un temple, se promènent une lampe à la main; je suspendrai un lustre au milieu de la voûte, et tout l'édifice sera éclairé. » Ce lustre dont parle le restaurateur de la philosophie c'est la méthode.

Partant de l'induction et de la déduction, de l'analyse et de la généralisation, vous appliquez à la grammaire la méthode recommandée par le philosophe anglais, la seule méthode propre à faciliter l'étude des langues.

Il vous était réservé de voir l'unité là où l'école ne voit communément que des faits disparates, des données incohérentes.

Je souhaite à votre système de grammaire le succès qu'il mérite; je souhaite qu'il soit introduit dans tous les établissements d'instruction, qu'il pénètre dans l'enseignement de toutes les langues.

L'abbé KLEYR,
docteur en philosophie et en lettres.

Vu par nous Bourgmestre de la ville de Tournai, pour valoir légalisation de la signature ci-dessus apposée de M. l'abbé Kleyr, docteur en philosophie et en lettres, principal de l'Athénée de cette ville.

Tournai, le 13 mai 1841.

Signé : D. DE HULTS.

Ici est le sceau de la régence de Tournai.

Le Précurseur.

(Anvers, 12 novembre 1840.)

La séance littéraire, annoncée par M. Poulet, au salon de l'Hôtel Rubens, a été ouverte hier à sept heures du soir, à neuf heures l'auteur, au moyen de sa méthode facile et ingénieuse, avait déjà donné l'orthographe d'environ 12,000 mots. Plusieurs professeurs assistaient à cette première séance, et tout le monde est sorti satisfait de la soirée. Nous engageons M. Poulet à continuer ses cours; ils ne peuvent manquer d'être fréquentés par la jeunesse studieuse et par toutes les personnes qui prennent intérêt à l'instruction et à ses succès.

Journal de Bruges.

(10 juillet 1851, No 191.)

Les œuvres de M. Poulet-Delsalle viennent de recevoir l'adhésion de M. le gouverneur de la Flandre occidentale. Des expériences de cette excellente méthode ont eu lieu, hier et jours précédents, à l'Athénée royal et à l'école moyenne de cette ville. Ces séances de mnémonique, autorisées par M. le gouverneur et favorablement accueillies par les maîtres et les élèves, ont eu d'heureux résultats.

—

COUVENT DE MONS.

Je certifie avec justice que dans une seule séance donnée aux religieuses institutrices de notre établissement, M. Poulet a développé, avec autant de clarté que de précision, son excellente méthode, laquelle fait disparaître toutes les difficultés que présente l'orthographe des mots usuels, et celle des participes.

Convaincue de la bonté de son système, je me suis fait un plaisir de le recommander aux personnes qui se dévouent à l'instruction de la jeunesse.

Mons, le 27 octobre 1841.

MARIE CÉCILE, Supérieure
des Ursulines.

—

ATHÉNÉE DE GAND.

La méthode de M. Poulet, autant que j'ai pu en juger par la séance qu'il a donnée à l'Athénée de Gand, peut avoir des résultats utiles, surtout pour les personnes qui ne connaissent pas la racine des mots.

Le directeur-inspecteur de l'Athénée de Gand,

CUGNIÈRE.

Ce 14 juin 1843.

PRINCIPES PRÉLIMINAIRES

———⋘⋙———

Étymologie.

L'*étymologie* est la véritable origine d'un mot, l'explication de son sens primitif. On peut dire que l'*étymologie* est le vrai sens du mot. Voici comment M. Ch. Laveaux définit ce mot : « L'art de remonter à la source des mots, de débrouiller la dérivation, « l'altération et le déguisement de ces mêmes mots, de les dépouiller de ce qui, pour « ainsi dire, leur est étranger, de découvrir les changements qui leur sont arrivés, « et par ce moyen de les ramener à la simplicité de leur origine[1]. » Pour éviter les erreurs dans lesquelles pourraient entraîner des étymologies incertaines ou un peu hasardées, et afin d'utiliser un temps précieux, d'encourager l'esprit souvent rebuté par des recherches de ce genre sans d'heureux résultats, il suffira d'apprendre les *éléments créateurs* de la langue française, dont l'origine certaine peut faciliter les opérations de l'esprit.

Orthographe absolue.

L'*orthographe* est l'art et la manière d'écrire les mots d'une langue correctement, selon l'usage établi par l'autorité compétente[2].

Verbe.

Le *verbe* est le mot par excellence, le lien de nos pensées ; c'est l'âme du discours, parce que, sans ce mot, il est impossible d'exprimer aucune idée. Pas de langue sans verbe, disait avec raison le savant Estarac.

---

[1] On peut dire aussi que l'*étymologie* est l'origine d'un mot, la source dont il est dérivé, l'explication de son véritable sens, par le sens particulier de chacun des *éléments* dont il est composé.

[2] On peut dire également que l'orthographe est la peinture de l'imagination, ou l'image de la parole.

Mnémonique.

On entend par *mnémonique*, l'art de faciliter les opérations de la *mémoire*.

On représente aussi par ce terme, la méthode au moyen de laquelle on se forme une *mémoire* artificielle. Ce mot est puisé dans l'antiquité grecque, et formé de *memnos* ou *mnénophis* (dieux qui donnaient la *mémoire*).

Primitif et Dérivé.

Le mot *primitif* est celui dont vient un autre mot; le *dérivé* est celui qui vient du *primitif*.

Les primitifs et les dérivés sont formés des mêmes *éléments créateurs*, qu'elles qu'en soient les formes ou les variétés. On entend par *forme ou variété* les diverses transformations ou altérations des *éléments créateurs* qui s'opèrent dans le mot sans en changer la signification première.

EXEMPLE : *oc*, *op*, sont des formes ou variétés de *ob* qui en est la racine originelle, et, représentant la même idée, ils signifient aussi *devant*, *empêchement*. C'est-à-dire que *ob* prend quelquefois la forme de *oc* ou de *op*, sans changer sa signification[1].

Éléments créateurs.

On appelle *éléments créateurs*, les syllabes qui composent le mot, et plus générale-ment la première ou les deux premières syllabes du mot. Exemples : *apo, anti, circon, a, ad, sub, etc.*, sont des *éléments créateurs ;* ainsi appelés parce que, dans le français, ils marquent l'idée absolue ou accessoire du mot, tandis que le reste de ce mot, étant ainsi séparé de sa première ou de ses deux ou trois premières syllabes, ne présente plus aucune idée presque généralement[2]. La plupart des mots qui ont plus de trois *éléments* sont composés de mots plus courts. D'ailleurs les *initiales* de certains mots se reproduisent, avec le même sens, à la fin de beaucoup d'autres mots.

Définition des éléments créateurs.

On entend par *initiale*, la première syllabe ou articulation, et quelquefois les deux premières syllabes du mot.

La *médiale*, est la syllabe ou articulation qui se trouve dans le corps du mot, ou au milieu du mot.

La *finale*, est la syllabe ou articulation qui termine le mot.

Dans *appauvrir*, *ap*... est l'*initiale*... *pau*... (pour *pauvre*) la *médiale*..., *vrir* (ou mieux selon l'origine ...*ir*), la *finale*.

---

[1] Les *formes* ou *variétés* consistent dans le changement ou la modification des articulations, ou la contraction des lettres, etc., et offrent le même sens que l'*élément créateur*. EXEMPLES : *eu*, qui signifie *bien, bon, beau, agréable*, prend la forme de *ev*, dans évangile, évêque, etc., *Hippo*, qui signifie *cheval*, prend les formes suivantes : *hippa, hippé, hippi*, au commencement de différents mots, sans en varier la signification. (Voir tous ces mots à leur case.)

[2] Dans le cas où la racine originelle des mots et la difficulté orthographique se trouvent à la fin ou dans le corps de ces mots, le Vocabulaire répond également à tous les besoins de l'esprit, et donne des résultats sans précédent. Par exemple, toutes les finales des verbes à l'infinitif signifient : *faire l'action*, l'*acte dont il s'agit* (pas d'exception). *Appauvrir* s'analyse comme il suit : *ap*, dans, vers, *pauvr*, pauvreté, misère, ...*ir*, faire l'action. C'est-à-dire, *faire l'action* d'apporter la *misère dans, vers*...

INSTRUCTIONS POUR FACILITER LES RECHERCHES.

A privatif.

On appelle *a* privatif celui qui répond à la préposition *sans*, ou à une *négation*, et qui se place au commencement du mot pour marquer l'idée de *privation*, d'*absence*, d'*éloignement*, de *séparation*, etc. *Apathie*, sans *passion*, sans *trouble*. *Apétale*, sans *pétale*, sans *feuille*.

A augmentatif.

L'*a* augmentatif est celui qui répond à *vers, de, à, dans*, et qui se place au commencement du mot pour marquer l'idée d'*augmentation*, de *tendance*, de *direction*, d'*introduction*. *Apaiser, amener à la paix. Adhérer,* être *attaché* à... *Amasser, porter en masse* dans..

Art d'énoncer sa pensée.

Supposons qu'il soit question de chercher le mot propre pour exprimer une idée ; ou se trouve-t-on embarrassé pour énoncer une pensée dont on ignore les termes ? On doit recourir à la table des matières, là se trouvent les *initiales* et, à côté, les *idées* qu'elles représentent.

Soit, pour exprimer une idée *agréable*, celle de *douceur*, de *beau*, de *bon*, de *bien*, etc. Voir à la table des matières, colonne C. idée de *douceur*, de *bien*, de *bon*, d'*agréable* ; et colonne A, initiale *eu*... correspondante. La table renvoie à la page de l'ouvrage où se trouvent les mots propres pour marquer l'idée dont il est question, avec leur application philologique et philosophique, leur usage, leurs diverses acceptions, etc.

Soit pour exprimer une idée d'*éloignement*, de *séparation*, etc. Voir à la table colonne C, idée d'*éloignement*, de *séparation*, et, colonne A, initiale *apo*, ou *dé*, ou *é*, correspondante, etc.

Soit pour exprimer une idée d'*écart*, de *renversement*, etc. Voir à la table, colonne C, idée d'*écart*, de *renversement*, qui répond à l'initiale *ana*, colonne A.

Il en sera de même de toutes les difficultés.

La *première colonne*, (A) donne l'initiale des mots ou les *éléments créateurs*.

La *deuxième colonne*, (B) donne les formes ou variétés sous lesquelles peut se présenter l'initiale ou l'*élément créateur*, etc.

La *troisième colonne*, (C) offre, au premier coup d'œil, l'idée ou le vrai sens que représente l'initiale, ou ses formes et variétés de la ligne correspondante.

La *quatrième colonne*, (D) indique la page où se trouvent les termes, leur définition, leur usage, leur application et des exemples nombreux et variés.

Abréviations.

Adj.	adjectif.	V. n.	verbe neutre.
Adv.	adverbe.	Plur.	pluriel.
Fm.	féminin.	Sing.	singulier.
Ms.	masculin.	T. de gram.	terme de grammaire.
Pron.	pronominal.	Des 2 g.	des deux genres.
Subs.	substantif.	Part.	particule.
V. a,	verbe actif.	—	formé de.

OBSERVATIONS SUR LA LETTRE *A*.

Son origine.

La lettre *A*, la première de notre alphabet et la première des voyelles, employée comme initiale, entre dans la composition de quatorze mille quatre cent quarante-huit mots français. Elle sert à exprimer les sentiments vifs et subits de l'âme. C'est la reproduction du nom du premier homme que l'on a appelé d'abord *A* (pour Adam) à son principe. On prétend que c'est le cri de joie et d'admiration que fit retentir notre premier père, en recevant le jour, pour approuver l'œuvre de son Créateur. Les Orientaux conservèrent toujours la lettre *A* comme une lettre mâle qui représente le nom d'Adam, et la lettre *E* comme la femelle; du reste le son l'indique. Cette lettre a quatre origines reconnues dont les sens sont différents.

Première origine : A, particule initiale, vient de l'*a* latin, et apporte au mot auquel il se lie une idée accessoire de *séparation*, d'*éloignement*, et signifie *contre*, *dehors*, etc. Voici ses formes ou variétés : *a, ab, abs, av*.

Deuxième origine : A, particule initiale, vient de *ad* des Latins; apporte au mot auquel il se lie une idée accessoire de *tendance*, d'*appartenance*, de *direction vers un terme*, etc., et signifie *à, vers, de*. Voici ses formes ou variétés: *ab, ac, ad, af, ag, al, ap, as, at, av*.

Troisième origine : A, particule initiale, vient de *in* latin, d'où l'on a tiré *en* (an, am) et ensuite *à*, en faisant disparaître le son nasal, apporte au mot auquel il se lie une idée accessoire d'*introduction*, et signifie *dans*.

Quatrième origine : A, particule initiale, vient de *a* privatif grec, qui est la préposition *sans* en français; apporte au mot auquel il se lie une idée accessoire de *privation*, d'*absence*, et signifie *sans*. Voici ses formes ou variétés: *ad, an, ap, as, at*.

Pour faciliter l'étude des radicaux, dans la grave difficulté des quatre origines de la lettre *a*, étude sérieuse et indispensable, sans laquelle l'esprit resterait vide et devrait s'arrêter devant chaque anomalie de notre langue, on doit considérer, au commencement de cette étude, la lettre *a*, reconnaissant quatre origines et marqant quatre idées différentes, comme ramenée à deux idées seulement, et établir provisoirement entre les quatre origines les rapprochements que voici :

Rapprochements entre la première et la quatrième origine.

1° Dans la première origine, *a* ajoute au mot qu'il sert à former une idée de *séparation*, d'*éloignement;* 2° dans la quatrième origine, *a* ajoute au mot qu'il sert à former une idée de *privation*, d'*absence*. De sorte que dans le premier cas *a* signifie *contre, séparé, dehors, éloigné*, etc., et dans le second, *a* signifie *sans*.

Ce qui revient à dire que, dans ces deux cas, il y a *idée de privation*, d'*absence*.

Conséquence qui résulte des deux définitions qui précèdent : *a*, dans la première et dans la quatrième origine, sera considéré d'abord comme *privatif*, sauf à admettre, plus tard, la différence peu sensible de nuance entre les deux idées dont il s'agit.

Rapprochements entre la deuxième et la troisième origine.

1° Dans la deuxième origine, *a* ajoute au mot qu'il sert à former une idée d'*appartenance*, de *direction* vers un terme; 2° dans la troisième origine, *a* ajoute au mot qu'il sert à former une idée d'*introduction*. De sorte que, dans le premier cas, *a* signifie *à, vers, de*, etc., et dans le second cas, il signifie *dans*.

Ce qui revient à dire qu'il y a, dans ces deux cas, idée d'*augmentation*, d'*introduction*, de *direction vers un terme quelconque.*

Conséquence qui résulte de ces deux dernières définitions : a, dans la deuxième et dans la troisième origine, sera considéré d'abord comme *augmentatif*, sauf à admettre, plus tard, la différence peu sensible de nuance entre les deux idées dont il s'agit.

Il sera donc simplement question de voir, au premier coup d'œil, si a est *privatif* ou *augmentatif*.

Privatif, il apporte au mot dont il est l'élément initial l'idée de *séparation*, d'*éloignement*, de *privation*, etc.

Augmentatif, il apporte au mot dont il est l'élément initial l'idée d'*introduction*, de *tendance*, d'*augmentation*, de *direction vers un terme*, etc.

Espérons, par ce moyen, avoir encouragé l'esprit laborieux à résoudre une difficulté qualifiée d'insurmontable par bien des gens du monde intelligent et des philologues. Et nous avons l'intime conviction que l'on ne nous attribuera pas les quelques anomalies qui ne sont dues qu'aux caprices des langues, irrégularités qui furent nécessaires à la formation de la nôtre, et sans lesquelles elle n'aurait pu exister.

Pour l'application des préceptes relatifs à la lettre *a*, voyez, dans la *Vocabulaire raisonné*, les mots commençant par *a, ab, ac, ad, af*, etc., leurs définitions, leurs acceptions, leurs usages, l'emploi qu'on fait actuellement de ces mots dans le français moderne et épuré par des Aristarque et scellé de l'opinion de l'Académie qui a seule le droit de sanctionner les usages.

NOTA. L'usage de ce livre permettra aux lecteurs de saisir facilement, et à la première vue, le vrai sens et l'orthographe de tous les mots qui peuvent se présenter à l'esprit. C'est pourquoi je ne traite dans cette œuvre que les difficultés qui peuvent embarrasser les intelligences les moins exercées à l'étude des langues anciennes, desquelles la nôtre est formée en partie, mais aussi pour les rhétoriciens, les hommes de bureau, les gens du monde, les personnes qui s'occupent de l'art oratoire, du style épistolaire, et pour celles qui veulent connaître les beautés, les richesses et les fondements de notre langue, composée de presque tous les idiomes du monde connu. Enfin, cet opuscule étant une analyse des mots français (décomposés par syllabes ou *éléments créateurs*) qui s'adresse aux personnes qui ont déjà un commencement d'étude de la langue, il était inutile de donner le sens des *car*, des *si*, des *parce que*, des *pourquoi*, etc., matières que ne pouvait embrasser notre cadre restreint. Je sais comprendre, du reste, combien les gros ouvrages inspirent de défiance aux esprits les plus laborieux.

VOCABULAIRE

RAISONNÉ

DES

PRINCIPAUX ÉLÉMENTS CRÉATEURS

DE LA

LANGUE FRANÇAISE

OU

ÉTYMOLOGIES INDISPENSABLES

ORTHOGRAPHE ABSOLUE

ET CONJUGAISON DE TOUS LES VERBES FRANÇAIS, SELON L'ACADÉMIE.

Signification, lois et inflexions auxquelles le verbe est soumis.

A privatif.

Idée de diminution ou de privation, d'éloignement ou de séparation, d'absence, etc.

A PRIVATIF.

RACINE ORIGINELLE.	RACINE FRANÇAISE :	VRAI SENS :	FORMES OU VARIÉTÉS :
1re *origine :* particule latine *a*.	a	*dehors, éloigné, séparé, etc.*	*ab, abs, av.*
2e *origine :* préposition grecque *a*.	a	*sans.*	*ad, ag, al, am, an, ap, as, at.*

Dans la *première origine*, *a* vient de l'*a* des latins; ajoute au mot qu'il sert à constituer une idée d'*éloignement*, de *séparation;* est considéré comme *privatif* et signifie *dehors, contre, éloigné, séparé*, etc. Il a pour formes ou variétés : *ab, abs, av*.

Dans la *quatrième origine*, *a* vient de l'*a* privatif grec, qui est la préposition *sans* en français; ajoute au mot qu'il sert à constituer une idée de *privation*, d'*absence*, et signifie *sans*. Il a pour formes ou variétés : *ad, ag, al, am, an, ap, as, at*.

Les verbes ont été casés selon l'ordre alphabétique, sans égard à l'origine ni au sens de leurs initiales ou *éléments créateurs*.

2

A

AB

ABAISSER, v. a. Formé de *a*, contre, et de *bas*, pour *base*, principe; c'est éloigner de la *base*, du principe, etc.; *éloigner* du véritable but; faire aller en bas, *en dehors*; c'est humilier. On respecte dans l'*abaissement* ceux qui se sont respectés dans la grandeur. (Napoléon Ier.)

Bescherelles essaie de critiquer Napoléon Landais, qui donne pour racine originelle *bas*, —*basso* (italien). Ils ne tiennent aucun compte de la fonction de la lettre *a*, dans ce cas et dans bien d'autres où l'analyse est en souffrance.

ABALIÉNER, v. a. et pron. Racine *ab*, pour de, et *aliéner*; aliéner des meubles, des bestiaux, chez les Romains. Enfin c'est se *priver* de l'entière propriété de ses biens-meubles en faveur d'un créancier ou d'un bailleur de fonds. Cette définition reproduit le même esprit que celle du Dictionnaire de l'Académie.

ABALOURDIR, v. a. Racine *ab* et *lourd*; rendre *lourd*, appesantir. Il ne se dit que des personnes. *Abalourdir* suppose une répétition de causes et un effet permanent. Ce mot est donné comme à peu près synonyme de *abasourdir*. (que l'on confondait), sans m'obstiner à prétendre lui faire occuper le rang des *a* privatifs*.

ABANNATION, subs. fm. Vient de *ab*, dehors, et de *annation* (*annus*) année, *éloignement de* ... Exil d'une année entière qu'on faisait subir à celui qui avait commis un homicide volontaire.

ABANDON, subs. ms. Ce mot est formé de *a*, sans, et de *ban*, lien (de l'allemand *band*) et de *don*. présent, faveur. État d'une personne, d'une chose délaissée, *privée* de la *faveur*, du *lien*, etc. Il s'emploie sans régime, *être dans l'abandon*, *être sans lien*.

ABANDONNER, v. a. et pron. *Quitter*, se *séparer* de quelqu'un, perdre courage, *s'éloigner* de ce qui était proche. Racine *a* privatif, sans, *ban*, lien, et *don*. Les latins barbares lui donnent le même sens. Voici comment ils l'analysent: *a* privatif, *sans*, et *bandum*, troupeau; c'est-à-dire *sans troupeau*. La composition de ce mot, déjà donnée dans ses trois *éléments créateurs* au mot *abandon*, est préférable et supérieure par l'élégance et la souplesse de la pensée qu'elle représente dans *a ban don*, *privé* de la *faveur* du *lien*.

---

* L'usage admettant aujourd'hui un autre esprit, le sens des mots est modifié, de manière à donner, comme on le voit, à l'*a* augmentatif, toute la nuance de l'*a* privatif dans bien des cas. Nous suivons l'usage et la raison qui sont notre autorité suprême.

ABANDONNER.

Ce verbe, comme tous ceux terminés par ... *onner*, a deux *n* dans tous les temps et toutes les personnes. Tous les mots qui ont dans leurs composés un mot plus court terminé par ...*on*, prennent deux *n* de suite. Exemples : *pardonne*, à cause de *pardon*; *bonne*, à cause de *bon*; *mignonne*, à cause de *mignon*, etc. (Voir. pour les *exceptions* représentées par la mnémonique, dans un seul mot, pour faciliter les opérations de l'esprit et ne pas charger la mémoire, *redoublement* de la consonne *n*, ou à la *Table particulière*, fin de l'ouvrage).

ABASOURDIR, v. a. Racine *ab*, hors de, et *sourd*; *étourdir* par un grand bruit. On est *abasourdi* par une nouvelle affligeante et inattendue. *Abasourdir* suppose un effet passager, une cause subite. Consterner, accabler, c'est mettre *hors* de la tranquillité d'esprit.

ABATARDIR, v. a. Formé de *a*, contre, et de *bâtard*, formé du celtique. Deux fois l'idée d'altération se présente dans ce mot. Il serait plus rationnel de l'analyser comme suit : *a*, dans, avec, et *bâtard*, mauvais, altéré, corrompu, c'est-à-dire qui n'est pas légitime ni naturel, etc.; c'est mêler le mauvais avec, etc. *Agir contre*, rendre *bâtard*, altérer, corrompre, faire *déchoir* une chose, la faire *dégénérer*. Le vice *abâtardit* le meilleur naturel, *altère*, *corrompt*, etc., le meilleur naturel. La nature ne s'*abâtardit* jamais, ne *dégénère*, ne *déchoit* jamais.

ABATTRE, v. a. — *a* et *bas*, jeter bas ; c'est *renverser* ou *écarter*, séparer des objets de ceux auxquels ils sont tenus par quelque partie. Il signifie aussi *affaiblir*, tuer, assommer. Ce verbe se conjugue comme battre. (Voir la conjugaison de ce dernier.)

ABBASSIDES, subs. ms. plur. Califes *descendants* d'Abbas, oncle de Mahomet. Racine *Abbas*, ou mieux *abba*, formé de l'hébreu *ab*, et du syriaque *ba*, c'est-à-dire *père*, *abbé*. (Voir ce terme.)

ABBATE, subs. ms. Vieux mot. Lieu *inaccessible*. Ce terme et les autres en *abb* (par deux *b*) n'ont pu justifier d'autre origine que celle de *abbas*, qui semble obscure ou éloignée des souvenirs, mais qui paraît probable par l'orthographe qui est la même dans toutes les initiales dont il s'agit. Je ne donne cela que comme observation.

NOTA. On voit, par les différences de sens que présentent les mots mal compris et mal définis, combien l'on peut se tromper, sans le secours de l'étude des *éléments créateurs* de la langue. On reconnaît cette étude indispensable pour pouvoir exprimer sa pensée d'une manière intelligible, et pour éviter des équivoques et des discussions qui ne roulent souvent que sur les mots.

ABDICATION, subs. fm. Éléments créateurs *ab,* hors, et *dication,* — *discere,* déclarer. Action de se déclarer *hors de* sa dignité, de sa place ; acte de *séparation* du pouvoir ; action de *renoncer* volontairement à une dignité souveraine.

ABDIQUER, v. a. Formé de *ab,* extraction, etc. Même origine que *abdication.* Abandonner volontairement la possession d'un État, d'une dignité souveraine.

ABERRATION, subs. fm. Formé de *ab,* hors, et de *erration* — *erro,* je m'écarte ; erreur, etc. Action de *s'écarter,* d'aller *hors de* la bonne voie. *Erreur* de jugement. C'est l'état de celui qui, selon la saine morale, vient à *s'éloigner* des convenances, des idées justes.

AB HOC ET AB HAC, locution adverbiale ; c'est-à-dire *sans* ordre, confusément, *sans* raison. Expression empruntée du latin *ab hoc,* de ceci, et *ab hac,* de cela, qui équivaut à *par-ci, par-là,* dans le style familier.

ABHORRER, v. a. Formé de *ab,* éloignement, et de *horrer,* — du latin *horrere; se* hérisser comme les cheveux se hérissent dans une grande frayeur. Avoir en *horreur,* en aversion, détester. On doit *s'éloigner* de ce qu'on abhorre. On abhorre une rivale, les méchants l'ingratitude. On les a en horreur, c'est-à-dire qu'on doit s'en éloigner.

ABIME, subs. ms. Racine *a* privatif, *sans,* et *bime,* — du grec *bussos,* qui signifie *fond, fin;* c'est-à-dire *sans* fond, sans fin ; profondeur qui *n'a point* de fond ; gouffre, malheur, enfer.

AB INTESTAT, adj. Éléments créateurs *ab,* hors, *in,* sans, et *testat,* tester ; locution adverbiale : *sans* testament, *sans* avoir *testé*... Il est mort *ab intestat ;* la *succession ab intestat* est celle qui se règle par la loi seule, à défaut de testament ; *l'héritier ab intestat,* est celui qui est appelé à la recueillir. (*Puisé dans le Dictionnaire de Législation usuelle.*)

ABJECT, ECTE, adj. et **ABJECTION.** Ces termes, formés de *ab,* hors, et de *ject,* — du latin *jacio,* je jette ; expriment l'idée de *jeter hors de,* de repousser, d'éloigner, etc. État d'abaissement, d'humiliation profonde aux yeux du vulgaire.

ABJURER, v. a. — *ab,* contre, et de *jurer,* jurer contre. C'est renoncer à ce qu'on avait juré de faire, c'est se *dégager, s'éloigner* de ses principes usuels, renoncer à une doctrine ; *quitter.*

ABLACTATION, subs. fm. Formé de *ab,* hors, et de *lactation,* — de *lacte* (en latin) *lait* en français ; *ôter le lait, sévrer.* On dit aussi *sévrage,* mais il s'applique aux enfants, tandis que *ablactation* se dit plutôt de la mère.

ABLAQUÉATION, subs. fm. — *ab,* hors, et de *laquéation,* — *laquaere,* enlacer ; *déchaussement* des vignes ; ouverture qu'on fait à la terre autour des racines des arbres.

ABLATIF, subs. ms. Ce mot est formé de *ab,* hors, et de *latif,* — (du latin) *latus,* porté ; *porté hors,* sixième cas des déclinaisons latines ; *transport* d'une chose à une autre.

ABLEPSIE, subs. fm. *Privation,* perte des facultés de l'esprit. *Il est dans une ablepsie complète,* c'est-à-dire qu'il est *privé* de ses facultés intellectuelles.

ABLUER, v. a. Purifier, mettre *hors de.* Ce mot est formé de *ab, dehors,* et de *bluer,* — *bluo,* je purifie. C'est faire revivre l'écriture en passant légèrement sur le papier une liqueur préparée de noix de galle.

ABLUTION, subs. fm. Mêmes éléments créateurs qu'*abluer;* action d'*ôter* les taches, de faire *disparaître* les souillures. Chez les anciens Romains cette action consistait à se *laver* le corps avant d'aller au temple. L'ablution était en usage chez les Juifs, et elle est encore scrupuleusement pratiquée chez les Mahométants. Chez les Catholiques, elle consiste à se *laver* les doigts. On représente aussi par ce terme le vin que le prêtre prend après la communion. Chez les moines, c'est l'action de blanchir et de *nettoyer* les habits. En pharmacie, action de *nettoyer* un médicament. Les Indiens font une ablution générale le premier jour de la pleine lune du cinquième mois de l'année, en se baignant dans le *Gange,* dans la croyance que ce jour-là les eaux en sont sacrées.

ABNÉGATION, subs. fm. Racine *ab,* hors, et *négation;* action de nier. Action de celui qui se tient *éloigné* de la chose dont il s'agit. Renoncement, sacrifice.

ABOIS, subs. ms. plur. Racine *a,* sans, et *boise* (boiser, trahir), qui, dans le vieux français, signifiait *adresse,* ruse. Aux abois. *sans* aucune ressource, réduit à la dernière extrémité. M. Bescherelles prétend que cette origine est fausse, et l'attribue à Napoléon Landais, tandis que ce terme existe depuis des siècles. Ce terme pourrait, dans le sens absolu, représenter, comme le dit M. Bescherelles, le cri du chien, et être aussi formé de *abay* (vieux français), ce qui ne l'empêche pas d'avoir pris plus tard une autre forme et d'avoir modifié sa signification, selon le progrès des temps. Enfin, être à l'*aboy,* c'est-à-dire *aux abois,* aux cris du chien, me paraît un peu matériel, tandis que *a* et *boise,* c'est-à-dire *sans* ruse, *sans* adresse, *hors* de toute *adresse,* de toute *ruse,* épuisement de ses ressources de l'esprit et autres, de ses moyens, etc., me paraît plus acceptable par le temps qui court. Mais *aboi,* c'est le cri du chien.

ABOLIR, v. a. et pron. Mettre *hors* d'usage. Ce mot est formé de *ab,* hors, et de *olir,* — *olere;* exhaler une odeur ; anéantir, *ôter* jusqu'à l'odeur. Annuler, casser, *ôter* entièrement, cesser d'être en usage. Les anciennes pratiques *s'abolissent* par les nouvelles, c'est-à-dire *cessent* d'être en usage, *s'anéantissent,* sont mises *hors d'usage.*

ABOMINABLE, adj. des 2 g. Ce mot est formé, comme le verbe *abominer,* de *ab,* dehors, et *ominable;* tiré de *omen,* augure, présage. Ce qui *éloigne* toute bienveillance, qui est indigne de considération. *Côntre* ce qui est bon, très-mauvais en son genre, qui mérite d'être en horreur.

ABRÉGER, v. a. Est formé de *ab* et *bréger.* — de *brevis* (bref) ; rendre plus court, *priver* d'une certaine partie de... On disait aussi : *abréger un fief,* pour dire : le *démembrer,* c'est-à-dire en arracher les membres, ou *priver* un corps de ses membres.

Les verbes en... *éger* conservent l'accent aigu (é) dans tous leurs temps et toutes leurs personnes, etc. :

abréger, il abrége ; protéger, il protége ; assiéger, il assiége, etc,

Ind. J'abrége, abréges, abrége, abrégeons, abrégez, abrégent. *Imp.* j'abrégeais, égeais, égeait, égions, égiez, égeaient. *P déf.* j'abrégeai, égeas, égea, égeâmes, égeâtes, égèrent. *Fut.* j'abrégerai, égeras, égera, égerons, égerez, égeront. *Cond.* j'abrégerais, égerais. égerait, égerions, égeriez, égeraient. *Impér.* abrége, brégeons, brégez. *Subj.* que j'abrége, éges, ége, égions, égiez, égent. *Imp. subj.* que j'abrégeasse, égeasses, égeât, égeassions, égeassiez, égeassent. *P.* abrégeant, abrégé, e.

Ainsi se conjuguent tous les verbes en ...*éger, alléger, protéger, assiéger, rengréger,* etc., ainsi que tous ceux en ...*écer, éder, egner, égner, érer, éguer, eser, éser, ever, éver,* etc., mais les finales ne sont pas les mêmes, la prononciation l'indique clairement. Exemples : *Dépiécer, céder, régner, espérer, préférer, léguer, tolérer,* etc.

REMARQUES. Dans tous les verbes terminés par... *ger,* il faut un e avant *a, o,* afin de ne pas altérer la prononciation du verbe : nous abrégeons, il jugea.

Un verbe de la première conjugaison sert de modèle pour tous, puisqu'ils ont les mêmes terminaisons : excepté *aller.*

Prenons pour modèle le verbe *aimer,* et nous pourrons conjuguer de même tous les autres verbes en... *er,* en changeant seulement l'initiale. EXEMPLES : Il *aim...*ait, il *blâm...*ait, tu *chant.. ..es,* tu *dans... es* : nous *port... erons,* nous *frapp... erons.* Les finales sont les mêmes.

Sont conjugués tous les verbes qui, terminés par... *er,* présentent quelques difficultés.

ABRÉVIATION, subs. fm. Même origine que *abréger.* Retranchement , *privation* de quelques lettres dans un mot, afin d'écrire plus vite et en moins d'espace. On le dit des caractères mêmes qui servent à abréger.

ABROGER, v.a. Racine, *ab,* hors, contre, et *roger,—rogare,*demander le contraire. C'est mettre hors d'usage, c'est-à-dire *éloigner* certains usages, certaines lois des doctrines de l'époque. Ce verbe prend, comme tout ceux en... *ger,* un *e* avant *a, o,* par raison de prosodie.

ABROMES, subs. fm. plur. Racine *a* privatif, *sans,* et *bromes,* mauvaise odeur : mots tirés du grec. *Sans mauvaise* odeur. Famille de plantes qui contient les mauves.

ABRUTIR, v. a. Racine *a,* et *brut,* inachevé ; formé de *brutus. Séparer, éloigner* des usages reçus, de l'urbanité ; c'est rendre brut, stupide ; étouffer la raison.

ABSENCE, subs. fm. Éléments créateurs *ab,* hors, et *sence;* tiré de *esse,* être ; *éloigné* de sa résidence, de sa place. Il signifie aussi *distraction,* c'est-à-dire *éloignement* de la matière dont on s'occupe. *Écart* du génie, de l'esprit, etc.

ABSENTER (S'), v. pron. Être dehors. Même origine que *absence.* C'est *s'éloigner* d'un lieu. On ne dit pas *s'absenter* d'une personne, ni *être absent de quelqu'un.*

ABSOLUTION, subs. fm. — *ab,* hors de, et de *solvero,* délier, mettre *hors de,* action de délier.

Jugement du tribunal qui *éloigne,* qui renvoie de l'accusation. L'action par laquelle le prêtre remet les péchés.

ABSOUDRE. C'est déclarer l'innocence d'une personne accusée d'un crime. Au passé il fait *absout,* ou *absous;* le premier est préférable, car le féminin est *absoute:*même *élém.*que *absolution.*

Ind. j'absous, absous, absout, absolvons, absolvez, absolvent. *Imp.* j'absolvais, solvais, solvait, solvions,solviez, solvaient. *P. déf.*inusité. *Fut.* J'absoudrai, soudras, soudra, soudrons, soudrez, soudront. *Cond.* J'absoudrais, soudrais, soudrait, soudrions, soudriez, soudraient. *Impér.* absous, solvons, solvez. *Subj.* Q. j'absolve, solves, solve, solvions, solviez, solvent. *Imp. subj.* inusité. On dit : *que je fisse absoudre. P.*absolvant, sous, soute.

ABSTÈME, subs. des 2 g. — *Abs,* hors, et de *temetum* (latin) vin; *hors de* l'usage du *vin.* Celui ou celle qui ne boit point de vin, qui se tient *éloigné* des occasions où l'on boit le vin. L'ancien mot *temetum* signifiait du *vin.*

ABSTENTION, subs. fm. Éléments créateurs *abs,* hors, et *tention;—tenere,* tenir. Action de se *tenir hors de, tenir éloigné ;* action de se *priver* de quelque chose. C'est un acte par lequel un des juges se récuse, c'est-à-dire se *sépare* des autres juges. C'est donc une *séparation,* ou un *éloignement* de l'opinion générale en politique. (*Abstenir,* même origine.)

REMARQUE. Si nous connaissions bien l'histoire des lettres de notre alphabet, nous n'aurions pas besoin de recourir aux langues orientales, etc. Par exemple, le T représente l'ancre que jette le marin pour se fixer, pour se tenir ferme, stable. La lettre T apporte aux mots cette même idée de ténacité, de stabilité, de résistance, etc.

ABSTERGENT, ENTE, adj. et subs. — *Abs,* hors de, et *tergent,— tergere,* nettoyer. Qui met *hors de.* Qui dissout, qui *éloigne* la mauvaise humeur. Remède qui sert à *nettoyer* les plaies.

ABSTERGER, v.a.(hors de, nettoyer). Même étymologie que abstergent.

ABSTINENCE, subs. fm. *Privation*volontaire de quelque chose. *Jours d'abstinence,* jours maigres, jours de *privation* de viande, etc. Quand on dit *abstinence,* dans son sens absolu, on entend la *privation* du boire et du manger. Racine *abs,* de *hors,* et *tenir:* tenir hors. (Voir *abstention,*pour les éléments créateurs, au besoin).

ABSTRAIRE, v. a. *Abstraction, abstrait, abstractivement,* etc. Tous les composés ont la même étymologie, et se conjuguent comme *traire.* Considérer séparément des choses qui sont unies. Séparer quelque chose par le moyen de l'esprit. Il est formé de *abs,* hors, et de *traire,—trahere,* tirer, c'est-à-dire *tirer hors de.*

Ind. j'abstrais,trais,trait; nous faisons *abstraction, Imp.* inusité ; on dit : je faisais, nous faisions abstraction. *P. déf.* je fis *abstraction,* etc.,nous fîmes *abstraction,* etc. *Fut.* j'abstrairai, trairas, traira, trairons, trairez, trairont. *Cond.* j'abstrairais, trairais, trairait, trairions, trairiez, trairaient. *Impér.* fais; (faisons ou faites *abstraction*). *Subj.* Q. je fasse, etc., fassions, etc., abstraction. *Imp. subj.* Q. je fisse, etc., fissions, etc., *abstraction. P.* faisant abstraction, abstrait, e.

ABSTRAIT, E. part. passé. Voir le verbe pour l'étymologie. *Détaché* des choses sensibles; vague, difficile à entendre, qui est contemplatif. *Avoir l'esprit abstrait*, c'est-à-dire contemplatif ou habitué à méditer, ou *sans activité. Discours abstrait, preuve abstraite*, c'est-à-dire vague, impénétrable, *privé de lucidité, de clarté, de vivacité*, etc. *Idée abstraite, théorie abstraite*, idée qui représente seulement un ou quelques attributs isolés d'un individu. *Abstrait et distrait*. On est *abstrait* quand on ne pense à aucun objet présent. On est *distrait* quand on regarde d'autres choses que celles qu'on nous présente. « Je n'avais « pas la prétention, si commune de nos jours, de « substituer une théorie personnelle à l'expérience « des siècles. J'ai cru logique de préférer les « préceptes du génie aux doctrines spécieuses « d'hommes à idées *abstraites*. » (*Extrait de la Constitution :* Paroles de S. M. Napoléon III, empereur des Français.)

ABSTRU , USE, adj. Formé de *abs*, hors, et de *truse*,—*trudere*, pousser, chasser hors de. Ce terme se dit d'une science, d'un sens, d'un auteur difficile à *entendre*, à *pénétrer*, à concevoir. Question, science cachée.

ABSURDE, adj. des 2 g. Qui choque l'esprit, la raison; *privé du sens commun*; raisonnement *absurde*, tomber dans l'*absurde*, c'est-à-dire *s'éloigner* de la raison, choquer l'esprit, le sens commun, Racine *ab*, de, et *surde*,—*surdus*, sourd; sourd à la raison. Pris dans le sens absolu, *ab* est augmentatif, et dans le sens littéraire, il est privatif.

ABUSER. v. a. Racine *ab*, hors, et *user*; *user hors de* la raison. *User mal*, c'est-à-dire faire un *mauvais usage* ou un excès. *S'éloigner* ou *s'écarter* des lois, des règles.

ORTHOGRAPHE ABSOLUE

AB

L'articulation initiale ab.... *ne prend, selon l'Académie, qu'un seul b. dans tous les mots qu'elle sert à former :* abattre, abonner, abruti, abri, etc. *Excepté* abbaye *et ses trois dérivés.*

On pourrait joindre aux exceptions : *abbassides, abbas*, nom propre. L'élément créateur est la règle la plus sûre.

AC

AC (ak). Cet élément créateur, ou mot primitif, est originaire du sanscrit, est passé ensuite aux Hébreux, aux Arabes, puis aux Grecs où il prit la forme de *akè* (pointe). (V. aux élément. *ac* augmentatifs.)

ACAMPTE, adj.—*a* privatif et de *campta, kamptos, frangible, sans réfléchir*. Ce terme fut employé par le savant *Leibnitz*, pour désigner une surface qui, étant opaque et polie, *ne réfléchit pas la lumière*.

ACARDIE, subs. fm. — *a*, sans, et de *cardie*, —*kardia*, cœur; *sans cœur*. C'est-à-dire *absence de cœur*.

ACARE, ou plutôt *Acarus*, subs. ms. *Sans pouvoir être coupé*. Ciron, petit ver de fromage presque *imperceptible*, qui engendre la gale.

ACATALEPSIE. subs. fm. et tous ses *dérivés*, sont formés de *a* privatif. *sans*, et de *catal ambano. je saisis*; c'est-à-dire *sans saisir*; privation de conception. Chez les anciens on représentait par ce terme la doctrine de quelques philosophes qui *doutaient de tout*. En médecine, on l'emploie pour désigner une maladie qui attaque le cerveau et ôte la faculté de *concevoir* une chose.

ACATAPOSE, subs. fm. *Sans pouvoir avaler*. Impossibilité d'avaler, qui ne peut être avalé; déglutition nulle. *Terme de médecine.*

ACAULE, adj. des 2 g. — *a*, sans, et de *caule*, —*kaulos*, tige; *sans tige*, plante à tige courte, dont les feuilles sont contre la terre.

ACCROIRE et **CROIRE**, v. a. *Ind.* Je crois, crois, croit, croyons, croyez, croient. *Imp.* Je croyais, croyais, croyait, croyions, croyiez, croyaient. *P. déf.* Je crus, crus, crût, crûmes, crûtes, crûrent. *Fut.* Je croirai, croiras, croira, croirons, croirez, croiront. *Cond.* Je croirais, croirais, croirait, croirions, croiriez, croiraient. *Imp.* Crois, croyons, croyez. *Subj.* Q. je croie, croies, croie, croyions, croyiez, croient. *Imp. Subj.* Q. je crusse, crusses, crût, crussions, crussiez, crussent. *P.* Croyant, Crû, e. *Accroire* se conjugue de même.

ACCROITRE et **CROITRE**, je crois, crois, croît, croissons, croissez, croissent. *Imp.* Je croissais, ssais, ssait, croissions, croissiez, ssaient. *P. déf.* Je crûs, crûs, crût, crûmes, crûtes, crûrent. *Fut.* Je croîtrai, croîtras, croîtra, croîtrons, croîtrez, croîtront. *Cond.* Je croîtrais, oîtrais, oîtrait, croîtrions, oîtriez, oîtraient. *Imp.* Crois, croissons, croissez. *Subj.* Q. je croisse, croisses, croisse, croissions, croissiez, croissent. *Imp. subj.* Q. je crusse, crusses, crût, crussions, ussiez, ussent. *P.* Croissant, Crû, e. *Accroître* se conjugue de même.

ACÉPHALE, adj. des 2 g. — *a*, sans, et de *céphale*. — *képhalé* (grec), tête; qui *n'a point de tête*, qui *n'a point de chef. Sans chef* et d'aucun parti. Au ms, plur. hérétiques du VIe siècle.

ACHROMATIQUE. adj. **ACHROMATISME**, subs. ms. — *a*, sans, et *chromatique*,— *chrôma*, couleur; *sans couleur*. L'achromatisme, c'est l'art de l'optique qui a pour but de faire voir les objets *sans couleurs étrangères*. Par l'adjectif *achromatique* on désigne les lunettes qui ne font *point voir* les couleurs de l'iris, et rendent les images plus vives.

ACIDE, subs. ms. et ses dix dérivés, sont formés de ac (ak) des Orientaux, duquel les Grecs ont fait *akis* ou *akè*, pointes, substance d'une saveur piquante, aigüe. Sel primitif.

ACIER, subs. ms. Ce mot et tous ceux qui en dérivent sont formés de *ac, akè* (pointe), duquel les latins firent *acies*, pointe. Fer raffiné pur.

ACINÉSIE, subs. fm. Racine *a*, sans, et *kinéin*, mouvoir; *sans mouvement*. En médecine on représente par ce terme l'état du pouls *privé de mouvement*, ou son repos, ou le petit intervalle qu'il y a entre la contraction et la dilatation de l'artère.

ACOLYTE, subs. ms. Ce mot est formé du grec *akôlutos, libre; sans engagement.* On désigne, par ce terme, un clerc promu à l'un des quatre ordres mineurs, mais qui *n'a pas* encore fait de vœux, etc. En mauvaise part, c'est celui qui en aide, qui en assiste un autre, qui accompagne un autre (opposite). *Akolouthos,* valet, dans ce cas.

ACOPE, adj. *sans* fatigue. Ce terme se dit des remèdes propres à *diminuer* la lassitude. Il en est de même des dérivés *acapeux, acapeuse.*

ACQUÉRIR, dans le vrai sens, signifie *augmenter* son bien, son avoir, ses propriétés; il se conjugue dans tous ses temps. *Quérir* signifie chercher, et ne s'emploie qu'à l'infinitif, et avec les verbes *aller, venir, envoyer.* Aller *quérir* quelqu'un.

Ind. J'acquiers, acquiers, acquiert, acquérons, acquérez, acquièrent. *Imp.* J'acquérais, quérais, quérait, et ne s'emploie qu'à l'infinitif, et avec J'acquis, quis, quit, quîmes, quîtes, quirent. *Futur.* J'acquerrai, querras, querra, querrons, querrez, querront. *Cond.* J'acquerrais, querrais, querrait, querrions, querriez. *Imp.* Acquiers, quérons, quérez. *Subj.* Q. j'acquière, quières, quière, quérions, quériez, quièrent. *Imp.subj.* Q. j'acquisse, quisses, quit, quissions, quissiez, quissent. *P.* Acquérant, acquis, e.

Conjuguez de même *requérir, s'enquérir, conquérir, reconquérir,* et leurs composés; *quérir* n'a que l'infinitif.

ACRASIE, subs. fm. Racine *a,* sans, et *crasie,-- krasis,* mélange; *sans mélange.* Intempérance dans le boire et dans le manger. Toute espèce d'*incontinence.*

ACRATIE, subs. fm. Prononcez *cie.* Racine *a,* sans, et *cratie,* — *cratos,* force; *sans force.* Faiblesse, impossibilité d'agir et de se mouvoir. *Privation du mouvement.* On reconnaît dans ce cas le caractère, la propriété de la lettre T qui, comme il est déjà dit, marque la ténacité, la force. Dans *acrasie,* la lettre *s* donne une autre idée à la finale que la lettre *t,* dans le même mot ou qui ne diffère que d'une lettre. On doit tenir bonne note de ces deux finales... *crasie,* (par *s*) mélange, et *cratie* (par *t*) force.

Pour l'orthographe, voir la loi orthographique à la fin des *ac,* dont l'*a* est augmentatif.

AD

ADAMANTIN, E. adj. *Sans* pouvoir être dompté. Ce terme se dit du *fer le plus dur,* qui est de la nature du diamant. Cette pierre nouvellement découverte, étant pulvérisée, sert dans l'Inde et en Chine pour polir et tailler les pierres précieuses.

ADÉLIE, subs. fm. Racine *a,* sans, et *délie,* — *délos,* visible; *sans être visible,* ni *manifeste.* Arbrisseaux dont les fleurs sont très-petites et peu apparentes.

ADELOBRANCHE, subs. ms. Racine *a,* sans, *délos,* visible, *branchia,* branchies. Mollusque (animal marin) *privé de branchies* apparentes,

qui respire par un simple trou, ou par une fente qu'on remarque sur les côtés du corps.

ADELOPODE, adj. —*a,* sans, *délos,* visible, et *pous,* pied, *sans être visible.* On désigne par ce terme des animaux dont les *pieds ne sont pas apparents.*

ADEMPTION, subs. fm. Ravir, retrancher, priver. Selon Trévoux, ce terme marque l'action de *révoquer,* de *retrancher;*et selon l'*Académie,* il signifie *révocation.* Terme de palais.

AD HONORES, *sans* fonction et surtout *sans* émoluments, purement honorifique.

ADIANTE, subs. fm. —*a,* sans, et de *diaínein,* humecter; *sans humecter.* Ce terme représente une plante capillaire, ainsi appelée parce que l'eau des puits où elle croît ne s'arrête pas sur ses feuilles. On la nomme aussi simplement capillaire, du latin *capillus,* cheveu, parce que ses feuilles sont très-déliées, comme des cheveux et ses racines filamenteuses. Cette plante est *adiante,* c'est-à-dire qu'elle est cryptogame, vivace, toujours croissante en des lieux humides et cependant exempte d'humidité, c'est-à-dire que sa feuille ne retient pas l'eau. On l'emploie avec succès dans les maux de poitrine.

ADIAPHORE, ADIAPHORISTE,—*a,* sans, et de *diaphore.*—*diaphoros,*différer; *sans différer.* On donnait ce dernier nom, dans le XVIᵉ siècle aux Luthériens qui approuvaient la doctrine de Luther *sans cesser* de reconnaître l'autorité de l'Église.

ADIAPNEUSTIE, subs. fm. — *a* privatif, et de *diapnéô,* je transpire; *sans transpiration.* Défaut ou *suppression* de transpiration.

ADIEU, subs. ms. (et locution elliptique). Ce mot explique l'acte de *séparation* des personnes. Interjection dont on se sert pour se saluer quand on se *quitte.* C'est une ellipse grammaticale contenant la souhait que la *séparation,* le *départ,* etc., se fassent au nom de *Dieu.*

ADIPSIE, ADIPSÉE, subs. fm.Racine *a,* sans, et *dipsie,*—*dipsos,* soif; *sans soif.* Défaut de soif, dégoût pour les liquides.

ADIPSON, subs. ms. *Sans soif;* remède propre à prévenir, à *étancher* la soif. Mêmes éléments créateurs que *adipsie.*

ADIRER, v. a. On emploie ce terme en jurisprudence pour dire *perdre, égarer.*

ADVERSAIRE, subs. ms. — *ad,* contre, et de *verser;* opposer, *contraire* à. Celui ou celle qui est *opposé* à un autre.

ADYNAMIE, subs. fm. Selon les Grecs, ce mot vient de *dunamis,* force (pour *dynamie*) et de *a* privatif, *sans,*(appartenant à la quatrième origine de la lettre *a*), *sans force; privation de force.* On exprime par ce terme la faiblesse occasionnée par une maladie, le *défaut de force,* un état morbide.

De laborieuses recherches dans le Dictionnaire de l'Académie n'ont pu produire que les quelques mots en *ad* privatifs usités, dont il vient d'être donné l'origine et le sens, et il est permis de dire, par conséquent, qu'il serait désormais difficile, sans innover, d'enrichir cette nomenclature de mots dont l'initiale est *ad*, appartenant à la *quatrième origine* de la lettre *a*.

Les primitifs, les dérivés et les surcomposés étant soumis aux mêmes lois les uns que les autres, il m'a paru suffire à toute avidité en ne donnant que l'un ou l'autre pour exemple.

(Voir pour l'orthographe les *ad* dont l'*a* est augmentatif.)

AG

Nomenclature des douze mots français commençant par *ag* dont l'*a* privatif appartient à la *quatrième origine*, et signifie *sans, absence*.

AGAME, subs. ms. et adj. Racine *a* privatif et *gamos*, noces, sexe; *privé de sexe*. Espèce de lézard en Amérique.

AGAMIE, subs. fm. Même origine que *agame* et même sens. *Privation de sexe*.

AGEUSTIE, subs. fm. Racine *a* privatif, *sans*, et *geustie*, goût (tiré du grec); c'est-à-dire *sans goût*. *Défaut* de goût; la maladie qui en résulte. *Médecine*.

AGÉNÉSIE, subs. fm. Formé de *a* privatif, et de *génésie,* — *gennaô*, j'engendre; ce mot veut dire *sans puissance*. Stérilité.

AGÉOMÉTRIE, subs. fm. Ce mot est formé de *a* privatif, *sans*, et de *géométrie,* mesure de la terre; et signifie: *privé de géométrie*. Ignorance de la théorie géométrique.

AGÉRONTE subs. ms. Racine *a* privatif, *sans*, et *géronte*—*géras*, vieillesse (formé de deux mots grecs). On désigne, par ce terme, un vieillard encore *vert*, un vieillard *sans vieillesse*, enfin vieux, mais paraissant jeune.

AGLOSSE, subs. fm. — *a*, sans, et de *glossa*, —*glôssa*, langue; c'est-à-dire *sans langue*. Genre d'insectes lépidoptères (qui ont quatre ailes couvertes, d'écailles dorées), *privés* de trompes. *Histoire naturelle*.

AGLOSSIE, subs. fm. *Sans langue*, *Privation* de la langue. *Médecine*. Mêmes éléments créateurs que *aglosse*.

AGLOSSOSTOMOGRAPHIE, subs. fm. Racine, *a* privatif, *sans*, et deux mots grecs qui signifient *langue* et *bouche*, et le verbe *écrire*; *description* d'une *bouche sans langue*.

AGNÈS, subs. fm. *Sans vice;* formé de *hagnos*, chaste (grec). Ce terme représente le nom d'une jeune fille très-ingénue, très-innocente. Nom d'une sainte.

AGNOÈTES ou **AGNOITES**, subs. ms. plur. *Agnoéô*(grec) j'ignore; *sans connaître*. Hérétiques du quatrième siècle qui prétendaient que *Jésus-Christ*, même en tant que Dieu, *ne connaissait pas* tout.

AGONYCLITES, subs. ms. plur. Racine, *a* privatif, *sans*, et *plier le genou; sans plier le genou*. Sectaires chrétiens du huitième siècle, qui ne priaient que debout.

AGRÉER. Tous les verbes terminés à l'infinitif par... *éer* ont deux *e* de suite à l'indicatif, au futur, au conditionnel, au subjonctif présent, et trois *e* de suite au participe passé féminin, *créée*.

Ind. J'agrée, grées, grée, gréons; gréez, gréent. *Imp.* J'agréais, gréais, gréait, gréions, gréiez, gréaient. *P. déf.* J'agréai, gréas, gréa, gréâmes, gréâtes, gréèrent. *Fut.* J'agréerai, gréeras, gréera, gréerons, gréerez, gréeront. *Cond.* J'agréerais, gréerais, gréerait, gréerions, gréeriez, gréeraient. *Impér.* Agrée (agrées-en), agréons, agréez. *Subj.Q.* j'agrée, grées, grée, gréions, gréiez, gréent. *Imp. subj.* Q. j'agréasse, gréasses, gréât, gréassions, gréassiez, gréassent. *P* Agréant, gréé, e

Il faut ainsi conjuguer tous les verbes terminés par... *éer*, comme *créer*, etc.

AGUSTINE et **AGUSTITE**, subs. fm. Racine, *a* privatif, *sans*, et *goût* (formé du latin *gustus*); *sans goût*, privé de saveur. On a cru d'abord que c'était une nouvelle terre, mais c'est une variété de chaux phosphatée (combinée avec de l'acide phosphorique).

L'orthographe, aux *ag* dont l'*a* est augmentatif.

AH

AH! Cet *élément créateur*, ou mot primitif, est formé de *a*, qui sert à exprimer les sentiments de l'âme, auquel est ajoutée la lettre *h*, qui vient, non pas détruire le sens, mais ajouter de la force, de l'énergie, de la spontanéité à la lettre *a*, et représenter ainsi, par ces deux lettres réunies, l'affection vive et subite de l'âme dans la circonstance, ou les circonstances dont il s'agit. Lorsque nous comprenons bien l'image que représente la lettre *h* (enfin, c'est la forme de la hache du bûcheron ou du charpentier), nous savons quel est le rôle de ce caractère de l'alphabet, et nous ne pouvons plus nous tromper sur l'idée qu'il apporte aux mots qu'il sert à former.

On conçoit mieux encore la propriété de la lettre *h* en la plaçant devant *a*, dans ce cas, et mettant en présence *ah! ha!* avec le vrai sens de chacun de ces mots primitifs. On reste convaincu de la valeur du signe ou caractère *h*, comme il suit : *ah!* joie, douleur, admiration; *ha!* surprise, étonnement, colère; telle est l'influence de *h* sur la voyelle, selon qu'elle la précède ou qu'elle la suit.

AL

Cette variété de *a* privatif donne peu de mots; car *al* signifie presque toujours *élévation;* est formé du sanscrit et passé à l'arabe duquel nous tenons notre article *le, la, les*, qui en est la contraction ou l'ingénieuse euphonie.

ALALIE, subs. fm. Formé de *a*, sans, et de *lalie,* — *lalô*, parler; c'est-à-dire *sans parler*. Enfin qui est privé de la *parole*, dans l'impossibilité de parler. *Eulalie* marque l'idée contraire : *eu*, bien, et *lalie*, qui *parle bien*. (Voir ce dernier à son chapitre, *Eu*.)

ALÉATOIRE, adj. des 2 g. Formé de *alear*, (jeu de hasard), *sans certitude*. Convention qui repose sur un événement incertain.

ALLER et **S'EN ALLER** (Verbes). *Ind.* Je vais, vas, va, allons allez, vont. *Imp.* J'allais, allais, allait, allions, alliez, allaient. *P. déf.* J'allai, allas, alla, allâmes, allâtes, allèrent. *Fut.* J'irai, iras, ira, irons, irez, iront. *Cond.* J'irais, irais, irait, irions, iriez, iraient. *Impér.* Va (vas-y), va y voir, allons, allez. *Subj.* Q. j'aille, ailles, aille, aillions, ailliez. *Imp. subj.* Que j'allasse, allasses, allât, allassions, allassiez, allassent. *P.* Allant, allé, e.

L's est euphonique; il n'en font pas lorsque l'infinitif suit immédiatement *va*.

S'en aller se conjugue comme aller, excepté l'impératif qui fait : *va-t'en, vas-y, allons-nous-en, allez-vous-en*, et les part. présent et passé qui font : *S'en allant, s'en étant allé. s'en être allé* ou *allée*. On dit aussi je m'y en vais, je m'y en vas, tu t'y en vas.

ALOGE, ALOGIE, subs. Formés de *a*, sans, et de *loge*, logie, —*logos* (parole, raison): c'est-à-dire *sans la parole, sans la raison*. Absurdité, impertinence. On donnait le nom d'aloges ou alogiens à des sectes hérétiques qui niaient la divinité et l'éternité du verbe.

Orthographe, aux *al* dont l'*a* est augmentatif.

AM

AMAIGRIR, v. a. et pron. *Privation* d'embonpoint. V. a. rendre une pièce de charpente *moins* épaisse. On dit : s'amaigrir *par le travail*, pour dire *diminuer, perdre* son embonpoint. Quelques auteurs font venir ce mot de *a* augmentatif, dans, et de *maigreur*, c'est-à-dire porter le *maigreur dans...* La signification étant la même, il est inutile, dans ce cas, de chercher à éplucher ce mot.

AMARANTE, subs. fm. —*a*, sans, et de *maransis*, dépérissement; *sansse flétrir*. Sorte de fleur d'automne d'un rouge pourpre velouté, qui *ne se flétrit point*.

AMATIR, v. a. Rendre *mat et sans poli*. Ôter le poli de l'or et de l'argent, ou les *priver du poli* qu'ils doivent avoir. Quand il s'agit de l'argent, on dit *blanchir*, c'est plutôt le terme.

AMAUROZE, subs. fm. Formé du grec *amorôsis*. Ce mot signifie *obscur*. Maladie de l'œil qui, *sans aucun symptôme apparent, prive* entièrement de la vue. On l'appelle aussi *goutte sereine*.

AMAZONE, subs. fm. — *a*, sans, et de *mazono*; —*mazos*, mamelle (grec); *sans mamelle*. Femme d'un courage guerrier. Ce mot s'emploie aussi pour désigner les robes dont les femmes se servent pour monter à cheval. *Les Amazones se brûlaient*, dit-on, *la mamelle gauche pour mieux tirer de l'arc.*

AMER, ÈRE. adj. *Sans agrément, privé de* douceur, qui ne contient qu'une saveur rude, désagréable. *Au figuré*, ce qui est douloureux, offensant, privé de tout ce qui plaît, ou qui flatte. Selon Trévoux, ce mot est formé de l'hébreu *marar*, saveur rude, désagréable.

AMERTUME, subs. fm. Ce qu'il y a de *repoussant*, de *contraire* dans un discours. Racine, *amer.* (Voir ce dernier mot.)

AMÉTHYSTE, subs. fm. — *a*, sans, et de

méthuô, j'enivre : *sans s'enivrer*, qui *prive* de l'ivresse. Selon les anciens, pierre précieuse de couleur violette tirant sur le pourpre, qui, portée en anneau taillée pour servir de coupe, avait la vertu de *garantir* de l'ivresse. Chez les chrétiens, elle forme l'anneau pastoral des évêques.

AMEUTER, v. a. Exciter la sédition, *l'éloignement* de la bonne société, former des attroupements. Il signifie aussi assembler, attrouper, (à l'opposite.) Racine *a* et *meute*. Plusieurs auteurs lui donnent le *sens augmentatif*. Voici comment ils l'analysent : *a* augmentatif et *meute*, entrer *dans* une *meute*. Cette origine est préférable, et n'exclut pas l'idée d'éloignement, (à l'opposite). Elle ne fait que confirmer la définition donnée. C'est la même idée sous deux nuances différentes.

AMIANTE, subs. ms. Racine *a*, sans, et *miainô*, je corromps ; *sans se corrompre, sans se gâter*, qui ne se *gâte point*, qui ne se *corrompt point*. Matière minérale, filamenteuse et incombustible ; pierre qui se *sépare* en filaments assez fins, cassants, néanmoins un peu souples, soyeux, etc. Elle est *insipide*, c'est-à-dire *sans goût*, et ne se dissout point dans l'eau.

On estimait autrefois, presque autant que l'or, les ouvrages d'*amiante*; il n'y avait que quelques empereurs, ou des rois, qui en eussent des serviettes. Nous renvoyons, pour les détails, à l'*Histoire naturelle*; notre tâche n'étant pas d'embrasser d'autres branches que celle qui est relative aux racines des mots.

AMNÉSIE, subs. fm. — *a*, sans, et de *mnésic*—*mnaomai*, je me ressouviens; *sans se ressouvenir*. Suspension, diminution, privation, ou perte totale de *mémoire*.

AMNISTIE, subs. fm. Ce mot est une altération de *amnésia*, avec lequel les latins barbares ont formé le mot *amnestia*; oubli d'où nous avons tiré *amnistie*, pardon, etc., *sans se ressouvenir* ; *oubli du passé. Pardon* qu'un souverain accorde aux rebelles, aux déserteurs, etc. C'est l'acte par lequel il proclame l'*oubli* des crimes et des délits qui ont été commis. La mort ne pardonne à personne, *mais la clémence* d'un grand prince se plaît à accorder l'amnistie, c'est-à-dire le *pardon* à ses sujets malheureux qui s'étaient égarés, et dont la mauvaise éducation fut, sans doute, la cause physique et morale de leurs égarements.

AMOINDRIR, v. a. *Priver* d'une certaine partie, *diminuer, rendre moindre. Cette torche amoindrit pour nous les ténèbres de la nuit*, c'est-à-dire *diminue* les ténèbres, etc.

---

* La *clémence* est cette vertu par laquelle un supérieur est porté à pardonner les offenses de ses inférieurs, ou à en modérer les châtiments. La *clémence divine*, la *clémence* d'un souverain. La *clémence* est la qualité distinctive des monarques. Les anciens faisaient une divinité de cette vertu. On la représentait tenant à la main une branche de laurier ou d'olivier.

AMORTIR, v. a. *Priver* d'une certaine partie, rendre *moins* ardent, *moins* violent : Amortir *le feu en y jetant de l'eau*. Amortir *la fièvre*. Amortir *les passions, la douleur*, etc., c'est les faire *cesser*, y mettre un terme, les rendre *moins* ardentes, etc. Ce mot, formé de *a* privatif, a pour racine latine *mors*, et pour racine française *mort*, (fin, dernier terme), et signifie, dans son sens absolu, *mettre à fin*, *faire cesser*, détruire.

AMOVIBLE, adj. des 2 g. *Sans* stabilité; qui peut être destitué, qui peut être placé ou déplacé à volonté. On dit aussi d'une place qu'elle est *amovible*. (Voir *inamovible*.)

Selon l'étymologie l'*a* serait plutôt augmentatif, car *movible, movibilité—moveo*, je meus, rend déjà seul toute l'idée de *amovibilité, amovible*; l'*a* privatif donnerait le sens contraire. Dans le français moderne l'*a* ne joue aucun rôle dans ce cas.

AN

ANARCHIE, subs. fm. *Sans* commandement, *sans principauté. Absence* de gouvernement dans un état. Grand désordre, confusion de pouvoir. (Voir ce mot à l'initiale *ana*.)

ANÉANTIR, v. a.—*a* privatif, et de *néant*, rien ; à rien; détruire entièrement. *Anéantir, détruire*. Ce qu'on *détruit* cesse de subsister, mais il peut en rester des vestiges; ce qu'on *anéantit* disparaît entièrement. Comme verbe *pronominal*, anéantir signifie se *détruire*, se *dissiper*. *Cette fortune immense s'est anéantie en peu de temps*, c'est-à-dire s'est *dissipée*, etc. Au figuré, en terme de dévotion, c'est s'humilier profondément, rentrer en esprit dans son néant.

ANECDOTE, subs. fm. Ce mot est formé de *a* priv, sans, et de *ecdote*,—de *ekdotos* (mis au jour); *sans être livré, sans être mis au jour, non encore publié*. Particularité secrète d'histoire dont on était *privé* et qui avait été omise ou supprimée par les historiens précédents. Il se dit du récit succinct d'un trait, d'un fait historique : *il nous raconta mille anecdotes fort amusantes*.

ANÉLECTRIQUE, adj. des 2 g. — (*a*) an, sans, et *elektron*, électricité ; *sans électricité*. Qui ne peut être électrisé par frottement, qui ne peut l'être que par contact.

ANÉMONE, subs. fm. — (*a* privatif) an, sans, et de *émos*, vent; *sans vent*. Fleur printanière, remarquable par la beauté et la variété de ses couleurs, qui ne s'épanouit pas *sans* le souffle du *vent*.

ANÉPIGRAPHE, adj. des 2 g. — *a* privatif, (an) sans, de *épi*, sur, et de *graphô*, j'écris; *sans inscription sur. Écrit qui est sans titre. Une médaille* anépigraphe, *une statue* anépigraphe, c'est-à-dire qui ne portent ni *titre*, ni *inscription*.

ANESTHÉSIE, subs. fm. *Sans avoir de sentiment, sans sentir.* Ce terme de médecine exprime la *privation* du tact ou toucher, qui constitue une espèce de paralysie.

ANHÉMASE, ANHÉMIE. — *a* privatif (*an*),

sans, et *hémase*, — *haimas*, sang: *privation de sang, appauvrissement du sang ; privation do sang* après l'hémorragie. Le premier de ces termes représente le nom appellatif d'une maladie dangereuse causée par le *défaut de sang*. Le second désigne plutôt l'action dont il s'agit.

ANODONTE, subs. fm. — *a* (an), sans, et de *odonte,—odous*, dent; *sans dent*. Serpent sans dent.

ANODYNIE, subs. fm. Racine *a*, sans, et *adynie,—aduné*, douleur ; *sans douleur*. Insensibilité ou *absence* de douleur. *Anodin*, anodine, ont la même étymologie.

ANOMALIE, subs. fm. Racine *a*. (*an*', sans, et *omalie,—homalos*, égal ; sans égalité, *sans régularité*. Anomalie orthographique, *difficulté* orthographique.

ANOMAL, E, adj. au plur. ANOMAUX. (Même origine que *anomalie*. En grammaire, il se dit des verbes qui ne *se* conjuguent *pas* conformément au modèle de leur conjugaison. *Aller* est un verbe *anomal*, parce que, étant de la première conjugaison, comme *aimer* qui lui sert de modèle, il ne suit pas exactement la conjugaison de ce dernier : On dit *j'aime*, mais on dit *je vais*. Il ne faut pas confondre les verbes *anomaux* avec les verbes *défectifs*. Ces derniers sont ceux qui manquent de certains temps, de quelque mode, ou de quelque personne. Anomal se dit aussi des noms dont la déclinaison est irrégulière (*sans régularité*).

ANONYME, adj. des 2 g. —*a* privatif (an), sans, et *onyme,—onuma*, nom; *sans nom. Société anonyme*, dont les auteurs sont inconnus, société *sans nom* social. *Lettre* anonyme, lettre *sans* signature. On appelle aussi anonyme ceux qui n'ont point reçu de prénom à leur naissance : et l'on ajoute le mot *anonyme* immédiatement après leur nom de famille. L'adverbe est *anonymement*, en gardant l'*anonyme*.

ANOREXIE, subs. fm. —*a* (an), sans, et *orexie,— orexis*, appétit (grec); *sans appétit. Défaut* d'appétit, dégoût des aliments, par dérangement d'estomac.

ANORMAL, E, adj. Formé de *ab*, ou *a*, sans, et de *normal*, règle; *sans règle*. Irrégulier, contraire aux règles. Au pluriel *anormaux*. Napoléon Landais admet *abnormal* dans le même sens.

ANNULER, v. a. terme de palais. Rendre *nul, sans* effet. Casser, abolir; annuler une procédure, un testament; procédure, testament, rendus *sans* effet, *nuls*.

AP

APPAROIR, terme de palais. Paraître; *faire apparoir*, c'est montrer, prouver, constater. Ce verbe n'est usité qu'à l'infinitif présent, et à la troisième personne du singulier de l'indicatif. *Ind.* Il appert. *P.* apparent, adj.

APATHIE, subs. fm. *Sans passion*. Insensibilité pour toutes sortes de choses. On retrouve ce mot dans *pathos*, en grec, qui signifie *passion*, *trouble, émotion*, et dans *a* privatif, qui signifie *sans*. C'est-à-dire *sans passion, sans trouble, sans émotion.* L'apathie *est de l'indolence.*

APPELER, *Ind.* j'appelle, ppelles, ppelle, ppelons, ppelez, ppellent. *Imp.* j'appelais, ppelais, ppelait, ppelions, ppeliez, ppelaient. *P. déf.* J'appelai, ppelas, ppela, ppelâmes, ppelâtes, ppelèrent. *Fut.* J'appellerai, ppelleras, ppellera, pellerons, ppellerez, ppelleront. *Cond.* J'appellerais, ppellerais, ppellerait, ppellerions, ppelleriez, ppelleraient. *Impér.* Appelle, ppelons, ppelez. *Subj.* Q. j'appelle, ppelles, ppelle, ppelions, ppeliez, ppellent. *Imp. subj.* Q. j'appelasse, ppelasses, ppelât, ppelassions, ppelassiez, ppelassent. *P.* Appelant, ppelé, e.

Conjuguez de même tous les verbes en... *eler*, ou en *eter*, comme *atteler*, *chanceler*, *cacheter*, *niveler*, *crocheter*, *épeler*. *projeter*, etc , excepté *acheter*, *bourreler*, *déceler*, *geler*, *harceler*, *peler*, qui font j'achète, il bourrèle, il décèle, tu gèleras, il harcèle, nous pèlerons, avec l'*é grave*. Les autres verbes en *eler*, *eter*, prennent **2** *l* et **2** *t*, devant l'*e* muet.

APERCEVOIR, *Ind.* J'aperçois, erçois, erçoit, ercevons, ercevez, erçoivent. *Imp.* J'apercevais, cevais, cevait, cevions, ceviez, cevaient. *P. déf.* J'aperçus, çus, çut, çûmes, çûtes, çurent. *Fut.* J'apercevrai, cevras, cevra, cevrons, cevrez, cevront. *Cond.* J'apercevrais, cevrais, cevrait, cevrions, cevriez, cevraient. *Impér.* Aperçois, cevons, cevez. *Subj.* Q. j'aperçoive, çoives, çoive, cevions, ceviez, çoivent. *Imp.subj.* Q. j'aperçusse, çusses, çût, çussions, çussiez, çussent. *P.* Apercevant, erçu, e.

Conjuguez de même *percevoir*, *recevoir*, *concevoir*, *décevoir*, et tous les verbes en... *cevoir*.

RemarQue. Dans les verbes en... *cevoir*, pour conserver la prononciation de l's, le *c* prend une cédille toutes les fois qu'il est suivi des voyelles *o*, *u* ; *recevoir*, je reçois, *percevoir*, je perçois, *décevoir*, nous déçûmes.

APEUDEUTISME, subs. ms. Racine *a* privatif, sans, et *paidenô*, j'enseigne ; *sans instruction.* *Apeudeute*, subs. ms. ignorant, *sans* instruction. Ces deux termes sont tirés du grec et employés par Rabelais.

APÉTALE, adj. des 2 g. — *a*, sans, et *petale*, feuille ; *sans pétale.* Plante *sans feuille* à la corolle.

APEPSIE, subs. fm. — *a*, sans, et de *pepsie—pepsis*, coction ; *sans coction, privé de digestion.* Maladie qui consiste à *ne point digérer.*

APHÉRÈSE, subs. fm. Racine *a*, hors de, et *hairéo*, je prends ; *retranchement.* Ce mot vient du grec et signifie *ôter*, mettre *hors de.* C'est une figure par laquelle on *retranche* quelque chose au commencement d'un mot, comme, par exemple, quand on met *tenir* pour *contenir* ; *sentir*, pour *consentir*, etc.

APHILANTHROPIE, subs. fm. Formé de *a* privatif, sans, *philos*, ami, et *anthrôpos*, homme; *sans être ami de l'homme.* Qui *n'est pas* ami de l'homme. Premier degré de mélancolie. Fuite de la société.

APHILANTHROPE, subs. ms. représente le

moteur de l'action du mot *aphilanthropie.* Les éléments créateurs sont les mêmes pour tous leurs dérivés.

APHONIE, subs. fm. Racine *a*, sans, et *phonie*, — *phônê*, voix ; *sans la voix.* Extinction de voix causée par une maladie.

APHORISME, subs. ms. Racine, *aphorizô*, je définis (grec); *séparation, distinction.* Proposition qui renferme en peu de mots une maxime générale ; c'est-à-dire où l'on donne une définition nette et concise, qui dit beaucoup en *peu de mots.* Dit mémorable. Exemple : *Il n'y a plus de Pyrénées.* Le petit fils de Louis XIV, roi d'Espagne, employa cette expression noble et mémorable, pour dire qu'il *n'y aurait plus de divisions ou de barrières entre la France et l'Espagne.*

APHYLLE, adj. des 2 g. Sans feuille. Plante *dépourvue de feuille.* On a tiré ce mot du grec *phullon*, feuille, et de *a* privatif, *sans*.

APNÉE, subs. fm. *A*, sans, et *pnée*. — *pnéô*, je respire; *sans la respiration* nécessaire. *Défaut de respiration.*

APTÈRE, subs. ms. et adj. des 2 g. *Sans ailes.* Ce mot vient de *a* privatif et de *ptéron*, aile. Les Athéniens donnaient le nom d'aptère à la Victoire, qu'ils représentaient *sans ailes*, comme fixée dans leur patrie. En histoire naturelle on désigne par ce terme des insectes qui *n'ont point d'ailes.*

APYRE, adj. des 2 g. Formé de *a* privatif, et de *pyre* — *pur*, feu (grec). Ce mot s'applique aux substances minérales qui résistent, *sans aucune altération*, à l'action du feu. *L'amiante est apyre. L'argile, terre à porcelaine, est apyre.*

APYREXIE, subs. fm. *Sans la fièvre.* Intermission, ou *cessation* entière de la *fièvre.* Même élément que *apyre.*

REMARQUE SUR L'ORTHOGRAPHE ABSOLUE DE

AP

Les mots donnés pour exemple de l'articulation *ap* privative n'ont qu'un seul *p*, et l'on pourrait en faire une règle presque générale. (Voir à cet égard *apo*, et la règle orthographique de *ap* augmentative.)

AS

ASSAILLIR et **TRESSAILLIR**. *Ind.* J'assaille, ailles, aille, aillons, aillez, aillent. *Imp.* J'assaillais, aillais, aillait, aillions, ailliez, aillaient. *P. déf.* J'assaillis, llis, llit, llîmes, llîtes, llirent. *Fut.* J'assaillirai lliras, llira, llirons, llirez, lliront. *Cond.* J'assaillirais, llirais, llirait, llirions, lliriez, lliraient. *Impér.* Assaille, aillons, aillez. *Subj.* Q. j'assaille, ailles, aille, llions, lliez, llent. *Imp.subj.* Q. j'assaillisse, llisses, llît, llissions, llissiez, llissent. *P.* Assaillant, illi, e.

Assaillir, qui signifie sauter, se porter brusquement sur quelqu'un, se conjugue comme *tres-*

saillir, excepté le futur et le conditionnel de ce dernier qui ont l'*e* muet.

Tressaillir, c'est éprouver une émotion subite et légère.

ASAPHIE, subs. fm.—*a*, privatif, et de *saphés*, manifeste. *Privé de manifestation*, qui *ne peut* rendre raison. *Altération* de la voix, enrouement.

ASCIENS, subs. ms. pl. Ce mot est composé de *a* privatif, .sans. et de *skia*, ombre (grec) ; *sans ombre*. On désigne ainsi ceux des habitants de la zône torride qui *n'ont point* d'ombre le jour de l'année où le soleil est perpendiculaire sur leurs têtes.

ASSEOIR et S'ASSEOIR. Tout verbe précédé du pronom *se*, d'actif qu'il était, devient passif, et se conjugue, dans tous ses temps, avec deux pronoms de la même personne, comme : *je me suis assis, il sera assis*, etc. Ils *s'asseyent et ils rayent*, sont les seules troisièmes personnes de l'indicatif dont l'*y* grec n'est pas remplacé par l *i* simple.

Ind. Je m'assieds, t'assieds, s'assieds, asseyons, asseyez, sseyent. *Imp.* Je m'asseyais, sseyais, sseyait, sseyions, sseyiez, sseyaient. *P. déf.* Je m'assis, ssis, ssit, ssîmes, ssîtes, ssirent. *Fut.* Je m'assiérai, siéras, siéra, siérons, siérez, siéront. *Cond.* Je m'assiérais, siérais, siérait, siérions, siériez, siéraient. *Impér.* Assieds (assieds-toi). asseyons-nous, asseyez-vous. *Subj.* Q. je m'asseie, asseies, asseie, asseyions, eyiez, eyent. *Imp. subj.* Que je m'assisse, ssisses, sît, ssissions, ssissiez, sent. *P.* S'asseyant, asseyant, assis, e.

Asseoir, fait aussi au futur *asseyerai, asseyerons*.

ASSERVIR. *Ind.* J'asservis, servis, servit, servissons, servissez, servissent. *Imp.* J'asservissais, vissais, vissait, vissions, vissiez, vissaient. *P. déf.* J'asservis, vis, vit, vîmes, vîtes, virent. *Fut.* J'asservirai, viras, vira, virons, virez, viront. *Cond.* J'asservirais, virais, virait, virions, viriez, viraient. *Impér.* Asservis, vissons, vissez, *Subj.* Q. j'asservisse, visses, visse, vissions, vissiez, vissent. *Imp. subj.* Q. j'asservisse, visses, vît, vissions, vissiez, vissent. *P.* Asservissant, vi, e. *Assouvir* se conjugue de même.

ASILE, subs. ms. est formé de *a* privatif et de *salaô*, je ravis ; *lieu sans danger*. Refuge ou demeure. Un port est, en tout temps, un asile ; dans la tempête, c'est un refuge. *Asile* était, autrefois, un lieu *écarté* servant de refuge aux débiteurs, aux criminels qui s'y retiraient. Sous la première race de nos rois, le droit d'asile dans les églises était un droit sacré, dont les Conciles des Gaules recommandaient l'observation. Il s'étendait jusqu'aux parvis des églises, aux maisons des évêques et à tous les lieux renfermés dans leur enceinte. L'asile le plus respecté de tout le royaume de France était l'église de Saint-Martin, aux portes de Tours. Le Seigneur est mon *asile* Port royal. Par extension, on emploie ce terme aujourd'hui pour désigner tout lieu où l'on se retire pour échapper aux poursuites de la justice, à la persécution, etc. *Les grands criminels ne méritent point* d'asile. Au figuré, *asile* signifie secours, protection, et se dit des personnes

et des choses : *Vous êtes mon asile ; la justice des tribunaux est l'asile des malheureux.*

ASOPHIE, subs. fm. *Sans sagesse.* Formé de *a* privatif, *sans* en français, et de *sophie*, — *sophia*, sagesse. *Absence de jugement, de sagesse.*

ASSORTIR, J'assortis, sortis. sortit, sortissons, sortissez, sortissent. *Imp.* J'assortissais, issais, issait. issions, issiez, issaient. *P. déf.* J'assortis, sortis, sortit, sortîmes, sortîtes, sortirent. *Fut.* J'assortirai, iras, ira, sortirons, tirez, tiront. *Cond.* J'assortirais, tirais, tirait, sortirions, tiriez, tiraient. *Impér.* Assortis, tissons, tissez, *Subj.* Q. j'assortisse, tisses, tisse,.tissions, tissiez. tissent. *Imp. subj.* Q. j'assortisse, tisses, tît, tissions, tissiez, tissent. *P.* Assortissant, assorti, e.

Tous ses composés sont conjugués de même, tels sont : *désassortir, rassortir, ressortir*, quand ce dernier signifie dépendre.

ASSOUPIR, v. a. *Soupir sans les suites fâcheuses.* C'est empêcher l'éclat, suspendre, affaiblir, calmer pour un temps. *Assoupir la douleur*, c'est la faire *disparaître* provisoirement.

ASPALATHE, subs. ms. Formé de *a*, sans, et de *spalathe*, — *spaô*, j'arrache ; *sans pouvoir être arraché*. Bois d'un petit arbre *difficile à arracher*, à cause de ses piquants.

ASPHYXIE, subs. fm. Racine *a*, sans, et *sphuxis*, le pouls (grec) ; *privation subite du pouls*, du mouvement et de la respiration. État de celui qui est *sans* mouvement. *L'asphyxie complète présente l'état de mort apparente.*

ASYMBOLE, adj. des 2 g. et subs. ms. *Sans écot.* Qui *ne paye pas* son écot, écornifleur.

ASYMÉTRIE, subs. fm. (prononcez *acimétrie*.) Racine *a*, sans et *symétrie* — *sy* (*sun*) avec, et *métrie* — *métron*, mesure (grec) ; *défaut de mesure*. On dit plutôt *incommensurable*.

ASYMPTOTE, subs. fm. *Sans point de rencontre ;* qui n'est point coïncident. L'Académie appelle ainsi une ligne droite qui, indéfiniment prolongée, s'approche continuellement d'une courbe, *sans pouvoir jamais la couper*. La marche de l'esprit vers la perfection est celle d'une courbe vers l'*asymptote*, il en approche toujours et ne l'atteint jamais. (De Lévis.)

ASYNDÉTON, subs. ms. Éléments créateurs *a*, sans, et *syn*, avec, et *déton* — *déô*, je lie : *sans la conjonction.* Figure de rhétorique qui consiste à *retrancher* les conjonctions copulatives, de manière que les membres semblables du discours ne sont plus liés que par leur rapprochement. Le bu t d ce rapprochement est de donner 'plus de rapidité au discours. (Voir pour les exemples, *conjonction* et *disjonction*.)

OBSERVATION. Par ce recueil, le plus complet possible, des mots qui ont l'articulation *as privative* pour initiale, il est démontré qu'il existe bien peu de mots appartenant à cette origine, tandis que cette initiale *augmentative*, appartenant à la *deuxième origine*, sert à former un plus grand nombre de mots.

AT

ATARAXIE, subs. fm. Formé de *a*, sans, et *taraxie*,—*taraxis*, émotion; *sans émotion,sans trouble, sans inquiétude.* De cette idée vient celle de quiétude, de calme, de tranquillité de l'âme qui *exemptent* des passions et des mouvements nés de l'opinion.

ATAXIE, subs. fm. — *a*, sans, et de *taxie*, — *taxis*, ordre (grec); *sans ordre. Irrégularité* dans les crises de fièvre. On dit aussi que le pouls est dans l'*ataxie*, pour dire qu'il *n'est point régulier.*

ATECHNIE. subs. fm. — *a* privatif, sans, et *technie*, — *techné*, art; *sans art.* Défaut d'art; impuissance. (Langue du Levant.)

ATHÉE. subs ms. et adj. des 2 g. Ce mot s'analyse ainsi : *a* privatif, et *theos*, Dieu; *privé de Dieu.* On désigne, par ce terme, celui qui, privé de la vraie lumière, ne reconnaît point de Dieu. *C'est un athée* qui nie la Divinité. *Sentiment athée, opinion athée.* Ces deux dernières expressions s'emploient rarement. Les athées veulent un Dieu pour les autres (Naudé). Selon Naudé et la saine raison, ils reconnaissent par là qu'il y en a un.

ATHLIPE, adj. des 2 g. *Sans pression.* Ce terme se dit d'un pouls égal et qui *n'est point* géné.

ATHYMIE, subs. fm. Racine *a*, sans, et *thymie*, —*thumos*, courage; *sans courage.* Pusillanimité.

ATHYTE, subs. ms. —*a* privatif, sans, et *thuô*, j'immole; *sans immoler.* Dans l'histoire ancienne on appelle ainsi le sacrifice des pauvres, qui, *privés de victimes à immoler,* offraient des fruits et des gâteaux.

ATOME, subs. ms. — *a* privatif, *sans*, et de *tome*, — *tomé*, section ; *sans division, qui ne peut être coupé, ni divisé...* Corps regardé comme *indivisible*, qui, selon quelques philosophes anciens et quelques physiciens, entre comme élément dans tous les corps. Grain de petite poussière qui voltige en l'air. Au figuré. *atome* signifie certains corps d'une extrême petitesse relative : *Les hommes sont des atomes sur le globe, qui n'est lui-même qu'un atome.*

ATONIE, subs. fm. — *a*, sans, et *tonie*, — *tonos*, ton ; *sans ton, sans force, sans ressort.* Faiblesse, relâchement des solides du corps. Position de l'œil fixe, *sans mouvement.*

ATRACHÈLE. adj. des 2 g. Origine : *sans cou.* Il signifie : qui a le *cou court.*

ATTRAIRE. C'est attirer, faire venir par le moyen qui plaît. *Le sel est bon pour attraire les pigeons.*

Ce verbe est peu usité. *P.* Attrayant, e.

ATROCE, adj. des 2 g. *Sans pitié, sans* humanité, *sans pudeur.* En parlant des crimes, des injures, des supplices. Ce mot est employé dans le sens de énorme, excessif. Vrai sens : cru, qui *n'est pas* bon à manger. L'atrocité, c'est l'énormité d'une injure, d'un crime, d'un supplice. Montesquieu dit : *une âme atroce,* pour dire *une âme cruelle, sans pitié, inhumaine.* Il emploie également le mot dans le même sens lorsqu'il dit *un caractère atroce.*

ATROPHIE, subs. fm. Formé de *a*, sans, et de *throphie*. — *throphê*, nourriture ; *sans nourriture.* Desséchement, maigreur extrême, dépérissement du corps ou d'un membre.

ATROPOS, subs. fm. — *a* privatif, et de *tropos*, — *trepô*, je tourne; *inflexible, sans émotion*, etc. On a donné ce nom à l'une des trois Parques qui coupe le fil de la vie; qui, selon la fable, *nous privait* de la vie.

Orthographe, aux *at* dont l'*a* est augmentif.

AV

AVACHIR (S') v. pron. Formé du mot *vache.* Il signifie devenir lâche, mou, perdre de sa fermeté, en parlant du cuir, des étoffes, etc. *Mes bottes, mes souliers se sont avachis ; mon habit s'avachit.* On dit aussi que des feuilles d'arbres *s'avachissent*, pour dire qu'elles *s'éloignent* des autres, qu'elles ont leur extrémité pendante.

AVAL, subs. ms. *S'éloigner* en descendant du côté de la *vallée.* Il est opposé à *amont.* Vent d'*aval*, vent opposé, contraire au cours de l'eau. Du mot *aval*, on a formé *avau-l'eau.* L'affaire est allée *avau-l'eau*, c'est-à-dire qu'elle n'a pas réussi. *Académie.* On appelle aussi *aval*, la souscription qu'on met au bas d'un effet de commerce. Dans ce cas ce mot présente le sens opposé, et formé de *a*, pour *ad*, et de *valoir*, pour *valere*, il signifie : à valoir, caution, promesse de payer.

AVALANCHE, subs. fm. Masse de neige durcie qui se *détache*, c'est-à-dire qui se *sépare* d'une autre masse (des hautes montagnes), et renverse tout sur son passage. On dit : *la chute d'une avalanche.* On emploie également ce terme pour désigner des masses de terre qui s'éboulent assez fréquemment dans les pays montagneux.

AVENIR ou **ADVENIR**, marque une chose qui *arrive par accident.* Le premier est plus moderne, le second n'est pas usité. Il se conjugue comme venir, tenir, mais il ne s'emploie qu'aux troisièmes personnes du singulier et à l'infinitif présent. *Il en adviendra ce qui pourra. Quelque chose qu'il en puisse avenir.*

AVERNE. subs. ms. —*a*(av) sans, et de *ornis*, oiseau ; *sans oiseau.* Lieu privé d'oiseau. C'est le nom poétique de l'Enfer. Lac de Campine qui exhalait des vapeurs si infectes, que les oiseaux n'en *pouvaient approcher.* Par analogie, on l'emploie pour désigner une grotte ou une fosse d'où *sortent* des vapeurs empoisonnées.

AVERSION, subs. fm. Sentiment qui *éloigne* de quelqu'un ou de quelque chose. Haine, répugnance extrême. Racine *a*, contre, et *version*,—*vertere*, tourner; *tourner* d'un autre côté.

AVEUGLE, subs. et adj. des 2 g. Racine *a* priv. et *vue* : *privé de la vue ; au figuré, sans* raison, qui est *privé de lumière*, qui ne considère rien, qui ne fait *nulle* réflexion. Nous sommes tous *aveugles* sur nos défauts.

AVILIR, v. a. Dans le français moderne, la racine est *a* et *vil*, c'est-à-dire: bas, abj cte. *Déprécier, priver* de sa valeur réelle, réduire à *vil* prix.

Verbes qui n'ont pas d'éléments créateurs dans les cases précédentes.

AIMER (verbe). *Ind.* J'aime, aimes, aime, aimons, aimez, aiment. *Imp.* j'aimais, aimais, aimait, aimions, aimiez, aimaient. *P. déf.* j'aimai, aimas, aima, aimâmes, aimâtes, aimèrent. *Fut.* j'aimerai, aimeras, aimera, aimerons, aimerez, aimeront. *Cond.* j'aimerais, aimerais, aimerait, aimerions, aimeriez, aimeraient. *Impér.* aime (aimes-les, aimes-en, aimes-y), aimons, aimez *Subj.* que j'aime, aimes, aime, aimions, aimiez, aiment. *Imp. subj.* que j'aimasse, aimasses, aimât*, aimassions, aimassiez, aimassent. *P.* aimant, aimé, aimée.

En général, les secondes personnes du singulier terminées par *e*, ou par *a*, prennent un *s* devant les pronoms *y* et *en*. *Portes-en, offres-en, vas-y*.

* On met un accent circonflexe à cette personne pour la distinguer de la troisième personne du singulier du passé défini. Ce verbe sert de modèle pour les 5,000 verbes de la première conjugaison. Les 14 verbes irréguliers en... *er* sont placés à leurs cases respectives comme base de conjugaison de ceux qui suivent leurs lois.

ARGUËR (verbe). *Ind.* J'arguë, arguës, arguë, arguöns, arguëez, arguënt. *Imp.* j'arguäis, arguäis, arguäit, arguïons, arguïez, arguäient. *P. déf.* j'arguäi, arguäs, arguä, arguämes, arguätes, arguërent. *Fut.* j'arguërai, arguëras, arguëra, arguërons, arguërez, arguëront. *Cond.* j'arguërais, arguërais, arguërait, arguërions, arguëriez, arguëraient. *Impér.* arguë, arguöns, arguëz. *Subj.* que j'arguë, arguës, arguë, arguïons, arguïez, arguënt. *Imp. subj.* que j'arguässe, arguässes, arguät, arguässions, arguässiez, arguässent. *P.* arguänt, arguë, arguëe.

Dans le verbe *arguër*, le tréma (¨) se place sur l'u (ü), lorsque l'ë ou l'ï est remplacé par *a*, ou par *o*, ou par l'é fermé. Les autres en ...*guer* n'ont jamais d'e tréma. EXEMPLES : *arguer, narguer*, etc. *Arguër* signifie prouver, démontrer, affirmer. *Arguer* veut dire passer à l'argue, dégrossir l'or, l'argent. Ce dernier n'a pas de tréma.

ARGUER (verbe). *Ind.* J'argue, argues, argue, arguons, arguez, arguent. *Imp.* j'arguais, arguais, arguait, arguions, arguiez, arguaient. *P. déf.* j'arguai, arguas, argua, arguâmes, arguâtes, arguèrent. *Fut.* j'arguerai, argueras, arguera, arguerons, arguerez, argueront. *Cond.* J'arguerais, arguerais, arguerait, arguerions, argueriez, argueraient. *Impér.* argue, arguons, arguez. *Subj.* que j'argue, argues, argue, arguions, arguiez, arguent. *Imp. subj.* que j'arguasse, arguasses, arguât, arguassions, arguassiez, arguassent. *P* arguant, argué, arguée.

Tous les verbes terminés par ...*guer* se conjuguent comme *arguer*.

AVOIR. J'ai, as, a, avons, avez, ont. *Imp.* j'avais, avais, avait, avions, aviez, avaient. *P. déf.* j'eus, eus, eut, eûmes, eûtes, eurent. *Fut.* j'aurai, auras, aura, aurons, aurez, auront. *Cond.* j'aurais, aurais, aurait, aurions, auriez, auraient. *Impér.* Aie, aies-en, ayons, ayez. *Subj.* que j'aie, aies, ait, ayons, ayez, aient. *Imp. subj.* que j'eusse, eusses, eût, eussions, eussiez, eussent. *P.* ayant, eu, eue.

Ayons, ayez, soyons, soyez, sont les seuls verbes qui ne prennent point l'*i* à l'imparfait et au subjonctif.

RÉSUMÉ DE L'ORTHOGRAPHE DES MOTS FORMÉS DE LA LETTRE *F* EN GÉNÉRAL.

On double la lettre *f* dans tous les mots où elle se trouve sous l'une ou l'autre des formes qui suivent, savoir :

1. AFF.	*Affabilité, affaiblir, affaire, affaisser, affamer, affiche, affection, affilier, affinité, affluer, affranchir, affront, affût*, etc. EXCEPTÉ : *Afin* (la fin), *afiourme* (fin du Levant), *Afrique*, et les dérivés de ce dernier*.
2. DIFF.	*Difformer, différer, difficile, difforme, diffraction, diffus, diffusion*, etc. SANS EXCEPTION.
3. EFF.	*Effaçable, effaner, effarer, effectif, effectuer, efféminer, effervescence, effet, effeuiller, effigie, effiler, effiloches, effioler, effleurer, effondrer, effort, effronterie, effroi, effusion*, etc. EXCEPTÉ : *Efaufiler* (tirer la soie), *éfourceau* (machine), *éflandrier* (deux morceaux de fer poli entre lesquels passe le *fil* du bobineur pour en extraire les *filandres*).
4. OFF.	*Offenser, office, officier, officieux, offrande, offrir, offusquer*, etc. SANS EXCEPTION.
5. SIFF.	*Sifflasson* (oiseau), *siffler*, et les dérivés de ce dernier sont les seuls termes de cette catégorie. SANS EXCEPTION.
6. SOUFF.	*Soufflage, souffler, souffleter, souffrance, souffrir*, etc. EXCEPTÉ: *soufre* et tous ses dérivés.
7. SUFF.	*Suffetes* (magistrats de Carthage), *suffire, suffocant, suffoquer, suffrage, suffumigation, suffusion*, etc. SANS EXCEPTION.

* L'intelligence la moins exercée sentira la raison de principe pour laquelle les exceptions dont il s'agit n'ont qu'un *f*. En effet, si l'on ôte des trois mots exceptés l'élément *af*, il ne reste plus que ces lambeaux sans idée : *in, iourme, rique*.

RÉSUMÉ ORTHOGRAPHIQUE DES DIFFICULTÉS
SUIVANTES, SAVOIR :

8.
GRAN.CHAN.
BRAN,
Orthographiez par AN, *et non par* EN, *les syllabes* GRAN... CHAN... BRAN.., *formant le mot mnémonique* GRANCHANBRAN, *que ces syllabes soient initiales, médiales ou finales.* EXEMPLES : Grandeur, agrandir, flagrant, chanvre, enchanter, marchander, chancir, chancellerie, ébranler, brandon, brancard, échantillon, échanger, etc.

9.
BUAN. GAN.
BLAN.
Orthographiez par AN, *et non par* EN, *les syllabes* BUAN, GAN *ou* GUAN..., BLAN... *formant le mot mnémonique* BUANGANBLAN, *que ces syllabes soient initiales, médiales ou finales.* EXEMPLES : Attribuant, buanderie, contribuant, gange, gantier, brigandage, manigancer, intriguant, gigantesque, blanchir, comblant, ressemblance, ferblantier, etc. EXCEPTÉ : *Coblentz, onguent.*

10.
FAN. PHAN.
Orthographiez par AN, *et non par* EN, *les syllabes* FAN... PHAN... *formant le mot mnémonique* FANPHAN, *que ces syllabes soient initiales, médiales ou finales.* EXEMPLES : Fanfaron, fanfare, infanterie, fantasque, éléphant, éléphantin, paraphant, fantassin, sycophante (*calomniateur*), fange, etc. EXCEPTÉ : *Défendre, fendre, offenser, diasphendonèse* (supplice, écarteler), *et leurs* 28 *dérivés, défenseur, offensif, fendrie, etc.*

11.
FLAN. BAN.
Orthographiez par AN *ou* AM *avec* A, *et non par* EN, *les syllabes* FLAN... BAN... *formant le mot mnémonique* FLAMBANY, *que ces syllabes soient initiales, médiales ou finales.* EXEMPLES : Flandre, flambeau, flandrin, gonflant, efflanquer, banquette, abandon, contrebande, bandit, bambin, bambou, etc. EXCEPTÉ : *Bembex* (insecte), *prébende, thérébentine et leurs dérivés.*

REMARQUE. On prononce *bin* dans les mots qui suivent : Bengale, bengali (*oiseau*), Benjamin, benjoin et leurs dérivés.

12.
TRAN. GLAN.
Orthographiez par AN *avec* A, *et non par* EN, *les syllabes* TRAN... GLAN..., *formant le mot mnémonique* ÉTRANGLANT, *que ces syllabes soient initiales, médiales ou finales.* EXEMPLES : Tranquille, transiger, étranger, transport, trantran, étrangler, transférer, tranche, glande, rencontrant, filtrant, gland, glanduleux, églantier, glandage. EXCEPTÉ : *Trembler, tremper, trente et leurs dérivés.*

13.
PLAN. FRAN.
Orthographiez par AN *avec* A, *et non par* EN, *les syllabes* PLAN... FRAN... *formant le mot mnémonique* PLANFRAN, *que ces syllabes soient initiales, médiales ou finales.* EXEMPLES : Planche, planter, rantanplan, plantain, splanchnologie (traité des viscères), framboise, frange, offrande, souffrance, etc. EXCEPTÉ : *Splendeur et ses dérivés.*

14.
IAN.
Orthographiez par IAN *avec* A, *et non par* EN, *la syllabe* IAN, *dans tous les mots, qu'elle soit initiale, médiale ou finale.* EXEMPLES : Confiance, défiance, diantre, amiante, orthographiant, sténographiant, souciant, asphyxiant, étudiant, initiant, appréciant, fiançailles, viande, triangle, riante, expédiant (*participe*), bénéficiant, mendiant, négociant, etc., etc. EXCEPTÉ : *Science, assiente, patience, fienter, fayence, Orient, récipiendaire, audience, expédient* (moyen), *obédience, clientelle, efficient, déficient, émollient, excipient, quotient et leurs dérivés.*

15.
PREN.
PRÉHEN.
Orthographiez par EN *avec* E, *les syllabes* PREN... PRÉHEN... *initiales, médiales ou finales.* EXEMPLES : Apprendre, répréhensible, appréhension, surprendre, comprendre, compréhension, etc., etc. EXCEPTÉ : *Préambule.*

16.
ENDRE.
Orthographiez par ENDRE, *et non par* ANDRE, *toutes les finales qui font entendre ce son.* EXEMPLES : Vendre, rendre, fendre, pendre, prendre, entendre, surprendre, comprendre, tendre, cendre, gendre, calendre, attendre, etc., etc. EXCEPTÉ : *Alexandre, Flandre, épandre* (de épars), *répandre, coriandre, léandre, filandre, et les dérivés.*

A augmentatif.

Idée de tendance, de direction vers un terme, ou d'introduction, etc.

A AUGMENTATIF.

RACINE ORIGINELLE :	RACINE FRANÇAISE :	VRAI SENS :	FORMES OU VARIÉTÉS :
2me *origine* : du latin *ad*.	a	*à, vers, de,*	*ab, ac, ad, af, ag, al, ap, as, at.*
3me *origine* : du latin, *in, en, a*.	a	*dans.*	*am, an,* etc.

Dans la *deuxième origine, a* vient de *ad*, est considéré comme *augmentatif* et signifie *à, vers, de*, ajouté au mot qu'il sert à constituer une idée de *direction* vers un terme quelconque, de *tendance*, etc. Il a plusieurs formes ou variétés dont voici les prinpales : *ab, ac, ad, af, ag, al, ap, as, at*.

Dans la *troisième origine, a* vient de *in*, d'où l'on a tiré *en* (an), et ensuite *à*, en faisant disparaître le son nasal, est *augmentatif*, apporte au mot qu'il sert à constituer une idée d'*introduction* et signifie *dans*. Ses variétés principales sont *an, am*.

A

AB

ABAJOUE, subs. fm. Poche située *dans l'intérieur* des *joues* de certains animaux.

ABBÉ, subs. ms. Ce terme est formé du syriaque *abba*, père, ecclésiastique.

ABD. Mot primitif des langues sémitiques qui sert à qualifier les personnages orientaux, et se place avant le nom pour y ajouter l'idée de *serviteur, abd allah* ou *abd alah, Abd el Kader, abd olonyme*.

ABDALA, subs. ms. Formé de *abd*, serviteur, de *al*, élévation, et de *lah*, Dieu; *serviteur de Dieu;* mot arabe qui a sa source dans le sanscrit et l'hébreu. Nom générique des religieux chez les Persans. Les chrétiens les appellent moines et les Turcs *derviches*. C'est à cause de l'étymologie qu'il vient d'en être donné que ce mot s'écrivait aussi par deux ll. *Élévation du serviteur de Dieu*.

ABE, subs. ms. — *abba*, père; est une corrup-

tion de ce dernier. Les Orientaux emploient ce mot pour désigner un de leurs vêtements.

ABECQUER ou ABÉQUER, v. a. Racine *a*, et *bec*. Donner la *becquée à* un jeune oiseau, lui mettre la nourriture *dans* le *bec*.

ABÊTIR, v. a. Formé de *a*, et de *bestia*. Rendre stupide, faire entrer la *bêtise dans*. On pourrait dire, à l'opposite, que c'est *ôter* l'esprit, rendre stupide, empêcher le développement des facultés intellectuelles.

ABONDANCE, subs. fm. *Réunion dans* une langue de toutes les locutions qui peuvent la rendre propre *à* énoncer toutes les idées ou *à* en distinguer toutes les nuances. *Grande quantité*, richesse *de* style ; *affluence* de mots, de tours heureux. Les latins retrouvent la même idée dans *abundare*, formé de *ab*, de, et *undo*, je coule; ce qui veut dire *refluer, abonder. Il y a dans la langue française une* abondance *qui en fait la richesse et la beauté*, c'est-à-dire une *affluence* de tours heureux.

ABONNEMENT, subs. ms. Marché pour un temps limité et *à* prix déterminé. Convention *avec* quelqu'un. Ce mot vient de l'adjectif *bonne*, qui, dans l'ancien français, signifiait *limite*, et avec lequel on a fait, par corruption, le mot *borne*.

ABONNER, v. a. — *a* augmentatif, et de *bon ;* rendre *bon*. Faire entrer quelque chose de *bon dans*. (Voir *abonnement*.)

ABONNIR, v. a. Racine *a* et *bon ;* rendre *meilleur*, introduire quelque chose de *bon dans*. Il est aussi neutre, pour signifier *devenir meil-*

leur : Un enfant méchant abonnit *en grandissant,* c'est-à-dire qu'il devient *meilleur.*

ABORDER, v. a. Racine *a*, et *bord ; aller à bord. Joindre* un vaisseau. Au figuré, il signifie *accoster.* Aborder une personne, c'est-à-dire l'accoster. Il s'emploie sans régime ou avec la préposition *à* ou *dans Nous ne pûmes* aborder ; aborder *au rivage ;* aborder *dans une île.*

ABOUCHER, v. a. Racine *a*, vers, et *bouche.* Attirer l'un *vers* l'autre pour conférer ensemble. Ce mot vient du français *bouche* et de l'*a* augmentatif qui, dans ce cas, signifie *vers, dans.* Faire trouver des personnes *dans* un lieu pour qu'elles confèrent *ensemble.* Comme verbe pronominal, il a le même sens : S'aboucher, c'est se trouver *dans* un lieu, etc.

ABOUTER, v. a. Racine *a*, et *bout ; joindre. Mettre bout à bout* deux pièces de bois qui doivent se toucher.

ABOUTIR, v. n. Racine *a*, et *bout ; toucher à un bout.* C'est tendre à..., aboutir *à un champ,* toucher à ce champ. *Cette démarche n'aboutira pas* , elle ne touchera pas au bout... *Cette démarche n'aboutira qu'à vous faire blâmer,* c'est-à-dire qu'elle ne tend qu'*à* vous faire blâmer.

ABREUVER, v. a. Formé de *ab*, pour *ad*, à, et de *boire (adbiberer,* en latin); signifie *(mener à l'abreuvoir)* faire boire les chevaux, etc. On dit, au figuré, s'abreuver *de ses larmes,* pour dire pleurer beaucoup.

ABRI, subs. ms. — *a, Arbris,* vieux mot français formé de *abris,* arbre : c'est-à-dire sous les arbres, à couvert par les arbres. Mais ne pourrait-on pas aussi tirer ce mot de *a* privatif, *sans,* et de *brise,* c'est-à-dire *sans la brise,* en sûreté, garanti contre. Lieu où l'on peut se mettre à couvert du mauvais temps. Lieu où l'on est *en sûreté.* C'est, selon le français moderne, un lieu garanti contre la *brise,* enfin contre le vent frais, ainsi qualifié par M. l'abbé Girard. A *l'abri,* adverbe, signifie avec plus de propriété, quelque chose qui défend, et *à couvert,* quelque chose qui cache. A l'abri *de la pluie,* à couvert *du soleil.* Des auteurs font venir ce mot du latin *apricius (d'aperire,* ouvrir), exposé au soleil et *à l'abri* des vents, ou de l'espagnol *abrigo,* même sens que le précédent, dont les habitants du midi de la France ont fait *abric.* Cette étymologie n'est pas rationnelle, car il est évident qu'on ne peut être couvert et exposé au soleil en même temps.

Après un examen religieux des auteurs qui se critiquent et qui ne donnent pas, plus les uns que les autres, les *éléments créateurs* de ce mot ni son analyse, je n'ai pu être satisfait, et abandonnant *Napoléon Landais* et M. *Bescherelle,* etc.; j'ai donné, selon la raison et le bon sens, l'analyse qui se trouve plus haut et que je crois incontestable. Car le sens commun nous dit que ceux qui se mettent à couvert ont des motifs pour le faire ; et la notre radical *brise* ou *bris* qui n'empêche nullement les arbres de M. Bescherelle de nous garantir.

Pour l'orthographe des initiales *ab*, voir *ab*, formé de *a* privatif.

Remarque. Nous ne connaissons que ces quelques termes, commençant par *ab*, pour appartenir à l'*a* augmentatif. Ils sont au nombre de treize, non compris leurs dérivés soumis aux mêmes lois étymologiques et orthographiques.

AC

AC, (ak). Mot primitif du sanscrit, ou *élément créateurs,* passé aux langues-mères, à l'arabe, etc., qui indique toute idée de *pointe,* de *piquant.* C'est-à-dire que *ac,* placé au commencement de beaucoup de mots, ajoute à ces mots une idée de *pointe,* de *piquant,* etc. De cette idée vient, par extension, l'idée d'*extrémité,* de *sommet* , de *repoussant,* d'*aigreur,* de *revêche,* de *rude,* de *dur,* etc. Il ne faut pas confondre *ac* (ak) avec *ac,* dont l'initiale est *a* privatif ou *a* augmentatif.

ACAGNARDER, v. a. Formé de *a* augmentatif et d'un vieux mot français *cagnard,* lieu exposé au soleil; tiré du latin *canis,* chien. Accoutumer quelqu'un à une vie fainéante.

ACANTHE, subs. fm. Plante à *pointes piquantes.* C'est une plante *épineuse* qu'on nomme aussi *branche ursine.* Tous les composés de *acanthe* renferment l'idée de *piquant,* de *pointe,* et sont formés de *ac,* pointe, piquant, qui se résume comme il suit: *akantha,* épine, (grec).

ACANTHOIDES, subs. fm pl. *Qui ressemble à la ronce.* Famille de plantes semblables à l'*acanthe.*

ACANTHOPHAGE , adj. Formé du grec *akanthor,* et *phagô;* signifie en français, *je mange l'épine.* Qui vit de *chardons.*

ACANTHOPHIS, —du grec, *aphidion,* signifie en français, *serpent à épines.*

ACANTHOPHORE, subs. fm. *Porter l'épine.* Genre de plantes qui a pour caractère des tubercules arrondis et *épineux.*

ACANTHOPODE, subs. ms. *Pied d'épine.* Genre de poissons dont les nageoires sont armées de *piquants.*

ACCACIA. subs. ms. Est formé de *ac* (pointe). Arbre de haute tige, qui porte des fleurs légumineuses. Il existe une multitude d'espèces d'*accacias* dont les produits sont importants pour la médecine. Ce mot se retrouve dans *aké,* pointe (grec).

ACCAPARER, v. a. Formé de *ac,* pour *ad,* auprès, en tas, et de l'italien *capara,* arrhes, *prendre,* recueillir; *acheter beaucoup,* acheter sans vendre. Faire *amas* de denrées pour les rendre plus chères.

ACCAPAREUR, EUSE, subs. Même étymologie que *accaparer.* Celui ou celle qui *achète* une quantité considérable d'une denrée, pour la rendre plus chère en la rendant plus rare. A l'époque calamiteuse de 1793, on a donné le nom d'*accappareurs:* 1º à ceux qui, dans un but de malveillance ou de cupide et de honteux trafic, dérobaient à la circulation des marchandises, des denrées de première nécessité, qu'ils achetaient et tenaient renfermées, sans les mettre en vente journellement et publiquement; 2o à ceux qui faisaient ou laissaient périr volontairement ces denrées, ces marchandises de première nécessité.

Lorsque, sous le gouvernement de la République, Napoléon 1er fut investi de l'autorité et de toute la puissance suffisante pour mettre un terme à ces exactions criminelles et prévenir les horreurs de la guerre civile, dont la France était alors menacée, il sut, par une répression loyale et énergique, dans l'intérêt de la nation déjà ébranlée jusque dans ses fondements, prendre une mesure sévère, mais juste et équitable, commandée par la situation du moment, qui mit fin à tous ces abominables et affreux desseins.

ACCATILLER, v.a. Formé de *ac*, augmentatif, et du latin *castellum*, château. Terme de marine. C'est *orner*, *embellir* un bâtiment.

ACCÉDER, v. n. 1re conjugaison. — *ac*, pour *ad*, vers, et de *céder*, — *cedere* (latin), *aller* et *venir*; c'est consentir, adhérer, entrer dans un engagement déjà consenti par d'autres personnes. Accéder à une proposition, accéder à certains engagements, etc. En politique, il se dit de l'adhésion donnée par une puissance à un engagement contracté par d'autres États.

On dit *accéder à un traité*, mais on ne dit point *accéder à un parti*.

ACCÉLÉRATEUR, RICE, adj. Même étymologie que *accélérer*. Formé de *ac*, augmentatif, et de *célérité*, diligence, vitesse, promptitude; qui *augmente* la vitesse, qui donne de l'activité, de la promptitude, de la vie aux affaires, etc. *Un gouvernement ferme et sage, conféré au génie fécond d'une puissante volonté, est comme le principe accélérateur du mouvement de tous les ressorts de son industrie, de son commerce, des sciences, des arts, etc., que l'on revoit. par cette source de bienfaits, fleurir avec bonheur.*

ACCÉLÉRER, v. a. Formé de *ac*, pour *ad*, augmentatif, et de *célérité*, vitesse; *augmenter* la vitesse, *hâter*, *presser*.

ACCENS, ACCENSER ou **ACENSER**, v.a. — *ac* (pour *ad*), auprès, et de *cense*, — *census*, bien : *Joindre* un bien à une autre dépendance. *Réunir* deux pays sous une même division. Je laisse aux aristarques le soin de faire le choix entre les deux orthographes et les deux définitions dont il s'agit. Sans épouser les querelles d'auteurs, je me crois fondé à dire qu'il n'est rien de déraisonnable dans ces définitions, mais qu'il faut suivre l'orthographe de l'Académie, la seule autorité compétente.

ACCENT, subs. ms. Formé de *ac*, pour (*ad*), auprès, et de *cantus*, chant. Modification de la voix parlante *dans* la durée ou *dans* le ton des syllabes ou des mots. La manière *d'*articuler ou *de* prononcer particulière à un peuple, à une nation. Selon *Napoléon Landais*, l'accent provincial est la manière de prononcer propre à une province, lorsque dans cette province on ne prononce pas comme la bonne société du monde instruit de la capitale. Accent *wallon*, *flamand*, *picard*, *normand*, *gascon*, etc. En grammaire, on désigne par ce terme des signes conventionnels qui se placent sur les voyelles pour faire connaître la prononciation des mots, et très-souvent pour remplacer une lettre supprimée, comme dans *âge*, que l'on écrivait autrefois *aage*, *apôtre* (apostre), *fenêtre* (fenestre), *tête* (teste), etc. Il y a trois sortes d'accents : l'accent aigu ('), l'accent grave (`) et l'accent circonflexe (^).

ACCEPTER, v. a. Formé de *ac* pour (*ad*), à vers, et *capere*, prendre. *Agréer* ce qui nous est présenté, *prendre* ce qui nous est offert. *Accepter* une lettre de change, *prendre vers soi* l'engagement de la payer à l'échéance.

ACCESSOIRE, subs. fm. Action par laquelle on adhère à un contrat. Consentement d'une puissance à un engagement contracté par d'autres. Union d'une chose à une autre. *Acte d'accessoire*, terme de Palais. (Voir le mot suivant pour les éléments créateurs).

ACCESSOIRE, adj. des 2 g. Ce qui est destiné à accompagner quelque chose de principal. *Accès*, *accessoire*, *accessit*, etc., et tous les mots de cette famille formés comme *accéder*, de *ac* (pour *ad*), à, vers, auprès, et de *cedere*, consentir, présentent la même idée, sous diverses nuances.

ACCIDENCE, ACCIDENT, etc.. et tous leurs dérivés, formés de *ac* (pour *ad*), à, vers, auprès, et de *cadere*, tomber, présentent l'idée de *tomber dans le malheur*, l'idée d'événement imprévu, de chose fâcheuse, de cas fortuit, etc.

ACCLAMATION, subs. fm. Ce terme et ses composés sont formés du celtique et du latin, *ac*, pour *ad*, vers, et de *clamare*, crier. Cri *de joie*, d'applaudissement. Il s'emploie ordinairement au pluriel : faire des *acclamations*, c'est-à-dire proférer des *cris de joie*. Voici quelques formules des acclamations que l'antiquité nous a conservées: *Que les Dieux vous conservent pour nous, votre salut, notre salut. En vous, ô Antonin! et par vous nous avons tout.* Lorsque Agrippa entra dans Rome, les peuples criaient qu'elle était l'honneur de la patrie, le seul sang d'Auguste, le seul modèle de l'antiquité, et ils faisaient des vœux pour ses enfants. A l'entrée d'Alexandre-Sévère, les peuples criaient : *Salve, Roma, quia salvus Alexander. O Rome! soyez sauve, puisque Alexandre est sauf.* Les Hébreux criaient: *Hosanna!*

ACCLIMATER, v. a. Racine *ac*, et *climat*. Accoutumer à la température d'un *climat*.

ACCOINTANCE, ACCOINTER, ACCOINTABLE, sont formés de *ac*, pour *ad*, près, et de *comitar*, accompagner. Subs. fm. Habitude d'accompagner quelqu'un, *tendance à* une liaison familière.

ACCOLADE, subs. fm. — *ac* (pour *ad*), à, vers, et de *collum*, col ou cou. *Vers le col*, ou *au cou*. Embrassement.

ACCOLER, v. a. Même étymologie que *accolade*. Embrasser, se jeter *au cou* de quelqu'un.

ACCOMMODER, v. a. Racine *ac*, et *commode; commodité*, etc. Procurer de la commodité. Être propre à quelqu'un, être à sa bienséance.

ACCOMPAGNER, v.a. Racine *ac* (à), et *compagne*,—de *compages* (latin), union. *Union à*. Faire *compagnie à quelqu'un*. Aller de compagnie *avec* quelqu'un. Tous les dérivés ont les mêmes *éléments créateurs*. Le bon esprit *accompagne* presque toujours le vrai talent. (Dusault).

ACCOMPLIR, v. a. Formé de *ac*, pour *ad* augmentatif, et de *complere*, compléter; c'est *achever* tout à fait. Accomplir une course. (La Bruyère). Accomplir son temps de pénitence. (Fléchier).

ACCORDER, v.a Racine *corde*, et l'initiale *ac* (pour *ad*), à, vers. Consentement mutuel donné à une chose. Conformité *de* volontés, de sentiments.

ACCOSTER, v. a. Racine *côté*, — du vieux français *costé*. Formé de *ac* (pour *ad*), à, vers; aborder quelqu'un (se mettre à côté) pour lui parler.

ACCOUPLER, v. a. Racine *ac*, *ad*, près, et *couple*.—*copula; joindre* deux choses ensemble. *Apparier* le mâle et la femelle pour la génération.

ACCRÉDITER. v. a. Formé de *ac* (pour *ad*), auprès, et du mot *crédit*,— *créd*, foi (celtique). Il signifie mettre *en crédit*, en réputation. Donner cours ou faveur à quelque chose : *Accréditer une opinion, une nouvelle; accorder du crédit à...*, donner *cours à*... Accréditer un *ambassadeur*, c'est, de la part d'une puissance, autoriser sa mission *auprès* d'une autre puissance par des lettres de *crédit*.

ACCROIRE. v. a. — *ac* (à), et de *créd*, foi (celtique). *Ajouter* foi à ce qu'on dit. Croire quelque chose; ce verbe n'est usité qu'à l'infinitif et avec le verbe faire : *Faire accroire*. Je fais, nous faisons accroire, je ferai accroire, etc.

ACCUMULER. v. a. — *ac* (à) et de *cumule*,— *cumulos*, tas; *ajouter à*... entasser, mettre *en* monceau. *Accumuler crime sur crime*, c'est ajouter crime à crime.

ACCUSATIF, subs. ms. — *ac*, à, et de *casus*, cas (sous entendu). *Cas qui sert à* accuser. Terme de grammaire. C'est le cas qui sert principalement à indiquer le régime direct des verbes.

ACCUSER, v. a. Formé de *ac* (pour *ad*), pour, et de *cause*; mettre *en cause* (ou *dans la cause*). Imputer à quelqu'un une faute, un crime; déférer quelqu'un à la justice. Déclarer ses péchés à un confesseur. Donner avis.

M. Bescherelle n'est pas d'accord avec l'Académie ni avec les autres auteurs sur ce point; il

fait venir ce mot de *a* privatif, et de *cus*, caché ; mais reconnaissant plus tard son erreur, il ajoute qu'on peut le former de l'*ad* augmentatif.

ACENSER, et ses dérivés *acens*, etc. Donner à cens, donner à rente, selon l'Académie, sont orthographiés avec un seul *c*. Plusieurs auteurs, d'accord sur l'étymologie de ce mot, qu'ils font venir de *ad*, auprès, et de *census*, bien, lui donnent deux *cc* de suite et la signification de leur origine, page 64.

ACESCENCE, subs., et **ACESCENT, ENTE**, adj. Racine *ac*, piquant. C'est la *tendance* qu'ont les choses ou les objets *à* devenir légèrement *acides*.

ACIER, subs. ms. Ce mot et tous ses dérivés nous semblent formés de la racine *ac*, mot primitif qui indique toute idée *de pointe, de piquant*. Les Grecs lui donnaient ce sens. On désigne, par ce terme, le fer combiné avec une portion de carbone, c'est-à-dire fer raffiné, très-pur et beaucoup plus flexible que le fer ordinaire. *Acre, acrimonie*, expriment l'idée de leur racine *ac*, piquant, aigu, etc.

ACRO. Cette initiale (*élément créateur*) est un mot primitif qui ajoute aux mots qu'il sert à constituer l'idée de *sommet*, de *pointe*, d'*extrémité*, signifie *haut*, qui est au haut d'une montagne*.

ACROBATE, subs. Qui marche sur l'*extrémité* du pied. Danseur, danseuse de corde, chez les anciens et chez les peuples de notre époque.

ACROBIE, subs. fm. — *ac*, pointe, sommet; *groupe* de végétaux. *Mousse* qui croît au *sommet* des plantes; *bourgeons*.

ACROCÉRAUNIENS, adj. ms. plur. *Foudre à l'extrémité, au sommet*. Montagne dont le *sommet* est souvent frappé de la *foudre*. *Hautes* montagnes de l'Epire. (*Héraunos*, foudre.)

ACROCHIRISME, subs. ms. Racine *ac*, extrémité, et *chéir*, main. (*Je touche avec le haut des mains*). Espèce de danse, ou plutôt de lutte, dans laquelle on n'employait que les mains (les *extrémités*).

ACROCOME. subs. et adj. (*haute* et *longue chevelure*). Ce terme s'applique aux personnes chevelues, c'est-à-dire qui ont de *longs cheveux*. Palmier ainsi nommé à cause de l'élégante masse de feuilles qui couronne sa tige.

ACROCHORDON, subs. ms. (*extrémité* et *corde*). Espèce de verrue attachée par un filet délié à la peau, d'où elle semble pendre comme à une corde. *Chirurgie*. Radical *chordé*, corde.

ACROLITHE, adj. (*extrémité* et *pierre*). Ce terme désigne une statue dont les *extrémités* seulement sont en *pierre*.

---

* Bien des mots ne sont pas formés directement des finales qui leur donnent le *sens*, mais par corruption ou par altération euphonique.

* Voir tous les mots composés ou dérivés qui suivent; il est inutile de répéter les éléments créateurs à chaque mot de la même catégorie.

ACROPATHIE, subs. fm. (*extrémité, affection*). Maladie d'une extrémité du corps. *Médecine.*

ACROPOLE, subs. fm. On trouve dans l'origine *haut* et *ville*; citadelle au *haut* d'une ville. L'*acropole* d'Athènes. *Antiquité.* C'est dans les langues orientales qu'on retrouve l'origine de ce terme, et de *Sébastopole* dont l'initiale de ce dernier veut dire, *fort, château*, et dont la terminaison représente l'idée de *ville*. Radical *polis*, ville (grec).

Le génie sublime des savants a confirmé notre opinion, établie seulement sur les éléments dont ces termes sont formés.

ACROSTICHE, subs. ms. et adj. des 2 g.—*ao*, extrémité, et ordre, rang (*extrême, ordre*). C'est-à-dire *ordre, rang*, placé à l'une des *extrémités*, marqué par ordre aux *extrémités*. On désigne, par ce terme, un ouvrage composé d'autant de vers qu'il y a de lettres dans le nom qu'on a pris pour sujet, et dont chaque vers commence par une des lettres de ce nom prises de suite. Voici un exemple d'acrostiche improvisé dans une séance de littérature donnée au salon des Concerts, en 1841, à Namur :

Ƨ aissez talent, croissez fleur d'espérance,

Ᵽ ux bords heureux de mes tranquilles eaux.

Ƹ es vieux rochers et mes riants côteaux,

Ͻ nis aux cieux, témoins de ton enfance,

Ꝑediront tous si tu fais des héros.

Autre exemple d'acrostiche, improvisé dans une séance littéraire, pour inaugurer le salon de Rubens, à Anvers, le 11 novembre 1840 :

Ᵽ ntique asile, aux beaux arts nécessaire,

Ƨ apoléon, envoyé par les cieux,

ᐊ int illustrer ton port, sous sa bannière.

Ƹ nfin son ange a, dans un vol heureux,

Ꝑ égénérer ta destinée prospère,

ω ois toujours fier de ces temps précieux.

ACROTÉRIASME, subs. ms. (Du grec) signifie: *je coupe les extrémités.* Amputation d'un membre. *Chirurgie.*

ACTIF, ACTION, ACTIVITÉ, etc., et tous leurs dérivés ou composés, formés de *agere*, agir, force, vigueur; présentent à l'esprit l'idée d'une puissance qui a la vertu de *produire de l'effet*, qui agit avec *force*, avec *célérité;* de là l'idée de *diligence*, de *promptitude*, etc. On dit d'un militaire, d'un fonctionnaire, qu'il est en *activité* de service lorsqu'il sert, lorsqu'il exerce ses fonctions. Un homme *actif* est celui qui est toujours en *action*. En grammaire, on appelle *actif* la partie d'oraison qui exprime une action faite par le sujet, par opposition au mot *passif*, qui indique une action reçue par le sujet. L'agent fait l'action, le patient la reçoit ou la supporte. Tous les verbes ne sont pas appelés *actifs*, parce qu'ils expriment une action. Il faut pour être *actifs* que l'effet de l'action dont il s'agit ait lieu hors du sujet, par exemple: chanter est un verbe *actif*, mais *dormir* n'est pas actif.

ORTHOGRAPHE ABSOLUE.

AC

L'articulation *ac* (prononcez *ak*) prend deux *cc* de suite au commencement des verbes et de leurs dérivés, mais elle est orthographiée avec un seul *c* dans tous les autres cas. *Exemples :* accroc, accord, accuser, accourir, accroître, etc., ont deux *cc* de suite, parce que ces mots sont verbes ou dérivés de verbes. En effet, on peut dire : il *accroche*, tu *accordes*, nous *accusons*, vous *accourez*, etc. Mais *acajou, acacia, acabit, Académie*[*], *acariâtre, achromatique*, etc., n'ont qu'un *c*, parce que ces mots ne sont ni verbes, ni dérivés de verbes. En effet, on ne dit pas : nous *acajoutons*, nous *académisons*, etc. Il faut excepter *accessit, accise, accon* (bateau), qui ont deux *c* de suite sans être verbes ni dérivés.

Les verbes *acagnarder, acoquiner*, n'ont qu'un seul *c*.

REMARQUE. Dans *acquérir* et autres verbes commençant par *acq...* le *q* tient lieu de second *c*.

Il faut remarquer, pour faciliter l'orthographe des initiales *ac*, que tous les mots dont cette articulation initiale est écrite avec deux *cc*, (par *acc*) indiquent une *idée augmentative.*

AD

ADAGE, subs. ms. (formé de *ad*, pour, et de *actum*, acte), ou de *agendum*, qui doit être fait, *pour* la conduite *de* la vie. Sentence populaire. C'est à tort que Trévoux donne ce mot comme vieux, et cherche à le déprécier, car il occupe toujours un rang honorable dans tous les genres de style, et à quelque chose de plus noble que le mot *maxime* ou *proverbe*, dans le style soutenu.

ADAM, subs. ms. Racine probable A, lettre mâle qui veut dire *homme*, et *dam* (Adam), terre (tiré du sanscrit). Né *de* la terre, *homme de terre*. Selon la Génèse, mot hébreu qui sert à désigner le nom du premier homme, le père du genre humain, formé *de terre*. *Dam* a signifié Dieu, Seigneur.

ADAPTER, v.a. Racine française *ad*, pour *à*, et *apte;* propre *à*. C'est appliquer, ajuster une chose *à* une autre; faire cadrer. Les *temps* et *l'expérience* ont prouvé *que la seule forme de gouvernement qui s'adapte heureusement à la France est la constitution impériale acclamée*

---

[*] Bescherelle emploie les verbes *académifier* (faire académicien), *académiser* (dessiner d'après le modèle appelé *académie*), *académisier* (faire quelqu'un académicien).

par environ huit millions de suffrages. (C'est-à-dire qui *s'applique* à la France, etc.). *Rien ne s'adapte mieux au culte rendu à la Divinité que la religion catholique, lien qui attache la créature au Créateur.* C'est-à-dire ne *s'applique* mieux.

ADDITION, subs. fm. Racine *ad* augmentatif, et *do,* je donne ; je donne *de surplus.* Ce qui est ajouté à quelque chose. *Additionner, additif,* etc., et tous les mots de cette famille présentent à l'esprit la même idée et ont la même racine originelle.

ADDUCTEUR, subs. ms. Qui *conduit vers. Les muscles adducteurs,* dans ce cas, il est adjectif. *L'adducteur de l'œil.* On entend par ce terme certains muscles qui font *agir en dedans* les parties auxquelles ils sont attachés. On retrouve la signification de ce mot dans le latin d'où il est formé, *ad,* vers, et *ducere,* conduire.

ADELPHIXIE, subs. fm. *Confraternité, liaison* des parties organiques. *Médecine.*

ADEPTE, subs. ms. et fm. Celui qui est initié *dans* les mystères d'une secte ou *dans* les secrets d'une science.

ADHÉRER, v. n. — *ad,* pour à, et de *hérer,* — *hærere,* parler ; *lier* à, *acquiescer.* Tenir à, être attaché à ; être du sentiment *de* quelqu'un. *La France entière fut toujours animée d'un dévouement unanime pour* adhérer *à de grands actes patriotiques.*

ADHÉSION, subs fm. *Union, jonction, liaison.* C'est l'action d'adhérer. Mêmes éléments créateurs que *adhérer* et les dérivés, etc.

ADJACENT, ENTE, adj. Racine, *ad, auprès,* et *jacente, —jacere,* être couché ; situé proche Être *couché auprès.* Être tout proche.

ADJECTIF, adj. ms. au féminin *adjective.* Racine, *ad, auprès,* et *jacere* (jeter auprès); avec ces deux mots on a fait *ajouter.* On nomme ainsi le mot qui se *joint* à un substantif pour en marquer la qualité ou la modification. *Terme de grammaire.* L'un des éléments principaux du discours.

ADJOINDRE, v. a. Comment fut formé ce mot ? — De *ad* pour à augmentatif, et *joindre.* C'est *joindre* à ou *joindre avec.* Donner un collègue, un associé à quelqu'un, etc. Joindre une personne à une autre pour le soin d'une affaire. Il y a idée *d'appartenance, d'introduction, d'augmentation,* etc.

ADJOINT, subs. ms. *Joint* à un autre ; qui aide, qui supplée.

ADJUDICATAIRE, subs. des 2 g. Même étymologie que *adjuger,* formé de *ad,* à, pour, et de *juger;* rendre un *jugement pour,* etc. C'est celui auquel on *adjuge.*

ADMETTRE, v. a. *Mettre à* ou *vers.* Recevoir à la participation de quelque avantage. *Les Ministres étrangers sont* admis (reçus) *à l'audience du prince, et reçus dans sa cour.* (Gérard.) Racine *ad,* à, et *mettre.*

ADOLESCENCE, subs. fm. Ce terme est formé de *ad* augmentatif, et de *crescere,* croître, et désigne le premier âge après l'enfance, depuis 14 jusqu'à 25 ans. Il ne se dit guère que des garçons.

ADOPTER, v. a. Racine *ad,* à, pour, et *opter,* choisir. Faire *introduire* une amélioration, un nouveau mode ; choisir *de préférence.* On dit *adopter* des pensées, des sentiments, pour *choisir de préférence* des, etc.

ADORATION, subs. fm. Formé, comme *adorer,* de *ad,* à, et de *os,* bouche ; parce que les Romains, dans leurs prières et leurs cérémonies religieuses, portaient la main sur la bouche. Ou mieux, — de *orare,* parler, prier, actions *de prier.* Culte qu'on rend à Dieu. *Adoration de la croix;* cela ne *s'applique* qu'à *Jésus-Christ. Il y a en France des filles dites de l'adoration perpétuelle;* ce sont des religieuses bénédictines qui font profession *d'adorer* continuellement le Saint-Sacrement de l'Autel. Chez les anciens ce terme représentait l'action *de* porter la *main à la bouche,* de baiser la main.

ADORER, v. a. Même origine que *adoration,* son composé. Rendre à la Divinité le culte qui lui est dû. Aimer avec une passion excessive. De l'idée de *tendance* surgit l'idée *d'appartenance;* ce qui a lieu dans ce cas et dans bien d'autres dont nous aurons occasion de parler. *Adorer,* rendre *au Pape* nouvellement élu le respect dû à sa dignité. Ce verbe s'emploie quelquefois avec ou sans régime. *Les Juifs* adoraient *à Jérusalem et les Samaritains à Samarie,* c'est-à-dire qu'ils rendaient à Dieu le culte, etc. *On* adore *les reliques de saint Janvier dans une très-belle chapelle, à Naples.* On emploie ce terme dans le sens de témoigner à quelqu'un un respect, une vénération sans bornes : *Cette souveraine, dont la vertu élève l'âme, et dont la tendre sollicitude pour son peuple est sans limite, doit être adorée.* C'est-à-dire que son peuple, touché de tant de bienveillance, doit lui *témoigner* un respect, une vénération sans bornes.

ADRESSER, v. a. — *à,* vers, et de *droit.* Envoyer *directement* à quelqu'un. Toucher au but. Suivant Ménage, ce mot vient du latin barbare *addirectiare,* d'où les Espagnols ont fait aussi *aderezar,* et les Italiens *indirizzare.* (Gattel.) Dans le français moderne, on retrouve *direction,* et *ad* pour *à, vers,* etc. Ce qui signifie envoyer *directement à,* ou *diriger vers.*

ADROIT, E, adj. Formé de *a* augmentatif, et de *droit,* selon le français moderne, et qui présente à l'esprit la même idée, ou à peu près, que *adresse,* etc.

ADULER, v. a. Formé, selon Diderot, de *ad,* et de *aller* outre, ainsi que tous ses dérivés ou composés. C'est *flatter bassement,* louer excessivement et avec fausseté.

ADVERBE, subs. ms. — *ad, auprès,* et de *verbe;* placé *auprès du verbe.* L'idée de *tendance* engendre, dans ce cas, l'idée *d'appartenance;* la fonction de l'adverbe consistant à se *joindre aux verbes* et aux adjectifs, on l'a ainsi appelé parce qu'il modifie plus souvent le verbe que tout autre mot.

ADVERTANCE, subs. fm. Formé de *ad*, vers, et *vertance*, — *vertere*, action de se *tourner*. *Tourner vers*, prendre garde, avertissement, avis, instruction, notification, attention.

REMARQUE. La différence de sens entre la *deuxième* et la *troisième origine* est quelquefois difficile à saisir parce que, dans bien des cas, cette différence est si peu sensible, qu'il semble permis à l'esprit de les confondre.

ORTHOGRAPHE ABSOLUE

AD

Cette articulation initiale, qui est la racine originelle, ne prend jamais qu'un seul *d* au commencement des mots qu'elle sert à former, excepté dans *addition*, *adduction* et les dérivés. On écrit donc sans hésiter tous les autres mots avec un seul *d*, selon l'Académie : *adopter*, *adorer*, *adoucir*, *adoniser*, *adepte*, etc.

AÉR

Cet *élément créateur*, mot primitif—*aér*, (grec) signifie *air*, apporte aux mots qu'il sert à former une idée augmentative.

AÉRAGE. subs. ms. Racine *aér*, air. Action d'*aérer*, de donner de l'*air*, de renouveler l'*air*.

AÉRER, v. actif. Ce terme et tous ses dérivés, composés, etc., ont la même racine que *aérage*, et représentent la même idée, sous des nuances différentes.

AÉRIEN, ENNE, adj. *aéronaute* et tous ses dérivés. (Même élément créateur), qui est d'*air*, qui va dans l'*air*, composé d'*air*, etc. Qui habite l'*air*. En 1812, la milice russe sembla un instant recourir à l'usage des *aérostats* militaires ; il paraît qu'elle voulait les approprier à des mitraillades *aériennes*. (Bard.)

AÉROLITHE, subs. ms. — *Aér*, air, et de *lithe* — *lithos*, pierre (grec). Masse minérale qui semble venir des parties supérieures de l'atmosphère. C'est-à-dire, *pierre* qui tombe et semble provenir de l'*air*.

AÉROLOGIE, subs. fm. — *aér*, air, et *logie*, — *logos*, discours. Ce terme et ses dérivés ou composés ont pour racine originelle *aér*, formé de l'*air*.

AÉROMÉTRIE, AÉROMÈTRE, etc. — *aér*, air, et de *mètre*, mesure : dont l'objet est de *mesurer* l'*air*. *Traité de l'air*.

AÉROPHOBE, AÉROPHOBIE, subs. fm. et adj. des 2 g. — *aér*, air, et de *phobe*, — *phobus*, crainte ; qui *craint* le contact de l'*air*.

AÉROPHONE, adj. des 2 g. — *aér*, air, et de *phone*, — *phaïnô*, je brille ; qui est *brillant*, *clair*, transparent comme l'*air*.

AF

AFFABILITÉ, AFFABLE, le premier est subs. fm. et le second adj .des 2 g. Formé de *af (ad)*, et dont la terminaison *(fari*, en latin) signifie *parler*. Le premier de ces mots désigne la *manière douce et honnête de* parler aux *gens*. Ils se disent quelquefois d'égal à égal, mais jamais d'*inférieur* à *supérieur*.

AFFADIR. v. a. Racine *af*, dans, et *fade*. Faire entrer la *fadeur dans*, rendre *fade*. Causer une sensation désagréable par quelque chose de *fade*, *donner du dégoût*. Des louanges outrées affadissent *le cœur*, c'est-à-dire *dégoûtent le cœur*, lui causent une sensation désagréable.

AFFAIBLIR, v. a. Racine *af* et *faible; rendre* moins vif, moins vigoureux. A *l'opposite*, ôter la force de l'esprit, de la mémoire, *diminuer*, *amoindrir*. *Affaiblir le coloris des tons trop frais*, c'est leur *donner* de la *grâce*, de l'harmonie, en ne blessant pas les yeux tendres et délicats.

AFFALER, v. a. Formé du latin barbare *avallare*, pour *advallare*, avaler ; ou mieux *ad* pour à, et du français *val*. C'est mettre, *conduire* à *val*, conduire en bas, abaisser.

AFFAMER, v. a. Racine *faim*. Formé de *af*, à ou dans, et du mot français *faim*, ce mot veut dire porter la *faim dans*, ou causer la faim à..., en retranchant les vivres.

AFFAIRE, subs. fm. Ce qui est le sujet de quelque occupation ; qui a tendance *vers* quelque chose qui concerne le tribunal, la juridiction, etc. Ce qu'on a à démêler avec quelqu'un. Racine *af*, pour à, et *faire*.

AFFECTER, v. a. Et tous ses dérivés sont formés de *af*, qui signifie à ou *de*, vers ou *dans*, et de *faire*, —*facere*, origine éloignée, mais qui est la plus probable. Avec ces deux éléments on a formé *affectare*, affecter, et ses composés, qui marquent l'idée de prétendre *à*, de faire ostentation *de* quelque chose, de propension vicieuse à dire ou à faire certaines choses d'une manière singulière.

AFFECTIF, IVE. adj. Qui est propre à inspirer des sentiments de préférence ; qui consiste à tendre l'esprit *vers* un objet particulier.

AFFECTIONNER, v. a. **AFFECTION, AFFECTUEUX**, etc. Formés de *af*, *de*, pour, etc. Tous ces mots et leurs dérivés ou composés marquent une idée d'émotion *de* l'âme ou *de* l'esprit, une bienveillance, une amitié qu'on a *pour* quelqu'un ; un amour, une tendresse, un attachement *pour* quelqu'un. Les affections *de* l'âme, du cœur, de l'esprit, c'est-à-dire les divers sentiments de l'âme, etc.

AFFERMER, v. a. Racine *af*, à, et *ferme*.

C'est *prendre à* ou *donner à ferme*. Acte qui consiste *à* confier la *direction* d'une ferme *à* quelqu'un, ou *à* prendre la *direction* dont il s'agit.

AFFERMIR, v. a. Racine *af*, *à*, plus, et *ferme*. Rendre *plus* stable, *ferme* : c'est rendre *ferme* et constant, *plus* assuré, *plus ferme*. Racine a dit, dans *Phèdre* : *un bruit mal affermi* pour : Un bruit douteux, peu fondé. Affermir l'âme, le courage, l'autorité, la couronne ; affermir un peuple dans le devoir, c'est *assurer*, rendre *plus* stables, *plus* constants, *plus fermes* le peuple ou les objets dont il s'agit.

AFFICHER, v. a. Racine *af* (pour *ad*) *à*, et *ficher*, attacher. Il signifie *attacher* un placard (*à*) ou *sur* un mur.

AFFILIATION, subs. fm. Racine *af*, (pour *ad*), et *fils*. Association à une compagnie, à une communauté. *Affiliation*, du verbe *affilier*, selon Gattel, vient du latin barbare et signifie *adopter pour fils*.

AFFILOIR, subs. ms. Racine *af*, *à*, pour, et *fil*. Pierre dont on se sert *pour* donner le *fil à* un instrument tranchant.

AFFINER, v. a. Racine *af*, à, plus, et *fin*. Ce mot et ses dérivés marquent l'action de rendre le métal *plus fin*, *plus pur*, *plus délié*. Dernière façon qui donne le *fini*, la perfection.

AFFINITÉ, subs. fm. Racine *af*, pour *ad*, auprès, et *finité*, —*fines*, tiré de limites. *Proximité*, *voisinage*, *rapprochement*. L'affinité n'est pas une parenté, mais une espèce d'adoption, résultat de l'étroite liaison qui existe souvent entre les parents de la femme et ceux du mari.

AFFLUER, v. a. — *af*, vers, et de *fluer*, couler. *Venir* en *foule* à quelque chose. Se diriger tous du même côté. Dans son origine, voici le vrai sens : *Couler vers*. *Plusieurs rivières affluent dans la Seine* (coulent vers).

AFFRANCHIR, v. a. Donner la *franchise à* quelqu'un, ou à quelque chose. Donner la liberté à un esclave. Racine *af*, à, et *franc*, franchise. C'est donner la franchise *à*, mettre en liberté. Affranchir un esclave, donner la liberté à un esclave. *Délivrer : La mort nous affranchit des misères de ce monde*, c'est-à-dire nous *délivre* des misères, etc.

AFFRIANDER, v. a. Racine *af*, à, plus, et *friand*. Rendre *friand*, plus délicat sur les choses qui se mangent. *Attirer* par quelque chose d'agréable ou d'utile.

AFFRONT, AFFRONTER, et les dérivés ou composés ont pour racine *af* et *front* ; insulte, outrage, avanie, etc. Trait *de* reproche ou *de* mépris lancé *en* présence *de* témoins.

AFFRIOLER, v. a. Racine *af*, idée de tendance. *Attirer à soi* par quelque chose qui paraît utile ou agréable. C'est donner à la chose une *direction* qui tient de l'artifice, de la subtilité.

Cette articulation initiale à deux *ff* de suite, au commencement de tous les mots qu'elle sert à former. *Exemples :* affabilité, affaire, afficher, affermer, affranchir, etc. Il faut excepter deux mots : *afin*, *Afrique*, et les dérivés de ce dernier.

AG

AGACER, v. a. Racine *ag*, (pour *ac*), pointe. Causer une irritation légère à quelque partie de l'individu. Il exprime aussi *une tendance* à vouloir plaire, chercher *à* plaire. Ce verbe se conjugue comme *placer*, *menacer*, etc. L'articulation *ag* représente dans ce cas et bien d'autres la même signification que *ac* dont elle est le son dur. Enfin c'est dire que *ac* est quelquefois l'euphonie de *ag* dont il tient lieu dans notre langue.

AGAVE, subs. fém. Formé du grec, (*agavos*) il veut dire *beau*, *admirable*. Belle et admirable plante.

AGE, subs. ms. Ce mot est formé du latin *ætas ævum*, dont on a fait *aige*, et ensuite *aage*, *asge*, puis *âge*. La durée ordinaire *de* la vie. Tous les différents *degrés de* la *vie de* l'homme. Un certain nombre de siècles.

AGENCE, AGENCER, AGENT, etc. et tous les dérivés doivent avoir pour racine *a* augmentatif, et *gérer* ou *agir*, formés du français moderne ; tous ces mots marquent l'idée d'*approprier*, de *parer*, de *ranger*, de mettre en bon ordre. C'est, enfin, une *union combinée des* parties d'un tout, la manière d'*arranger*, etc.

AGENDA, subs. ms. Ce mot est tiré de l'infinitif latin *agere*, agir. Petit livret destiné à recevoir les inscriptions de ce qu'on se propose de faire.

AGENOUILLER, v. a. et prono. Racine *a* augmentatif, et *genou*. Se mettre à genoux, se mettre sur ses *genoux*. *Diriger* ses *genoux vers* la terre.

AGGLOMÉRER, v. a. Racine *ag*, (pour *ad* augmentatif), et *glomérer*, —*glomerare* (latin) ; assembler *en* corps, mettre *en* peloton. C'est assembler, amonceler, grossir. Il est plus usité comme verbe pronominal dans le sens de *s'assembler*, se réunir *en* masse, par peloton, comme dans ces phrases : Les sables se sont *agglomérés* ; Dieu, par sa puissance toute divine, dispersa les nuages qui s'étaient *agglomérés* sur nos têtes.

AGGLUTINER, v. a. Racine *a* augmentatif, et *gluten*, matière qui sert à lier *ensemble* les parties d'un corps; ou mieux *colle*. Ce mot, formé du français moderne, ainsi que tous ses dérivés, signifie *coller*, *réunir*, *rejoindre* les parties du corps qui ont été séparées ; c'est consolider les chairs, les peaux, etc. *Médecine*.

AGGRAVER, AGGRAVATION, v. a. et subs. fm. Racine *ag* (pour *ad* augmentatif), et *grave*. C'est l'action par laquelle on ajoute à quelque chose de *grave*, à un châtiment, etc.

AGILITÉ, subs. fm. Grande facilité à se mouvoir.

AGIR, v. n. Formé du latin *agere*, il signifie opérer, faire quelque chose, produire de l'effet. Agir en homme d'honneur. Il s'agit de telle ou telle chose. L'affaire dont il s'agit (on ne peut pas retrancher *il*, et dire : L'affaire dont s'agit). Avec le pronom *se*, ce verbe devient unipersonnel et régit la préposition *de*. Mais on ne dit point à l'infinitif : s'agir, mais il s'agit de...

AGRÉÉ, subs. ms. — *a* augmentatif, et du latin *gratus*, agréable. Défenseur admis à plaider devant un tribunal de commerce.

AGRÉER, v. a. Accueillir favorablement. Même origine que *agréé*.

AGRÉGER, v. a. Racine *ag* (pour *ad*) auprès de, et *gres*, *gregis*, troupeau ; *associer à un corps*, à une compagnie. Il signifie littéralement *réunir au troupeau*. On dit un *agrégé* pour représenter certain gradué de l'Université. Admettre quelqu'un *dans* un corps.

AGRESSEUR, EUSE, subs. Racine *ag* (pour *ad*,à, vers), et *gradior*, je marche; celui ou celle qui marche le premier, qui attaque le premier ou la première.

AGRESSION, subs. fm. Action de celui qui est le premier à attaquer.

AGRICOLE, adj. des 2 g. — *ager*, *agri*, champ, et de *colere* (latin), cultiver. Qui est relatif à la culture, qui s'adonne à la culture.

AGRICULTURE, subs. fm. Racine, *agri*, champ. et *culture*, cultiver; art de donner à un *champ* la *culture;* ou l'art de cultiver.

AGROLOGIE, AGROGRAPHIE, AGRO-MÈNE, AGRONOME, AGRONOMIQUE, AGRONOMÉTRIE, AGROSTOLOGIE, et, en général, tous les dérivés ou composés des mots qui viennent d'être donnés, ayant pour racine *agro*, champ, marquent l'idée de *labourer* un champ, de cultiver un champ, et renferment le mot agriculture; mais *agronométrie* dit plus que les autres : On entend par ce mot nouveau la science qui consiste pour l'agriculteur à connaître la juste mesure de la richesse de son champ.

AGUERRIR, v. a. Racine *a*, et *guerre;* accoutumer à la *guerre*.

ORTHOGRAPHE ABSOLUE

AG

Voir, pour l'orthographe absolue de *ag* l'observation aux *a privatifs*.

NOTA. Aux éléments créateurs *ag*, il faut joindre quelques mots que l'on peut considérer comme leurs formes ou variétés, ou leurs euphémismes. Ce sont ceux qui vont suivre. (Voyez *aj*.)

AI

AIMER, v. n. (*Amare*) dont le radical est *amor*, amour. Modèle des 5,000 verbes de la première conjugaison. Ce terme et tous ceux de sa famille, primitifs et dérivés, et surcomposés, sont formés de *am*, en extrayant la lettre *i*, et, expriment tous l'idée d'*affinité*, de liaison, etc. (Voir le mot *amour*, et pour la conjugaison de *aimer*, voir aux *a privatifs*, où il est conjugué dans tous ses temps et toutes ses personnes.)

AJ

AJOUTER, v. a. Ce mot (et tous ses dérivés ou composés) a pour racine *a* (pour *ad*), et *joute* (formé du latin *juxta* ou *justa*, selon MÉNAGE), auprès; et signifie joindre une chose à une autre, mettre quelque chose de plus. Il s'emploie dans le sens neutre : La décence ajoute à la beauté, c'est-à-dire joint quelque chose à la beauté. Dans la *Mort de César*, Voltaire dit :

« Il est temps d'*ajouter* par les droits de la guerre
« Ce qui manque aux Romains des trois-quarts de la terre. »

Ajouter foi à quelqu'un, c'est croire ce qu'il dit.

AJUSTER, v. a. (AJUSTEMENT, AJUSTOIR, etc. (et tous les dérivés), a pour racine *a* (pour *ad*) et *juste*, et signifie rendre juste.

AL

Selon plusieurs savants étymologistes, cette initiale (ou *élément créateur*) est un mot *primitif* du sanscrit, transmis à l'arabe, qui marque l'idée d'*élévation*. Loin de vouloir protester contre la prétendue découverte des illustres écrivains dont il s'agit, nous allons la considérer comme *forme* ou *variété* de l'*a* augmentatif, et comme appartenant à la *deuxième origine*, et nous tiendrons compte à nos lecteurs de l'article arabe *al* (*la* en français), qui donne au mot l'idée d'*élévation*, d'excellence, etc.

ALABARCHE, subs. ms. Racine *al*, élévation. Titre du premier magistrat, chef des Juifs à Alexandrie.

ALABARCHIE, subs, fm. Même origine que Alabarche. Dignité d'un Alabarche.

ALAMBIC, subs. ms. (Racine *al*, élévation). D'autres font venir ce mot de l'article arabe *al*, *ambix*, mot grec qui signifie *vase*. Les deux idées se rapportent, et l'on y retrouve cette signification : Le *vase par excellence*, à cause du grand usage que l'on en fait en chimie. Au figuré on dit : Cette affaire a été passée par l'alambic, a été examinée avec beaucoup de soin.

ALARME, subs. fm. Ce mot nous vient de l'italien *all'arme*, aux armes; cri ou signal pour faire courir aux armes; émotion, frayeur, souci, chagrin causés aux autres. Il n'y a nul doute que *al* a appartenu aux Orientaux avant d'être italien, et que, dans ce cas, il signifie *levez-vous*.

ALCALI, subs. ms. Racine *al*, élévation, (article arabe, et *kali*, soude). Terme de chimie. Sel fossile et minéral reconnu aisément à son goût caustique, ou plutôt plante marine qui fournit la soude, produit salin de l'incinération de ce végétal. *Alcalicité, alcalifiant, alcaligène, alcalimètre, alcalin, alcaliser*, etc., ont la même étymologie et présentent à l'esprit la même idée sous des nuances différentes.

ALCANTARA, subs. ms. — *al*, distinction, éminence, grandeur, et de *cantara*, poirier, *ordre du poirier*, jadis ordre militaire d'Espagne (arabe).

ALCHIMIE, subs. fem. *al* (excellence) pour *le* et de *chimi*, suc: *chimie par excellence*. Moyen propre à opérer la transmutation des métaux. Art qui consistait dans la recherche d'un remède universel de ce genre.

ALCOOL, subs. ms. Racine *al*, élévation, et *cohl*, formant le mot arabe *alkoole*, qui veut dire *subtil*, qui est *fin*, *menu* et *s'élève* facilement : C'est l'*esprit* de vin; c'est le produit de la fermentation *spiritueuse* de la bière, du cidre et de toute autre liqueur.

ALCORAN, ou mieux CORAN, subs. ms. Mot arabe formé de l'article *al* (élévation) ou plutôt excellence, et de *coran*, lecture ; *livre de la loi de Mahomet. Livre par excellence.* Les Les Mahométans y comptent 323,015 lettres, et 77,639 mots. En parlant d'une chose à laquelle on ne comprend rien : *Je n'y entends pas plus qu'à l'Alcoran.*

ALÉATOIRE, adj. des 2 g. Convention soumise à un événement incertain. Dans l'origine, ce mot veut dire *hasard*.

ALENTOUR, adv. *Autour de*. Ce qui entoure l'objet ou la chose dont il s'agit.

ALIGNER, v. a. Racine *a* (pour *ad* augmentatif) et *ligne*; C'est ranger ou dresser sur une même *ligne*. Au figuré, ajuster, polir, rendre régulier.

ALIMENTAIRE, adj. des 2 g. Racine *aliment*. Ce qui sert *à* la nourriture. Le pain, le vin sont des aliments du corps : (servent *à* la nourriture), l'instruction morale et religieuse est nécessaire *à* l'esprit (est l'aliment *de* l'esprit).

ALLAITER, v. a. Donner le *lait à*, nourrir de *lait*. Racine *al* (formé de *ad* augmentatif) et *lait*; nourrir de son *lait*.

ALLAH, subs. ms. ou interjection. Racine *al*, élévation, *lah*, Dieu (sanscrit), mot que l'on retrouve dans les langues des Orientaux, formé de *alilah*, ou de l'*ilaah*, des Hébreux, c'est-à-dire : *(par excellence)*, signifie l'être digne de culte, l'être adorable. Nom de Dieu chez les Arabes et chez tous ceux qui professent la loi de Mahomet. C'est aussi leur cri de guerre, mais dans ce cas, il est interjection. *Elohim,* Hébreu.

ALLÉCHER, v. a. *Attirer à* soi doucement, gagner par le plaisir, par la douceur, par la séduction, etc.

ALLELUIA, subs. ms. Formé du sanscrit *al*, élévation, et *lah*, Dieu; *élévation* de son âme à Dieu ! Ce mot devenu hébreu signifie dans cette dernière langue, comme dans la nôtre, élever son âme à Dieu ou louer le Seigneur ; mais ce dernier sens est plus éloigné de l'origine et semble moins expressif, moins digne de la suprême idée qu'il est appelée à représenter.

ALLIER, v. a. et tous ses dérivés, **ALLIANCE, ALLIAGE**, etc., ont pour racine *al* (pour *ad*) et *lier*; c'est *lier* à ou *avec*; mêler, incorporer les métaux. Au figuré, *joindre, mêler.* Allier le plaisir *avec* le devoir, la gloire *avec* la vertu. La femme vraiment séduisante est celle qui *allie* la grâce à la beauté. Vous voudriez allier le vice *avec* la vertu. Il y a une nuance entre allier *à* et allier *avec*. Le premier suppose quelque rapport qui dispose les choses qu'on veut *allier ;* le second ne donne à entendre aucun rapport entre elles.

ALLOCUTION, subs. fm. Racine *al* (pour *ad* augmentatif), à, et *locution*, expression; façon de parler spéciale. Harangue d'un général à ses soldats. Exemple d'allocution : *Du haut de ces pyramides quarante siècles vous contemplent*. (Napoléon Ier.) Discours du pape aux cardinaux assemblés en consistoire.

ALLONGER, v. a. Racine *al*, augmentatif, et *long. Augmenter* de *longueur, augmenter* la durée d'une chose.

ALLOUER, v. a. Racine *al* (pour *ad* augmentatif) et *louer*; formé de *locare*, placer, accorder. *Allouer* une indemnité ; approuver, passer une dépense en compte. *Allouer* un paiement.

ALMA, subs. fm. — *al*, pour *la*, ou *le*, qui représente l'idée d'*élévation*, de *bienfaisance*, d'*excellence*, de *majesté*, de grandeur, et de *ma*, abréviation de *mater, mère;* c'est-à-dire selon l'Écriture sainte, *bienheureuse mère, mère* pleine de *majesté*, de *grandeur*, etc.

On exprime aussi, par ce terme, les bords *élevés* des *mers* d'Orient. On a aussi donné ce nom à une rivière de la Crimée, à jamais mémorable par la brillante victoire que remportèrent les armées de France et d'Angleterre, en 1854, sur les Russes.

ALLUMER, v. a. Racine *al*, (augmentatif, formé de *ad*) à, et *lumière*. Mettre la *lumière* ou le feu *à*.

ALLUMIÈRE, sub. fm. Même étimologie que *allumer*. Boîte aux *allumettes*. Lieu où l'on fabrique des *allumettes*.

ALLUSION, subs. fm. Racine *al*, (pour *ad* augmentatif) et *ludere*, jouer; jouer avec. Figure de rhétorique qui, comme l'allégorie, présente un sens pour en faire entendre un autre. Pour dire rappeler une chose. Exemple: *Je suis désespéré d'avoir renouvelé votre douleur en faisant allusion à ce triste événement.*

ALLUVION, subs. fm. Racine *al* (pour *ad* augmentatif) à, vers, et *luere* (mot latin), baigner, arroser. Accroissement de terrain qui se fait le long de la mer ou des grandes rivières par la tempête ou les inondations. *Droit d'alluvion; cette terre s'est accrue par alluvion.* L'alluvion profite au propriétaire riverain. *Code civil.* L'article arabe *al*, pour *le*, se retrouve encore dans ce terme : *élévation* de terrain par les *eaux*.

ALMANACH, subs. ms. — *al*, le, et de *manach*, supputer (arabe). C'est-à-dire faire des pronostics. Calendrier avec le cours des astres, etc. en livret.

ALTESSE (*), subs. fm. Racine *al*, élevé, mot formé aussi de l'italien, dérivé de *alto*, haut, élevé. Titre d'honneur qu'on donne à différents princes. *Altesse Impériale, Royale, Sérénissime.*

ALTIMÈTRE, subs. fm. et **ALTIMÉTRIE**, subs. fm. Racine *altus*, élevé, et *mètre*. Art de mesurer les *hauteurs*. Géométrie.

ORTHOGRAPHE ABSOLUE

AL

On trouve dans cette racine, ou *élément créateur*, son orthographe absolue, avec deux *ll* de suite, ou avec un seul *l*. Ce moyen de principe est le seul qu'on puisse établir à cet égard Par exemple *alarme* n'a qu'un seul *l*, parce que l'initiale *al* étant séparée du mot qu'elle sert à former, représente seule une idée qui permet d'établir deux mots avec le principal *arme*, et de faire *al arme*, al qui signifie *à* ou *aux*, et *arme*, c'est-à-dire *aux armes*. On ne retrouve qu'un seul *l* dans l'origine. Voilà le vrai sens dans lequel se trouve la raison orthographique. Mais dans

allumer, après avoir extrait la racine *al*, on retrouve les deux *ll* dans les éléments créateurs. En effet, si l'on essayait d'orthographier ce mot avec un seul *l*, après la disparition de l'élément *al*, il ne resterait plus que *umer*, lambeau de mot sans idée. *Allier*, après la disparition de la racine *al*, offre encore le mot *lier*, où l'on retrouve le second *l*. On peut écrire correctement, sans hésiter, tous les mots de cette catégorie, en s'assurant des racines génératrices. On doit remarquer que dans les mots où *l* est doublé, dans cette catégorie, *al* (initiale) ajoute l'idée *d'élévation* ou d'augmentation comme dans *alleluia* (mot hébreu), réjouir; élever; *alluvion*, accroissement de terrain, etc.

AM

AMADOUER, v. a. Racine *a* (pour *ad*) et *manus*, main ; formé du latin *dulcis*, doux; ce mot signifie littéralement: *adoucir*, rendre *doux* en flattant, en caressant avec la *main*. Caresser pour attirer à soi, flatter ; dire des douceurs à quelqu'un pour gagner son affection.

AMALGAMER, v. a. — *ama*, ensemble, et de *gamô*, se marier; la lettre *l* est explétive, et par conséquent n'est pas rigoureusement nécessaire à la construction de ce mot. *Mêler, marier;* mêler du *mercure avec* de l'or, de l'argent, de l'étain, etc. Au figuré, unir des choses différentes : Une bonne éducation est celle qui sait *amalgamer* les lettres et les sciences. *Amalgamer* les idées nouvelles avec les anciennes.

AMASSER, v. a. Racine *a*, pour *dans*, et *masse*. Porter en *masse dans*. Il signifie aussi thésauriser (amasser de l'argent).

AMÉLIORER, v. a. Racine *a*, dans, et *meilleur*. Apporter *dans* la chose dont il s'agit quelque qualité *meilleure*. C'est *introduire* quelque modification.

AMENER, v. a. Racine *a*, et *mener*, conduire quelqu'un *vers* quelque lieu. *Introduire,* conduire *dans* un endroit, faire *adopter*. C'est *mener à*, tirer *à soi*.

AMÉNITÉ, subs. fm. (*Amœnitas*, latin). Ce qu'il y a d'agréable *dans* la chose. Douceur accompagnée de politesse et de grâce *dans* le caractère, *dans* les mœurs, *dans* le langage. *Aménité* de style, style agréable, ou plutôt ce qu'il y a d'*agréable dans* le style.

AMEUBLIR, v. a. Racine *a*, dans, *mobile*, meuble. Rendre mobile, meuble. Faire entrer *dans* la communauté les immeubles des époux. *Ameublir* une *terre*, la rendre plus légère.

AMEUTER, v. a. Racine *a* augmentatif et *meute*. Rassembler les chiens en *meute*, les accoutumer *à* chasser *ensemble*. Au figuré, c'est *assembler* attrouper des gens dans quelque mauvais dessein, les exciter *à* la sédition. (Voir, pour l'opposite, *ameuter* aux a privatifs.)

AMITIÉ, subs. fm. Même origine que *amour* dont il est un diminutif. Sentiment de l'âme, affection que l'on a pour quelqu'un. Ce sentiment est le résultat de bons offices ou de paroles obligeantes qui apportent *dans* nos cœurs certaine préférence.

AMODIER, v. a. Formé du latin barbare, ce mot a pour racine *a* (pour *ad*), à, et *modium*, boisseau. C'est *affermer à* tant le *boisseau*, ou pour tant de *boisseaux*. *Affermer* en grains ou en argent.

AMODIATEUR, AMODIATION, etc. Même étymologie.

AMONT, subs. ms., ou mieux adv. Racine *a*, (pour *ad*) vers, et *mont*, montagne; c'est-à-dire *vers* la montagne. *Vent d'amont,* c'est-à-dire vent qui souffle ordinairement *dans* le même sens que le cours de la rivière.(Voir, pour le sens opposé, le mot *aval*,aux *a* privatifs.)

AMORCE, subs. fm. Racine *a* (pour *ad*) et *morsure*.Suivant *Ménage*, du latin *ad*, *morsure*, dérivé de *morsus*, morsure. Appât pour *prendre* des poissons, des oiseaux, etc. Au figuré, tout ce qui *attire* agréablement en flattant les sens ou l'esprit. Poudre fine qu'on met dans le bassinet d'une arme à feu, ou autour de la lumière d'une pièce d'artillerie. *Prendre une ville sans brûler une amorce.*

AMOUR, subs. m. Il est des 2 genres en poésie. Ce terme est formé de *ama* (grec), ensemble, et a pour origine *amor.* Sentiment qui *éloigne*, qui *sépare*, ou enfin qui *dégage* le cœur de ce qu'il croit nuisible, et le porte *vers* ce qui lui paraît aimable. En raisonnant de cette manière sur les racines, sans se laisser entraîner à des idées sans fondement, on trouve dans les syllabes génératrices la grande source de la vraie signification, selon l'usage et le progrès des *temps*.

C'est de cette induction que l'on doit faire appartenir le mot *amour* à la *deuxième origine*, et dire, avec raison, qu'il exprime une idée de *tendance*, d'*introduction* ou plutôt l'*affinité* de deux cœurs réunis par une bienveillance commune. Admettons cette signification marquée par l'élément créateur *am*, que l'on retrouve dans le latin, dans quelque langue moderne, et probablement dans le grec, et ne nous éloignons pas de ce sens qui doit être le véritable. Mais peut-on concevoir dans la racine *am* cette idée fondamentale de bienveillance commune sans l'établir sur l'estime et sur la vertu? Non, selon la logique. Par conséquent, laissons à la lettre *a* son idée de *séparation* d'abord, avant d'arriver à celle d'*affinité*, d'*ensemble*, de *convenance*, marquée par *am*, et nous resterons convaincu d'avoir ainsi marché prudemment dans la voie du vrai, avec la philosophie des temps et le progrès de l'époque. Il faut conclure, de tout ce qui vient d'être dit, que *amour* appartient à la *deuxième origine* de la lettre *a*, et que nous n'avons nullement l'ambition ridicule de vouloir combattre l'esprit de l'écrivain célèbre qui trouve en cette initiale un *a* augmentatif, puisque nous partageons la même conviction, mais en admettant cette opé-

ration de l'esprit qui est comme la réverbération du cœur et de l'âme. *L'amour de la France, pour son honneur national, fait battre tous les cœurs de la même manière, en les portant tous vers les qualités aimables et le génie de ses enfants intrépides, courageux et braves.* Cet amour c'est celui de la patrie. Lorsque la raison s'écarte de la sagesse, de l'idée d'affinité, c'est de la passion, et l'*amour* n'est plus que de la folie.

AMUNITIONNER, v. a. et tous ses dérivés. Racine *a* (pour *ad* augmentatif) et *munition*. Pourvoir une place des munitions nécessaires. On emploie ce verbe surtout au passé ; *place bien amunitionnée.*

AN

ANDOUILLE, subs. fm. Suivant *Ménage*, ce mot est formé du latin *indusiola*, diminutif d'*indusia* ou *indusium*, vêtement sur la peau, à cause de la *robe de l'andouille*. Le boyau même se nomme *la robe de l'andouille*. *Huet* est digne d'attention quand il prétend que ce mot vient d'*édulium*, mets, chose bonne à manger. Enfin, ce mot signifie, boyau de cochon farci, d'autres boyaux, ou de la chair de cet animal.

ANIMALISER, v. a. Racine *animal*. Acquérir les propriétés caractéristiques de la *matière animale*. Médecine.

ANIMER, v. a. Racine originelle *anima*, âme, vie, — *a*, pour *an*, dans, et de *mâ* (par la suppression de l'*i* explétif, que l'on remplace par l'accent circonflexe sur à). Mettre l'âme, le principe de la vie *dans* un corps organisé. Encourager, *introduire* des idées, des principes. Animer la *société, l'Armée d'un bon esprit.* C'est apporter *dans* l'Armée, *dans* la société, un bon esprit.

ANIMOSITÉ, subs. fm. Chaleur excessive *dans* un débat. Mouvement de dépit, *de* haine.

ANNEXER, v. a. Racine *an* (pour *ad*, à) et *nectere*, nouer, attacher,attacher *à*.Unir, joindre. Annexer *un fief à une terre, un prieuré à une abbaye* etc. C'est *le joindre, l'unir à*. Jurisprudence féodale.

ANNIVERSAIRE, subs. ms. et adj. des 2 g. Formé de *annus*, année, et *vertere*, tourner; *qui retourne et revient chaque année.* Epoque qui ramène le souvenir d'un événement.

ANNONCER, v. a. Racine *an* (pour *ad*), à, et *nuntiare*, faire savoir *à*. *Nuntius*, messager.

ANNOTER, v. a. Racine *an* (pour *ad*), de, et *notare*, noter; faire *des notes*.

REMARQUE. Il est important de connaître l'analyse pour savoir l'orthographe : comment saurait-on, sans cela, que *annoter* (qu'on prononce *a noter*, a deux *n* de suite? On ne peut résoudre ces difficultés que par le secours des éléments du mot, comme il suit : an (pour ad), de, et noter. Voilà l'élément qui reproduit les 2 n.

ANOBLIR, v. a. **ANOBLISSEMENT**, subs. ms. Racine a, dans, et noble. Introduire, porter la noblesse dans. Anoblissement, faveur du prince par laquelle la noblesse est apportée dans un État, dans une famille, etc. Bien des chefs illustres de l'Armée française doivent être fiers de leur anoblissement par leur valeur, leur génie et leur courage héroïque. Anoblissement signifie, dans ce cas, titre de noble. (Voir annoblir, pour la synonymie.)

ANNUEL, ELLE, adj. Ce mot et tous ses dérivés ou composés signifient dans l'année, ou dans le courant de 12 mois.

ANNUITER (S'), v. prono. Racine a, dans, et nuit. S'exposer à être dehors, à voyager dans la nuit.

L'orthographe des 4,000 difficultés de cette catégorie de mots se trouve aux em initiales et en.

AP

APAISER, v. a. Racine a (à ou dans), et paix, (du latin pacem). Amener à la paix, donner la paix à, ou porter la paix dans ; quelques auteurs admettent cette dernière signification. Si j'ai été assez heureux pour apprécier l'opinion de l'Académie, à cet égard, qui n'en donne aucune, mais qui n'écrit pas sans raison apaiser avec un seul p, je me bornerai à dire que le vrai sens de apaiser est : Amener à la paix, au lieu de porter la paix dans. Et nous écrirons par conséquent apaiser avec un seul p, conformément à l'autorité suprême, dont cet ouvrage n'est qu'un pâle reflet. C'est adoucir, calmer. Il régit les personnes et les choses. Apaiser Dieu, le prince, c'est les adoucir. Apaiser une querelle, une sédition, la douleur, les flots, etc. C'est les calmer.

APERCEVOIR, v. a. Racine a (à), et percevoir, prendre. Commencer à voir. Il se dit aussi de l'action de découvrir, estimer au premier coup d'œil. Au figuré, comprendre, connaître, remarquer. (Pour la conjugaison de ce verbe voir aux a privatifs.)

APIQUER, v. a. Mettre à pic. Racine a, dans, et pic. Mettre dans une situation qui approche de la verticale.

APLANIR, v. a. Racine a augmentatif et plan, plane, c'est-à-dire plat (en latin planus, plain, uni). On trouve in planum dans Justin, ce qui vient nous engager à admettre l'idée augmentative, car in signifie dans ou à, vers, (pour ad). Il est vrai que, dans tous les lexicographes modernes, l'initiale a ne joue aucun rôle dans ce mot, et que l'on accorde le sens tout entier à la fin du mot planum (plain), ainsi privé de son initiale a, considérée ou comme nulle ou comme inutile Mais, voyons, quand on dit aplanir un chemin, c'est le rendre plain, uni ; j'y retrouve l'idée d'introduction (de plain et d'uni), que représente l'a augmentatif ; c'est introduire le plain, l'uni dans ce qui n'était ni plain, ni uni. Car à quoi servirait ce mot si on lui refuse cette signification ? Voilà, selon mon faible talent, comment on doit justifier l'étymologie du mot aplanir, et mettre fin à tant de querelles absurdes des étymologistes peu raisonnables qui refusent, soit par défaut de mémoire, soit par ironie, toute espèce d'origine à aplanir, parce que, selon eux, et pour satisfaire leur goût, l'Académie devrait écrire ce mot avec deux pp. On retrouvera dans toutes les phrases le vrai sens que je me crois fondé à donner. Aplanir une allée, c'est la rendre plane, unie ; aplanir une montagne, c'est la rendre unie ; aplanir les voies à quelqu'un, aplanir les difficultés, etc. c'est introduire, dans les objets ou les choses dont il s'agit, la régularité, tel que l'uni à la place de l'inégalité, la surface plane à la place de la montagne, etc.

APPARAITRE, v. a. Racine ap (pour ad augmentatif), et paraître. Commencer à paraître. C'est devenir visible, paraître inopinément. Il prend les deux auxiliaires avoir ou être, tandis que paraître ne prend que avoir.

APPARAT, subs. ms. Racine ap (pour ad), pour, et parare, préparer pour. Éclat ou pompe qui accompagne certains discours, certaines actions.

APPARTEMENT, subs. m. Logement composé de plusieurs pièces.

APPENDICE, subs. ms. Supplément à la fin d'un ouvrage. Prolongement d'une partie principale. Racine ap, pour ad, et pendre, pendre à. Quelques auteurs donnent le genre fm. à ce mot, contrairement à l'Académie.

APPAREILLER, v. a. Racine ap, à, et pareil; mettre ensemble des choses pareilles. Joindre à une chose une autre chose pareille : appareiller des chevaux, des vases, des tableaux, etc.

APPAROIR, v. n. Terme de palais ; être évident, manifeste ; c'est enfin être apparent. Ce dernier mot, quoique adjectif, joue le rôle de participe présent du verbe apparoir, dont il représente le sens physique et moral. (Voir pour la conjugaison de ce verbe, ap, aux a privatifs.)

APPARTENIR, v. n. Formé de ap (pour ad), de, et du latin pertinere; ce mot signifie être la propriété de quelqu'un ; être le droit de quelqu'un ; être le privilège, la prérogative de quelqu'un. Il appartient aux riches d'être généreux et aux pauvres d'être économes. Il appartient à celui qui paye de commander, à celui qui est payé d'obéir.

APPELER, v. a. Faire venir à soi. Se servir de la voix ou de quelque signe pour faire venir. V. n. recourir à un tribunal supérieur ; en appeler, aller en appel. (Voir, pour la conjugaison de ce verbe, ap, aux a priv.) — ap, à, pellere, pousser.

APPENTIS, subs. ms. Racine ap (pour ad),

à, et *pendre* ; c'est *pendre à*. Toit adossé contre un mur qui n'a de *pente* que d'un côté.

APPESANTIR, v. a. Racine *ap* (pour *ad*), plus, et *pesant* ; rendre *lourd, plus* lourd, pesant, *plus* pesant.

APPLAUDIR, v. a. Racine *ap* (pour *ad*), à, et *plaudere* ; applaudir *à* : battre des mains en signe d'approbation. Au figuré, c'est *approuver*, et le *témoigner* de quelque manière que ce soit.

APPLICATION, subs. fm. Même racine que *appliquer* ; action qui consiste à adapter une chose à une autre chose ; attention suivie.

APPLIQUER, v. a. Racine *ap* (pour *ad*), à, et *plicare*, plier ; *plier à*, ou *sur*. Mettre une chose *sur* une autre, de manière qu'elle y soit adhérente ; *appliquer* des couleurs sur une toile, etc.; adapter, faire *convenir à* ; *appliquer* une maxime, un passage ; *appliquer* son esprit *à*, c'est attacher fortement son esprit *à*. C'est aussi *consacrer* ; *appliquer* une somme d'argent à une œuvre de charité, c'est *consacrer* une somme, etc. *Appliquer* une science à une autre, c'est faire *usage des principes* ou des vérités d'une science, pour perfectionner ou étendre l'autre.

APPOINTER, APPOINTEMENT, etc., et tous les mots de cette famille, ont pour racine *ap* (pour *ad*) et *point* ; au ou pour le *point* juste, précis. Au pluriel le mot *appointements* signifie gages annuels qu'on donne à un employé, à un commis. En parlant du salaire des domestiques, on dit *gages*.

APPORTER, v. a. Racine *ap* (pour *ad*), à, et *porter* ; porter *à* ou *vers*. *Porter* d'un lieu à un autre.

APPOSER, v. a. Racine *ap* (pour *ad*) et *poser* ; *poser sur*, mettre *sur*. C'est *mettre, appliquer* ; *apposer* sa signature, c'est signer, mettre sa signature au bas de l'acte ; *apposer* une condition à un contrat, y *mettre*, y *insérer* une condition.

APPRÉCIER, v. a. Racine *ap* (pour *ad*) et *prix* (*prétium*) ; estimer la *valeur* exacte *d'une* chose ; *mettre* un prix *à* . , régler le *prix de...*, *priser*. Au figuré, *apprécier* les personnes, les choses, c'est *juger de leur prix* dans le commerce de la vie.

APPRENDRE, v. a. Racine *ap*, et *prendre*, (du latin *ab*, de). C'est *prendre de, auprès de* ; *acquérir* ou *enseigner* quelque connaissance ; mettre quelque chose *dans* sa mémoire. Contracter une habitude, apprendre *à régler ses passions, son esprit*, c'est prendre l'habitude de . . .

APPROCHER, v. a. Racine *ap*, de, et *proche*, mettre près de ; être en faveur *auprès de*. *Approcher* l'empereur, le roi, un ministre.

APPROPRIER, v. a. Racine *ap* (pour *ad*), à, et *propre*. Rendre propre à une destination ; proportionner, adapter. Il faut approprier son style au sujet que l'on traite, le rendre *propre au* sujet. Prono. s'approprier le bien d'autrui, prendre *pour* soi, usurper.

APPROUVER, v. a. Ce mot est formé du latin barbare *approbare*, agréer ; donner son consentement *à* la chose proposée, agréer une chose, autoriser.

APPUYER, v. a. et ses dérivés. Racine *ap* (pour *ad*), de, sur ou contre, et du latin *podium*, pied ; poser *sur* ou *contre*. Il signifie, en général, *protéger, aider, favoriser.*

APTITUDE, subs. fm. (propre *à*). Racine latine *aptus*; disposition *à* l'étude d'une chose, habilité, capacité.

ORTHOGRAPHE ABSOLUE

AP

Pour éviter l'équivoque qu'il pourrait résulter des appréciations étymologiques relatives à l'orthographe absolue ; voici une loi de mnémonique pour débarrasser l'esprit.

L'articulation initiale *ap*, dans les seize cent soixante-dix mots qu'elle sert à former, prend deux *pp* de suite quand elle est suivie immédiatement de l'une ou l'autre des lettres du mot *Laure*, mais elle est orthographiée avec un seul *p* dans tous les autres cas. *Appointer, apposer, apporter*, et leurs dérivés (non soumis à la règle) ont deux *pp*. Exemples : *Applaudir* a deux *pp*, parce que l'articulation *app*, dans ce cas, est suivie immédiatement de *l*, lettre du mot *Laure* ; *appartenir* a deux *pp*, parce que l'articulation *app*, dans ce cas, est suivie immédiatement de *a*, lettre du mot *Laure* ; *appuyer* a deux *pp*, parce que, dans ce cas, l'articulation *app* est suivie immédiatement de *u*, lettre du mot *Laure* ; *apprendre* a deux *pp*, parce que, dans ce cas, *app* est suivi immédiatement de *r*, lettre du mot *Laure* ; *appeler* a deux *pp*, parce que l'articulation *app*, dans ce cas, est suivie immédiatement de *e*, lettre du mot *Laure*.

CAS CONTRAIRE. *Apitoyer* n'a qu'un seul *p*, parce que l'articulation *ap*, dans ce cas, n'est pas suivie immédiatement d'une lettre du mot *Laure*. En effet, dans *apitoyer*, *ap* est suivi de *i*, qui n'est pas une des cinq lettres du mot *Laure*. *Apologie, apôtre, apoplexie, apostrophe, apothéose*, etc., n'ont qu'un *p*, parce que l'articulation *ap*, dans ces mots, est suivie immédiatement de la lettre *o* qui n'entre pas dans la combinaison du mot *Laure*.

Il faut excepter, selon le dictionnaire de l'Académie, qui nous a servi de modèle : *apaiser, apanager, apalachine* (arbrisseau), *aparté, apathie, apepsie, apercevoir, apéritif, apétale, apétisser, après, apurer, aplanir, aplatir* et *aplomb*.

On remarquera sans doute que les mots commençant par *ap*, qui font partie des exceptions, appartiennent, pour la plupart, à l'*a* privatif. On ne peut cependant en faire une loi générale. (Voir aux *a* privatifs.)

AQUA

EAU.

Cet élément créateur initial ou mot primitif signifie *eau*, il prend aussi la forme de *aque* ou de *aqué*, sans altérer le sens de sa racine originelle. On prononce *akoua*.

AQUADOR, subs. ms. Poisson volant.

AQUAMOTEUR, subs. ms. — *aqua*, eau, et de *moteur*, qui fait mouvoir; appareil dans lequel on se sert même des *flots* pour faire *mouvoir* en sens contraire.

AQUARELLE, subs. fm. Peinture en couleurs (délayées à l'*eau*) et sur carton.

AQUARIENS, subs. ms. pl. Nom donné à des hérétiques qui n'employaient que l'*eau* dans l'Eucharistie.

AQUATILE, AQUATIQUE, etc., et tous leurs dérivés ou composés, expriment l'idée de naître et de vivre dans l'*eau*, dans des terrains marécageux, et servent même à désigner les endroits ou les terrains dont il s'agit.

AQUE

EAU.

AQUEDUC, subs. ms.—*aque*, pour *aqua*, eau, et de *ducere* (latin), conduire ; petit canal souterrain pour conduire les *eaux*.

AQUESTE, subs. fm. *Eau* aromatique d'Italie.

AQUEUX, SE, adj. Qui est plein d'*eau*, qui a trop d'*eau*, qui tient de la nature de l'*eau*.

AQUIGÈNE, adj. des 2 g. — *aqui*, pour *aqua*, eau, et de *gène*, — *génô*, je *nais*; c'est-à-dire qui *naît* et *croît* dans l'*eau*. Nom d'une espèce de champignon.

AQUILA

AIGLE.

Cet élément créateur sert à former quelques mots français auxquels il ajoute la signification du mot *aigle* dont il est la racine originelle.

AQUILAIRE, subs. ms. Arbre qui donne le bois aromatique dit de l'*aigle*.

AQUILIFÈRE, subs. ms. On a donné ce nom à celui qui portait l'*aigle*, enseigne romaine.

AQUILIN, adj. Il n'a pas de féminin. Courbé en forme de *bec d'aigle*. *Nez aquilin*.

AR

Cet élément créateur, formé de l'allemand et du patois tournaisien, ajoute aux mots qu'il sert à former l'idée de *fermeté*, de *force*, de *valeur*, de *courage*, d'*audace*, de *qualité*, de *hardiesse*, de *témérité*, etc.; mais il se place plus généralement à la fin qu'au commencement des mots.

ARABLE, adj. des 2 g. — *arare*, labourer ; propre à être labouré. Ce mot n'a-t-il pas son origine dans *ar*, valeur, qualité, et *are*, surface, —*urea*, par la suppression du *bl* explétif ? Il n'est pas possible, selon les langues anciennes et le français, de donner à ce mot une autre analyse que celle-là.

ARAYE, — *arare*, a le même sens et la même origine que *arable*.

ARAIGNÉE, subs. fm. — *aranea ;* insecte aptère très-*courageux*.

ARALIE, subs. fm. Genre de plante qui, chez les Chinois, jouit d'une vertu infaillible pour le rétablissement des *foies*.

ARBRE, ARBORER, et tous les dérivés de ces mots, renferment l'idée de *force*, de *résistance*, etc.

ARC

Cet élément créateur ou mot primitif rentre dans la composition de plusieurs mots pour y ajouter l'idée de *force*, de *puissance*, de *soutien*, etc. On retrouve cette signification dans ce terme même, c'est-à-dire mat⋅ère de fer, de bois, etc., cintre ou courbe en demi-cercle pour lancer des flèches.

ARCADE, ARC-BOUTANT, ARC-BOUTER, ARC DE TRIOMPHE, ARCEAU, ARC-DOUBLEAU, et tous ces termes, renferment l'idée de *soutien*, d'*appui*, de *force*, etc. Nous avons déjà dit un mot, à cet égard, aux initiales *ar*, qui présentent le sens augmentatif. Il faut ajouter à cela que les finales *ar*, pour la plupart tirées de l'allemand, expriment aussi la même idée de *force*, de *puissance*, de *hardiesse*, etc. (Voyez *archi*.)

ARC, ARCADE, ARCADIE, et tous les dérivés, etc., expriment l'idée de *force*, de *fermeté*, de *valeur*, de *beauté*, etc. (Voir au besoin l'élément créateur *archi*.)

ARÉOPAGE, subs. ms. Ce terme joint à l'idée de *courage*, de *fermeté*, de *témérité*, de *constance*, de *talent*, celle de *air;* de là on remonte facilement à l'origine de ce mot qui veut dire réunion de *savants*, d'hommes de *talent* qui tenaient leurs assemblées (dès le principe) en plein *air*.

ARGENT, subs. ms. Ce mot, formé de *ar*, beau, valeur, qualité, et de *gent*, — gand, qui signifie *blanc*; représente une matière métallique *blanche*, d'une *grand* *valeur*(celtique);*argos*,blanc(grec).

ARGUER, v. a. p. prés. *arguant*. Même origine que *argent*. (Voir la conjugaison de ce verbe aux *a* privatifs).

ARGUËR, v. a. (Voir la conjugaison de ce verbe aux *a* privatifs).

ARISTOCRATIE, et tous ses dérivés, représentent l'idée de *puissance*, de *force*, de *beau*, de *meilleur*, etc.

ARME, ARMÉE, etc., c'est-à-dire *force*, — arm (du celtique), bras; parce que les *bras* sont la *force* de l'homme.

ARMOIRE, subs. fm. — *arma*, arme, dont l'origine et le vrai sens sont déjà donnés, signifiait, dans le principe, meuble pour y déposer des *armes*; tel fut son premier usage.

ARPENTER, subs. ms. Evaluer un champ. — *arri*, champ, et de *pendere*, valeur.

ARRACHER, v. a. *Erodicare*, par corruption, l'*a* est converti en *é*, particule extractive qui veut dire ôter, et *radicare*, racine. Avec ces éléments latins corrompus nous avons formé *ar*, extraire par force, et *racher*, —radicare, racine; c'est-à-dire ôter les *racines*, enlever avec la racine.

ARRÊTER, v. a. — *ar*, qui exprime l'idée de *force*, et du vieux français *rester*; c'est *empêcher*, par la *force*, de continuer, empêcher le cours de quelque chose, le progrès. Tous ses composés, dérivés, etc., ont la même origine.

ARRHES, subs. fm. *Valeur*, gage que l'on avance sur un marché conclu pour en assurer l'exécution.

ARRHER, v. a. Même origine et même idée.

ARROGER, v. pron. — *ar*, idée de puissance, et de *roger*, —rogare, demander; s'attribuer mal à propos quelque chose, un pouvoir, etc.

ARROSER, v. a. — *ar*, idée de force, et de *ros, roris*, rosée. C'est répandre une *forte rosée*, mouiller *fortement*. Ce terme et tous ses dérivés doivent s'analyser comme le verbe. On doit être convaincu que le génie de la langue française répond à tous les besoins de l'analyse qui a dû présider à la composition de ses mots. Cela est prouvé et ne mérite plus d'observation.

ART, subs. ms. Mot *primitif*, considéré comme *élément* créateur, qui signifie *force*, *vertu*, *adresse*, *industrie*, et entre dans la composition de beaucoup de mots pour y ajouter la signification dont il est parlé. Inutile de reproduire les mots qui en sont formés; l'intelligence fera le reste.

ARTICLE, subs. ms. En grammaire c'est le nom de la particule *le, la, les*. Ce mot, dans l'origine, tiré des langues du Levant et formé de l'arabe *al* ou *el*, était appelé à donner aux noms une qualité supérieure, une idée d'élévation, d'excellence, et servit, plus tard, de titre de noblesse, etc. Aujourd'hui que son sens est un peu altéré, il est appelé à déterminer, mais il conserve encore, dans bien des cas, la nuance de son origine.

ARTIFICE, subs. ms. — *art*, adresse, habilité, et de *facere* (latin), faire; c'est-à-dire *exécution ingénieuse*.

ORTHOGRAPHE ABSOLUE

AR

Cet élément prend deux *r* au commencement des *v*, et de leurs dérivés, mais il n'a qu'un *r* dans tous les autres mots: *arroser*, *arrêter*, etc., ont deux *r*, parce qu'ils sont *v*.; mais *araignée*, *aréopage*, n'ont qu'un *r*, parce qu'ils ne sont ni *v*. ni dérivés de *v*. EXCEPTÉ: *araser*, *aromatiser*, *aramber*, *aréner*, et leurs dérivés.

AS

ASCENDANT, subs. ms. et adj., Racine, *a* augmentatif (pour *ad*), vers, et *scandere* (latin), monter. C'est l'action de *grimper*, *gravir*, *s'élever*. Au figuré, penchant irrésistible que l'on a pour une chose *vers* laquelle on est entraîné. Autorité, pouvoir qu'on a ou qu'on prend sur l'esprit, sur la volonté de quelqu'un. *En généalogie*, qui va en remontant. *Ligne ascendante*. *En mathématiques*, progression ascendante, dont les termes vont en *croissant*.

ASPECT, subs. ms. Racine *a* (pour *ad*), à, vers, et *spectacle*, vue, (ou du latin *specto*, je regarde). Vue d'une personne ou d'une chose. Regard *vers*. La manière dont une personne ou un objet s'offre à la vue. On trouvera la différence entre *aspect* et *vue*, dans cette phrase: La *vue* de ce bosquet fait plaisir, ce précipice offre un *aspect* effrayant. La *vue* n'est proprement que l'application de la faculté de voir à un objet quelconque.

ASPIRER, v. n. Prétendre *à*, porter ses désirs *à*: respirer pour. On aspire *aux* honneurs, *à* une charge; on aspire *à* la faveur du prince que l'on aime, auquel on est dévoué. Employé activement, il est opposé à *expirer* et signifie *attirer* l'air avec la bouche.

ASSABLER, v. a. Racine *as*, et *sable*; remplir de sable, couvrir de sable. Peu usité.

ASSAGIR, v. a. Racine *as*, et *sage*. Rendre sage, instruire. Peu usité.

ASSAILLIR, v. n. Racine *as* (pour *ad*), et saillir, — salire (latin), sauter dessus; attaquer vivement: *assaillir* un camp, les ennemis dans un retranchement.

ASSAINIR, v. a. Racine *as*, et *sain*; rendre sain. Il ne s'applique qu'aux choses. On ne dit pas *assainir quelqu'un*.

ASSAISONNER, v. a. Racine *as*, et *saison*. Conduire les choses à leur *saison*, à leur état de *perfection;* accommoder un mets avec des choses qui piquent et flattent le goût. Au figuré, ajouter de l'agrément, du piquant, du mérite à quelque chose. *Tous ses discours sont assaisonnés de saillies charmantes.*

ASSEMBLER, v. a. C'est mettre *ensemble,* joindre, unir. Ce mot est certainement formé de *as,* dans, en français. Mettre l'un *dans* l'autre (ensemble).

ASSÉNER. v. a. Racine *as* (pour *ad*), à, et *signare* (latin), marquer, désigner. Adresser le coup à un endroit marqué.

ASSENTIMENT, subs. ms. Racine *as,* à, et *sentiment.* Consentement *à.* Donner son consentement *à* une chose faite.

ASSEOIR, v. a. et pron. Racine *as,* sur, et *seoir,* poser, mettre, fixer; mettre *sur,* se poser *sur.* Asseoir les fondements d'un édifice, une pierre, une statue sur un piédestal.

ASSIDUITÉ. subs. fm. Racine *as* (pour *ad*), à, et *sedere* (latin); *être assis auprès.* Exact à se rendre à ses devoirs; qui a une application continuelle à...; *assidu au travail, à l'étude, à son devoir,* etc. *Avoir de l'assiduité auprès du prince, être assidu à lui faire la cour, c'est une application continuelle à...*

ASSIÉGER. v. a. En français c'est faire le *siège* d'une place. On retrouve ce sens dans la racine *as,* qui signifie *de,* et le mot *siège,* c'est-à-dire *siège de.* On voit qu'il est inutile de rappeler la racine latine *ab,* et *sedere* (être placé, assis autour). D'ailleurs nous n'employons les racines grecques et latines que pour préparer les jeunes intelligences à l'étude de ces deux langues, et sans en exiger du lecteur aucune notion pour la compréhension de notre œuvre. Ce verbe se conjugue comme *abréger.* (Voir ce dernier.)

ASSOCIER. v. a. et pron. Racine *as* (pour *ad*), à, pour, et *société;* prendre quelqu'un *pour* sa *société,* son compagnon, son collègue. *Joindre, unir;* recevoir *dans* une société de commerce ou d'intérêt. Dans le sens de *joindre, unir: Dioclétien associa Maximien à l'empire.*

ASSONANCE, subs. fm. Racine *as,* et *son.* *Réponse à la voix.* C'est une approximation de *son,* une ressemblance imparfaite de *son* dans la terminaison des mots, comme *soleil* et *immortel, richesse* et *commerce.* Selon Gattel, il faut, dans la prose, éviter les rimes et même les assonances.

ASSOURDIR, v. a. Racine *as* et *sourd.* *Rendre* ou presque *sourd* ou *force de bruit;* ajouter *à* la surdité, rendre plus *sourd.*

ASTÉRISQUE, subs. ms. Ce mot, grec d'origine (*aster*), veut dire *étoile,* parce que c'est le nom que l'on donne à un signe en forme d'*étoile* qu'on *ajoute* à la page d'un livre pour marquer un renvoi.

REMARQUE. *As* éveille une idée de *tendance,* d'*introduction* ou d'*augmentation,* etc. Bien peu de mots commençant par *as* font usage de la *quatrième origine* pour marquer une idée de privation. (Voir aux *a* privatifs).

AT

ATTABLER, v. a. Racine *at,* à, et *table.* *Mettre* des gens *à table* pour jouer, boire ou manger. **Pron.** *s'attabler,* se *mettre à table* pour y rester longtemps.

ATTACHER, v. a. Racine *at* (pour *ad* augmentatif), et *tach,* clou, crochet (celtique). *Joindre à;* c'est joindre une chose à une autre, de manière qu'elle y tienne; lier par quelque partie; *appliquer.* Ce mot a absolument la même signification en italien, d'où plusieurs auteurs tirent son origine.

ATTEINDRE, v. a. Racine *at* (pour *ad*), à, *tangere* (latin), *toucher, toucher à; joindre* quelqu'un, etc. C'est *parvenir à un* terme. (Voir pour la conjugaison le verbe *teindre*).

ATTELER, v. a. *Attacher à.* Selon le latin barbare, en faisant disparaître *at* (pour *ad*), qui signifie *à,* on retrouve *telum,* qui veut dire *trait, flèche;* c'est de là que *atteler* veut dire attacher le *trait* à une voiture, à une charrue, etc., pour les traîner.

ATTENDRE, v. a. Racine *at,* à, vers (fait de *ad*), et *tendre; tendre vers.* Être dans l'attente, l'espérance ou la crainte de l'arrivée de quelqu'un ou de quelque chose. Il se conjugue comme *rendre* qui lui sert de modèle.

ATTENTER. v. n. (et tous ses dérivés). Racine *at* (pour *ad*), et *tendre.* C'est essayer, entreprendre *contre,* etc.

ATTENTION, subs. fm. Racine *at* (pour *ad*), à, et *tendre; tendre à...; application d'esprit à...*

ATTIRER. v. a. (et tous ses dérivés, *attirail,* etc.). Racine *at* (pour *ad*), à, et *tirer; tirer à, tirer à soi,* faire venir à soi. Gagner par des manières flatteuses et agréables.

ATTISER. v. a. Racine *at* (auprès) (pour *ad*), de, et *tiser,* ou *tison.* C'est *approcher* les *tisons* l'un de l'autre. Il se joint toujours au mot *feu.* On dit, au figuré : *attiser* le *feu* de la guerre, de la sédition, de la révolte.

ATTITRER. v. a. — *at,* (pour *à*), et de *titre.* Donner habituellement *à* quelqu'un la préférence sur d'autres; mettre un *titre à.* Ce mot, comme tous ceux de cette catégorie qui appartiennent *à* la deuxième catégorie, est formé de *ad* (pour *de*), ou *à* augmentatif.

ATTITUDE, subs. fm. Ce mot est formé du latin *aptitudo,* situation, disposition convenable; situation, position du corps.

ATTRAIRE, v. a. — *at* (pour *à*), vers, et de

traire, tirer. Attirer, faire *venir* par le moyen d'un appât. L'idée d'attirer, faire venir, amène naturellement celle d'*augmentation*.

ATTRAPER, v. a. Racine *at*, à, et *trape*; prendre à une *trape*, à un *piége*. Au figuré, *obtenir par industrie :* Il a *attrapé* un bon emploi. Tromper, surprendre, etc.

ATTRIBUER, v. a. Attacher à, annexer à, rapporter à : conférer quelque prérogative à quelqu'un. *On lui* attribue *des qualités qu'il n'a pas*, on lui *attribue*, on lui *confère*.

ATTROUPEMENT, subs. ms. C'est le résultat de l'action d'attrouper, c'est-à-dire assemblée tumultueuse de gens sans autorité, sans aveu. — *at*, à, dans, et *troupe*.

ORTHOGRAPHE ABSOLUE

AT

Cette articulation initiale prend deux *tt* de suite, au commencement des verbes et de leurs dérivés, mais elle n'a qu'un seul *t* dans tous les autres cas. **Exemples :** *attaquer, attaque, attendre, attenter, attester, attestation, attiédir, attirer, attirail, attiser, attraire, attraction, attrouper*, etc. Ces mots ont deux *tt* de suite à l'initiale *at*, parce qu'ils sont verbes ou dérivés de verbes. En effet, on peut dire : *j'attaque*, tu *attends*, il *attente*, nous *attestons*, etc.

· Cas contraire : *Ataxie, atelier, athée, athénée, atome, atrocité, atrophie*, etc., n'ont qu'un seul *t*, à l'initiale *at*, parce qu'ils ne sont ni verbes, ni dérivés de verbes. En effet, on ne peut pas dire : *j'ataxie*, nous *atomons*, vous *atrocez*, etc.

Voici les exceptions que l'Académie reconnaît légitimes : *atermoyer, atinter, atourner*, et leurs dérivés, qui, quoique verbes, n'ont qu'un seul *t*, et *attention, attitude* et *attique*, qui ont

deux *tt*, sans être verbes, ni dérivés de verbes*.

Au moyen des éléments créateurs donnés plus haut, on a déjà compris pourquoi il faut deux *tt* dans tels ou tels mots, et un seul à d'autres mots, au lieu d'accuser les fondateurs de la langue, comme le font les ignorants qui attribuent leur incurie aux autres.

———

Nous limiterons le travail des origines de la lettre *a* aux exemples donnés pour justifier des étymologies aussi claires que positives et puisées à bonne source; travail que l'on trouvera suffisant pour faciliter la tâche de celui qui en fera son étude; car il s'agira de considérer, au premier coup d'œil, la *particule initiale a*, comme ramenée à marquer deux idées seulement, puisque ses quatre origines tendent vers ce but, ainsi qu'il est dit aux *principes préliminaires*, page 1. On obtiendra d'heureux résultats en se bornant à savoir s'il y a *augmentation*, ou *diminution*, *privation*, dans l'idée ajoutée par *a* au mot qu'il sert à former.

———

* Nous ne donnons pas comme exception le mot *attirail*, formé de *at*, pour *ad*, à, et de *tirer*, tirer à soi, qui est, par conséquent, le dérivé du verbe *attirer*, et soumis à la même loi orthographique que ce dernier.

PANORAMA DES PARTICIPES PRÉSENTS
qui ont des homonymes.

IDÉE DE L'ACTUALITÉ DES VERBES AU PRÉSENT.	SUBSTANTIFS ET MODIFICATIFS.
En abstergeant, — nettoyer,	un abstergent, t. de méd., qui dissout.
En adhérant, — acquiescer,	adhérent, e, n. et adj., attaché, partisan.
En affluant, — abonder,	affluent, e, n. et adj., lieu où une rivière se jette dans une autre.
En arrhant (donnant des arrhes),	arang, ouvrier imprimeur paresseux.
	areng, palmier, bâton.
	hareng, poisson.
En confluant, — couler ensemble,	confluent, e, n. et adj., très-abondant, endroit où se joignent deux rivières.
En coïncidant, — s'ajuster, s'adapter,	coïncident, e, n. et adj., qui coïncide.
En coïndiquant,	les coïndicants, t. de méd.
En connivant, — participer à,	connivent, e, t. de botanique, rapproché.
En comptant, calculant, supputant.	content, e, satisfait.
En contant, racontant, narrant,	
En convergeant, — tendre vers un seul et même point,	convergent, adj., qui converge.
En couvant, v. couver, — cacher,	couvent, monastère, cloître.
En déférant, — céder par respect, donner,	déférent, marque sur les monnaies, canal.
En détergeant, — Nettoyer. Méd.	détergent, ou détersif, qui nettoie.
En différant, — retarder,	différend, contestations.
En différant, — être dissemblable,	différent, e, dissemblable.
En divergeant, — s'écarter,	divergent, e, adj, qui va en s'écartant.
En dôlant, v. dôler, — d'unir avec la doloire,	dolent, e, adj., affligé, plaintif.
En équivalant, — être de même valeur,	équivalent, e, n. et adj., qui équivaut.
En évidant, — de découper, d'évider,	évident, e, clair, visible.
En excellant, — de surpasser en qualité,	excellent, e, adj., très-bon, exquis.
En expédiant, — d'envoyer,	un expédient, moyen, nécessaire.
En fermant, — fermer, clore, serrer avec les mains,	ferment, n., levain.
	ferrement, n., outil de fer.
En harpant, v. harper, action du cheval	arpent, n., mesure de 51 ares.
En influant, — communiquer, faire impression,	influent, e, adj., qui influe.
En insurgeant, — se révolter, se soulever,	les insurgents, n. pl., révoltés, rebelles.

Ce signe — signifie action de... Dans le texte du Vocabulaire il signifie : formé de.

4

IDÉE DE L'ACTUALITÉ DES VERBES AU PRÉSENT.	SUBSTANTIFS ET MODIFICATIFS.
En mécomptant, — se tromper,	mécontent, n. et adj. qui n'est pas content.
En négligeant, v. négliger,	négligent, e, n. et adj., sans soin.
En oxidant, v. oxider, — réduire,	occident, (le couchant).
En parant, — orner, embellir, garantir,	parent, e, allié, uni par le sang. parrang, palmier.
En précédant, — aller, marcher devant,	précédent, e, n. et adj., qui précède, déjà établi.
En présidant, — présider, de diriger,	un président, une présidente, qui préside.
En résidant, — faire sa demeure, être dedans,	le résident, agent diplomatique.
En révérant, — de respecter, d'honorer,	révérend, révérende, n. et adj, digne d'être honoré, respecté.
En violant, — agir contre,	violent, e, impétueux.
En briguant, v. briguer, — poursuivre, de rechercher,	un brigand, voleur, pilleur, etc.
En extravagant, — extravaguer, déraisonner,	extravagant, e, n. et adj., fou, bizarre.
En fatiguant, — lasser, ennuyer,	fatigant, e, adj., ennuyeux, importun.
En fringuant, — rincer, danser,	fringant, e, n. et adj., fort vif, alerte.
En intriguant, — embarrasser,	intrigant, e, n. et adj., qui se mêle d'intrigues.
En confisquant, — saisir,	confiscant, e, subs. m., t. de jurisp., sur qui il peut échoir confiscation.
En convainquant, — persuader,	convaincant, e, adj., qui persuade.
En fabriquant, — fabriquer, inventer,	fabricant, e, qui fabrique.
En suffoquant, — étouffer,	suffocant, e, adj., qui étouffe.
En vaquant, — s'adonner à...,	vacant, e, adj., qui n'est pas occupé.
En allant, — marcher, etc.,	alan, gros chien de chasse.
En bombant, — rendre convexe,	bonbanc, n. sorte de pierre.
En courtisant, — faire la cour,	courtisan, e, n. et adj., seigneur attaché à une cour, qui fait la cour.
En étant, v. être,	étang, eau stagnante. il étend, j'étends, v. étendre.
En faisant, v. faire,	faisan (oiseau).
En flammant, v. flammer,	flamand de Flandre, flegmatique.
En ordinant, m. évêque qui confère les ordres,	ordinand (candidat).
En perçant, — faire une ouverture,	Persan (de Perse, G.), peuple.
En rouant, — rouer, punir, battre, fatiguer,	Rouen, G., rouan adj. (cheval).
En tirant, v. tirer, — amener à soi, ôter, dégager, etc., etc.	tyran, n., cruel, injuste, usurpateur, etc. tirant, subs. m. cordon de bourse, etc.

Amb.

RACINE ORIGINELLE :	RACINE FRANÇAISE :	VRAI SENS :
Du latin *ambo, ambi*.	*amb*.	*Deux ensemble, autour*.
Du grec *amphô*.	*amb*.	*plusieurs*.

Cette particule initiale, formée du latin *ambo*, deux ensemble, plusieurs, apporte au mot qu'elle sert à former l'idée de duplication. Par extension, de l'idée de *deux ensemble*, *amb* est appelé à marquer l'idée de pluralité, et sans limitation.

AMB

AMBAGES, subs. fm. Formé de *amb*, pour *ambo*, deux, et de *age*, tiré de *agere*, agir; plusieurs paroles superflues. Ce mot veut dire *détours*, *sinuosité*, etc. On se sert de ce terme pour dépeindre un amas confus de paroles obscures et entortillées.

AMBARVALES, subs. fm. plur. Ce mot formé du latin *ambire*, *arva*, qui s'analyse comme il suit: *amb*, autour, *ire*, aller, *arva*, champs; signifie aller *autour des champs*. Fêtes que célébraient les anciens Romains pour obtenir des dieux une récolte abondante, et dans lesquelles la victime était promenée *autour des champs*. Antiquité.

AMBASSADE, subs. ms. Ce terme se dit *collectivement* du ministre (auquel un prince a conféré la qualité de représentant auprès d'un autre prince ou État souverain) et de ceux qui l'entourent, comme secrétaires, employés, domestiques, etc. Le mot *ambassadeur* (formé de l'ancien gaulois *ambactus*, ou de l'ancien allemand *ambacht*, qui signifiaient serviteur, ministre, agent), représente encore de nos jours l'idée de *plusieurs* honorables fonctions à la fois : 1° de négocier de nouvelles affaires ; 2° celle d'entretenir des relations amicales entre sa cour et celle où il réside ; 3° celle de traiter de la paix, etc. De là l'idée de *plusieurs fonctions* ensemble représentée par l'élément créateur *amb*, en français.

AMBE, subs. ms. Ce mot est la racine formée du grec *amphô* et du latin *ambo*, (*tous deux*), qui sert à marquer une combinaison de *deux* numéros *pris ensemble* au jeu de la loterie.

AMBESAS, subs. ms. *Deux as* amenés par le joueur au jeu de trictrac.

AMBIANT, ANTE, adj. *Autour;* qui nous vient de plusieurs côtés, de *tous côtés*. L'air ambiant.

AMBIDENTÉ, ÉE, adj. Racine *amb* (pour *ambi*), deux, et *dent*. Qui a des *dents* aux *deux* mâchoires.

AMBIDEXTRE, adj. des 2 g. et subs. — *amb*, pour *ambo*, deux, et de *dextre* (*dextra*), droite. On désigne, par ce terme, celui qui se sert des *deux mains* avec une égale adresse.

AMBIÈGNE, adj. des 2 g. Racine *amb* (pour *ambo*), deux, et *agni*, agneau. Brebis qui avaient eu *deux agneaux* d'une portée, et qu'on immolait à Junon avec leurs petits. *Antiquité*.

AMBIGÈNE, adj. Racine *amb* (pour *ambi*), autour, et *gennaô*, mot grec qui signifie j'*engendre;* qui engendre autour. Ce terme se dit, en *géométrie*, d'une espèce d'hyperbole.

AMBIGU, UE, adj. Qui a *deux sens*, qui peut être pris en deux sens; subs. ms. Repas où l'on sert *à la fois plusieurs* choses, la viande, le fruit. Mélange de choses différentes.

AMBITIONNER, v. a. Aller à *l'entour;* rechercher avec ardeur; employer *plusieurs moyens*, *tous les moyens*, pour arriver à un but. Noble *ambition*, *ambition* louable, ambition d'acquérir de la gloire. Ambitionner les honneurs. Ce que j'*ambitionne* le plus, c'est de pouvoir vous servir, ô Prince vénéré! Il s'emploie quelquefois en mauvaise part: *Ambition* démesurée, insatiable; avoir de l'*ambition*.

Ce terme prend son origine dans la langue latine et les usages du peuple romain. Car, chez ce peuple quand on voulait élever quelqu'un à la magistrature ; ceux qui ambitionnaient la charge dont il s'agit *allaient autour des comices* pour demander les suffrages. C'est du mot *ambire* *amb*, autour, et *ire*, aller ; aller autour, que l'on a formé le mot *ambition*.

Orthographe absolue : *Ambitionner* est orthographié avec deux *n* à cause du mot primitif *ambition*.

AMBLE, subs. ms. Allure d'un cheval dans laquelle il avance à la fois et alternativement *les deux* jambes d'un même côté.

AMBULANT, ANTE, adj. Formé d'un vieux mot *ambuler*, aller, marcher. Opposé à fixe, à sédentaire. Qui va en *plusieurs lieux*. On désigne ainsi le commis qui va *de côté et d'autre*, *de plusieurs côtés, de tous côtés*. On dit ambulance pour représenter une sorte d'hôpital qui suit l'armée *de tous côtés*.

AMBULATOIRE, adj. des 2 g. Il a le même sens que *ambulant*, mais il ne se dit que d'une juridiction dont le siège *n'est pas fixe*.

OBSERVATIONS. Les formes ou variétés de *amb*, sont *am, an* : 1° Elle se change en *am*, dans *amputation*, amputer, couper *en deux* ; 2° Elle se change en *an*, dans anfractueux, anfractuosité, détours, circuit, plusieurs ruptures. Ce dernier s'analyse comme il suit : an, variété de *amb*, — *ambo*, plusieurs côtés, et *fracture*, — *frangere*, rompre.

AMBROSIE, ou AMBROISIE, subs. fm. N'est pas formé de la même manière que les mots qui précèdent pris pour exemples, et au lieu de marquer l'idée de *duplication*, il éveille une idée opposée. Ce mot vient du grec *ambrosia*, dérivé de *a* privatif et de *brotos*, mortel ; parce que l'ambroisie, suppose-t-on, rendait immortels ceux qui en mangeaient, ou parce qu'elle était la nourriture des immortels. L'Académie donne de ce terme cette définition: Nourriture qui était destinée aux divinités de l'Olympe. Au figuré, on désigne ainsi *un met délicieux*. Ambroisie est donc, selon son origine de la fable, une plante aromatique qui *exempte de la mort*, ou qui empêche de mourir.

Amphi.

RACINE ORIGINELLE :	RACINE FRANÇAISE :	VRAI SENS :
Du grec *amphi*.	*Amphi*.	*Des deux côtés, de part et* *d'autre, doublement.*

Cette initiale apporte au mot qu'il sert à former une idée de *duplication*, et présente à l'esprit presque le même sens que *amb*.

AMPHI

AMPHIBIE, subs. et adj. des 2 g. — *amphi*, des deux côtés, et *bios*, vie ; au figuré, on dit un *amphibie*, pour dire un homme qui se mêle de *plusieurs professions* opposées.

AMPHIBIOLITHE, subs. ms. Racine *amphi*, deux côtés, *doublement*, et *lithos* (en grec), pierre en français. Pétrification des animaux amphibies,

c'est-à-dire pétrification des animaux qui vivaient également sur la terre et dans l'eau. *Histoire naturelle*.

AMPHIBOLOGIE, subs. fm. — *amphibolos*, douteux, ambigu. Racine *amphi*, deux, et *logos*, raison. Discours à *deux* sens. Vice du discours qui le rend ambigu, obscur. *L'amphibologie est à la phrase ce que l'ambiguïté est aux mots.* En voici un exemple puisé dans *Corneille : L'amour n'est qu'un plaisir, et l'honneur un devoir*. Cette construction est louche, et l'Académie a remarqué que *Corneille* devait dire : *L'amour n'est qu'un plaisir, l'honneur est un devoir*. *Rivarol* a dit avec raison : *Ce qui n'est pas* *clair n'est pas français.* Toute phrase ambiguë (qui pêche contre la clarté) est condamnable.

AMPHICÉPHALE, subs. ms. — *amphi*, deux côtés, et de *céphale*, — *képhalé*, tête. *Tête de chaque côté.* Chez les anciens, lit qui avait *deux chevets opposés* l'un à l'autre.

AMPHICTIONS, subs. ms. plur. *Logés, établis autour.* Selon l'Académie, c'est le nom que les Grecs donnaient aux représentants des villes qui avaient droit de suffrage dans le conseil des nations helléniques. Selon d'autres, ce mot vient de *Amphictyon*, fils de Deucalion, roi d'Athènes, qui avait établi des assemblées *autour desquelles* les habitants étaient logés. Mais il est plus probable, selon la logique, que c'étaient les représentants qui avaient leur *résidence autour* de cette assemblée.

AMPHIGÈNE, subs. ms. — *amphi*, double, et de *gène*, — *genos*, origine. Qui a une double origine. Espèce de pierre nommée *grenat blanc;* on lui a donné le nom de *amphigène* parce qu'on peut *diviser* ses cristaux de *deux manières* différentes. *Minéralogie.*

AMPHIGOURI, subs. ms. — *amphi*, autour, et de *gurôs*, cercle; *cercle autour*. Qui a *plusieurs sens* opposés; discours burlesque et inintelligible, sans ordre et *vide de sens*, mais qui paraît avoir *plusieurs sens* apparents.

AMPHISBÈNE, subs. ms. — *amphi*, double, des *deux côtés*, et de *bainô*, je marche; qui *marche des deux côtés;* double marcheur; serpent qui peut *marcher* en *avant* et en *arrière*. *Histoire naturelle.*

AMPHITHÉATRE, subs. ms. Racine, *amphi*, autour, et *théâtre*, voir; considérer *autour* d'un *théâtre*. Chez les Romains, grand édifice dont le milieu était une arène destiné aux combats de gladiateurs et de bêtes. Aujourd'hui c'est un lieu élevé par degré qui entoure le théâtre, vis-à-vis de la scène. Dans les jardins on donne ce nom à une décoration de gazon formée en gradins, etc., où l'on met des vases de fleurs que l'on peut voir de *toutes parts.*

AMPHITRYON, subs. ms. L'Académie définit ainsi ce terme : le maître d'une maison où l'on dîne. Selon Gattel, c'est celui qui paie seul *pour plusieurs* avec lesquels il a fait certaines dépenses, etc.; selon d'autres, on emploie ce mot pour désigner celui qui, chargé de la direction d'un repas, va *de part et d'autre*, et veille au soin du dîner. Cette dernière origine, justifiée par deux vers de Molière, et conforme à l'esprit du dictionnaire de l'Académie, me paraît la plus raisonnable.

> Le véritable amphitryon
>
> Est l'amphitryon où l'on dine.
>
> MOLIÈRE.

AMPHI se change en *ampho* dans ce mot: **AMPHORE**. Vase à deux anses. Mesure de capacité pour les liquides.

AMPHORE, subs. fm. — *ampho*, pour *amphi*, deux côtés, et de *phérô*, je porte.

AMPHOTIDES, subs. fm. pl. — *ampho*, pour *amphi*, double, et de *ous*, oreille; calotte d'airain doublée.

Ana.

RACINE ORIGINELLE :	RACINE FRANÇAISE :	VRAI SENS :
Du grec, *ana*.	*ana*.	*écart, renversement,* ou *de rechef, en haut.*

Cette initiale apporte au mot auquel elle se joint l'idée d'*écart*, de *renversement* et quelquefois de *rapport*. Il faut bien distinguer cet élément créateur de l'initiale *ama*, formée du grec *hama*, et qui signifie *ensemble*, comme dans *amalgame* et ses dérivés, qui sont tirés de *ama*, — *hama*, ensemble, et de *gaméin*, mains, pour signifier : *union*, *mélange*.

ANA

ANA. subs. ms. Mot primitif ou élément créateur. Recueil de pensées *détachées*. Action de rassembler, ou de rapprocher diverses idées *écartées*. On l'emploie seul comme substantif pour désigner, en général, les livres dont il vient d'être question : le *Sevigniana*, le *Voltairiana*, etc. C'est un faiseur d'*ana**. Ana est une monnaie des Indes de la valeur de 75 cent.

ANACHORÈTE, subs. ms. (prononcez *ko*). — *ana*, en arrière, et de *chôréô*, je vais ; qui va *en arrière*, à l'*écart*. Religieux qui *s'écarte* de la société, pour vivre seul dans un désert.

ANABAPTISTE, subs. et adj. des 2 g. — *ana*, de rechef, et *batiste*, — *baptô*, je plonge dans l'eau. Qui baptise de *rechef*, une seconde fois. Nom d'une secte de chrétiens qui *s'écartent* des usages de l'Église romaine pour ne baptiser les enfants qu'à l'âge de raison, ou qui les baptisent à cet âge une *seconde fois*.

ANACHRONISME, subs. ms. — *ana*, au-dessus, en arrière, *écart*, et de *chronon*, temps (grec) ; *au-dessus*, ou *en arrière du temps*. Faute contre la chronologie, qui consiste à s'écarter de la véritable époque et à faire vivre quelqu'un dans un temps où *il n'existait* point, ou à placer un fait dans un siècle où il n'est pas *arrivé*. Virgile a fait un *anachronisme* en supposant Énée et Didon contemporains.

ANADIPLOSE, subs. fm. — *ana*, de rechef, et *diplôse,—diploô* (grec), je double. *Doubler et de rechef*. Figure de grammaire qui a lieu quand une proposition commence par le mot même qui termine la proposition précédente.

ANAGLYPHE, subs. ms.—*ana* et de *gluphon*, *je taille en haut, en arrière;* sculpture en bosse. Ouvrage ciselé ou sculpté en relief.

ANAGOGIQUE, adj. des 2 g. et ses dérivés sont formés de *ana*, en haut, et de *agaô*, je suis ravi. Qui conduit *en haut*. Interprétation qu'on tire d'un sens littéral, *écart* volontaire pour s'élever à un sens *mystique*. *Interprétation anagogique, qui écarte* volontairement du sens pour l'élever.

ANAGRAMME, subs. fm. — *ana*, en arrière, et de *gramme*, — *gramma*, lettre; lettre *transposée* ou prise *en arrière*. C'est une transposition ou plutôt un *écart* de l'ordre dans lequel les lettres sont placées dans un mot, pour en former un ou plusieurs autres qui aient un sens différent. En voici des exemples : *Maro, Roma, mora, amor*. On cite comme une des plus heureuses anagrammes, celle qui fut faite sur le nom du meurtrier de *Henri III*, roi de France. Il s'appelait *frère Jacques-Clément*. L'anagramme, sans rien changer, est : *C'est l'enfer qui m'a créé*. On trouve dans l'Académie cette *anagramme : écran, nacre, rance* et *crâne*. On retrouve aussi l'heureuse idée des grandes choses d'un *nom* illustre, et les lettres de ce même *nom*, dans une *anagramme* que voici : *E plano no**. Toutes ces lettres, mises en ordre, et sans aucune altération, forment le mot : *Napoléon !*

---

* Comme on le voit, sans *s* au pluriel.

* C'est-à-dire : *Je m'élève au-dessus des autres, par mon génie; j'aplanis, je mets d'accord.*

ANALEPSIE, sub. fm. — *analambanô* (grec). *De rechef, reprendre, recouvrer les forces*. Rétablissement des forces après une maladie, emploi des fortifiants. *Médecine*.

ANALOGIE, subs. fm. — *ana*, entre, *logos*, rapport, conformité. Action de dépouiller les mots ou les choses de ce qui peut les *écarter* de leur rôle véritable, afin de pouvoir établir, entre ces mots ou ces choses, certaine similitude qui existe entre eux. Rapport que diverses choses, divers sens d'un même mot ont ensemble. L'analogie éclaircit les doutes de la langue. C'est donc l'*écart* du système général avec conformité à une série.

ANALYSE, subs. fm. — *analuo*, je dissous. *Dissolution* et résolution. Réduction, résolution d'un tout dans ses parties ; c'est-à-dire *écart* de l'ordre dans lequel sont les parties d'un tout. *Renversement* d'un discours, etc., dans ses parties principales, pour en mieux connaître l'ordre et la suite. Dans les langues, l'analyse consiste à extraire les syllabes ou éléments des mots, et à en donner l'origine et le vrai sens. On ne connaît une langue que par l'*analyse*. En *mathématiques*, c'est l'action de rechercher une vérité inconnue. En *littérature*, extraits précis, raisonné, compte-rendu : *L'analyse d'un roman, d'une pièce de théâtre*, etc. En *logique*, c'est l'opposé de la synthèse : *Analyse d'une proposition d'un raisonnement*, etc. En *philosophie*, l'analyse des facultés intellectuelles ; l'analyse du cœur humain, des passions, etc. En *grammaire*, l'analyse d'une période, d'une phrase, etc.

ANALOGUE, adj. des 2 g. ANALOGIE. Ces mots et leurs dérivés sont formés de *ana*, rapport, conformité, et de *logos*, parole, discours ; qui a du rapport à un discours dont il s'agit.

ANAPESTE, subs ms. Racine *ana* (*anapaïô*), écart, et *peste*, pied. *Écart* de la mesure, mesure à contre-sens. *Pied*, dans la *poésie latine*, composé de deux brèves et d'une longue ; c'est un dactyle renversé.

ANAPHORE, subs. fm. — *ana*, de rechef, et de *phérô*, je porte. Reproduire de *rechef*. Figure de rhétorique qui consiste à répéter le même mot plusieurs fois au commencement de plusieurs phrases, ou des divers membres d'une période.

ANAPLÉROSE, subs. fm. Racine *anapléroô* (grec), je remplis, je complète. Art de rendre au corps quelque partie enlevée par accident ou refusée par la nature.

ANARCHIE, subs. fm. État d'un peuple qui n'*a plus* d'autorité à laquelle on obéisse. *Privation* totale de gouvernement dans un État. Avant de concevoir cette idée de privation, il faut nécessairement admettre celle d'*écart* ou de *renversement*. L'anarchie est d'abord l'*écart* des principes politiques, le *renversement* des *lois* qui fondent un gouvernement. C'est pourquoi il faut tenir compte des deux opinions des auteurs, dont les uns tirent ce mot de *ana* (écart ou renversement), et de *arché* (gouvernement), tandis que d'autres le forment ainsi : *a* privatif, *sans*, et *archi*, — *arché*, gouvernement, sans gouvernement.

ANARRHOPIE, subs. fm. Racine *ana* (par en haut). *Je suis tourné par en haut*. Tendance du sang vers les parties *supérieures* du corps. *Médecine*. — *anarrhopos* (grec), qui remonte.

ANASTROPHE, subs. fm. — *ana*, dans, et de strophe, — *stréphô*, je tourne, *stance*. Renversement de la construction naturelle ou ordinaire. Vice de construction, contraire à l'usage.

ANATHÈME, subs. ms. — *ana*, écart, loin de soi, et de *thème*, — *tithémi*, placer. *Retranchement* de la communion de l'Église. Excommunication ; *écart* de la religion ; privation de la considération du monde, etc. Être frappé d'anathème, c'est être excommunié, *renversé*, censuré, en horreur à tout le monde.

ANATOMIE, subs fm. — *ana*, écart, à travers, et de *tomie*, — *tomé*, incision. Action de couper à travers, d'écarter. *Dissection* du corps ou de quelque partie du corps. C'est aussi l'art de *disséquer*, ou de *séparer* les parties du corps de l'animal.

ANATROPE, subs. fm. *Ana*, par en haut, et de *trope*, — *tropéin*, tourner ; qui tourne sur le cœur et remonte ensuite. Vomissement, nausée. *Médecine*.

Ante.

AVANT			**CONTRE**		
RAC. ORIGINELLE:	RAC. FRANÇAISE:	VRAI SENS:	RAC. ORIGINELLE :	RAC. FRANÇAISE :	VRAI SENS:
Du latin, *ante*.	*anté*.	*avant, devant*.	Du grec, *anti*.	*anté*.	*contre*.

Cet élément créateur ou initiale apporte au mot qu'il sert à constituer une idée de *primauté*, et signifie *avant* ou *devant*. Il varie dans quelques mots : *antan, antannoire*, et les dérivés.

Cet élément créateur, ou initiale apporte au mot qu'il sert à constituer une idée d'*opposition*, et signifie *contre*. Ses formes ou variétés sont : *anta* ou *anthé*.

ANTE

ANTÉBASE, subs. fm. Pièce qui est placée *au devant* de la *base*. Racine *anté*, devant, et *base. Architecture.*

ANTÉCÉDENT, subs. ms. et adj. — *anté*, avant, et de *céder*, — *cedere*, marcher; marcher, *venir avant*. Fait *passé* et qu'on rappelle à propos d'un fait actuel, c'est-à-dire fait qui a eu lieu *avant* celui dont il s'agit. En *logique*, c'est la première partie d'un enthymème, proposition qui est *avant*. En *grammaire*, c'est le nom ou le pronom qui *précède* (qui est *avant*) le relatif *qui*.

ANTÉDILUVIEN, ENNE, adj. Racine *anté*, avant, et *déluge* (formé du latin *diluvium*). Qui a existé *avant* le *déluge. Astronomie antédiluvienne.*

ANTÉGÉNITAL, E, adj. au plur. **ANTÉGÉNITAUX.** Engendré ou né *auparavant*.

ANTÉPÉNULTIÈME, adj. des 2 genres. *Avant* le presque dernier ou le *pénultième*. La pénultième est l'*avant*-dernière lettre du mot ou l'*avant*-dernière syllabe.

ANTE

ANTÉCHRIST, subs. ms. Racine *anté*, contre (pour *anti*), et *Christ*, contre le Christ. Celui qui est *contraire* au *Christ*. Imposteur qui cherchera à établir une religion opposée à celle de *Jésus-Christ*.

ANTÉCIENS, adj. ms. plur. Ce terme, formé de *anté*, contre (pour *anti*), et d'un mot grec (*oikéô*) qui signifie *j'habite*, s'emploie pour désigner les peuples qui, placés sous le même méridien, ont une latitude *opposée*, mais égale. Selon quelques lexicographes, *antesciens* vaut mieux, pour l'étymologie et dans le même sens.

ANTÉPHIALTIQUE, adj. des 2 g. Formé de *anté*, contre (pour *anti*), et de *éphialtés*, mot grec qui signifie *cauchemar*; ce mot veut dire : *Contre le cauchemar. Remède antéphialtique. Médecine.*

ANTÉMÉTIQUE, adj. des 2 g. et subs. ms. Racine *anté* (pour *anti*), contre, et *métique*, contre l'émétique. Opposé à l'émétique, qui calme les vomissements. *Anti-émétique* vaut mieux selon quelques-uns.

ANTÉRIDES, subs. ms. plur. Formé de *anté*, contre (pour *anti*), et d'un mot grec qui signifie *j'appuie*. Ce terme désigne des éperons ou *contre*-forts d'architecture. *Antiquité.*

	AVANT			CONTRE	
RAÇ. ORIGINELLE :	RAÇ. FRANÇAISE :	VRAI SENS :	RAÇ. ORIGINELLE :	RAÇ. FRANÇAISE :	VRAI SENS :
Du latin, *anta*.	*anté*.	*avant, devant.*	Du grec, *anti*.	*anté*.	*contre*.

ANTÉRIORITÉ, ANTÉRIEUR, E, adj.
Racine *anté*, avant, *priorité de temps.* Qui
est *avant*, qui précède en ordre de temps.
Dans les siècles antérieurs *à cette époque*,
c'est-à-dire les siècles qui ont *précédé...*
Antérieur est formé de *anti*, avant, et du
latin *ire*, aller, qui est *devant*. En *anatomie*,
il se dit d'une partie qui est située *devant*
une autre, ou de la portion d'un organe qui
est située en *avant*.

ANTÉSINISTRE, adj. Ce mot, formé de
anté, devant, et de *sinistre (sinistra)*, la
gauche, se dit d'un présage qui se manifeste à la gauche de l'*aruspice*. On réprésentait, par ce terme, le ministre de la
religion chez les anciens Romains.

ANTESTURE, subs. fm. Racine *anté*,
avant, devant, et *stature (pour stare), être
placé.* Sorte de retranchement formé avec
des palissades et des sacs de terre. Terme
de *guerre*.

ANTÉOCCUPATION, subs. fm. Racine
anté, avant, et *occupation*; anticiper, prévenir. Figure de rhétorique par laquelle
on prévoit et on réfute *d'avance* une objection.

ANTAN, subs. ms. (variété de *anté*).
Racine *anté*, avant, et *annum*, année; *avant
cette année*. Vieux mot qui veut dire l'*année
précédente*.

ANTANNAIRE, adj. des 2 g. Racine *anto*,
pour *anté*, avant, et *annus*, année. Il se
dit, en fauconnerie, de l'oiseau qui a le
pennage de l'*année précédente*, qui n'a pas
mué.

ANTANOIS. On dit aussi **ANTENOIS,**
subs. ms. Racine *anta* (pour *anté*), avant.
Ce terme sert à désigner des animaux
domestiques et surtout des agneaux d'un
an.

ANTÉROS, subs. ms. Dieu *opposé* à
Cupidon. Selon la *Mythologie*, Vénus voyant
que Cupidon ne croissait point, en demanda
la cause à Thémis, qui répondit que c'était
parce qu'il n'avait pas de compagnon. Elle
lui donna *Antéros*. On les représentait
sous les traits de deux petits enfants ayant
des ailes aux épaules et s'arrachant une
palme.

ANTHÉLIENS *(Dieux)*, subs. ms. plur.
Ce mot et ceux qui vont suivre sont des
variétés de *anté*. Il est formé de *anti*, contre,
et du grec *hélios*, qui signifie *soleil*. Dieux
dont les statues, placées de chaque côté des
portes d'Athènes, étaient *exposées* aux
injures de l'air.

ANTHÉLIX, subs. ms. Racine *anthé*,
(pour *anti*), contre, et *hélice*; ou circuit intérieur de l'oreille externe. C'est la partie de
l'oreille *opposée à l'hélice*.

ANTHELMINTIQUE, adj. des 2 g. et
subs. ms. Racine *anté*, contre, et *helmins*
(grec), vers. C'est une espèce de remède
contre les *vers*.

ANTALGIE, et ses dérivés (variété de
anté). Ce mot, formé de *anta* (pour *anté*,
anti), contre, et de *algos*, mot grec qui
signifie douleur, veut dire *absence* de
douleur.

ANTAGONISME et ses dérivés, variétés
de *anté*, sont formés de *anté*, *anti*, contre, et
de *goniste* ou *gonisme*, — *agóniz ômai* (grec),
combattre; se disent de l'action d'un muscle
contraire à celle d'un autre. Au figuré, rivalité, *opposition* politique, philosophique, etc.

ANTARCTIQUE, adj. Racine *anta* (pour
anté, *anti*), contre, et *arctos*, ourse; constellation voisine du pôle arctique ou septentrional; méridional, qui est *opposé* au
septentrional. *Pôle antarctique*.

Antho *(fleur)*.

RACINE ORIGINELLE :	RACINE FRANÇAISE :	VRAI SENS :
Du grec, *anthos*.	*antho*.	*fleur*.

Cette initiale, qui (francisée) forme un mot *primitif*, et signifie *fleur*, varie dans *anthé*, dont quelques mots sont formés. Elle entre dans la composition des mots pour y ajouter l'idée du mot *fleur*.

— • —

ANTHO

ANTHOCÈRE, subs. Racine *antho*, fleur, et *kéras*, cornes. Plante de la famille des algues, herbes qui croissent dans la mer.

ANTHOGRAPHE, subs. des 2 g. — *antho*, fleur, et de *graphe*, — *graphô*, je décris, j'explique. Celui ou celle qui explique sa pensée par des *fleurs*.

ANTHOGRAPHIE, subs. fm. Racine *antho*, fleur, et *graphia*, je décris ; art d'expliquer sa pensée par des fleurs. Même étymologie pour tous ses dérivés ou composés.

ANTHOLISE, subs. fm. Racine *antho*, fleur. Plante de la famille des iridées, qui ressemblent à l'*iris*. *Histoire naturelle*.

ANTHOLITHE, subs. fm. — *antho*, fleur, et de *lithe*, — *lithos*, pierre; blé des canaries; *phalaris*, grain pétrifié dans le schiste.

ANTHOLOGIE, subs. fm. et tous ses dérivés ou composés ont pour racine *antho*, fleur, et *logie*, formé du grec *légô*, je cueille, ou mieux je choisis; *choix de fleurs*. Au figuré, *recueil* de poésies, d'épigrammes, etc.

ANTHOPHAGES, subs. ms. — *antho*, fleur, et de *phage*, — *phagô*, je mange ; plur. Ce terme sert à désigner les insectes en général qui *mangent* les *fleurs*. *Histoire naturelle*.

ANTHOPHILES, subs. ms. plur. — *Antho*, fleur, et de *phile*, — *philos*, ami ; *ami des fleurs*, insectes vivant sur les fleurs; qui *aime* les *fleurs*.

Ce terme peut s'appliquer aux hommes et s'employer au singulier pour dire *amateurs des fleurs*.

ANTHOSPERME, subs. ms. Racine *antho*, fleur, et *sperme*, semence; graine *rubiacée* (c'est-à-dire de couleur *rouge garance*); plantes qui fournissent une teinture rougeâtre, telle que la *garance* et le *caille-lait*. *Botanique*.

ANTHÉRE, subs. fm. Variété de *antho*. Formé de *anthos*, fleur. Sommet en partie supérieure de l'étamine, capsules qui contiennent les organes mâles de la *fleur*. *Botanique*.

ANTHÉRINE, subs. fm. Racine *antho*, fleur. Se dit des *fleurs* doubles dont les *anthères* se sont transformées en pétales cornicules (*), c'est-à-dire du genre des plantes dont la reproduction est cachée ou peu connue. Selon Boiste, espèce de poisson à lignes argentées.

ANTHÈSE, subs. fm. Racine *antho*, fleur, dont on a fait *floraison*. Temps où les organes des fleurs ont pris leur accroissement. *Botanique*.

ANTHESPHORIES, subs. fm. plur. Formé de *antho*, fleur, et de *phérô*, je porte. Ce mot signifie *qui porte des fleurs*. Fête qu'on célébrait dans la Sicile en l'honneur de Proserpine et de Junon. *Histoire ancienne*.

---

* Napoléon Landais, et d'autres lexicographes, se servent de ce mot sans en donner le sens, chose que nous ne pouvons approuver.

Andro, Anthro *(homme).*

RACINE ORIGINELLE :	RACINE FRANÇAISE :	VRAI SENS :
Du grec, *anér.*	*andro.*	*homme.*
Du grec, *anthrôpos.*	*anthro.*	*homme.*

Cet élément créateur, considéré comme mot *primitif*, dans la langue française signifie *homme*. Formé de la langue grecque, il présente le même sens que dans cette dernière langue.

Cet élément créateur, ou racine originelle, a pour forme ou variété *anthro*, qui en est l'adoucissement.

ANDRO

ANDROCÉPHALOIDE, subs. fm. Ressemblance, forme de l'*homme;* espèce de pierre qui a la forme d'une *tête humaine. Histoire naturelle.*

ANDROCTONE, adj. Racine *andro.* homme. Qui tue les *hommes.*

ANDROGÉNÉSIE, subs. fm. *Génération de l'homme;* succession de mâle en mâle.

ANDROGYNE, subs. et adj. des 2 g. Qui réunit les deux sexes. En *botanique*, plantes qui réunissent les deux sexes, c'est-à-dire qui ont des fleurs mâles et des fleurs femelles séparées sur la même tige.

ANDRON, subs. ms. Racine *homme.* Chez les anciens Grecs, la partie de maison que les hommes habitaient, par opposition à *gynécée*, appartement de leurs femmes et de leurs filles. *Histoire ancienne.*

ANDROSACÉ, subs. ms. Racine *homme* et *remède.* Puissant apératif, remède excellent contre la goutte et l'hydropisie. *Botanique.*

ANDROSPHINX, subs. ms. Racine *andro*, homme, et *sphinx. Sphinx* égyptien qui représentait un homme.

ANDROTOMIE, subs. fm. Formé de deux mots grecs qui signifient *couper, disséquer l'homme.* Anatomie, dissection du corps humain.

ANTHRO

Cet élément créateur formé du grec, étant ainsi francisé, devient mot *primitif*, signifie *homme*, et se joint à d'autres articulations pour représenter plusieurs nuances différentes selon le sens des *finales.*

Il ne faut pas confondre cette *initiale* avec (*l'initiale*) *anthra*, formée de *anthrax*, qui signifie *charbon. Exemple: anthrax*, charbon, maladie. Calcaire charbonneux. (*Histoire naturelle*). *Anthracode*, noir comme du *charbon. Médecine.*

ANTHRACOSE, subs fm. et tous ses dérivés sont formés de *anthrax*, charbon, c'est-à-dire ulcère corrosif des paupières

ANTHROPIATRIQUE, subs. fm. Médecine des *hommes.*

ANTROPHOCHIMIE, subs. fm. Science qui a pour objet l'analyse des tissus des organes de l'*homme*, et met en rapport ses actions vitales avec les phénomènes chimiques. *Physique.*

ANTHROPOGÉNIE, subs. fm. Connaissance de la *génération* de l'*homme. Anatomie.*

ANTHROPOGLYPHITE, subs. fm. *Pierre* réprésentant naturellement quelques parties du corps *humain. Histoire naturelle.*

ANTHROPOGRAPHE, ANTHROPOGRA-PHIE, etc. Tous les dérivés ou composés ont la même étymologie. On entend par *anthropographie* la *description* de *l'homme* physique. *Anatomie.* Tous ces mots sont formés de *anthro,* homme, et du grec *graphia,* je décris.

ANTHROPOLATRE, subs. des 2 g. Celui ou celle qui *adore,* qui *divinise l'homme.* Mêmes éléments que *anthropolâtrie.*

ANTHROPOLATRIE, subs. fm. — *anthro,* homme, et de *latris* (grec), serviteur. *Culte des hommes* pour eux-mêmes ou pour leurs semblables.

ANTHROPOLITHE, subs. fm. *Pétrification* de diverses parties du corps *humain. Histoire naturelle.*

ANTHROPOLOGIE, subs. fm. — *anthro,* homme, et de *logie,* tiré de *logos,* discours, traité. Terme de *philosophie.* Traité de l'économie morale de l'homme. *Mot nouveau,* dans cette acception, *selon les auteurs modernes.*

ANTHROPOMÉTRIE, et tous ses dérivés. Racine *anthro,* homme, et *mètre,* mesure. Science qui a pour objet les proportions du corps *humain.*

ANTROPOMORPHE, subs. et adj. des 2 g. —*anthro,* homme, et *morphe* de *morphê,* (figure.) Qui a la *forme* ou la *figure humaine.* Tous ces dérivés ou composés ont la même étymologie. *Histoire naturelle.*

ANTHROPOPHAGE, subs. et adj. des 2 g. — *anthro,* homme, et de *phage* ou *phagie,* — *phagô,* je mange ; mangeur d'homme. *Homme* qui *mange* de la chair *humaine. Un anthropophage ; une nation anthropophage.*

ANTHROPOPHAGIE, subs. fm. Usage ou action de *manger* de la chair *humaine.*

ANTHROPOSOPHIE, subs. fm. — *anthro,* homme, et de *sophie,* — *sophia,* science. Connaissance de la nature *humaine.*

REMARQUE. Dans la composition de tous ces mots, *po* est explétif et n'entre pas dans l'analyse.

Anti.

RACINE ORIGINELLE :	RACINE FRANÇAISE :	VRAI SENS :
Du grec, *anti.*	*anti.*	*contre.*
ou du latin *ante.*	*anti.*	*avant* ou *contre.*

Cet élément créateur (ou initiale) donne au mot qu'il sert à constituer une idée de *présence* et d'*opposition,* et signifie *contre,* comme dans *antichrétien,* et quelquefois *avant,* comme dans *antidate.*

ANTI

ANTIAPOPLECTIQUE, subs. ms. et adj. des 2 g. Racine *anti,* contre, et *apoplexie.* Remède contre l'apoplexie. *Médecine.*

ANTIASTHMATIQUE, subs. ms. et adj. des 2 g. Racine *anti,* contre, et *asthme.* Remède *contre* l'asthme. *Médecine.*

ANTICACOCHYMIQUE, subs. ms. Racine *anti,* contre, et *cacochymie.* Remède contre la *cacochymie* (contre la mauvaise complexion, contre le mauvais état du corps). *Médecine.*

ANTICARDE, subs. ms. Ce mot est formé de *anti* (pour *ante*), avant, et de *carde,* du grec *cardia*, cœur. Scrobicule (ou fossette) du *cœur*. *Médecine*.

ANTICATARRHAL, E, adj. et subs. ms. Racine *anti*, contre, et *catarrhe*. Se dit des remèdes qu'on emploie *contre* les *cattarrhes*. *Médecine*.

ANTICHAMBRE, subs. fm. Racine *anti* (pour *ante*), avant, et *chambre*. Pièce d'un appartement qui est immédiatement *avant* la *chambre*.

ANTICHRÈSE, subs. fm. Ce mot est formé de *anti*, contre, et de *chrèse*, — grec *chréos*, dette, emprunt. *Hypothèque* ou *gage qui répond à la dette*.

ANTICHRÉTIEN, IENNE, adj. Qui est *opposé* à la religion *chrétienne*.

ANTICIPATION, subs. fm. Racine *anti*, avant, et *capere*, prendre. Action par laquelle on prend ou l'on prévient *d'avance*. C'est quelquefois une usurpation. Figure de rhétorique par laquelle l'orateur réfute *d'avance* des objections. Tous ses dérivés ou composés ont la même étymologie.

ANTIDARTREUX, EUSE, adj. — *anti*, contre, et de *dartre*. Remède *contre* les *dartres*.

ANTIDATE, subs. fm. *Date* donnée *avant*. Dans ce cas *anti* est formé de *anté*, dont il a le sens. On désigne ainsi une fausse date, une *date antérieure* à la véritable.

ANTIDOTE, subs. fm. Racine *anti*, contre. Remède donné *contre* le poison, ou remède *contre* ce qui a été *donné*. Contre-poison. Remède pour se garantir de l'effet du poison, du venin, de la peste. Au figuré : *Le travail est l'antidote de l'ennui*. Dote est tiré de *didémi*, donner.

ANTIENNE, subs. fm. Racine *anti*, avant, et *phoné*, chant ; *début du chœur ;* qui marque en même temps l'alternative. Verset qui s'annonce *avant* le cantique et qui se chante après tout entier.

ANTILOGIE, subs. fm. Racine *anti*, contre, opposé, et *logos* (en grec), discours. Discours *contraire* à un autre. *Contradiction* entre deux expressions de la même personne, du même auteur, du même ouvrage.

ANTIMOINE, subs. ms. Ce mot, formé de *anti*, contre, et de *moine* (*monos*), seul, signifie *qui ne se trouve pas seul*. On désigne aussi, par ce terme, un métal blanc ordinairement mêlé avec diverses matières. Un plaisant écrivain raconte que des moines purgés avec cette matière en moururent tous. De là, dit il, *antimoine* vient de *anti*, contre, et de *monos*, moine ; c'est-à-dire *contre* le *moine*.

ANTINATIONAL, E, adj. Racine *anti*, contre et *national*. *Opposé* à la *nation*, au caractère, au goût *national*, à l'esprit, aux intérêts *nationaux*.

ANTIPAPE, subs. ms. Racine *anti*, contre, et *pape ; contre* le *pape*. *Pape opposé* à un autre, sans être légitimement élu.

ANTIPATHIE, subs. fm. Racine *anti*, contre, et *pathie*, formé de *pathos*, passion. Aversion, répugnance naturelle et non raisonnée qu'on a pour quelqu'un, pour quelque chose. *Contraire à*.

ANTIPHILOSOPHE, subs. des 2 g. Racine *anti*, contre, et *philosophe*. *Contraire* aux *philosophes*, ennemi de la philosophie, de la sagesse.

ANTIPHRASE, subs. fm. Racine *anti*, contre, et *phrase*. Contre-vérité. *Contre* la locution. *Opposé* à la façon de parler. Figure par laquelle on emploie un mot, une *phrase* dans un sens *contraire* à sa signification ordinaire.

ANTIPODE, subs. ms. Ce mot est formé de *anti*, opposé, et de *pode*, (en grec *podos*), pied ; c'est-à-dire ceux qui ont les *pieds opposés ;* peuples qui habitent un endroit diamétralement *opposé* à d'autres.

ANTISCIENS, subs. ms. plur. — *anti*, contre, opposé, et *oikéô*, j'habite. Dont les *ombres* sont *opposées*. Peuples qui habitent, les uns en deçà, les autres au delà de l'équateur, et dont les ombres, à midi, ont des directions *contraires*.

ANTISCORBUTIQUE, adj. des 2 g. Racine *anti*, contre, et *scorbut*. *Contre* le *scorbut ;* remède *opposé au scorbut*.

ANTISEPTIQUE, adj. des 2 g. et subs. *Contre* la *putréfaction*.

ANTISOCIAL, ALE, adj. Racine *anti* et *social*. *Contraire* à la *société*.

ANTISPASMODIQUE, adj. des 2 g. et subs. Racine *anti*, contre, et *spasme*. Remède *contre* les *spasmes* et les *convulsions*.

ANTISTROPHE, subs. fm. Racine *anti*, contre, opposition, et *strophe*. *Opposition au retour.* Anciennement la *strophe* se chantait en tournant *à droite* autour de l'autel, et l'*antistrophe* en tournant *à gauche*. Chez les Grecs, c'est une des stances des chœurs dans les pièces dramatiques. En grammaire, c'est la *conversion* ou le *renversement* réciproque de deux termes, ou de choses conjointes ou dépendantes l'une de l'autre, comme le serviteur du maître, ou le maître du serviteur. (Richelet.)

ANTITHÈSE, subs. fm. Racine *anti*, contre, et *thèse*. *Contre* la *thèse*, opposition des pensées ou des mots dans le discours.

ANTIVERMINEUX, EUSE, adj. Racine *anti*, contre, et *ver ;* propre à *combattre* les *vers*.

REMARQUE. *Anti* prend la forme de *anto*, (pour), dans quelques mots.

ANTONOMASE, subs. fm. — *anto*, pour, et de *anoma* nom ; l'épithète *pour* le *nom*. Trope qui consiste à mettre un nom commun à la place d'un nom propre, ou, *au contraire*, un nom propre à la place d'un nom commun, ou, *au contraire*, un nom propre à la place d'une dénomination, commune ou appellative. *Le père des Dieux*, pour dire *Jupiter*. *Le monarque martyr*, pour Louis XVI. C'est, selon l'origine du mot, le nom pour la chose, ou la chose pour le nom. *Le poète, l'orateur,*représentaient chez les Grecs, Homère et Démosthène,et chez les Latins, Virgile et Cicéron. On dit: *Un Mécène* pour un protecteur zélé des gens de lettres. *Un Crésus,* pour un homme extrémement riche, parce que *Crésus,* roi de Lydie, possédait des trésors immenses. *Un Néron,* pour un homme cruel. Pour désigner un homme sage, austère dans ses mœurs, on dit *un Caton.* On dit *un Aristarque* pour désigner un critique judicieux, modéré, plein de sens.

Pour l'orthographe des mots en *am* ou *an, em* ou *en.* (Voir à la fin du paragraphe relatif aux mots dont l'initiale est *em* et *en.*)

Apo.

RACINE ORIGINELLE :	RACINE FRANÇAISE :	VRAI SENS :
Particule grec *apo.*	*Apo.*	*Loin de, privation.*

Cette initiale ajoute au mot qu'elle sert à former une idée d'*éloignement,* de *séparation,* de *privation,* d'*absence.*

APO

APOBOMIES, subs. fm. plur. — *Apo,* loin, et de *bômos,* temple. *Loin* de l'*autel.* Chez les anciens Grecs, fêtes dans lesquelles on ne sacrifiait point sur l'autel, mais sur le pavé du temple. *Histoire ancienne.*

APOCALYPTIQUE, adj. des 2 g. Ce terme et son primitif sont formés de *apo,* et de *kaluptô,* je voile. Ce qui est *couvert d'un voile,* fort obscure, enfin dont le sens est *éloigné* de nos souvenirs. C'est le titre d'un des livres du *Nouveau Testament,* écrit par saint Jean.

APOCÉNOSE, subs. fm. — *apo,* loin, et de *kênoô,* j'évacue ; *évacuer hors.* Sorte d'hémorragie ou de flux d'humeurs sans irritation, ni fièvre.

APOCO, subs. ms. Homme *obscur, éloigné* des principes ; homme de *peu de sens,* inepte et babillard.

APOCOPE, subs. fm. Formé de *apo,* hors, et *cope,* d'un mot grec, *koptô,* qui signifie *je coupe, je retranche ;* ce mot signifie *retranchement* de quelque chose à la fin d'un mot : Je *veu,* pour je *veux ;* je *va,* pour je *vas. Grammaire.* En *Anatomie,* fracture ou coupure dans laquelle une pièce de l'os est *séparée* ou *coupée.*

APOCRYPHE, adj. des 2 g. Racine *apo,* loin, et *cryphe,* formé d'un mot grec *kruptô,* je cache ; secret inconnu, caché. Il se disait, chez les anciens, de tout écrit conservé soigneusement et *dérobé* à la connaissance du public. On dit, par extension, des historiens et des histoires dont l'autorité est suspecte. *auteur, livre, histoire, anecdote,* etc., *apocryphe.*

APODIOXIS, subs. fm. (Racine grecque), *apodiôko,* je repousse ; *réfutation* d'une absurdité, action de repousser, d'*éloigner* ce qui est évidemment contre la raison.

APOGÉE. subs. ms. et adj. des 2 g. *Loin de la terre.* Les Grecs disaient *gaia* pour *terre ;* de là vient *gée,* puis *apo,* loin. On entend, par conséquent, désigner ainsi le point où un astre, une planète, sont le *plus éloignés* de la *terre.*

APOGEUSIE, subs. fm. Racine *apo,* qui marque *privation,* et *geusie,* — *geusis,* qui signifie *goût; dérangement* dans le sens du *goût. Médecine.*

APOGRAPHE, subs. ms. Racine *apo,* loin, et *graphe,* — *graphô,* je copie, je *transcris.* Copie de quelque livre ou écrit, par opposition à *autographe,* qui signifie un livre, un écrit original. *Loin de l'original.*

APOLOGIE, subs. fm. Racine *apo*, de, et *logie*, — *logos*, discours. *Discours* en faveur *de*. Ecrit propre à *éloigner* les inculpations. Eloge. Tous ses dérivés ou composés ont la même étymologie.

APOLOGUE, subs. ms. — *apo*, de, et de *légô*, je raconte. *Récit voilé* où les personnages sont distincts, sont *séparés*, sont *éloignés de* ceux qu'on a dans l'esprit.

APOPHASE, subs. fm. — *apo*, et de *phase*, — *phasis*; figure de rhétorique par laquelle on répond à une question que l'on s'est faite à soi-même.

APOPLEXIE, subs. fm. — *apo*, privation, et de *plêssô*, je frappe. *Privation* du mouvement, maladie qui nous *sépare* du sentiment.

APOPHTHEGME, subs. ms. — *apo*, trés, et de *phtheggomai* (grec), je parle; parole notable d'une personne illustre, sentence, maxime; *parole* mise à *part*, parole remarquable. Les *apophthegmes* des sept Sages de la Grèce.

APOJOVE, subs. Point du plus grand *éloignement* d'un satellite de *Jupiter* à cette planète. — *apo*, loin, et de *jove*, — *jovis*, Jupiter.

APOLYSE, subs. fm. Ce terme représente l'action de *délivrer*. Dans l'église grecque, c'est la fin des prières de la messe. C'est notre *ite, missa est*, à la place duquel les Grecs disent : *In pace procedamus*, allons-en paix. C'est enfin l'acte de *séparation* des assistants. — *apo*, et *luô* (grec), je délie.

APOMÉCOMÉTRIE, subs. fm. Ce terme s'analyse comme il suit : *apo*, loin, *méco*, — *mékos*, longueur, *métrie*, — *métron*, mesure; c'est-à-dire *distance au loin*, et *mesure*. On entend, par ce terme, l'art d'estimer la *distance* des objets *éloignés*.

APOSTAT, subs. ms. et adj. Qui se tient *séparé*, *éloigné* de ses frères, qui a *quitté* sa religion. Qui *renonce* à ses vœux et à son habit. Ce terme et ceux qui en sont formés ont pour racine originelle *aphistamai*, se retirer.

APOSTROPHE, subs. fm. — *apo*, loin, et de *strophe*, — *stréphô*, je tourne: figure de réthorique. Détour, *éloignement* du sujet que l'on traite. En *grammaire*, petite marque pour indiquer *l'élision* d'une voyelle.

APOTHÈME, subs. ms. — *apo*, loin, et de *thème*, — *tithémi*, placer; ligne placée ou menée *loin du* centre.

APOTHÉOSE, subs. fm. — *apo*, de, et de *théose*, — *théos*, Dieu; déification, éloge pompeux d'un empereur, d'un héros mort, éloges outrés, honneurs excessifs rendus à un homme vivant.

APOTHICAIRE, subs. ms. Racine *apothêkê*, boîte. Signification : *Mettre à part*. Celui qui prépare et vend les remèdes pour les maladies. Le mot *pharmacien* est préférable et plus moderne.

APOTRE. subs. ms. Racine *apostellô*, j'envoie. Envoyé *au loin;* messager. Nom donné aux douze personnes que *Notre-Seigneur* choisit pour prêcher l'Evangile. *Saint Xavier est appelé* l'apôtre *des Indes et du Japon*, saint Pierre était le premier des douze apôtres. On nomme communément saint Pierre et saint Paul *les premiers des apôtres;* et quand on dit l'apôtre *des gentils*, le grand apôtre, ou simplement l'apôtre, on veut dire saint Paul. *Prêcher comme un apôtre*, prêcher avec onction et d'abondance de cœur. Il se dit, au figuré, de celui qui se voue à la propagation et à la défense d'une doctrine, d'une opinion, d'un système, etc. Il est l'apôtre du romantisme, etc., et, par analogie, il est l'apôtre de l'erreur, de l'anarchie, etc.

Archi.

RACINE ORIGINELLE :	RACINE FRANÇAISE :	VRAI SENS :
Du grec *arché*.	*Archi*.	*Principe, primauté, puissance.*

Cet *élément créateur* (ou mot primitif francisé) apporte au mot qu'il sert à constituer l'idée de *prérogative*, de *primauté*, de *puissance*, de *dignité*, de *commandement*, et quelquefois d'*excès*, etc. Il a pour forme ou variété *arché*. On trouve aussi une heureuse variété de *archi*, dans *arch*ange (prononcez *arkan*) et ses dérivés, *ange* d'un ordre supérieur.

———————

ARCHI

ARCHIACOLYTE, subs. ms. Racine *archi*, primauté, et *acolyte*, suivant. C'est-à-dire *premier acolyte*.

ARCHIBIGOT, E, subs. ms. et fm. Racine *archi*, excès, et *bigot*. *Très-bigot*.

ARCHICAMÉRIER, subs. ms. Titre d'un *Grand* Officier à la cour de Rome.

ARCHICHAMBELLAN, subs. ms. *Premier chambellan*.

ARCHICHANCELIER, subs. ms. *Grand-Chancelier*. C'était aussi, sous le gouvernement de l'empereur Napoléon Ier, l'un des plus *grands dignitaires* de l'État.

ARCHICHANTRE, subs. ms. Le *chef des chantres* dans certaines églises cathédrales.

ARCHICHAPELAIN, subs. ms. Racine *archi*, primauté, et *chapelain*. Nom du *grand-Aumô-nier* de France.

ARCHICONSUL, subs. ms. Titre du *chef* ou du président de l'Académie de la Crusca, à Florence.

ARCHIDIACRE, subs. ms. Celui qui est pourvu d'une *dignité* ecclésiastique qui lui donne juridiction sur les curés de la campagne. *Premier diacre*.

ARCHIDUC, ARCHIDUCHESSE, subs. Titre de *dignité*, qui est en usage surtout en Autriche, en parlant des princes et princesses de la maison d'Autriche.

ARCHIE, subs. fm. *Règle fondamentale, principe*. Mot primitif.

ARCHIÉRARCHIE, subs. fm. *Dignité* de la *hiérarchie* considérée comme titre de la *suprématie* du pape sur l'Eglise.

ARCHIFOU, subs. ms. *Très-fou*. Extrêmement fou; *fou à l'excès*.

ARCHIFRIPON, ONNE, subs. *Très-fripon, très-friponne, extrêmement fripon; fripon à l'excès*.

ARCHI-IMPRIMEUR, subs. ms. *Titre* que le roi Philippe II donna à un nommé Christophe Plantin, imprimeur d'Anvers.

ARCHIÉPISCOPAT, subs. ms. (Prononcez *arki*). *Prééminence, dignité, d'archevêque*.

ARCHIMAGIE, subs. fm. *Charge, office, titre*. Nom donné par quelques innovateurs à la partie de la *chimie* qui traite de l'art de faire de l'or, et qui, selon eux, par la *dignité* de son objet, mérite ce titre *éminent*.

ARCHIMARÉCHAL, subs. ms. *Grand-Maré-chal* de l'empire d'Allemagne.

ARCHIMONASTÈRE, subs. ms. *Monastère, chef* d'ordre.

ARCHIPEL, subs. ms. — *archi*, principe, et de *pelagus*, pelage ou pelague; *îles*. *Principe, commencement* de mer. Etendue de mers semées d'îles. On entend particulièrement par *archipel* celui du Levant, ou la partie de la mer Méditerranée que les anciens nommaient la mer Egée.

ARCHIPIRATE, subs. ms. *Chef de pirates*. Au figuré, il se dit d'un usurier qui spécule froidement sur les malheurs d'autrui.

ARCHIPRÊTRE, subs. ms. Dans les pays catholiques, c'est le *premier des prêtres*. Espèce de doyen. *L'archiprêtre* d'une ville est comme le doyen des curés de la ville. *L'archiprêtre rural* est le même à l'égard des curés de la campagne. C'est aux *archiprêtres* que s'adressent les mandements des évêques.

ARCHIPRIEUR, subs. ms. *Titre* donné autrefois au *Grand-Maître* de l'ordre des Templiers.

ARCHISTRATÉGIE, subs. fm. Racine *archi,* et *stratégie. Primauté* de *commandement* d'une armée. *Commandement en chef* des troupes en Grèce.

ARCHITECTE, subs. ms. Homme d'un *génie supérieur,* qui exerce l'art de la construction des édifices, c'est-à-dire qui invente des édifices, des bâtiments, qui trace des plans, qui les fait exécuter, etc. *Un bon architecte ; un savant, un habile architecte.* Au figuré : *L'architecte de l'univers, l'éternel architecte,* Dieu. Formé de *archi,* commandement, et *tektôn,* mot grec qui veut dire *ouvrier ;* ce mot signifie littéralement qui *commande* des *ouvriers,* qui *dirige* des *ouvriers.*

ARCHITECTONOGRAPHIE, subs. fm. Ce mot et ses composés s'analysent : *archi,* commandement, *tektôn,* ouvrier, (o explétif) et *graphô,* je décris. *Description* des *édifices.* On donne le titre d'*architectonographe* à celui qui, doué d'un génie *supérieur,* s'occupe de la *description* et de l'histoire des *édifices.*

ARCHITRICLIN, subs. ms. Ce mot est formé de *archi, commandement,* et de plusieurs mots grecs (*triklinos*) dont le sens est : *trois lits,* et *salle à manger;* pour représenter l'usage des anciens qui avaient *trois lits* autour de la table, dans leur *salle à manger.* Ce terme désigne celui qui est chargé de l'ordonnance d'un festin. Terme de l'Écriture sainte. *Histoire ancienne.*

ARCHIVES, subs. fm. plur. *Anciens titres.* Chartes et autres papiers importants dans les administrations publiques. Le lieu où on les conserve. Dépôt de lois, d'actes, de titres, etc.

ARCHIVISTE, subs. ms. Se dit de celui qui garde les *archives,* et aussi de l'homme de lettres qui compulse des *archives.*

ARCHÉ

VARIÉTÉ DE ARCHI.

ARCHÉE, subs. fm. Racine *arché,* principe, âme du monde, feu central, est considéré comme *mot primitif,* c'est-à-dire *principe, commencement;* agent universel qui fait et arrange tout dans la nature, qui compose et décompose les corps en les réduisant à leurs premiers principes. Suivant quelques médecins, c'est le principe de la vie dans tout.

ARCHÉLOGIE (prononcez *arké*), subs. fm. Traité sur l'ensemble des *principes* fondamentaux de la médecine.

ARCHÉOLOGIE (prononcez *arké*), subs. fm. *Science* des monuments de l'antiquité, c'est-à-dire qui exige une certaine *supériorité* de connaissances des édifices antiques.

ARCHÉTYPE (prononcez *arké*), subs. ms. Racine *arché* (pour *archi*), principe, et *type; premier modèle,* original, patron. *Vieux mot.*

ARCHEVÊQUE, subs. ms. Prélat *supérieur* qui exerce une *autorité,* une *dignité* spirituelle dans un territoire. Prélat métropolitain.

REMARQUE. On trouve aussi une heureuse altération de *archi,* commandée par l'euphonie dans *archontat* et *archonte* (*arkon*). Le premier désigne la *dignité* et le second représente le *titre* des *principaux* magistrats des républiques grecques.

AUTO

(du grec *autos*)

SOI-MÊME.

Cet élément créateur, ou mot primitif, formé du grec *autos,* ajoute au mot qu'il sert à former sa propre signification, et veut dire *soi-même;* il prend, dans quelques mots, la forme de *auta.*

AUTARCIE, subs. fm. — *auta,* pour *autos,* soi-même, et de *arcéin* (grec), suffire ; état qui consiste à se *suffire à soi-même.* Situation autarcique.

AUTACÉPHALE, subs. ms. — *auto,* soi-même, et de *céphale,* — *héphalé,* tête ; qui est *soi-même* la *tête.* Il sert à désigner l'évêque grec qui est indépendant du patriarche.

AUTOCRATE, subs. ms. — *auto,* soi-même, et de *crate,* — *kratos,* pouvoir. C'est-à-dire *pouvoir* de gouverner *soi-même,* qui gouverne de sa seule *autorité.* Autocrate de Russie. Un *autocrate* qui fait le bonheur de ses sujets n'est qu'un heureux accident. (Alexandre Ier.) *Autocratie, autocratice,* et les dérivés, sont formés des mêmes éléments que ce dernier.

AUTO-DA-FÉ, subs. ms. Sans *s* au plur. *Acte de foi.* Jugement de l'inquisition portant peine afflictive ou de mort ; exécution solennelle de ce jugement.

AUTOGRAPHE, subs. ms. Ce terme et tous ses dérivés ou composés sont formés de *auto,* soi-même, et de *graphô,* j'écris ; *écrit* de la main de l'auteur. On donne, par extension, ce nom aux artistes qui imitent ou reproduisent l'écriture. De là, *autographier,* pour dire, *imiter l'écriture.*

5

AUTOMATE, subs. ms *Machine* qui a *en soi* le principe du mouvement, et qui imite celui des corps animés. Racine *auto*, soi-même. Tous ses composés et ses dérivés renferment la même idée.

AUTONOME, adj. des 2 g. Ville grecque qui se gouvernait par les lois qu'elle avait faites elle-même. *Autonomie* est formé, comme *Autonome*, de *auto*, soi-même, et de *némô*, je gouverne.

AUTOPSIE, subs. fm. — *auto*, soi-même, et de *opsis*, vision (o réduplicatif). C'est ainsi que l'on exprime la *vision* intuitive des mystères, la *contemplation* de la divinité, etc. Enfin, c'est l'action de voir une chose de ses propres yeux. *Autopsie* d'un cadavre. *Médecine*.

AUTORITÉ, et ses dérivés, sont formés de même que les termes précédents dont ils sont comme une altération qui en forme l'euphémisme. *Auteur*, subs. ms. Ce qui est la première cause de quelque chose. *Autorité*, subs. fm. *Puissance légitime; droit de se faire obéir. Tous ces termes sont formés, par une heureuse altération du latin barbare, *auctor, auctoritas, puissance*.

B

BALL

Orthographe et vrai sens des mots où l'on retrouve l'articulation *ball*, soit comme *initiale*, *médiale* ou *finale*.

BALL... Formé du grec *ballô*, je lance, je jette. On écrit généralement avec deux *ll*, à cause de l'origine, les articulations *ball*... qui représentent l'idée de *lancer*, de *jeter*, etc. *Balle*, pelotte ronde. boule élastique; *ballon*, vessie pleine d'air, corps sphérique et aérien; *ballot*, gros paquet; *balloter*, tous ces termes et leurs dérivés ont deux *ll*, à cause de leur racine originelle *ballô*, je jette, je lance. Tous les autres mots dont l'initiale est *bal*... n'ont qu'un *l*.

BAN

Cet élément créateur, tiré de l'allemand, apporte aux mots qu'il sert à former l'idée de *lien*.

BAN, subs. ms. Mot primitif. Publication, mandement, cri public, affiche annonçant un prochain mariage, *une liaison*.

BANDAGE, subs. ms. *Lien* plat et large, de fer, de cuir, de linge, pour fixer, tenir, etc.

BANDER. *Bandelette, bande, bandagiste*, etc., ont la même origine.

BANDIT, subs. ms. Vagabond malfaisant qui se *lie* à des voleurs.

BANLIEUE, subs. fm. Etendue de pays autour d'une ville, et qui, *lié* à la ville, en dépend.

BANNIÈRE, subs. fm. *Lien* qui attache les braves d'un corps d'armée. Enseigne, drapeau, étendard.

BANNIR, v. a. Condamner par autorité de justice à sortir d'un pays, d'une ville, d'un État. Mettre fin au *lien* qui unissait quelqu'un à la ville, au pays, etc.

BANQUE, subs. fm. Caisse à laquelle chacun peut s'intéresser; *lien*, union de ceux qui font commerce d'argent.

BANQUET, subs. ms. Festin, repas où se trouvent les proches, ceux qui viennent de s'*allier*. Grand *banquet nuptial*. En général, repas magnifique.

BARRE

idée de traverse.

Ce mot primitif et tous ses *dérivés*, *composés* et *surcomposés*, prennent deux r de suite, *barrière, barricade, barrage, barreau, barrique, barroter, barroir*, etc. Mais les mots, commençant par *bar*, qui sont formés d'autres éléments que celui qui désigne une pièce transversale, n'ont qu'un seul *r*, et sont orthographiés comme il suit, par *bar* :

Bar ou *bard*, caisse pour porter le ciment; *baraguin, baraque, baratte*, baril pour battre la crème * ; *barer* (pour dire balancer sur la voie), terme de vénerie; *barillon, barioler*, peindre de plusieurs couleurs. *Barite*, ou *baryte*, ou *barote*, subs. fm. l'une des sept terres primitives, terre pesante, alcaline dont la racine est *barrus* (grec), pesant; *baromètre*, — *baros*, poids, et de *métron*, mesure; *baraque, baronie*, etc.

* On dit dans un sens abusif battre le *beurre*. Cette locution est vicieuse et n'est pas admissible.

BAS

SANS HAUTEUR.

Élément créateur et mot primitif qui entre dans la composition des mots pour y ajouter l'idée d'*infériorité*, sans hauteur, etc.

BAS, subs. ms. Vêtement des jambes; *bas*, *sse*, adj., sans hauteur, peu élevé, inférieur.

BASE, subs. fm. *Bas*, partie *inférieure*, appui, soutien, principe, etc.

BASSET, subs. ms. Chien à jambes courtes; *petit* homme.

BASSESSE, subs. fm. Manière peu élevée, manière *basse*, actions, manières viles, etc.

ORTHOGRAPHE ABSOLUE

BAT

Cette articulation est toujours orthographiée avec un seul *t*, par *bat*, dans tous les mots qu'elle sert à former. Écrivez avec un seul *t*, à *bat* : bataillon, bataille, bâtard, bâteau, bâtir, bâton, bâtisse (construction), batiste (fine toile de lin), bâtonnier, etc., et tous leurs dérivés.

EXCEPTÉ : Battre et ses dix-neuf dérivés ou composés.

BATTRE, il faut conjuguer de même *abattre*, *rebattre*, *débattre*, *combattre*, *rabattre*, etc.

Ind. Je bats, ts, t, ons, ez, ent. *Imp.* je battais, ais, ait, ions, iez, aient. *P. déf.* je battis, is, it, îmes, îtes, irent. *Fut.* je battrai, ras, ra, rons, rez, ront. *Cond.* je battrais, rais, rait, rions, riez, raient. *Imp.* bats, ons, ez. *Subj.* que je batte, es, e, ions, iez, ent. *Imp. subj.* que je battisse, isses, ît, issions, issiez, issent. *P.* battant, u, e.

BEN

BENJAMIN, BENJOIN, BENNE (prononcez *bene*), BENZOATE et TÉRÉBENTHINE sont les seuls mots français qui sont formés de l'articulation *ben* par *e*.

ORTHOGRAPHE ABSOLUE

BOURR

Orthographiez par deux *r* de suite toutes les syllabes *bourr*, par conséquent il faut écrire avec deux *r* : Bourrache, bourrade, bourras, bourrasque, bourre, bourreau, bourreler, bourrelier, bourriche, bourrique, bourriquet, bourrir, bourru, etc.

EXCEPTÉ : Bouracan, bouri (bâteau du Bengale).

CONJUGAISON.

Verbes qui n'ont pas d'éléments créateurs dans les colonnes précédentes.

BOIRE. *Ind.* je bois, is, it, ons, vez, ent. *Imp.* je buvais, vais, vait, vions, viez, vaient. *P. déf.* je bus, us, ut, ûmes, ûtes, urent. *Fut.* je boirai, ras, ra, rons, rez, ront. *Cond.* je boirais, rais, rait, rions, riez, raient. *Imp.* bois, vons, vez, *Subj.* que je boive, ves, ve, vions, viez, vent. *Imp. subj.* que je busse, sses, ût, ssions, ssiez, ssent. *P.* buvant, u, e.

BOUILLIR (verbe). *Ind.* Je bous, bous, bout, llons, llez, llent. *Imp.* je bouillais, llais, llait, llions, lliez, llaient. *P. déf.* je bouillis, llis, llit, llîmes, llîtes, llirent. *Fut.* Je bouillirai, lliras, ra, llirons, llirez, lliront. *Cond.* je bouillirais, llirais, llirait, llirions, lliriez, lliraient. *Imp.* bous, llons, llez. *Subj.* que je bouille, lles, lle, llions, lliez, llent. *Imp. subj.* que je bouillisse, llisses, llît, llissions, ssiez, ssent. *P.* bouillant, illi, e.

BRAIRE, se dit de l'action de l'âne quand il crie. Ce verbe ne s'emploie qu'aux troisièmes personnes.

Ind. Il brait, ent. *Imp.* Il braiait, aient. *P. déf.* inusité. *Fut.* il braira, ront. *Cond.* il brairait, raient. *Imp.* inusité. *Subj.* qu'il braie, ent. *Imp. subj.* inusité. *P.* braiant.

On n'emploie plus l'*y* dans le verbe *braire*.

BRUIR, signifie amortir, *bruir une étoffe*, en amortir la raideur.

Ind. Je bruis, is, it, ssons, ssez, ssent. *Imp.* je bruissais, ssais, ssait, ssions, ssiez, ssaient. *P. déf.* je bruis, is, it, mes, tes, rent, *Fut.* je bruirai, ras, ra, rons, rez, ront. *Cond.* je y irais, rais, rait, rions, riez, raient. *Imp.* bruis, ssons, ssez. *Subj.* que je bruisse, sses, sse, ssions, ssiez, ssent. *Imp. subj.* que je bruisse, sses, ît, ssions, ssiez, ssent. *P.* bruissant, ie.

BRUIRE, c'est-à-dire faire un bruit continu et prolongé comme celui du vent, des vagues, etc. Ce dernier n'a que les troisièmes personnes. Le vent *bruyait* dans la forêt.

Ind. Il bruit, ent. *Imp.* il bruyait, aient. *P. déf.*
il bruit, rent, *Fut.* il bruira, ront. *Cond.* il bruirait,
raient. *Imp.* bruis, ez, *Subj.* qu'il bruie, ent.
Imp. subj. qu'il bruît, ssent. *P.* bruyant,
inusité.

C

CALLI

BEAU.

Cet élément, formé du grec *kalos*, beau,
entre dans la composition des mots pour y
ajouter la signification de *beau*, sans aucune altération. Les mots dont l'élément *cal...* n'a qu'un
seul *l* ne représentent pas l'idée dont il vient
d'être parlé.

CALLICARPE, subs. ms. — *calli*, pour *kalos*,
beau, et de *carpe*, —*korpos*, fruit. Ce mot désigne
un arbuste voisin des vitex, des deux Indes.

CALLIDIES, subs. ms. pl. —*calli*, beau, et de
éidos, (grec), forme; coléoptère ignivore d'un
rouge satiné.

CALLIGON, subs. ms. —*calli*, beau, et *gonu*,
genou; arbrisseau en forme de polygone d'Asie.

CALLIGRAPHE, CALLIGRAPHIE, et leurs
dérivés, sont formés de *calli*, et de *graphô; belle
écriture.* Connaissance, description des anciens
manuscrits, etc.

CALLIONYME, subs. ms. —*calli*, et de *onyme*,
—*anoma*, nom; genre de poissons jugulaires.

CALLIPÉDIE, subs. fm. — *calli*, et de *pédie*,
—*païs* (grec), enfant. On suppose que c'est l'art
de faire de *beaux enfants.*

CALLITRICHE, subs. ms. —*calli*, et de *thrix*,
poil; guenon verte de l'Afrique.

CALLIPYGE, adj. des 2 g. —*calli*, et de *pugé*,
fesse; nom donné à Vénus.

Quant à l'orthographe absolue, on peut écrire
par un seul *l* l'initiale *cal*, dans tous les autres
mots français, excepté : *callapatis*, toile de coton
des Indes; *calle*, chouralle, machine pour tirer les
vaisseaux hors de l'eau; plante, etc., *callée*, cuir
de Barbarie, cuir excellent; *calleux*, corps ulcérés.
Écrivez tous les autres mots de cette catégorie par
cal... avec un seul *l*.

CANI

CHIEN.

Cet élément créateur, formé du latin, entre
dans la composition des mots pour y ajouter
l'idée du mot chien. Il prend la forme de *cana*
dans quelques mots.

CANACÉ, subs. propre. Nom d'un petit-fils
d'Éole que ce dernier fit manger à ses *chiens*,
parce qu'il était incestueux. *Mythologie.*

CANACHÉ, subs. propre, ms. Nom d'un des
chiens d'Actéon. *Mythologie.* C'est-à-dire qui
fait du bruit.

CANAILLE, subs. fm. Racine *cani* (de *canis*),
chien, c'est-à-dire *race de chiens.* Ce terme de
mépris s'applique particulièrement à la plus vile
populace. Lorsque ce terme est joint au mot
petite, dans la plaisanterie, son sens est moins
odieux; on dit : la *petite canaille*, pour dire des
enfants par qui l'on est importuné.

CANICHE, subs. des 2 g. CANICHON, etc.
Race particulière de *chiens* barbets.

CANICIDE, subs. fm. *Meurtre* d'un *chien*;
anatomie du *chien vivant.* On désigne aussi, par
ce terme, celui qui *tue* un chien.

CANICULAIRE, adj. des 2 g. Racine *cani* (de
canis), chien. Ce mot se dit des jours pendant
lesquels la constellation du grand *chien*, qu'on
appelle aussi *étoile du chien*, se lève et se couche
avec le soleil depuis le 24 juillet jusqu'au 23 août.
On désigne aussi, par ce terme, le temps dans
lequel on suppose que cette constellation domine;
époque des chaleurs où le *chien* traîne la langue,
ne sait comment faire pour éviter le soleil, et
pendant laquelle il est le plus exposé au fléau de
la rage.

CANIN, INE, adj. Qui tient du *chien.* On ne
l'emploie guère qu'au féminin. *Dents canines*,
qui sont au nombre de quatre dont deux (pointues)
de chaque mâchoire. *Faim canine*, faim dévo-
rante.

CANINANA, subs. ms. Serpent privé d'Amérique qui suit les hommes comme un *chien.*

ORTHOGRAPHE ABSOLUE

CARR

Les mots dont l'élément *carr...* prend deux *r*
signifient *carré, carrément*, etc., *carreau, car-*

relet, carrelure, etc., *carrière* (de quartier), *carrosse, carrousel* (quatre roues).

Les mots dont l'articulation *car...* est orthographiée avec un seul *r* ont une autre signification. (Voir *quadra*.)

CARDIA

CŒUR.

Cet élément créateur, formé du grec *kardia*, cœur, entre dans la composition des mots pour y ajouter sa propre signification, *cœur*. Il prend la forme de *cardio*, et se transforme en *cordia* dans *cordialité* et ses dérivés.

CARDIAGRAPHE, subs. ms.

CARDIAGRAPHIE, subs. fm.

CARDIAGRAPHIQUE, etc. Ces termes sont formés de *cardia*, cœur, et de *graphie*, — *graphô*, je décris. Employé dans l'anatomie, *cardiagraphie* signifie, *description* du cœur.

CARDIAIRE, adj. des 2 g. On donnait ce nom à un ver qui naît dans le *cœur*. Chardon à foulon.

CARDIALGIE, subs. fm. — *cardia*, cœur, et de *algie*, — *algos*, douleur; picotement dans

l'estomac à l'orifice supérieur, avec douleur violente.

CARDIALOGIE, subs. fm. — *cardia*, cœur, et de *logos*, discours; *traité* des parties du *cœur*.

CARDIAQUE, subs. fm. Qui fortifie le *cœur*; au féminin, c'est une plante agripaume contre la *cardialgie*.

CARDIATOMIE, subs. fm. — *cardia*, cœur, et de *tomé* (grec), incision; *dissection* du cœur et de ses parties.

CARDIO

CŒUR.

CARDIOGME, subs. ms. — *kardiaô*, j'ai mal au *cœur*; picotement de l'estomac, palpitation de cœur, anévrysme.

CARDIOSPERME, subs. ms. — *cardio*, pour *kardia*, cœur, et de *sperme*, pour *sperma*, semence (grec); il sert à désigner la plante dont la graine a une cicatrice au *cœur* à l'ombilic.

Cata.

RACINE ORIGINELLE.	RACINE FRANÇAISE :	VRAI SENS:
Préposition grecque, *kata*.	*Cata.*	*contre, abus.*

Cette initiale, qui signifie généralement *contre*, éveille quelquefois une idée *d'excès* ou *d'abus*, et présente aussi le sens de *sous* (ou l'opposite), *au-dessus*. Elle prend la forme de *caté* dans quelques mots.

CAT

CATABAPTISTES, subs. ms. plur. Racine *cata*, contre, et *baptême*, contre le *baptême*.

Hérétiques qui *niaient* la nécessité du *baptême*, et surtout pour les enfants. *Histoire ecclésiastique.*

CATACAUSTIQUE, subs. fm. Racine *cata*, contre, et *caustique*, brûlant, corrosif. C'est-à-dire *opposé* à ce qui est *caustique*, brûlant, corrosif. Courbe formée par des rayons réfléchis. *Mathématiques.*

CATACÉROSTIQUE, adj. des 2 g. et subs. ms. Ce terme se dit des remèdes propres à tempérer la force d'une maladie, employés *contre* la maladie. *Médecine.*

CATACHRÈSE, subs. fm. Métaphore qui consiste dans l'*abus* d'un terme. C'est user d'un mot *contre* la signification propre. EXEMPLES : *ferré d'argent, aller à cheval sur un bâton.* On n'est pas à cheval quand on est sur un bâton, on n'emploie pas l'argent pour ferrer.

CATACOMBES, subs. fm. plur. — *cata*, pour *kato*, dessous, et de *kumbos*, cavité; c'est-à-dire *cavités souterraines*, (selon l'académie), contre, les persécutions. Et non *tombeau souterrain;* car avec cette dernière signification on écrirait, suivant quelques-uns, *catatombes*, comme ils prétendent qu'on l'écrivait autrefois. Voici son vrai sens : les catacombes sont des cavités souterraines que les premiers chrétiens *opposaient* aux persécutions.

CATACOUSTIQUE, subs. fm. — *cata*, contre, et de *akouô*, j'entends; *entendre des sons contre* leur direction naturelle. Partie de l'acoustique qui a pour objet les propriétés des échos.

CATADIOPTRIQUE, adj. des 2 g. et subs. fm. Analyse : *cata*, contre,*dia*, à travers, et *optomai*, je vois. Par ce terme on veut désigner la science qui traite des effets réunis de la lumière, soit réfractée, soit réfléchie.

CATAGRAPHIE, subs. fm. Racine *cata*, contre, opposition, et *graphô*, j'écris. Art de peindre de profil. Ce mot *catagraphe* et les dérivés sont peu usités.

CATALECTE ou **CATALECTIQUE**, adj. des 2 g. *Contre, opposé à l'achèvement; qui n'est* pas terminé, fini, achevé, qui est incomplet. Ce terme représentait, dans la poésie grecque et latine, des vers imparfaits, auxquels il manquait quelques pieds ou quelques syllabes; c'est l'opposite des vers *acatalectiques*, auxquels il ne manquait rien de ce qui devait entrer dans leur structure.

CATALEPSIE, subs. fm. — *cata*, contre, et de *lambanô*, je ramène; maladie *contre* les mouvements de notre organisation, c'est-à-dire qui rend tout à coup immobile et laisse la respiration libre.

CATALOGUE, subs. ms. Formé du grec *cata*, excès, et de *légô*, je raconte; signifie : je *raconte séparément*, en *détail*. Liste, dénombrement avec ordre. *Catalogue de livres, de plantes, de saints*, etc.

CATALOTIQUE, adj. des 2 g. *Contre* la cicatrice. C'est le nom que l'on donne aux remèdes propres à faire disparaître les marques grossières des cicatrices qui paraissent sur la peau. *Médecine.* — *cata*, contre,et *ouloô*, je cicatrise.

CATAPÉTALE, adj. fm. Racine *cata*, et *pétale*. Ce terme se dit d'une corolle dont les *pétales* ne se détachent pas *séparément* après la floraison. *Histoire naturelle.*

CATAPLASME, subs. ms. Emplâtre placé contre ... appliqué *sur* ... ce terme s'analyse comme suit : *cata*, sur, et *plasme*, — *plassô*, j'enduis.

CATAPLEXIE, subs. fm. Qui *s'oppose* au développement. Engourdissement soudain dans une partie du corps. C'est-à-dire qui frappe, rend stupide ou hébété. Radical *cata* et *plessô*, je frappe.

CATARACTE, subs. fm. (*Katarrhassô*, je m'échappe avec force). Opacité du cristallin, qui *s'oppose* à la vision. Saut, chute des eaux d'une grande rivière, lorsqu'elles se précipitent avec fracas d'un endroit très-élevé. *Les cataractes du Nil.* En parlant du déluge universel, l'Ecriture dit que les *cataractes* du ciel furent ouvertes. Quand les rivières sont peu considérables, quelle que soit la forme de leur chute, comme elle est toujours plus belle qu'effrayante, on lui donne le nom de *cascade*. Quand elles ne tombent pas brusquement, mais qu'elles sont seulement un cours très-accéléré, on donne à ces accidents le simple nom de *chute*, comme la *chute du Rhin* à travers les rochers qui sont sous le château de Lausen, à une lieue au-dessous de Schaffouse. Dans son *étymologie*, ce mot marque l'idée de *renversement*, d'*opposition*, de *fracas*, etc.

CATARRHE, subs. ms. — *cata*, en bas, et de *rhéô*, je coule. Ecoulement d'un liquide plus ou moins clair ou épais, résultant de l'inflammation ou simplement de l'irritation d'une *membrane muqueuse* quelconque. Tous ses dérivés ou composés sont formés de la même manière et signifient *pencher, couler en bas*.

CATASTROPHE, subs. fm. Racine *cata*, dessous, et *strophe*, — *stréphô*, je tourne; renversement, destruction. En *littérature*, on entend par ce mot le changement ou la révolution qui arrive à la fin de l'action d'un ouvrage dramatique, et qui la termine. Il se dit aussi, par extension, de l'issue funeste d'un événement quelconque. Lorsque cette fatale scène tendait à sa *catastrophe*, en Angleterre, Louis XIV achevait ses conquêtes. Ce mot se dit figurément de tout événement considérable qui cause de grands changements et de grandes infortunes. *Catastrophe* imprévue.

CATATHÈSE, subs. fm. Racine *cata*, et *thèse; contre* la *thèse*. Proposition, affirmation contraire.

CATATYPOSE, subs. fm. Racine *cata*, en bas, et *type* (de *tupos*), modèle. Copie, imitation.

CATÉCHÈSE, subs. fm. Formé du grec; ce mot veut dire *enseigner de vive voix*. Ce terme n'est pas donné comme usité, mais comme sensé *primitif* des mots qui ont la même étymologie que l'on trouve dans *catéchisme*.

CATÉCHISME, subs. ms. Formé de *cata*, sur, au-dessus, et d'un mot grec *échos*, écho, ce mot signifie faire *retentir* aux oreilles, enseigner de vive *voix*, instruire par la voie du dialogue. *Instruction* sur les mystères et les principes de la foi. Livre par demandes et par réponses.

CATÉGORIE, subs. fm. *Terme de logique.*

Son étymologie *katégoréô*, je montre, représente l'idée de *montrer, manifester, déclarer*. C'est le résultat de l'acte par lequel on met *sur* le même *rang, sur* la même *ligne*, des choses de différentes espèces, mais qui appartiennent à un même genre. *Établir des catégories*. J'avoue que cette *étymologie* ne paraît pas heureuse d'abord, mais je la crois lucide et vraie.

CATHOLIQUE, et ses dérivés, sont tous formés de *cata*, sur, et de *holos*, tout, et marquent l'idée de *communion*, de religion *universelle*.

CER

CERCEAU. Variété ou forme de *circulus*, (latin), cercle, ou de *kirkos* (grec), cercle : *cercle* de bois, de fer, pour lier les tonneaux. Instrument de musique.

REMARQUE. CERCUEIL, subs. ms. Ce terme n'est pas formé, comme les précédents, de *kirkos*, cercle, comme l'indique sa forme trompeuse ; mais il a pour racine grecque *sarx*, chair, et pour finale *arcula* (latin), caisse ; bière, coffre, caisse pour un corps mort. •

ORTHOGRAPHE ABSOLUE

CHARR

Orthographiez par deux *r* de suite, *charr*, quand il est suivi immédiatement de l'une ou l'autre des lettres du mot mnémonique *oeu*, et avec un seul *r*, par *char*, dans tous les autres cas. Il faut donc écrire, sans hésiter, avec deux *r* :

Charrée, charretée, charretier, charrette, charrier, charriage et tous les dérivés de *char*, leur primitif (*), charron, charroyer, charrue, etc., parce que, dans tous ces cas, l'initiale *char* est placée immédiatement avant l'une ou l'autre des lettres du mot *oeu*. En effet, dans *charretier*, *charr* est suivi de *e*, lettre du mot *oeu ;* dans *charron*, *char* est suivi de *o*, lettre du mot *oeu ;* dans *charrue*, *char* est suivi de *u*, lettre du mot *oeu*. Il en est de même des autres mots où *charr* prend deux *r* de suite.

CAS CONTRAIRE. Charade, charançon, charité, charivari, n'ont qu'un seul *r*, l'initiale *char* étant immédiatement suivie de *a* ou de *i*, qui ne sont pas des lettres du mot *oeu*, donné pour aider la mémoire.

REMARQUE. Après l'examen de cette théorie, on restera convaincu que tous les mots français qui ont deux *r* à l'élément créateur (ou mot primitif) *char*, sont des mots composés de ce dernier ou de ses dérivés.

---

* Nous avons déjà donné à cet égard une loi invariable qui règle l'orthographe des *dérivés* d'une manière conforme aux *primitifs*.

CHIR

Cet élément créateur, formé du grec *chéir* (main), ajoute aux mots qu'il sert à former l'idée du mot *main*.

CHIRAGRE, subs. fm. (*ki*). Goutte aux *mains*. — *chir*, pour *chéir*, main, et de *agra*, (grec), prise. C'est aussi le nom de celui qui en est attaqué ; il s'applique aux oiseaux dont les pattes sont attaquées de la goutte. *Histoire naturelle*.

CHIRITE, subs. fm. Mot primitif, tiré du grec *chéir*, main ; désigne une stalactite, c'est-à-dire une pierre qui représente une *main*.

CHIROGRAPHAIRE, adj. Prononcez *kiro*, — *chir*, main, et de *graphaire*, tiré de *graphô*, j'écris ; c'est-à-dire créancier en vertu d'un acte sous seing privé, sans hypothèque.

CHIROLOGIE, subs. fm. (*ki*). *Langue des doigts ;* l'art de s'exprimer par des signes avec la *main*, les doigts. Tous les dérivés de ce mot ont la même étymologie.

CHIROMANCIE, subs. fm. (*ki*). Racine *chir*, — *chéir*, main, et *mantéia*, divination; prédictions, divinations par les *mains*. Tous les dérivés ont la même étymologie.

CHIRONOMIE, subs. fm. *Chir*, pour *chéir*, main, et de *nomos*, règle. Ce mot et ses dérivés qui sont nombreux exprimaient dans l'antiquité l'art de faire des gestes, ou les gestes mêmes avec la *main*.

CHIRURGIE, subs. fm. et tous les dérivés de ce terme sont formés de *chir*, pour *chéir*, main, et de *ergon*, ouvrage. C'est l'art d'*opérer* de la *main* sur l'homme.

REMARQUE. On ne doit pas confondre l'élément créateur *chir* (main), avec *christ*, *chré*, formé de *chriò*, joins, ou de *christos*, bon. Prononcez (*kri*), ni avec *chrono*, — *chronos*, (grec), temps.

CHOLÉ

BILE.

(On prononce *kolé*).

Cet élément créateur, tiré du grec *cholé*, ajoute aux mots qu'il sert à former la signification du mot *bile*, et prend quelquefois la forme de *chola*, prononcez (*kola*).

CHOLAGOGUE, subs. ms. — *chola*, pour *cholé*, bile, et de *agô*, je chasse; ce mot désigne un remède qui fait couler la bile par le bas.

CHOLÉDOGRAPHIE, subs. fm. — *cholé*, bile, et de *graphie*, tiré de *graphô*, je décris. *Description*, traité de la *bile*.

CHOLÉDOLOGIE, subs. fm. — *cholé*, bile, et de *logie*, tiré de *logos*, traité. *Traité de la bile*.

CHOLÉDOQUE. adj. des 2 g. — *cholé*, bile, et de *dochos*, qui contient; canal qui *contient* de la *bile*.

CHOLÉRA-MORBUS, **CHOLÉRIQUE**. Ce terme s'analyse comme il suit : *cholé*, bile, *rhéô* (grec), je coule, *morbus* (latin), maladie. Epanchement subit de la *bile* par les alvines et les vomissements, avec prostration. *Médecine*.

CHOLÉRINE, subs. fm. Même origine que *choléra*. Maladie analogue à ce dernier, mais moins dangereuse.

Choro

RACINE ORIGINELLE :	RACINE FRANÇAISE :	VRAI SENS :
Du grec, *choros*.	*choro*.	*chœur*.

Cet élément créateur, tiré du grec, signifie *chœur*, troupe de musiciens, de prêtres, chantant ensemble. Il prend la forme de *chora*, *choré*, *chori*, *choru* (prononcez *ko*). Il entre dans la composition de beaucoup de mots auxquels il donne sa signification.

CHORO

CHORAGIES, subs. fm. pl. Dans l'antiquité, *chœurs* de jeunes filles, cérémonies funèbres des jeunes filles.

CHORAIQUE, subs. des 2 g. Même élément que *chorée*, *choros* (grec), chœur. Il se dit d'un vers renfermant des *chorées*.

CHORAULE. subs. ms. — *chora*, pour *chorus*, chœur, et de *aulos* (grec), flûte. C'est le nom qu'on donne au joueur de *flûte* dans les *chœurs*.

CHORAUX, subs. ms. Pluriel de *choral*. Enfants de *chœurs*.

CHORÉE, subs. ms. Racine *choros* (grec), chœur. Danse de St-Gui. Pied de vers grec ou latin, composé d'une longue et d'une brève. *Poésie*.

CHORÉGE, subs. ms. Directeur de spectacle chez les Grecs. Celui qui conduisait les *chœurs*, etc.

CHORÉGRAPHE, **CHORÉGRAPHIE**. — *choré*, chœur, et de *graphô*, je décris; le premier exprime celui qui note les pas et les figures d'une danse; le second terme représente l'art de noter les pas, les figures de la danse.

CHORION, subs. ms. (*Chœur*). Musique chantée en l'honneur de Cybèle chez les Grecs. *Antiquité*.

CHORISTE, subs. ms. (*Chœur*). Qui chante dans les *chœurs*, à l'église ou au théâtre.

CHOROCITHARISTE, subs. ms. Joueur d'instrument à cordes dans les *chœurs*.

CHORODIE, subs. fm. — *choro*, tiré de *choros*, chœur, et de *odie*, tiré de *odé* (grec), chant. L'o est réduplicatif). Musique exécutée par le *chœur*.

CHORODIDASCALE, subs. m. — *choro*, tiré de *choros*, chœur, et de *didascale*, tiré de *didaskalos* (grec), maître. *Maître de chœur*.

CHOROIDE, subs. fm. Poésie chantée en *chœur*. *Antiquité*. Tunique de l'œil où est la prunelle.

CHORUS, subs. ms. (*Chœur*). Faire *chorus*, chanter ensemble, le verre à la main. Dire la même chose, émettre ensemble la même opinion.

CHROMA

(du grec CHRÔMA, couleur.)
Prononcez kro.

Cet élément créateur signifie *couleur*, et ajoute sa signification aux mots qu'il sert à constituer; il prend la forme de *chrome, chromi, chromu.*

CHROMATE, subs. ms. **CHROMATIQUE**, subs. ms., et leurs dérivés, ont les mêmes *éléments. Chromate*, sel chromatique, c'est-à-dire coloré. *Chimie. Chromatique*, c'est-à-dire coloré. *chimie.* En musique, qui procède par semi-tons.

CHROME, subs. ms. (*chrôma*) grec. Substance métallique dont toutes les combinaisons sont colorées. *Chimie.* En musique, *dièze.* Raison spécieuse, fausse, ou sous les nuances du vrai.

CHROMURGIE, subs. fm. Traité des *couleurs.*

CHROMIQUE, adj. des 2 g. Formé de *chrome,* dont il a la signification.

CHRONO

(du grec CHRONOS, temps.)
Prononcez kro.

Cet élément créateur ajoute aux mots qu'il sert à former l'idée de *durée*, d'*ordre*, et signifie *temps.* Il a la forme de *chroni* dans quelques mots.

CHRONIQUE, subs. fm. De longue *durée, maladie;* histoire selon l'*ordre* des *temps.*

CHRONICITÉ, subs. fm. Etat de ce qui est *chronique.*

CHRONIQUER, CHRONIQUEUR, CHRONISER, etc., et tous les dérivés, sont composés des mêmes éléments que *chronique* et éveillent la même idée.

CHRONOGRAMME, subs. ms. — *chrono;* tiré de *chronos*, temps, et de *gramme*, tiré de *gramma*, lettre (grec). C'est l'inscription en chiffres, ou, dans le sens abusif, *inscription* dont les *lettres* font la *date* de l'événement rapporté.

CHRONOGRAPHE, CHRONOGRAPHIE, etc., et tous les dérivés, représentent l'idée de faire la *description* qui caractérise l'*époque* (le *temps*) d'un événement arrivé, ainsi que les circonstances qui l'ont vu naître.

CHRONOLOGIE, CHRONOLOGUE, CHRONOLOGISTE (même que *chronologue* ou son synonyme), etc., tous ces termes et leurs dérivés représentent la *science*, l'*art*, la *doctrine*, l'*ordre* des *temps.*

CHRONOMÉRISTE, subs. ms. — *chrono,* temps, et de *mériste*, tiré du grec *méros*, part. Tableau contenant toutes les décompositions possibles de la *mesure,* des *temps*, etc.

CHRONOMÉTRIE, et tous les composés, sont formés de *chrono*, temps, et de *mètre*, mesure, et expriment l'idée de *mesurer* les *temps* dans la musique; il sert à mesurer les tierces en astronomie.

CHRONOSCOPE, subs. ms. — *chrono*, temps, et de *skopéô*, j'observe; *chronomètre*, ou espèce de pendule, de machine pour mesurer le *temps.*

CHRONOSTICHE, subs. ms. — *chrono,* tiré de *chronos*, temps, durée, et de *stiche*, tiré de *stichos* (grec), vers; *vers* ou lettres numérales qui marquent l'année.

Chryso.
(Prononcez kri.)

RACINE ORIGINELLE :	RACINE FRANÇAISE :	VRAI SENS :
Du grec *chrusos*.	*chryso*.	*or*.

Cet élément créateur, formé du grec *chrusos*, or, entre dans la composition des mots pour y apporter sa propre signification. Il varie dans *crésus* qui est incontestablement une altération du grec *chrusos*, plutôt que le nom d'un homme riche, qui avait beaucoup d'*or*. Mais rien n'empêche plus tard les Latins d'avoir donné ce dernier nom à un homme riche. Cet élément prend la forme de *chrysa, chrysi, chrysu*.

CHRYSO

CHRYSALIDE, subs. fm. (*chrusos*), or. Il se dit particulièrement de la chenille à l'état de nymphe, qui passe du ver au papillon *doré*.

CHRYSALIDER, **CHRYSALITE**, et leurs dérivés sont composés des mêmes *éléments* et renferment la même idée sous diverses nuances.

CHRYSANTHÈME, subs. ms. — *chrysa*, tiré de *chrusos*, or, et de *anthos*, fleur. Plante à très-belles fleurs d'un jaune *doré* ; violettes.

CHRYSAOPIS, subs. fm. Pierre précieuse couleur d'*or*.

CHRYSARGIRE, subs. ms. — *chrysa*, tiré de *chrusos*, or, et de *argire*, tiré de *arguros*, argent. Tribut sur les femmes de mauvaise vie. *Antiquité*.

CHRYSASPIDE, subs. ms. — *aspis*, bouclier. Soldat romain armé d'un bouclier d'*or*.

CHRYSIS, subs. ms. Guêpe *dorée*.

CHRYSOCALQUE, subs. ms. Pierre imitant le *vermeil*. Ce terme est formé de *chryso*, or, vermeil, et de *calque*, imitation.

CHRYSOCLORE, subs. ms. — *chryso*, or, et de *clore*, vert, tiré du grec *chlôrus*. Insecte *vert doré*. Subs. fm. Taupe d'un *vert doré*.

CHRYSOCALE, subs. fm. Matière propre à souder l'*or*.

CHRYSOCOME, subs. ms. — *chryso*, or, et de *come*, tiré de *komé* (grec), chevelure. Plante exotique à fleurs jaunes d'or pourpre, éclatantes, etc.

CHRYSOGRAPHE. Ce terme et ses dérivés sont formés de *chryso*, or, et de *graphô*, j'écris. C'est-à-dire *écrivain*, ou l'art d'écrire en lettre d'*or*.

CHRYSOLAMPE, subs. fm. — *chryso*, or, et de *lampe*, tiré de *lampô* (grec), je luis. C'est une pierre précieuse éclatante la nuit.

CHRYSOLITHE, subs. fm.—*chryso*, or, et de *lithos*, pierre. C'est-à-dire pierre précieuse d'un jaune d'or mêlé de vert. Topaze orientale.

CHRYSOMÈLE, subs. ms. — *chryso*, or, et de *mélos*, pomme. On désigne ainsi une espèce de pomme d'*or*, d'abricot *doré*.

CHRYSOPÉE, subs. fm. — *chryso*, or, et de *pée*, tiré de *païéô* (grec), je fais. C'est la science, l'art de faire de l'*or*.

CHRYSOPHILLE, subs. ms. — *chryso*, or, et *phille*, tiré de *phullon* (grec), feuille. Arbrisseau dont les *feuilles* sont d'un jaune d'or.

CHRYSOSTOME, adj. des 2 g. — *chryso*, or, et de *stôme*, tiré de *stôma* (grec), bouche. C'est-à-dire *bouche d'or*. Nom donné à saint Jean.

CHRYSULÉE, subs. fm. — *chrysu*, pour *chrysos*, or, et de *hulizô*, je purifie. Il signifie eau qui dissout l'*or*.

CINÉ

CENDRE.

Cet élément créateur entre dans la composition des mots pour leur ajouter l'idée du mot *cendre*. Il est formé du latin *cinis*.

CINÉFACTION, subs. fm. Racine *ciné*, cendre, et faction, de *factio*, je fais; c'est l'action de *fuire*, de *réduire en cendres*. Il est vieux et remplacé par *cinération* qui est plus moderne et présente le même sens.

CINÉFIER, v. a. *Réduire en cendre*. Ce verbe est employé pour remplacer *cinérer* qui ne se dit pas.

CINÉRAIRE, adj. des 2 g. Ce terme se dit de tout vase qui peut contenir des *cendres. Urne cinéraire;* selon l'Académie il ne s'emploie que dans ce cas, pour désigner une *urne* qui renferme les cendres d'un corps brûlé après la mort.

CINÉRIFORME, adj. des 2 g. Racine *ciné*, cendre, et *forme*. C'est-à-dire qui a l'aspect de la cendre.

CINÈTE, subs. fm. Ce mot et ceux qui en sont formés (ou que l'on pourrait en former), ont été employés par les naturalistes pour désigner des insectes qui se plaisent dans la *cendre*, et que l'on a rangé dans l'ordre des hyménoptères.

Circon.

RACINE ORIGINELLE :	RACINE FRANÇAISE :	VRAI SENS :
Préposition latine, *circum*.	*circon*.	*autour*.

Cette initiale apporte au mot qu'elle sert à constituer l'idée d'*entour*.

CIRCON

CIRCOMPOLAIRE, adj. des 2 g. Racine *circon* (de *circum*), autour, et *pôle* (de *polus*). Qui tourne *autour* des *pôles*. Qui environne les *pôles* terrestres.

CIRCONCIRE, v.a.—*circon*, autour, et *cœdere*, (latin), couper. *Couper*, trancher *autour*. Au figuré, c'est *retrancher tout autour*.

CIRCONFÉRENCE, subs. fm.—*circon*, autour, et de *féro*, je porte. *Contour* d'un *cercle*. Toute sorte d'*enceinte*, quoiqu'elle ne soit pas parfaitement ronde.

CIRCONFLEXE, adj. Ce mot est formé de *circon* (de *circum*), autour, et de *flectere*, fléchir, courber, et signifie *courber autour*, fléchir autour. En *grammaire*, celui des trois accents qui rend la syllabe longue; il est employé pour marquer les voyelles qui sont restées longues après la suppression d'une lettre.

CIRCONLOCUTION, subs. fm., *parole autour*, périphrase; *circuit* de paroles. La circonlocution sert souvent à l'orateur. On emploie souvent ce circuit de paroles pour désigner une chose qu'on ne veut pas nommer. (Voir le mot *périphrase*.)

CIRCONSCRIRE, v. a. *Tracer autour*. Donner des limites, mettre des bornes à l'*entour*. Analyse : *circon*, autour, et *scrire*, vieux mot qui signifiait *limiter;* mettre des bornes.

CIRCONSCRIPTION, subs. fm. Action de *regarder autour de soi*. Prudence, retenue, discrétion dans les discours et les actions. La *circonspection* a principalement lieu dans les discours, pour ne parler qu'à propos et ne rien laisser échapper qui puisse nuire ou déplaire; elle est l'effet d'une prudence qui ne risque rien. Ce terme et tous ceux qui en dérivent s'analysent comme suit: *circon*, autour, et *spectare*, regarder.

CIRCONSTANCE, subs. fm. Ce terme et ses dérivés sont formés de *circon*, autour, et *stare* (latin), être. *Être, se tenir autour.* Certaine particularité qui *entoure,* qui accompagne un fait, une nouvelle. *Circonstance, conjecture, occurrence.* La *circonstance* est la disposition particulière d'une chose qui favorise, ou contrarie, actuellement le succès. L'*occurrence* est ce qui se présente sans qu'on le cherche, et qui a du rapport à la chose. La *conjecture* est un ordre de choses, une disposition de circonstances générales et les moins prochaines, favorables ou contraires à la chose.

Les *conjectures* préparent et présagent le succès d'une guerre; une *circonstance* imprévue fait quelquefois perdre une bataille; l'*occurrence* décide souvent le moment d'une entreprise. Il faut consulter les conjectures, prévoir les circonstances, profiter de l'occurrence.

CIRCONVALLATION, subs. fm. — *circon,* autour, et *vallum,* fossé. *Fortifié autour. Fossé autour* d'un camp pour le défendre.

CIRCONVENIR, v. a. *Venir autour.* Entourer, envelopper. Entourer quelqu'un de soins astucieux pour obtenir ce qu'on souhaite de lui. Tromper artificieusement par des détours.

CIRCONVOISIN, INE, adj. *Voisin autour.* Ce mot n'est guère d'usage qu'au pluriel, et se dit des lieux, des choses, etc., qui sont proches et *autour* de celles dont on parle. *Académie.* Lieux, peuples *circonvoisins;* provinces, nations, paroisses *circonvoisines.*

CIRCONVOLUTION, subs. fm. — *circon,* autour, et de *voluere,* rouler. Action de *rouler autour.* Plusieurs tours faits *autour* d'un centre commun, révolution d'une ligne.

REMARQUE. Cette initiale a pour seule forme ou variété *circu,* qui sert à former tous les mots de la même famille. EXEMPLES : *Circuit, circulaire, circuler, cirque,* etc., formés de *cercle,* qui signifient tous, *autour.* En représentant l'idée du mot *cercle,* d'où ils sont formés, ces mots et leur famille marquent l'idée de *réunion, d'ensemble,* d'entour, c'est-à-dire servent à *entourer* et à tenir *ensemble.*

Con.

RACINE ORIGINELLE :	RACINE FRANÇAISE :	VRAI SENS :
du latin, *cum.*	*con.*	*avec, ensemble.*
du grec, *sun.*	*con.*	*avec, ensemble.*

Cette initiale apporte au mot qu'elle sert à constituer l'idée d'*association,* d'*ensemble,* des *moyens* qu'on a pour *réussir.* Voici ses formes ou variétés. *Com, col, co, cor, cou.* Cet élément créateur entre dans la composition de plus de dix mille sept cent soixante-quinze mots.

CON

CONCAVE, adj. des 2 g. Se dit d'une surface creusée sphériquement, c'est-à-dire dont l'*ensemble* est creux et rond en dedans.

Ce mot, que le français a formé du latin *con-* *cavus,* fut par ce dernier tiré du grec *sun,* avec, ensemble, et de *chaos* ou *chavos,* vide. En botanique, on emploie ce terme pour désigner la feuille dont le disque est enfoncé, tandis que les bords sont relevés. Le côté opposé présente, par conséquent, une rondeur extérieure appelée *convexité.* (Voir ce mot.)

Pour bien apprécier l'idée d'*ensemble* marquée par la particule initiale *con,* dans cette circonstance et dans bien d'autres semblables, où il n'existe pas le moindre doute à cet égard, il faut d'abord se pénétrer de la différence d'idée qui existe entre *concavité* et *cavité*, ce dernier sans la particule; il y a cette différence que le premier (avec la particule), en désignant le dedans d'un corps rond et creux, représente ingénieusement l'idée d'*ensemble* de ce corps. La *concavité* d'un globe; tandis que le second, privé de l'idée d'*ensemble* marquée par la particule *con*, ne se dit simplement que du vide d'un corps solide. *Les cavités d'un rocher.*

CONCAVITÉ, subs. fm. Même étymologie que le mot *concave*. Disposition, état des corps *creux* et sphériques.

CONCENTRER, v. a. Radical *centre*, auquel il faut joindre l'initiale qui signifie *avec*. C'est *réunir* en un *centre*, mettre *ensemble*.

CONCERTER, v. a. *Répéter ensemble* une pièce de musique. C'est aussi conférer *ensemble*, pour convenir des moyens de faire réussir une affaire.

CONCEVOIR, v. a. *Prendre avec. Prendre avec* l'esprit ce qu'on veut nous faire entendre, bien comprendre quelque chose.

CONCILE, subs. ms. — *concilier*, accorder *ensemble*; assemblée de plusieurs évêques de l'Eglise catholique pour délibérer et décider sur des questions de doctrine et de discipline.

CONCITOYEN, subs. ms. *Citoyen ensemble*, *citoyen* de la même ville, du même Etat qu'un autre.

CONCLAVE, subs. ms. est formé comme il suit : *clave*,—*clavis*, clé, auquel on a joint l'initiale qui signifie *avec*; c'est-à-dire : assemblée de cardinaux, renfermés à *clé*, qui s'occupent de l'élection d'un pape. On désigne aussi, par ce terme, le lieu où s'*assemblent* les cardinaux pour l'élection d'un pape.

CONCLURE, v. a. est formé comme il suit : *clure*, —*cludere*, fermer, achever, terminer, auquel on a joint l'initiale qui veut dire *avec*; fermer la question *avec* ce qu'on va dire.

CONCLURE (verbe). *Ind.* Je conclus, clus, clut, cluons, cluez, cluent. *Imp.* Je concluais, cluais, cluait, cluions cluiez, cluaient. *P. déf.* Je conclus, clus, clut, clûmes, clûtes, clurent. *Fut.* Je conclurai, uras, ura, urons, urez, uront. *Cond.* Je conclurais, urais, urait, urions, uriez, uraient. *Impér.* Conclus, cluons, cluez. *Subj.* Q. je conclue, clues, clue, cluions, cluiez, cluent. *Imp. subj.* Q. je conclusse, usses, ût, ussions, ussiez, ussent. *P.* Concluant, conclu, clue.

Reclure se conjugue comme conclure, mais il n'est d'usage qu'à l'infinitif et au temps formés du participe. Son passé masculin est *reclus*, et le féminin *recluse*. *Reclure*, c'est renfermer dans une clôture étroite et rigoureuse.

CONCORDANCE, subs. fm. *Accordement des* mots les uns *avec* les autres, suivant les règles de la langue. Ce terme et ses dérivés sont formés de *corde*, — *chorda*, convenance, rapport, union,

conformité, etc., auquel il faut joindre l'initiale qui signifie *avec*.

CONCORDE, subs. fm. *Union de cœur*, de volonté, etc. Paix et bonne intelligence de plusieurs personnes *ensemble*. Racine *cordia*, *cœur*.

CONCRÉTION, subs. fm. *Action de croître ensemble*. La *réunion* de plusieurs parties en un corps solide. — *crescere*, croître, et de l'initiale qui signifie *avec*. *Concret* et tous les composés ont la même origine.

CONCURRENCE, subs. fm. *Rivalité*, prétention de plusieurs, *avec* des moyens différents pour aboutir. — *currere*, courir, auquel il faut joindre l'initiale qui signifie *avec*; courir *avec*. *Concours* et ses dérivés ont la même origine.

CONDISCIPLE, subs. ms. *Disciple ensemble*. *Compagnon* d'étude.

CONDESCENDRE, v. n. *Descendre avec*, *ensemble*. *Descendre avec* un autre, descendre ou s'abaisser jusqu'à lui. Se rendre aux sentiments, aux volontés d'autrui, ou compatir à ses faiblesses.

CONDUIRE, et les verbes en UIRE. *Ind.* Je conduis, duis, duit, duisons, duisez, duisent. *Imp.* Je conduisais, sais, sait, sions, siez, saient. *P. déf.* Je conduisis, sis, sit, sîmes, sîtes, sirent. *Fut.* Je conduirai, ras, ra, rons, rez, ront. *Cond.* Je conduirais, rais, rait, rions, riez, raient. *Impér.* Conduis, sons, sez. *Subj.* Q. je conduise, ses, se, sions, siez, sent. *Imp. subj.* Q. je conduisisse, sisses, sît, sissions, sissiez, sissent. *P.* Conduisant, duit, duite.

Conjuguez de même : construire, cuire, recuire, déduire, éconduire, enduire, induire, instruire, introduire, luire, reconduire, reconstruire, réduire, reluire, renduire, reproduire, séduire.

CONFÉDÉRATION, subs. fm. Action de se liguer. *Alliance.*

CONFÉDÉRER (SE), v. pron. Formé, ainsi que toute sa famille, de *fœdus*, ligue, alliance, auquel il faut joindre l'initiale qui signifie *avec*, *ensemble*; c'est l'action de *se liguer ensemble*, s'unir pour se défendre ou pour attaquer. Allier ensemble des peuples libres, des citoyens, etc.

CONFÉRENCE, subs. fm. — *ferre* (latin), porter, auquel il faut ajouter l'initiale qui signifie *avec*, ensemble; c'est l'entretien que deux ou plusieurs personnes ont *ensemble* sur quelque matière ou affaire sérieuse. Comparaison de deux choses, etc.

CONFÉRER, v. a. Même origine que *conférence*. *Comparer* deux choses *ensemble* pour juger en quoi elles s'accordent et en quoi elles diffèrent. *Conférer* s'emploie généralement comme terme d'imprimerie, en parlant de *textes*, d'originaux, de copies, etc. Donner, accorder, v. n. Parler *ensemble*, raisonner de quelque point de doctrine. *Conférer*, *déférer*. On dit l'un et l'autre en parlant des dignités et des honneurs que l'on donne. *Conférer les ordres sacrés; conférer l'autorité impériale ou royale, une autorité paternelle à quelqu'un. Déférer* est un acte d'honnêteté.

CONFÉREUR, subs. ms. C'est le terme qui représente celui qui est chargé, dans une imprimerie, de *conférer* et *collationner* les dernières épreuves *avec* le manuscrit original ou les dernières épreuves. Ce mot manquait à l'imprimerie.

CONFIANCE, CONFIDENCE, etc., et tous leurs composés, sont formés de *fier*, — *fidere*, (latin), auquel on ajoute l'initiale tirée du latin *cum*, qui signifie *avec*, espérance qu'on a, soit en Dieu, soit dans un ami.

CONFIRE et **DÉCONFIRE** (verbe). *Ind.* Je confis, is, it, sons, sez, sent. *Imp.* Je confisais, sais, sait, sions, siez, saient. *P. déf.* Je confis, is, it, îmes, îtes, irent. *Fut.* Je confirai, ras, ra, rons, rez, ront. *Cond.* Je confirais, rais, rait, rions, riez, raient. *Impér.* Confis, sons, sez. *Subj.* Q. je confise, ses, se, sions, siez, sent. *Imp. subj.* Q. je confisse, sses, sse, ssions, ssiez, ssent. *P.* Confisant, confit, fite.

CONFONDRE, v. a. *Fondre avec, mêler ensemble. Mettre en désordre,* déconcerter. Réunir, mêler, brouiller plusieurs choses *ensemble.*

CONFRATERNITÉ, subs. fm. *Fraternité ensemble.* La relation, le rapport qu'il y a *entre* les personnes d'une même compagnie, d'un même corps.

CONFRONTATION, subs. fm. Racine *front,* auquel on joint *avec.* Mettre *front* à *front,* en présence. Examen que l'on fait de deux écritures en les comparant *ensemble.* Action de *confronter,* c'est-à-dire de comparer des personnes les unes aux autres.

CONGLOMÉRER, v. a. Radicale *glomus,* pelote, et l'initiale qui signifie *avec.* Mettre *ensemble; amasser* en pelotons. V. pron. *En Espagne, la noblesse et le clergé se sont conglomérés avec le peuple.* Bernardin de Saint-Pierre. (Se sont *mis ensemble*).

CONGRÈS, subs. m. Radicale *gressus,* marche, et joignez-y l'initiale qui signifie *avec; assemblée* de plusieurs ministres de différentes puissances qui se sont rendus dans un même lieu pour y conclure *ensemble* la paix, etc.

CONJOINDRE, v. a. *Joindre ensemble. Conjoint,* subs. ms. Personne *jointe à une autre* par mariage.

CONJONCTION, subs. fm. *Union.* Partie d'oraison qui sert à *lier ensemble* les mots, etc. Employé comme figure de construction, c'est la répétition de la même *conjonction* qui *lie* tous les membres ou incises d'une période. En voici un exemple de Racine, dans Athalie :

On égorge à la fois les enfants, les vieillards,
Et la sœur et le frère,
Et la fille et la mère.

La *disjonction* (formé de *dis*, négatif, et de *jonction*), est l'opposé, c'est la suppression, la disparition de ces liaisons, qui fait mieux voir les objets, en les détachant, et donne plus de vivacité au discours. En voici un exemple de Racine dans Athalie :

J'entre. Le peuple fuit. Le sacrifice cesse.
Le grand prêtre vers moi s'avance avec fureur.

(Voir *dis...* privatif, son origine et son vrai sens).

CONJUGUER, v. a. Radicale *juguer,* — *jugare,* lier, et con, l'initiale (ensemble), c'est *lier ensemble. Assembler,* ou réciter les différentes inflexions et terminaisons que reçoit un verbe, selon les voix, les modes, les temps et les personnes.

CONJURER, v. a. Radical *jurer,* c'est *jurer ensemble, avec; former un complot contre l'État; Jurer la ruine de sa patrie. Cinna conjura contre Auguste.* On dit, par extension, *conjurer contre quelqu'un, conjurer sa perte.* C'est aussi prier instamment (de) au nom ou pour l'amour de Dieu.

CONNEXION, CONNEXE, CONNEXITÉ. Tous ces mots ont la même origine. Ils ont pour radical *necto* (latin), nouer, lier, et l'initiale qui signifie avec; c'est-à-dire *nouer avec.* Ils marquent *liaison, rapport* de certaines choses les unes *avec* les autres, entre le principe et la conséquence. Ces deux idées, ces deux propositions ont entre elles une *connexion* bien sensible, c'est-à-dire une *liaison,* un *rapport* bien sensible.

CONSACRER, v. a. *Sacrer avec.* Dédier à Dieu, à quelque divinité. *avec* certaine cérémonie. Rendre *sacré, saint, vénérable.* Dévouer, destiner, employer à un certain usage, *consacrer* sa vie à élaborer un travail d'esprit.

CONSCIENCE, subs. fm. Ce terme et ses composés s'analysent comme il suit : Radical *science,* savoir, et l'initiale, qui signifie *avec, ensemble,* c'est-à-dire lumière, sentiment intérieur. Sentiment qui donne à l'âme la connaissance des perceptions qui sont en elle. On entend par *perception* l'impression qui se produit en nous à la présence des objets, tandis que sensation (s'il était employé), c'est cette même impression, en tant qu'elle vient par les sens; *conscience* est la connaissance qu'on en prend. Par *extension,* c'est la lumière intérieure, le sentiment intérieur, par lequel l'homme se rend témoignage à lui-même du bien et du mal qu'il a faits. Bonne *conscience; conscience* erronée; remords de *conscience.*

CONSONNE, subs. fm. Radical *son,* — *sonore,* rendre un *son,* auquel joignez l'initiale qui signifie *avec,* c'est-à-dire qui n'a de *son* qu'avec une voyelle. En grammaire, lettre qui n'a nul *son* sans le secours de quelque voyelle, comme *b, c, d, f, g, h, j, k, l, m, n,* etc. Dans l'origine, ces lettres ne donnaient aucun son par elles-mêmes. On ne disait pas plus *bé* que *be, cé* que ce, *dé* que *de*, etc., quand ces lettres n'étaient pas accompagnées d'une voyelle, et, à mon avis, la meilleure méthode est encore celle où l'on n'accorde à la consonne (selon son origine) que le son que lui permet la voyelle qui s'y joint et que l'on prononce sans distinguer la voyelle, comme dans les cas suivants : *Ba*, prononcez cette articulation ou syllabe tout d'un coup, comme on la parle, puisque la lecture n'a rien autre pour objet que la parole, et ne prononcez pas *bé-a-ba*, qui donne trois sons de voix au lieu du véritable, et parmi lesquels se trouvent deux sons différents de celui que l'on veut obtenir. Il faut avouer que cette épellation n'aboutirait qu'à une pure perte de temps et à détourner l'esprit de son véritable but. Ainsi, ne dites pas, non plus, pour *ca*, *cé-a-ca*, mais dites *ca* tout d'un coup. Il en est de même de *dé-o-do ;* dites *do* tout d'un coup. Je ne donne ici que l'avis dicté par mon expérience et d'après des résultats que l'on n'a pu contester en faveur de cette méthode, l'une des plus anciennes du monde, et peut-être la meilleure. J'ajouterai à cela que, en vingt leçons données à ma fille, à peine âgée de quatre ans, je suis parvenu à la faire lire correctement, résultats que l'on pourrait obtenir de tout le monde, et même dans les écoles où se trouve un grand nombre d'élèves, sans exiger aucun changement dans les ouvrages, ni dans le matériel qui m'ont paru présenter actuellement les éléments nécessaires pour atteindre un tel but, *sauf l'application*.

CONSENTIR (verbe). *Ind.* Je consens, ens, ent, entons, entez, entent. *Imp.* Je consentais, tais, tait, tions, tiez, taient. *P. déf.* Je consentis, tis, tit, tîmes, tîtes, tirent. *Fut.* Je consentirai, ras, ra, rons, rez, ront. *Cond.* Je consentirais, rais, rait, rions, riez, raient. *Imp.* Consens, tons, sentez. *Subj.* que je consente, entes, ente, tions, tiez, tent. *Imp. subj.* que je consentisse, ses, tît, sions, siez, sent. *P.* Consentant, ti, tie.
Conjuguez de même sentir, ressentir, pressentir, mentir, et leurs composés.

CONSORTS, subs. ms. plur. Radical *sort*, et l'initiale qui signifie *avec*, *ensemble*. Qui a, qui partage le *même sort*, ceux qui ont intérêt *avec* quelqu'un dans un procès, dans une affaire civile, etc.

CONSTANT, E, adj. Radical *stant*, — *stare*, stable, ferme, être debout, et auquel il faut joindre l'initiale qui signifie *avec;* c'est-à-dire qui a de la fermeté dans les principes, qui aime toujours le même objet.

CONSTANCE, subs. fm. Radical *stare*, être debout, se *tenir*, (latin *constantia*) : C'est-à-dire se tenir debout, être ferme. Fermeté d'âme contre l'adversité, la douleur, les tourments, etc. Persévérance dans le bien, dans la vertu, dans les résolutions qu'on a prises. *Grande, belle et héroïque* constance.

CONSTITUTION, subs. fm. Radical *statuere*, établir, auquel il faut joindre l'initiale qui désigne *avec, ensemble;* composition, règlement, choses réunies, etc. Action d'établir, fonder *ensemble*.

Ordre, composition et arrangement *avec* les parties d'un tout.Constitutions *impériales, canoniques, pontificales*, etc.

CONSUL, subs. ms. Ce terme et tous ses composés sont formés du latin, *consul* (même mot primitif) qui signifiait,dans la république romaine, magistrat qui avait la principale autorité, et dont la fonction ne durait qu'un an, aujourd'hui c'est l'envoyé d'un État dans un autre, pour le commerce.

CONSUMER, v. a. Radical *sumere* (latin), *prendre*, auquel il faut joindre l'initiale qui veut dire *avec*, c'est dissiper, détruire, user, réduire à rien. Le feu *a* consumé l'ensemble de cet édifice en deux heures.

CONTEMPLER, v. a. — *temple*, tiré de *templum*, étendue du ciel, auquel on ajoute l'initiale qui signifie *avec*, *ensemble;* littéralement, *c'est regarder à la fois une certaine étendue du ciel*, etc. Considérer attentivement, soit *avec* les yeux du corps, soit *avec* les yeux de l'esprit. *Contempler* la grandeur et les perfections de Dieu; *contempler* le ciel, un tableau. (Voir le mot *allocution*.)

CONTEMPORAIN, subs. ms. Radical *temps*, auquel il faut joindre l'initiale qui signifie *avec;* c'est-à-dire qui est du *même* temps. Auteur contemporain. Histoire contemporaine. *Historiens* contemporains, ceux qui ont écrit les choses arrivées *de leur temps*.

CONTEXTE, subs. ms. Un *texte* quelconque, considéré surtout par rapport à l'*ensemble* d'idées qu'il présente. Le texte d'un acte public ou sous seing-privé.

CONTEXTURE, subs. fm. Radical *texture*, — *textura*, tissus, auquel on joint l'initiale qui signifie *avec; avec le tissus*. Tissure, enchaînement de plusieurs parties *ensemble*. Employé au figuré, c'est la liaison, l'*ensemble* des diverses parties d'un ouvrage d'esprit.

CONTIGU, UË, adj. Radical *tango*, je touche, auquel on l'oint l'initiale qui signifie *avec;* qui touche immédiatement une autre chose. C'est-à-dire adjacent. En physique, *contigu* se dit des choses placées si près l'une de l'autre que leurs surfaces se joignent et se touchent.

CONTONDANT, ANTE, adj. — *contondre*, tiré de *tondre* (pour *tundere*), broyer, auquel on joint l'initiale qui signifie *avec*. Qui blesse, sans couper, ni percer, en laissant les parties *ensemble*, mais en faisant des contusions.

CONVENTICULE, subs. ms. Petite *assemblée* secrète et illicite.

CONVENTION, subs. fm. Ce terme, comme tous ceux qui sont formés de *convenir*, a pour radical *venir*, auquel on joint l'initiale qui signifie *avec*, et l'on trouve dans cette composition la signification que voici : demeurer d'accord *ensemble*. Accord, pacte que deux ou plusieurs personnes font *ensemble*. Clause, condition. Adj. *conventionnel*, de *convention*, c'est-à-dire fait *ensemble*.

Convention, assemblée nationale qui se forma en France, au mois de septembre 1792.

CONVEXE, adj. des 2 g. Racine *convehere*, porter, par allusion à l'espèce de cintre ou éminence *circulaire* des corps destinés à en porter d'autres. On emploie ce terme en Botanique pour désigner la surface extérieure d'un corps dont *l'ensemble* est bombé de manière à former avec le côté opposé une *concavité*. (Voir la signification des mots *circulaire*, etc., on trouvera *autour*, c'est-à-dire : *Qui tient l'ensemble*.)

CONVIVE, subs. des 2 g. Celui ou celle qui se trouve à un repas *avec* d'autres. *Vivre avec*, *ensemble*.

CONVOI, subs. ms. — *voie*, tiré de *via*, chemin, qui signifie : Faire *ensemble* le même *chemin*; accompagner.

CONVOITER, v. a. — *vœu*, tiré de *votum*, auquel on joint l'initiale; c'est désirer, vouloir *avec avidité*.

CONVOLER, v. n. Radical *voler*, auquel on joint l'initiale; il signifie proprement *voler ensemble*, accourir, se rendre en diligence, se *marier* de nouveau. *Convoler* à un second, à un troisième *mariage*.

CONVOQUER, v. a. Le radical est *vocare*, auquel on joint l'initiale. Faire *assembler*, avertir ou ordonner de *se réunir*; c'est-à-dire de se trouver *ensemble*.

COM

COMBINER, v. a. Radical *biner* (deux fois), auquel il faut joindre l'*initiale*. C'est *accoupler avec*. Assembler plusieurs choses, en les disposant entre elles dans un certain ordre. Unir *deux* ou plusieurs corps (*ensemble*), de manière qu'ils n'en forment qu'un seul.

COMICES, subs. ms. plur. Racine *ire*, aller; aller *avec*, *ensemble*. Assemblée du peuple romain au champ-de-Mars pour élire des magistrats ou pour traiter des affaires importantes de la République.

COMMANDER, v. a. — *mandare*, ordonner; auquel on joint l'initiale qui signifie *avec*; prescrire, forcer; avoir l'autorité.

COMMANDITE, **COMMANDITAIRE**, subs. fm. *Association avec*. Société de commerce qu'on forme *ensemble* pour favoriser une entreprise. Mêmes éléments que *commander*.

COMMENSURABLE, adj. des 2 g. Racine *mensura*, mesure; *avec mesure*; qui peut être *mesuré*. *Les nombres commensurables*, etc. *Mathématiques*.

COMMERCE, subs. ms. — *mercerie*, ou mieux de *Mercure*, dieu des marchands, auquel on a joint l'initiale, qui signifie *ensemble*. Ce terme s'emploie : 1o pour exprimer des *liaisons*, des rapports que des personnes ont les unes *avec* les autres, pour quelque objet que ce soit; 2o pour dépeindre l'*ensemble*, tout le corps des négociants, etc.; 3o pour désigner le trafic, le négoce de marchandises, d'argent, soit en gros, soit en détail.

COMMUNAUTÉ, subs. fm. Ce terme et tous ceux de cette catégorie sont formés de *comm*, avec l'*m* réduplicatif (*avec, ensemble*), et de *une*, unité, union, c'est-à-dire dont les parties ne forment qu'un seul tout; *union*, *accord*, *ensemble*. Société de plusieurs personnes qui vivent *ensemble* sous certaines règles.

COMMUNION, subs. fm. *Union avec*, union de plusieurs personnes dans une même foi. La réception du corps de Notre-Seigneur Jésus-Christ.

COMPASSION, subs. fm. Action de *souffrir avec*. Mouvement de l'âme qui nous rend sensibles aux maux d'autrui.

COMPATIR, v. n. Radical *patir*, souffrir; *souffrir avec*. Être touché de compassion des maux d'autrui; être affligé du mal qu'un autre souffre.

COMPATRIOTE, subs. ms. *Patriote avec*. Celui ou celle qui est de même pays, de même *patrie* qu'une autre personne.

COMPÈRE, subs. ms. Radicale *père*, auquel on ajoute l'initiale *avec*. Gaillard, adroit, éveillé, fin; celui qui aide à tromper dans les jeux. Celui qui a tenu un enfant sur les fonds; compagnon.

COMPLAIRE, v. n. Radical *plaire*, (agréer, vouloir) auquel il faut joindre l'initiale. C'est réunir (*ensemble*) la volonté, l'envie de *plaire*; s'accommoder au goût, au sentiment, à l'humeur de quelqu'un pour lui *plaire*. On peut *plaire* sans le vouloir, on *complaît* en conformant sa volonté à celle d'autrui.

COMPLET, **ÈTE**, adj. Dont les parties nécessaires sont *ensemble*. C'est-à-dire qui est entièrement achevé.

COMPLIQUER, **COMPLICATION**, et tous les dérivés, ont pour racine *cum*, *ensemble* (formé de *cum*), et *plier* (de *plicare*). C'est l'action de *mêler*, de *réunir ensemble* plusieurs choses de manière à en former un tout dont on distingue difficilement les parties.

COMPLEXE, adj. des 2 g. — *sumplékô* (grec). J'embrasse. Qui embrasse l'*ensemble*. Le *sun* ou *sum* des Grecs répond au *cum* des Latins et signifie *avec*, *ensemble*. C'est l'opposé de simple. Qui embrasse plusieurs choses.

COMPLOT, subs. ms. Mêmes *éléments* que le v. *comploter*. Mauvais dessein formé secrètement (*ensemble*) entre deux ou plusieurs personnes.

COMPLOTER, v. a. Radical *peloter*, pelote (balle), auquel on joint l'initiale. Former des groupes, vaincre dans la dispute. Jouer à la paume, se donner la pelote, la balle, de concert et par accord. Définition par MM. P. Labbe et Ménage. *Machiner un complot*. Comploter *la ruine de quelqu'un, faire un complot contre sa vie.* Le mot *complot*, auquel les lexicographes refusent toute étymologie, pourrait fort bien avoir, dans le français moderne, la même origine que *comploter*, qui paraît admissible.

COMPOSER, v. a. *Mettre avec, poser ensemble.* Disposer les choses de manière à les bien régler *ensemble*. *Assembler* les caractères pour en former des mots, des lignes et des pages. Travailler à quelque ouvrage d'esprit. *Préparer arranger.*

COMPRENDRE, v. a. *Prendre avec. Contenir ensemble;* faire mention, concevoir. Prendre plusieurs choses pour les *assembler*. Avoir l'intelligence d'une chose, en saisir, en pénétrer le sens.

CO

COACCUSÉ, subs. ms. — *co*, avec, et de *accusé;* Celui qui est *accusé avec* un ou plusieurs autres.

COADJUTEUR, subs. ms. — *co*, avec, et de *adjuteur*, tiré de *adjuvare*, aider. *Qui aide avec.* Celui qui est adjoint à un prélat pour l'aider dans ses fonctions.

COAGULER, v. a. — *agere*, pousser, auquel on joint l'initiale qui signifie *avec. Figer, cailler* plusieurs matières par le froid, enfin par le refroidissement. *Le venin de la vipère* coagule *le sang,* caille ou épaissit le sang, etc. La *coagulation* consiste dans l'action par laquelle un corps liquide passe, en tout ou en partie, à l'état de solide, de sorte que ses parties, en acquérant plus d'*adhérence,* qu'elles n'en avaient auparavant, perdent leur mobilité respective; (c'est-à-dire qu'elles *s'unissent, se joignent ensemble*).

COALISER, (SE) v. pron. — *co*, avec, et du latin *alescere*, prendre force. C'est se confondre *ensemble;* s'unir pour défendre une cause, pour former un parti.

COALITION, subs. fm. Mêmes éléments que *coaliser*. En physique, c'est l'*union* intime de plusieurs substances qui étaient auparavant séparées. Qui consiste à se liguer *ensemble. Union, confédération.* (Voir ce dernier mot, et le mot *complot*.)

CODÉBITEUR, subs. ms. *Débiteur avec.* Qui doit *avec* autre; qui a contracté une dette conjointement *avec* un autre.

COEFFICIENT, subs. ms. — *co*, avec, et de *efficient*, tiré de *efficere*, faire; *faire avec.* Qui fait un même terme *avec* la quantité algébrique,

COÉTERNEL, ELLE, adj. Qui existe de toute *éternité avec* une autre.

COÉTERNITÉ, subs. fm. Ce mot et ses dérivés sont formés de *co*, avec, et de *éternité,* (durée sans commencement ni fin); éternité *avec, ensemble. Eternité* commune à plusieurs choses semblables. Selon Napoléon – Landais, mot nouveau qui ne se trouve pas dans l'Académie.

COEUR (prononcez *keur*), **subs. ms.** Tiré du grec *kardia*, et du latin *cor. Siège* des passions; organe de la sensibilité morale, qui tient *ensemble* les inclinations de l'âme, et nous rend capables d'affections, d'amitié, d'amour *, de zèle, etc., etc. *L'ami, l'amie du cœur,* celui, celle que l'on aime le plus tendrement. *Affaire de cœur,* commerce de galanterie. *De bon cœur,* volontiers. *A contre-cœur,* avec répugnance. Figure de mots: *Avoir du cœur,* c'est bannir la crainte et la surmonter, tenir ferme dans l'occasion, ne pas reculer. *N'avoir point de cœur,* être dépourvu de toute sensibilité, n'avoir aucune noblesse, aucune générosité dans les sentiments. Selon Girard, *cœur* diffère de *courage* **, *valeur, bravoure, intrépidité,* dont il est le synonyme:

1º De *courage*, qui, impatient d'attaquer, ne s'embarrasse pas de la difficulté et entreprend hardiment.

2º De la *valeur*, qui agit avec vigueur, ne cède pas à la résistance, et continue l'entreprise, malgré les oppositions et les efforts contraires;

3º De la *bravoure*, qui, ne connaissant pas la peur, court au danger de bonne grâce, et préfère l'honneur au soin de la vie;

4º De l'*intrépidité*, qui affronte et voit de sang-froid le péril le plus évident, et n'est pas même effrayé d'une mort présente.

COEXISTER, v. n. — *co*, avec, ensemble, et de *exister; exister* ensemble.

COHÉRENCE, subs. fm. — *co*, avec, *hœrere*, être joint. *Liaison, union, connexion* d'une chose *avec* une autre.

COHÉRITIER, IÈRE, subs. — *co*, avec, et de *héritier* (recueillir). *Héritier avec.* Celui, celle qui *hérite avec* un autre; qui recueille une succession *avec* un autre.

COHUE, subs. fm. — *co*, ensemble, et de *huer*, crier. *Assemblée* tumultueuse où tout le monde parle confusément.

COINCIDER. v. n. — *co*, avec, et de *incider,* (tiré de *incidere*) tomber; *tomber avec.* S'ajuster l'un sur l'autre dans toutes les parties. Choses qui arrivent en même temps.

---

* Voir la définition et l'application de ce mot, son origine probable.

** Voir la définition et l'application de ce mot, son étymologie probable.

COINTÉRESSÉ, subs. ms. *Intéressé avec.* Celui qui a *avec* un autre quelque intérêt commun dans une affaire, dans une entreprise.

COLÉGATAIRE, subs. des 2 g. — *co*, avec, et de *légataire*, celui auquel on a *légué*, c'est-à-dire fait un *legs*, un *don*, etc. *Légataire avec.* Celui ou celle qui a part, *avec* un ou plusieurs autres, aux legs d'un testament.

CLORE ou **CLORRE** (verbe). *Ind.* Je clos, clos, clôt, osons, osez, osent. *Imp.* Je closais, sais, sait, sions, siez, saient. *P. déf. Inusité.* Ou dit: J'ai clos, tu as clos, etc. *Fut.* Je clôrai, ôras, ôra, ôrons, ôrez, ôront. *Cond.* Je clôrais, rais, rait, rions, riez, raient. *Impér.* Clos, osons, osez. *Subj.* Q. je close, oses, ose, osions, osiez, osent. *Imp. subj. Inusité.* On dit: que je me misse à clore. *P.* Closant, clos, close.

Conjuguez de même *enclore, renclore, reclore.*

COOBLIGÉ, ÉE, subs. ms. — *co*, avec, et de *obligé* (forcé, engagé). *Obligé avec.* Celui ou celle qui est *obligé* avec un ou plusieurs autres dans un contrat.

COOPÉRER, v. a. — *co*, avec, et de *opérer*, (produire quelque effet). *Opérer avec.* C'est *opérer* conjointement *avec* quelqu'un. Sont formés de *opérer*; *opéra, opérations*, que *Boiste* fait venir de *operari*, faire. *Opera* (ouvrage) est plutôt le mot primitif.

COORDONNER, v. a. *Ordonner avec.* Arranger certaines choses entre elles, suivant les rapports qu'elles doivent ou peuvent avoir *ensemble*.

COPULE, subs. fm. — *copula*, lien, attache (latin). *Lien* qui attache, qui tient *ensemble*. On désigne, par ce terme, le mot qui lie le sujet d'une proposition *avec* l'attribut. Dans cette phrase: *l'Aigle impérial fut victorieux dans cent batailles* *. Le verbe *fut* est la *copule*, enfin le *lien* du sujet *Aigle impérial* à l'attribut *victorieux*. Le verbe *être*, exprimé au sous-entendu, est la copule de toutes les propositions.

COVENDEUR, subs. ms. — *co*, avec, et de *vendeur* (du verbe *vendre*, qui signifie *céder* pour un prix, ou *trahir, découvrir*). *Vendeur avec.* Celui qui *vend* avec un autre quelque chose possédé en commun.

COL

COLLABORATEUR, subs. ms. — *col*, avec, et de *laborateur* (tiré du latin *laborare*, travail-

* Le Maréchal comte de Saint-Arnaud, Ministre de la Guerre.

ler). *Travailleur avec.* Celui qui travaille de concert *avec* un autre et qui l'aide dans ses fonctions. Au fm. *collaboratrice.* On dit, ordinairement d'un *associé* pour les affaires; *collègue* pour les fonctions; *collaborateur* pour les ouvrages.

COLLATÉRAL, AUX, au plur. adj. ms. Formé de *col*, avec, et de *latéral*, côté; ce terme appartient à la *jurisprudence*, et se dit de ce qui concerne la *parenté* ou la succession, hors de la ligne directe, soit descendante, soit ascendante. Qui n'est pas héritier en droite ligne. En *géographie*, on appelle points *collatéraux* ceux qui se trouvent au milieu des points cardinaux, comme le *sud-ouest*, le *nord-est*, le *sud-est*, le *nord-ouest*.

COLLATION, subs. fm. — *collatus*, passé de *confere* (latin); donner, *conférer. Droit canon.* Action par laquelle on confère la copie d'un écrit avec l'original, ou deux écrits *ensemble*. Il a plusieurs sens que voici: 1° repas léger que les religieux font *ensemble* dans l'après-dînée, les jours de jeûne, repas que l'on fait pendant la nuit; 2° droit de conférer un bénéfice; 3° droit du collateur.

COLLATIONNER, v. a. Conférer deux écrits *ensemble*, ou un écrit *avec* l'original, pour voir s'il est conforme.

COLLECTION, subs. fm. — *col*, avec, ensemble, *legere*, choisir, rassembler. *Réunion* de plusieurs objets qui ont *ensemble* quelque rapport. Choix de passages d'un ou de plusieurs auteurs.

COLLÉGE, subs. ms. — *Colligere*, assembler, dont on fit *collégium* (latin), ou mieux, — *col*, ensemble, et *legere* choisir. *Assemblée* de notables revêtus de la même dignité. Lieu destiné à l'enseignement, où l'on vient se mettre *ensemble* pour s'instruire. On appelle ainsi la *réunion* des élèves du *collége*. La racine de ce mot signifie *choisir ensemble, assembler, réunir.*

COLLER, v. a. Racine *colle*, joindre et faire tenir deux choses *ensemble*.

COLLÈGUE, subs. ms. — *col*, avec, et *legere*, choisir. Qui a mission *avec* un autre. Ce mot est composé des *mêmes éléments* que *collége*. Selon la plupart des *lexicographes*.

COLLIGER, — *colligere*, recueillir. Faire des recueils de passages d'auteurs. *Assembler* des choses qui sont en rapport. Ce mot est vieux.

COLLISION, subs. fm. Racine *col*, avec, et *ludere*, jouer; *jouer avec*, frotter contre, choquer, etc. En *physique*, c'est le choc de deux corps. Au figuré, choc des factions politiques; lutte, combat.

COLLOQUER, v. a. Ranger (*ensemble*) des créanciers suivant l'ordre dans lequel ils doivent être payés.

COLONEL, subs. ms. Formé de l'italien *colonello*, fait dans la même signification de *colonna*, colonne, parce que le *colonel*, à la tête de son corps d'armée, doit être *ferme* et *stable* comme une *colonne*. Officier qui commande en chef un régiment. En admettant cette étymologie, on se demandera, peut-être, pourquoi *colonel* avec un seul *n*, et sa racine * avec deux *nn* ?

Nous laissons, à cet égard, le soin à l'autorité d'établir une loi selon son appréciation, dans cette matière comme dans d'autres, sans prétendre nous poser comme juge.

Selon les uns, ce mot n'a qu'une étymologie douteuse ; d'autres le font venir de *colonia*, colonie, mot qui vient de *colo*, et veut dire : *cultiver*. Cette origine est invraisemblable, et ne peut être admise, n'ayant aucune analogie raisonnable. Mais, en revenant au mot *colonne* que nous retrouvons dans *columen*, ou plutôt *columna*, faîtage d'un comble, et suivant d'autres dans *kôlon*, os de la jambe, parce que les *colonnes* sont le soutien d'un édifice, comme les jambes sont le soutien du corps, (c'est-à-dire que les *colonnes tiennent ensemble* toutes les parties de l'édifice); ne serions-nous pas plutôt tentés d'admettre, selon la plupart des auteurs, cette dernière origine, et, par extension, ce sens : *commandant une colonne* (pour qui *soutient* une *colonne*). On pourra également objecter, cela n'est pas douteux, que *colonel* est orthographié avec un seul *n*, et *colonne* avec deux *nn*. S'il était permis de se prononcer franchement à cet égard, on pourrait répondre que, en francisant ce mot, on a eu probablement égard à la prosodie, dont l'élasticité des lois exclut le redoublement de la consonne *n*, dans le premier cas, pour rendre l'articulation plus gracieuse et plus analogue au génie et aux souplesses de notre idiome, tandis que, dans le second cas, elle exige le redoublement de *nn*, et par raison de prononciation et par raison d'étymologie. Tous les lexicographes et les grammairiens sont d'accord pour écrire les treize cents mots terminés par ...*onne*, avec deux *nn* de suite, *bonne*, *colonne*, il *tonne*, etc., à l'exception de quelques-uns. Mais on voit généralement faire peu usage de la double consonne devant une *syllabe brève*, surtout, selon l'abbé d'*Olivet*, quand la dernière syllabe est suivie de toute autre consonne finale que *s*, *z*, *t*. On ne peut guère établir de règle fixe pour cela ; on n'acquiert ce goût et cette inflexion de voix que dans la société des gens instruits qui fréquentent les grandes villes.

COLPORTEUR, subs. ms. Petit marchand qui porte *avec* soi, dans la rue, toutes marchandises, dans des caisses, dans des mannes **.

* Colonne.

** Des auteurs modernes donnent à ce mot, et à son *verbe*, le même sens, mais en d'autres termes. Voici comment ils les ont francisés : racine *col*, et *porter*, parce que, selon eux, les colporteurs *portaient* souvent et portent encore leurs marchandises sur un crochet suspendu à leur *cou*. C'est porter dans les campagnes des marchandises, papiers, livres, plumes, etc. Cette analyse est acceptable et rationnelle, et en tout préférable à l'étymologie que donne Boiste, qui fait venir ces termes de *propola* et de *circumferre*, porter çà et là pour vendre, surtout des livres *(sic)*.

COLLOQUE, subs. ms. Racine *cum*, avec, et *loquis*, parler ; entretien. *Colloquer* paraît avoir appartenu, dans le principe, à la même étymologie ; mais aujourd'hui l'application n'est plus tout à fait la même.

COLLUDER. v. n. S'entendre *avec* la partie adverse, au préjudice d'un tiers.

COLLUSION, subs. fm. C'est l'action du verbe précédent. Intelligence secrète *ensemble* et au préjudice d'un tiers.

COLLUSOIRE, adj. des 2 g. Par *collusion*, c'est-à-dire par intelligence secrète *ensemble* contre un autre.

ORTHOGRAPHE ABSOLUE.

COL

On a remarqué, par les exemples donnés, que la particule initiale *col*... se lie avec douceur à la consonne qui suit et que, par conséquent, les mots marquant l'idée d'*ensemble* prennent deux *ll* de suite : *collecte, colloquer, collision, colliger, collationner*, etc. Ou mieux, on retrouve l'orthographe de ces mots dans leurs divisions par syllabes, ou éléments de ces mêmes mots; par exemple : *collaborateur, collatéral, collision*, etc, sont ainsi orthographiés à cause de leur analyse que l'on retrouve plus haut établie à leurs cases respectives.

Il en sera de même de l'initiale *cor*, dont il va être parlé.

COR

COROLLE, subs. fm. Formé du latin *corolla*. Ce mot, comme terme de *botanique*, signifie : enveloppe ronde de la fleur qui environne les étamines et le pistil, c'est-à-dire qui les *tient ensemble*.

CORRÉLATIF, IVE, adj. Qui marque une *relation* réciproque de deux choses l'une *avec* l'autre.

CORRESPONDRE, v. n. Racine *cor* (pour *cum*), avec, ensemble, et *respondre* (vieux mot patois) qui signifie *répondre* ; convenir, être conforme. On représente, par ce terme, l'action : 1o des choses qui se rapportent, qui symétrisent *ensemble* ; 2o des choses qui communiquent entre elles ; (c'est avoir des relations, des communications *ensemble*); 4o avoir un commerce de lettres *avec* quelqu'un. *Selon l'Académie*.

CORRESPONDANCE , CORRESPONDANT, ont la même étymologie.

CORRIDOR, subs. ms. Formé du latin *currere*, courir, dont on a fait *correre*, le dérivé. Galerie droite, passage entre deux appartements.

CORRIGER, v. a. Racine *cor* (formé de *cum*), avec, ensemble, et *regere*, régler, gouverner. C'est régler *ensemble*. En parlant des choses, c'est faire disparaître les fautes. *En parlant des personnes*, c'est ôter un défaut, des défauts. *Réparer*, corriger l'injustice du sort; châtier de paroles ou de quelque punition; *reprendre*, *réprimander*, avec cette différence que *corriger* s'étend à toutes sortes de fautes, soit en fait de mœurs, soit en fait d'esprit et de langage. *Reprendre* ne se dit guère que pour les fautes de langage et d'esprit. *Réprimander* ne convient qu'aux mœurs.

CORROBORER, v. a. — *cor* (latin), cœur, et de *robur*, force. *Médecine. Fortifier* avec. Donner du ton aux organes ; donner de nouvelles forces. Au figuré : Ce que vous dites *corrobore* mon opinion, fortifie, consolide mon opinion.

CORRODER, v. a. Racine *cor* (pour *cum*), avec, et *rodere*, ronger; *ronger avec*. Ronger peu à peu les corps, les manger, les consumer, etc. *V. pron. se corroder.*

CORROYER, v. a. — *corroi, corroyeur*, (même origine et même sens). Ce mot est formé de *cor*, avec, et du latin *rodere*, ronger; ronger le cuir, le parer avec... Donner le dernier apprêt au cuir pris des mains du tanneur, afin que l'on puisse s'en servir. En *architecture*, c'est battre et pétrir la terre glaise, afin d'en faire une espèce de massif qui tienne l'eau *ensemble; mêler* du sable *avec* de la chaux. En *serrurerie*, terme de forgeron, c'est souder *ensemble* plusieurs barres de fer pour n'en faire qu'une.

CORROMPRE, v. a. Racine *cor*, avec, et rompre. *Rompre avec* un mélange nuisible. C'est gâter, altérer. Troubler quelque sentiment agréable. *Même étymologie* pour tous ses dérivés: *corruption, corrupteur, corruptible, corruptibilité.*

ORTHOGRAPHE ABSOLUE

COR

En cas que la raison étymologique laisse quelque doute dans l'esprit de certaines personnes animées du véritable désir de posséder les fondements de l'orthographe, voici une règle générale de *mnémonique* qui s'adapte à toute la catégorie de mots formés de cor, dont il vient d'être question.

L'initiale *cor...* prend deux *rr* de suite au commencement de tous les mots qui sont verbes ou dérivés de verbes, parce que l'analyse de ces mots permet de séparer l'initiale *cor* du reste du mot; mais cette articulation initiale est orthographiée avec un seul *r* dans tous les autres cas. *Exemples :* correspondre, (*répondre*) correspondance, corriger, (*régir* ou *regere*), correction, (*régir*) corroborer, corroboratif, corroder (*rodere*, ronger), corrosif, corrompre (*rompre*), corroyer (*rodere* ronger), corruption (*rompre*), etc. Tous ces mots sont orthographiés avec deux *rr*, (par *corr*), parce qu'ils sont verbes ou dérivés de verbes. En effet on peut dire : Je corresponds, tu corriges, il corrobore, il corrode, nous corroyons, etc. Il faut y comprendre : 1° corrégidor, mot espagnol formé de *cor*, avec, et de *régir*, gouverner, diriger, etc., tiré de *corrégir*, corrégérer, qui signifie correcteur; ce terme manquait à notre imprimerie pour remplacer le mot *prote*, usé et ne présentant pas le sens véritable de la fonction qu'il occupe; 2° corrélatif, — *cor*, avec, et de *relater*, (rapporter, référer).

Cas contraire : Mais on écrira avec un seul *r*, par *cor*, parce qu'ils ne sont ni verbes, ni dérivés de verbes : corail, coran, coriace, corinthien, corollaire, corolle, coruscation, coryphée, etc. En effet on ne peut pas dire : nous coraillons, vous coriacez, nous corinthiennons, vous corollez, etc.

Il faut tenir compte des mots exceptés, ce sont : *correau*, batteau antique, *Corrèze*, département de France, *corridor*, et les dérivés qui prennent deux *rr*, sans être verbes ni dérivés.

COU

Cette initiale, selon quelques savants étymologistes, est dans quelques mots une variété de *con*, et présente l'idée d'*ensemble, avec*, etc. Nous allons donner quelques exemples pour justifier, s'il est possible, cette origine, sans aucune autre prétention que celle d'éclairer nos lecteurs sur des matières restées obscures, sur des engouements qu'il importe à l'esprit laborieux de dégager sans trop d'hésitation. Selon d'autres linguistes, *cou*, formé du sanscrit, représente l'idée de *creux;* cette dernière opinion est justifiée par la pratique et l'étude approfondie.

COUDRE, v. a. Attacher et joindre deux ou plusieurs choses *ensemble*, avec du fil, de la soie, etc., passée dans une aiguille ou autre chose semblable. *Académie.* L'action de *coudre* consiste aussi à faire des *creux.*

COUDRE (verbe). Je couds, ds, d, ons, ez, ent. *Imp.* je cousais, ais, ait, ions, iez, aient. *P. déf.* je cousis, is, it, îmes, îtes, irent. *Fut.* je coudrai, as, a, ons, ez, ont. *Cond.* je coudrais, ais, ait, ions, iez, aient. *Impér.* couds, ons, ez. *Subj.* que je couse, es, e, ions, iez, ent. *Imp.* que je cousisse, isses, ît, issions, issiez, issent. *P.* cousant, u, ue.

Pour découdre, recoudre, même conjugaison.

COULÉE, subs. fm. Caractère d'écriture penchée, dont toutes les lettres tiennent *ensemble*, et dont tous les jambages sont droits.

COULOIR, subs. ms. Meuble, écuelle. qui sert à séparer du lait des parties nuisibles qui étaient *ensemble* *.

Couloir, est aussi une pièce de dégagement d'un appartement à un autre où l'on se trouvait *ensemble* ; ou bien un passage de dégagement où l'on se retrouve *ensemble*, deux par deux, ou quatre par quatre, etc. On justifie mieux l'idée *d'association* de l'articulation *cou*. dans cet exemple puisé à bonne source : *Couler;* exécuter deux ou plusieurs notes en les liant *ensemble*, par un même coup de gosier, de langue, etc.

OBSERVATIONS. S'il est vrai de dire que les langues ne sauraient exister sans les bizarreries qui les ont créées, il est aussi essentiel de se renfermer dans une grande réserve en fait d'étymologie, si l'on veut se contenter de donner les principes générateurs d'une langue, avec une assurance raisonnable. Mais il ne faut pas toujours s'arrêter aux acceptions, à l'usage, etc., des Grecs et des Latins, quand le progrès du temps attache un tout autre esprit à la chose dont il s'agit. La meilleure marche à suivre est celle que nous trace l'Académie, dont la doctrine consiste à admettre les modifications nécessaires et à repousser tout ce qui est obscur ou inutile. On se demande, dans la circonstance qui nous occupe, comment trouver l'idée *d'ensemble*, *d'association*, dans *couloir. couler, couper*, etc., mots qui signifient quelquefois *séparer?* Cette anomalie qui est heureusement peu commune dans notre langue, il faut l'avouer sans hésiter, en fait cependant la richesse, la beauté, le génie, la souplesse gracieuse qui lui permet d'obéir à tous les besoins de l'expression ; véritable caprice de langue qui déplaît peut-être quelquefois à l'étranger trop avide d'en approfondir l'étude avec une excessive rapidité. Si l'on retrouve dans l'*ensemble* des mots plus hauts cités, l'idée de *séparation*. il n'en est pas moins vrai que l'idée *d'association* et celle de *creuser* existent d'abord dans l'initiale *cou*, et que c'est de ces deux idées *d'ensemble* (marquées par l'élément initial *cou*), que vient ensuite celle de *séparation*, *d'extraction*, de *division*, représentée par la fin du mot; car on doit remarquer que les mots que l'on...sert à former marquent pour la plupart, à leur finale, l'idée de *séparation*, et c'est pour cette raison que *cou*, ainsi lié à un sens opposé, semble avoir altéré ou perdu le sens de *son origine*. Ces diverses nuances d'esprit sont faciles à saisir par les personnes qui étudient notre langue avec goût.

COUPER, v. a. Dans ce mot et ses dérivés se trouve l'idée de *creux*, *d'ensemble*, ajoutée par l'initiale *cou*, puis celle de *séparation* qu'aucune étymologie française ne justifie *. On trouve que ce mot vient du grec *captéin*, fendre, diviser. *Couper* signifie, en français: 1° *trancher, séparer, diviser* un corps *continu* (c'est-à-dire dont les parties étaient *ensemble*) avec quelque chose de tranchant ; 2° mêler un liquide *avec* un autre; *couper du vin*, c'est mettre *ensemble* plusieurs sortes de vins.

COUPLER, v. a. Attacher *ensemble*.

COUPLE, subs. fm. Deux choses de même espèce mises ou considérées *ensemble*. On appelle ainsi le lien dont on attache deux chiens de chasse *ensemble*. Quand il s'agit des choses qui vont nécessairement *ensemble* comme les bas, les gants, etc. On dit *une paire* au lieu d'*une couple*. Quand il s'agit de deux personnes unies *ensemble* par mariage, *couple* devient masculin: *Un beau couple*. Puisé dans l'*Académie*.

COUPLET, subs. ms. Certain nombre de vers, mis *ensemble*, formant une espèce de stance qui fait partie d'une chanson. Employé au pluriel, il signifie chanson.

COURAGE, subs. ms. Par ce terme, on exprime l'*ensemble* des bonnes dispositions par lesquelles l'âme se porte à entreprendre quelque chose de hardi, de grand, à repousser les dangers, à souffrir des revers ou des douleurs. Les Français sont *courageux* et braves, *intrépides* et *valeureux*.

COURIR (verbe). *Ind*. Je cours, rs, rt, ons, ez, ent. *Imp*. je courais, ais, ait, ions, iez, aient. *P. déf*. je courus, us, ut, ûmes, ûtes, urent. *Fut*. je courrai, ras, ra, rons, rez, ront. *Cond*. je courrais, rais, rait, rions, riez, raient. *Impér*. cours, ons, ez. *Subj*. que je coure, es, e, ions, iez, ent. *Imp*. que je courusse, usses, ût, ussions, ussiez, ussent. *P*. courant, u, ue.

Conjuguez de même *concourir, accourir, recourir, parcourir, discourir, encourir* et leurs composés.

COURROUX, subs. ms. **COURROUCER**, v. Ces termes, formés, suivant Caseneuve et Ménage, du latin *coruscare*, éclairer, lancer des éclairs, représentent l'idée *d'irriter*, de mettre en grande colère. L'homme en *courroux* fait éclater par des paroles ou des actions violentes, le feu de sa *colère*. La mer se *courrouce*. Dans le sens de lancer des éclairs dans l'espace, on retrouve l'idée de faire un *creux* dans l'espace, sens un peu éloigné, mais légitime comme idée génératrice.

---

* Ou mieux, qui sert à *fluer* le lait. Ce mot présente l'action du verbe *couler*, qui, comme infinitif, signifie faire l'action et à cause de *cou* (*ensemble. creux*), veut dire, choses qui se *meuvent ensemble* en suivant une pente, un *creux*.

* Tous les verbes de la langue française, à l'infinitif, veulent dire faire l'action. On retrouve donc, dans la finale de ce mot, *faire l'action*, et l'idée de *creux*, dans *cou*, c'est-à-dire faire un *creux*, act'on de *fendre*, de faire des *creux*, etc. Beaucoup de mots français, ayant pour initiale l'articulation *cou*, marquent l'idée contraire à celle *d'ensemble*, *avec*, et se rapprochent du mot *creux*, d'où ils tirent leur origine probable.

COUSIN, subs. ms. Ce mot est formé de *cou*, (pour *cum*) avec, ensemble, et de *genos*, extraction, lignée de la même race, de la même famille, suivant Ménage, et signifie : ceux qui sont issus de deux frères ou de deux sœurs, etc.

COUVENT, subs. ms. Lieu où l'on vient se mettre *ensemble*. Maison religieuse. C'est selon l'origine, un *creux* où l'on se met à l'abri du *vent*.

COUVERT, subs. ms. Tous les objets *ensemble*, ou considérés *ensemble*, dont on se sert à table, etc., la nappe *avec* les serviettes, les couteaux, les cuillers, etc. *L'enveloppe*, l'adresse d'un paquet. Asile, logement, etc.

ORTHOGRAPHE ABSOLUE

COUR

Cette articulation n'a qu'un seul *r* dans tous les mots qu'elle sert à former. Écrivez avec un seul *r* :

Courage, courailler, courantille, courée, coureur, à cause de *course*, courir; couronne, et tous leurs dérivés.

EXCEPTÉ : *Courre*, à cause de *courrier*, endroit disposé pour les *courriers*, les levriers, dans les grandes chasses au cerf; *courrier*, formé du cond. v. *courriez; courroie* et *courroux*, à cause de leur racine.

ORTHOGRAPHE ABSOLUE ET RACINE ORIGINELLE

COMM et CONN

Les articulations com... et con... sont orthographiées, au commencement de tous les mots qu'elles servent à former, avec deux *mm*, ou deux *nn*, de suite, avant une voyelle, ainsi que leurs composés. EXEMPLES : *Comma* (la huitième ou neuvième partie d'un ton), commander, comme, commémoration, commencer, commensal, commerce, commettre, commuer, commune, communier, communiquer, etc.

Connaître, connaissement, conné, connétable, connétablie, connexe, connexion, connivence, conniver, etc.

Voici les exceptions recueillies, avec une attention scrupuleuse, dans les colonnes du dictionnaire de l'Académie : *Coma* (sommeil profond du malade), comédie, comestible, comète, *comice*, *cominge*, comité, committé, et les dérivés.

Cône et ses dérivés conifère, conoïde, etc.

REDOUBLEMENT DE LA CONSONNE N DANS LE CORPS DES MOTS.

Plus de cinq mille mots français sont soumis à la loi orthographique qui va suivre :

Orthographiez avec deux *nn*, de suite, tous les mots terminés par ...*onner*, et ceux des mots dans la composition desquels il se trouve un mot (plus court) terminé en ...*on*. EXEMPLES : Pardonner, ordonner, bourdonner, frissonner, soupçonner, moissonner, etc., sont des infinitifs terminés par ...*onner*.

Écrivez avec deux *nn* également :

Actionnaire, à cause de *action*.

Boutonnière, à cause de *bouton*.

Chaudronnerie, à cause de *chaudron*.

Charronnage, à cause de *charron*.

Constitutionnel, à cause de *constitution*.

Charançonné, à cause de *charançon*.

Chardonneret, à cause de *chardon*.

Chansonnier, à cause de *chanson*.

Cantonnement, à cause de *canton*.

Conventionnel, à cause de *convention*.

Canonnier,
Canonnière, } à cause de *canon*.

Chaponneau, à cause de *chapon*.

Cotonnade,
Cotonneux, } à cause de *coton*.

Cressonnière, à cause de *cresson*.

Consonnance, à cause de *consonne* ou *son*.

Cotonnier,
Cotonnina, } à cause de *coton*.

Dictionnaire, à cause de *diction*.

Espionnage, à cause de *espion*.

Factionnaire, à cause de *faction*.

Fonctionnaire, à cause de *fonction*.

Houblonnière, à cause de *houblon*.

Maisonnette, à cause de *maison*.

Millionnaire, à cause de *million*.

Missionnaire, à cause de *mission*.

Moissonneur, à cause de *moisson*.

Pardonnable, à cause de *pardon*.

Savonnerie, à cause de *savon*.

Il faut excepter 37 mots, que nous allons convertir en une seule exception par le secours de la mnémonique : Tous les mots qui font entendre ...*ional* (dans l'articulation) sont orthographiés avec un seul *n*, qu'ils aient ou non, dans leurs composés, un mot plus court terminé par *on*. Tels sont *national, méridional, septentrional,* etc. Le mot *confessionnal* conserve la double consonne, selon l'orthographe de l'autorité.

REMARQUE. L'Académie excepte les mots suivants : *Patronage, assonance, dissonance, citronier, cantonal, sonore, sonorité,* et les huit dérivés de *canon* (terme de théologie),*canonique, canonicat,* etc. *.

Mais on écrit en général avec deux *nn* toutes les finales ...*onne,* couronne, colonne, personne, mignonne, nonne (religieuse), pouponne, patronne, etc. Excepté *none* (lithurgie), *monotone, poligone, amazone, zone, pomone, latone, matrone, anémone,* et les dérivés.

Contra.

RACINE ORIGINELLE :	RACINE FRANÇAISE :	VRAI SENS :
Du latin, *contra.*	*contra, contre, contro.*	*vis-à-vis, auprès, ou opposé, malgré.*

Cette particule initiale apporte au mot qu'elle sert à former l'idée de position *devant* et celle d'*opposition*.

CONTRA

CONTRACTER, CONTRAT, CONTRACTANT. Ces mots et leurs dérivés représentent l'idée de passer *acte devant* quelqu'un, de faire une convention avec quelqu'un.

CONTRADICTION, subs. fm. *Opposition* mise *devant* la chose ; incompatibilité entre deux on plusieurs choses.

CONTRAIRE, adj. des 2 g. *opposé.* Une chose *opposée.* Comme subs. .il se dit des choses *opposées* entre elles comme le *froid* et le *chaud.*

CONTRARIER, v. a, Faire *obstacle, s'opposer* à quelqu'un dans ses desseins. *Contredire* quelqu'un sur ses sentiments. Faire l'*opposé* de ce que les autres voudraient. Il *contrarie* tout le

monde, il *s'oppose* aux sentiments de tout le monde.

CONTRASTER, v. n. Être en *opposition.* *Contraste,* subs. ms. *Oppositions* auxquelles le musicien ou l'écrivain ont recours pour produire de l'effet.

CONTRAVENTION, subs. fm. Racine *contra,* contre, opposé, et *venir ;* c'est venir, aller *contre, s'opposer à.* La *contravention* s'applique aux choses ; la *désobéissance* aux personnes. La *contravention* à une loi est une *désobéissance* au Souverain.

CONTRE-AMIRAL, subs. ms. Celui dont le grade *approche* de celui d'amiral.

CONTREBANDE, subs. fm. Racine *contre,* et *ban,* mandement ; *publication de défense*.En général, commerce qui se fait *malgré* les *lois* d'un État. La *contrebande* diffère de la *fraude,* en ce que la première consiste à introduire des marchandises dont l'*entrée* est prohibée, et la *fraude,* à éviter de payer les droits établis sur des marchandises permises.

CONTRECARRER, v. a. *S'opposer* directement à quelqu'un.

---

* Tous les *dérivés* ou *composés* des mots sont soumis à la même loi orthographique que leurs *primitifs,* dans les syllabes qui ont le même son, excepté lorsque les lois de la bonne prononciation s'y opposent, dans quelques cas seulement.

* Ou mieux, de l'allemand *band,* lien, et par extension, *lien* signifie *loi,* c'est-à-dire *contre* la *loi.*

CONTRE - CHARME, subs. ms. *Charme opposé* à un autre charme dont il détruit l'effet.

CONTREDANSE, subs. fm. *Danse vis-à-vis* d'une autre danse.

CONTREDIRE, v. a. Racine *contre*, opposé, et *dire*. C'est *dire l'opposé*. Dire une chose *contraire* à une autre chose qui a été dite par un autre.

CONTREFAÇON, subs. fm. *Façon malgré* ce qui est autorisé. Imitation frauduleuse d'une chose au préjudice de son inventeur ou de son propriétaire.

CONTRE-ESPALIER, subs. ms. Rangée d'arbres taillés en *espalier*, et plantés *vis-à-vis* d'un espalier.

CONTRE-FORT, subs. ms. *Vis-à-vis de fort*. Mur *contre-boutant* servant d'appui à un mur chargé d'une terrasse ou d'une voûte. Pièce de cuir dont on fortifie le derrière de la botte. Chaînes de montagnes latérales qui sont comme les appuis de la chaîne principale.

CONTRE-FUGUE, subs. fm. Racine *contre*, opposé, et *fugue*, morceau de musique. *Fugue opposée*. Morceau de musique, fugue, dont la marche est *opposée* à celle d'une autre qu'on a établie auparavant.

CONTRE-JOUR, subs. ms. L'endroit *opposé* au grand *jour ;* où le *jour* ne donne pas à plein.

CONTRE-MAITRE, subs. ms. Second *maître* proche du premier.

CONTRE-MARQUE, subs. fm. Seconde *marque* proche de la première.

CONTRE-MARÉE, subs. fm. *Marée* dont la direction est *opposée* à celle de la marée ordinaire.

CONTRE-PIED, subs. ms. L'*opposé* de quelque chose.

CONTRE-RUSE, subs. fm. Ruse *opposée* à une autre.

CONTRE-SENS, subs. ms. *Sens opposé*, sens *contraire* au sens naturel d'un discours, d'une proposition, d'une phrase, etc. Tout *sens différent* du sens véritable d'un texte.

CONTRE-SIGNER, v. a. *Signer auprès*. Signer un acte, en vertu des fonctions qu'on exerce, après que celui dont cet acte émane y a lui-même apposé sa signature.

CONTRE-TEMPS, subs. ms. *Temps opposé*. Accident inopiné qui nuit au succès d'une affaire.

CONTREVENIR, v. n. *Venir s'opposer*. Agir *contre* quelque loi; *s'opposer* à quelque obligation.

CONTROLE, subs. ms. *Rôle opposé* à un autre. *Rôle auprès* d'un autre pour le vérifier ; registre de vérification ; marque qu'on imprime sur les ouvrages d'or et d'argent.

CONTROVERSE, subs. fm. Discussion où l'on dit l'*opposé* de ce que disent les autres.

CYCLO

CERCLE.

Cet élément créateur, formé du grec *kuklos*, cercle, prend les diverses formes que voici : *cycla*, *cycle*, *cycli*, et celle de *ciro* ; il ajoute aux mots qu'il sert à constituer l'idée du mot *cercle*.

CYCLADE, subs. ms. Racine *cycla*, — *kuklos*, cercle. Mollusque acéphale, fluviale. Ce terme antique exprime ingénieusement la situation d'un groupe d'îles qui forme le *cercle* ; dans ce cas il prend le signe du pluriel. Comme subs. fm. il désigne un vêtement ancien, etc.

CYCLAMEN, subs. ms. Racine *cycla*, cercle. Plante de la famille des lysimachies ou des orobanches, pain de pourceau.

CYCLE, subs. ms. *Cercle*, période. *Cycle* solaire, de 28 années solaires; *cicle* lunaire, de 19 années lunaires.

CYCLIQUE, adj. des 2 g. Qui sert à exprimer la propriété des *cycles* (des cercles). Poëte *cyclique*, celui qui fait le *cercle* autour du sujet sans oser le dépeindre tel qu'il est ; histoire fabuleuse ; poésie où l'on tourne autour du fait sans l'aborder de front.

CYCLOÏDE, subs. fm., et tous ses dérivés sont formés de *cyclo* (pour *kuklos*, cercle), et de *éidos* (grec), forme. Ils se disent des courbes en volute *circulaire*, etc.

CYCLOMÉTRIE, subs. fm. Art de *mesurer* les *cercles* ou les *cycles*.

CYCLOPE, subs. — *cyclo*, cercle, et de *ôps* (grec), œil. Qui n'a qu'un *œil* rond au milieu du front ; artisans, forgerons, maçons. *Antiquité*. Crustacée monocle, c'est-à-dire qui n'a qu'un *œil*.

Tous les dérivés ou composés de *cyclope* ont la même étymologie.

CYLINDRE, subs. ms. Ce terme et ses dérivés sont formés, par corruption, de *cyclo*, cercle, et représentent l'idée de *rondeur*, de *rouler*, en forme de *cercle*, etc. On appelle *cylindre* un corps solide, rond, long et droit, dont les côtés sont parallèles. Gros *rouleau*.

CIRCULAIRE, CIRQUE, etc., sont des altérations du mot *cyrcle* (cercle), et représentent l'idée d'entour, etc.

Voir *circon*, autour. Dans cette classification, on trouvera également l'idée du mot *cercle*.

CYN

CHIEN

Cet élément créateur ajoute aux mots qu'il sert à former l'idée du mot *chien*. Il prend la forme de *cana*, de *cani* dans quelques mots.

CYNANCIE, subs. fm. Formé de *cyn*, chien, et d'un mot grec qui signifie *je serre, je suffoque*, ce terme exprime une espèce d'inflammation qui fait tirer la langue comme les chiens quand ils ont chaud.

CYNANTHROPIE, subs. fm. Racine *cyn*, chien, et *anthropie* (tiré du mot grec qui signifie *homme*). Symptôme de la rage; maladie dans laquelle on s'imagine être changé en *chien*, dont on imite les actions.

CYNÉGÉTIQUE, adj. des 2 g. Racine *cyn*, chien, et un mot grec qui signifie *je conduis*. Ce terme qualifie ce qui a rapport à la *chasse*. Poëmes *cynégétiques*.

CYNIQUE, adj. des 2 g. Qui n'a pas plus de honte qu'un *chien*. Ce terme se dit d'une secte de philosophes à qui l'on reprochait d'être mordants et sans pudeur; impudent, obcène. Subs., *Diogène le Cynique*. Batteux paraît partager l'esprit de la définition qui vient d'être donnée en faisant dériver ce nom dans un sens moins odieux, en ce qu'Antisthène, chef des *Cyniques*, se retira dans un lieu écarté, près d'un temple surnommé le *temple du chien blanc*. On trouve l'application de ce mot dans ces deux vers de Boileau:

...Si du son hardi de ses rimes *cyniques*
Il n'alarmait souvent les oreilles pudiques.

CYNISME, subs. ms. Même étymologie que le précédent. Impudent. La doctrine des philosophes cyniques.

CYNITE, subs. fm. *Pierre* qui représente un *chien. Histoire naturelle.* On a aussi donné ce nom à un poisson de mer.

CYNOCÉPHALE, subs. ms. A *tête de chien.* Espèce de singe à longue queue dont la tête approche de celle du *chien.*

CYNOCRAMBE, subs. ms. *Chou de chien,* appelé vulgairement ansérine.

CYNODE, subs. ms. Semblable à un *chien. Botanique.* Digitoire, enfin sorte de plante dont la fructification est disposée en épis.

CYNODINE, subs. fm. Principe crystallin nouvellement découvert dans les *chiendents*.

CYNOGLOSSE, subs. fm. C'est-à-dire *langue de chien.* Genre de plante de la famille des borraginées.

CYNOPHONTIS, subs. fm. Fête dans laquelle on tuait des *chiens*, à Argos. *Mythologie.*

CYNOREXIE, subs. *Faim, appétit de chien.* Appétit insatiable, faim *canine. Médecine.*

CYNORRHODON, subs. ms. Racine *cyn*, chien, et *rodon*, rose. Rosier sauvage, appelé aussi *rose de chien.* On le dit de la *conserve*. dont la *rose de chien* est la base, en *pharmacie.*

CYNOSIENS, subs. ms. plur. Animaux carnassiers qui ressemblent aux *chiens. Histoire naturelle.*

CYNOSURE, subs. fm. Constellation qui représente l'aspect de la queue du *chien;* nom que les Grecs ont donné à la petite ourse, une des constellations septentrionales. *Astronomie.* En *botanique*, on donne ce nom à une plante graminée.

CYSTI

VESSIE.

Cet élément, formé du grec *kustis*, qui signifie *vessie*, ajoute cette même idée aux mots qu'il sert à former. Il prend la forme de *cysta, cysto, cysthé.*

CYSTALGIE, subs. fm. — *cysta*, tiré de *kustis*, vessie, et de *algie*, tiré de *algos*, douleur. C'est-à-dire *douleur de la vessie.*

CYSTHÉOLITHE, subs. fm. Radical *lithos*, pierre. C'est-à-dire *pierre* dans la *vessie*, dans lés grosses éponges.

CYSTIPHLOGIE, subs. fm. *Inflammation* de la *vessie.*

CYSTIOTOME, subs. ms. — *cysti*, tiré de *kustis*, vessie, et de *tome*, tiré de *tomé* (grec), incision. Instrument pour la lithotomie, pour ôter la *pierre de la vessie.*

CYSTIRRHAGIE, CYSTIRRHÉE. Radical *rhégnuô* (grec), je romps. Ecoulement chronique. Hémorroïdes, ou *hémorrhagie* de la *vessie.*

CYSTOCÈLE, subs. fm. Radical *kélé*, hernie. Hernie de la *vessie.* Tous ses composés et sur-composés ont les mêmes éléments.

CYSTOPLÉGIQUE et ses dérivés sont formés de *cysto*, vessie, et de *phlégô*, je brûle. *Paralysie* de la *vessie.*

CYSTOSPATHIQUE, adj. des 2 g. — *cysto*, tiré de *kustis*, vessie, et de *spaô*, je sers ; suppression causée par le *spasme* du sphincter (muscle de la *vessie). Anatomie.*

CYSTOPLEXIE, subs. fm. — *cysto*, vessie, et de *plexie*, tiré de *pléxis*, percussion. Paralysie de la *vessie.*

CYSTOTOME. subs. fm., et ses dérivés sont composés des mêmes éléments. Radical *tomé* (grec), incision. *Incision* de la *vessie*. On appelle *cystotôme* l'instrument dont on se sert pour opérer l'*incision* de la *vessie*, autrement dite la *taille latérale*.

CONJUGAISON.

Verbes qui n'ont pas d'éléments créateurs dans les colonnes précédentes.

CIRCONSCIRE (verbe). *Ind.* Je circonscis, cis, cit, cisons, cisez, cisent. *Imp.* Je circoncisais, cisais, cisait, cisions, cisiez, cisaient. *P. déf.* Je circoncis, concis, concit, concîmes, concîtes, cirent. *Fut.* Je circoncirai, ciras, cira, cirons, cirez, ciront. *Cond.* Je circoncirais, cirais, cirait, cirions, ciriez, ciraient. *Impér.* circoncis, cisons, cisez. *Subj.* Q. je circoncise, cises, cise, cisions, cisiez, cisent. *Imp. subj.* Q. je circoncisse, cisses, cît, cissions, cissiez, cissent. *P.* Circoncisant, concis, concise.

CRAINDRE (verbe). *Ind.* je crains, ains, aint, ons, ez, ent. *Imp.* je craignais. ais, ait, ions, iez, aient. *P. déf.* je craignis, is, it, îmes, îtes, irent. *Fut.* je craindrai, dras, dra, ons, ez, ont. *Cond.* je craindrais, ais, ait, ions, iez, aient. *Impér.* crains, ons, ez, *Subj.* que je craigne, es, e, ions, iez, ent. *Imp.* que je craignisse, isses, ît, issions, issiez, issent. *P.* craignant, craint, crainte.

Conjuguez de même *contraindre*.

CUEILLIR (verbe). *Ind.* Je cueille, es, e, ons, ez, ent. *Imp.* je cueillais, ais, ait, ions, iez, aient. *P. déf.* je cueillis, is, it, îmes, îtes, irent. *Fut.* je cueillerai, as, a, ons, ez, ont. *Cond.* je cueillerais, ais, ait, ions, iez aient. *Impér.* cueille, ons, ez. *Subj.* que je cueille, es, e, ions, iez, ent. *Imp.* que je cueillisse, isses, ît, issions. issiez, issent. *P.* cueillant, i, ie.

Dans *cueillir* les deux *ll* sont mouillés; prononcez *cueïir*.

On conjugue de même les verbes *accueillir, recueillir* et leurs composés.

D

Dé.

RACINE ORIGINELLE :	RACINE FRANÇAISE :	VRAI SENS :
Du latin, *de*.	*dé*.	*Disparition, séparation, origine, ôter, privation.*

Cette particule initiale apporte au mot qu'elle sert à former une idée d'*origine*, de *point de départ*, et plus généralement celle de *séparation*, de *cessation*, de *disparition*, d'*extraction*, de *privation*. Ses formes ou variétés sont les initiales : *di, dif, dis*. L'initiale *dé* et ses variétés servent à former plus de cinq mille deux cent cinquante et un mots français. Il ne faut pas le confondre avec *di* qui signifie jour et qui entre dans la composition de quelques mots dont il sera parlé à la fin de la collection des initiales *di*.

DÉ

DÉBACLER, v. a. Faire *disparaître* d'un port les navires, les bateaux vides. Il se dit des rivières dont les glaces viennent à se rompre et à se séparer.

DÉBARBOUILLER, v. a. Nettoyer, ôter ce qui salit, ce qui rend sale, etc.

DÉBILITÉ, subs. fm. Faiblesse, *privation* des humeurs nécessaires à la sécrétion.

DÉBORDEMENT , subs. ms. Action par laquelle un fleuve, une rivière *sort* de son lit. *Sortie* d'une grande multitude, envahissement.

DÉBOUTER, v. a. *Priver de. Déclarer* par jugement qu'une personne est *déchue* de sa demande.

DÉBOUTONNER, v. a. *Oter,* faire *sortir* les *boutons* d'une boutonnière.

DÉCAPITER, v. a. Radical *caput*, tête. *Oter* la tête à quelqu'un. *Disparition* de la tête.

DÉCATIR, v. a. Racine *cati*, apprêt. *Oter* l'apprêt que le fabricant a donné à une étoffe de laine.

DÉCELER, v. a. Découvrir, faire *sortir* de son état ce qui était caché. Racine *dé*, et *celer*[*].

DÉCÈS, subs. ms. *Privation* de la vie, passage de la vie à la mort.

DÉCLINER, v. a. *Déchoir*, s'affaiblir, diminution. Ce terme se dit des astres qui *s'éloignent* de la terre. *L'aiguille aimantée* décline *quand elle s'écarte du nord vrai*. Décliner un nom, son *origine*.— *dé*, et *klinéin* (grec), pencher.

DÉCOLLER, v. a. Couper, *ôter* le *col* ou *cou* à quelqu'un. *Séparer* une chose d'une autre. Racine *dé*, et *col* ou *cou*.

DÉCOMPOSER, v. a. Analyser un corps, en *extraire* quelque chose, le réduire à son *origine*.

DÉFAILLIR, v. a. *Défaillir*, c'est-à-dire manquer, dépérir, s'affaiblir ; il vieillit dans tous ses sens, et n'est plus guère usité qu'au pluriel de l'indicatif présent, à l'imparfait de l'indicatif, au passé défini et aux temps composés.

Ind. je défaillis, is, it, ons, ez, ent. *Imp.* je défaillais, ais, ait, ions, iez, ent. *P. déf.* je défaillis, is, it, îmes, îtes, irent. *Fut.* je défaillirai,

---

[*] Il sera peu nécessaire de répéter les racines originelles à chaque mot de cette catégorie, puisqu'elle n'offre pas de difficulté.

as, a, ons, ez, ont. *Cond.* je défaillirais, ais, ait, ions, iez, aient. *Impér.* défaillis, ons, ez. *Subj.* que je défaille, es, e, ions, iez, ent. *Imp.* que je défaillisse, es, ît, ions, iez, ent. *P.* défaillant, défailli, e.

DÉFRICHER, v. a. Racine *dé*, extraction, ôter, etc., et *friche*, (mauvaise herbe). C'est *ôter* les mauvaises herbes et tout ce qui peut nuire à la terre, tout ce qui empêche qu'elle ne produise. *Au figuré*, c'est *éclaircir*, *débrouiller* une affaire, une matière, une question, une langue : *Amyot est un des premiers écrivains qui* défrichèrent *notre langue* (c'est-à-dire qui éclaircirent, qui débrouillèrent notre langue).

DÉGÉNÉRER, v. n. Racine *dé*, séparation, éloignement, et *générer* (du latin *genus*), *race, famille*. S'écarter des bons exemples, de la vertu de ses ancêtres, perdre du côté de leur probité, de leur bravoure. Voici absolument le même sens, selon l'Académie : S'abâtardir, *déchoir*, laisser *disparaître* les principes de sa *génération;* être *privé* de la noblesse, de la vertu, du mérite de ceux dont on est *sorti*, dont on tient *l'origine*, ne pas suivre leurs bons exemples, *s'éloigner* de ce qui est bon. *C'est changer de bien en mal, de mal en pis.* La France, privée de son calme et de son repos, avait commencé à *dégénérer* (à *s'éloigner* des principes de sa génération). Mais elle a recouvré sa valeur, sa noblesse, sa grandeur, ses vertus, sa bravoure, son bon esprit de société. *Au figuré*, v. pron. *se changer de bien en mal, et de mal en pis.* La liberté se *dégénéra* bientôt en licence (c'est-à-dire *se changea*). L'apoplexie *dégénère* quelquefois en paralysie (*change* quelquefois). Beaucoup d'auteurs modernes ne donnent à *dégénérer* le sens d'*abâtardir* qu'en parlant des arbres, des plantes.

DÉGOUTER et **DÉGOUTTER**. Le premier est un v. a., et le second est n. Dégoûter. Racine *dé*, ôter, et *goût*. Ôter le *goût*, l'*appétit*; faire *perdre* le *goût*, l'*appétit*.

DÉGOUTTER, v. n. Racine *dé*, sortir, et *goutte;* couler, *sortir par gouttes;* tomber goutte à goutte. L'eau *dégoutte* des toits; la sueur lui *dégoutte* du front.

DÉGRADER, v. a. Racine *dé* (particule privative), et *grade*. Démettre de quelque *grade*, priver quelqu'un de son *grade. Dégrader* un gentilhomme, le *dégrader* de noblesse. *Dégrader des armes*, c'est casser ignominieusement un homme de guerre pour quelque faute grave. Au figuré, c'est avilir, abaisser, etc.

DÉHOUSÉ (et *dehouser*). Participe passé du verbe *déhouser*. Racine *dé* (particule privative) et *housé*, crotté, mouillé. C'est *ôter* la crotte, se débotter, etc. Ce mot est vieux et peu usité.

DÉJEUNER, v. n. Racine *dé* (particule privative) et *jeûner*. Le sens littéral est : *cesser de jeûner*. Repas du matin ; dans ce cas il est substantif. Pour exprimer ce repas, les Anglais disent, *breakfast* (mot qui signifie en français) *rompre* le *jeûne*. On dit *déjeuner* de quelque chose, mais on dit *déjeuner* avec quelqu'un. Nous

avons, avec nos amis, *déjeûné* d'un bifteck* et d'un bon pâté froid.

DÉLÉGUER, v. a. *Léguer* à un autre un pouvoir, une charge, une fonction, et en *priver* ainsi celui auquel on l'avait conférée.

DÉCRÉDITER, v. a. *Ôter*, faire *perdre* le *crédit*. Il se dit des personnes, alors il est *prono*. Il s'est *décrédité* par sa mauvaise conduite, sa conduite l'a *privé* du *crédit*, lui a *ôté* le *crédit*.

DÉCROCHER, v. a. *Ôter*, détacher une chose d'un *crochet*, où elle était attachée. Racine *dé* (particule privative) et *crochet*.

DÉDOUBLER, v. a. *Ôter* la doublure. En terme d'architecture, c'est *séparer* dans une carrière les lits de pierre de toute leur longueur avec des coins de fer.

DÉFECTUEUX, DÉFECTIF, IVE, adj. (formé du latin *defectus*). *Manque, défaut*. Le premier ne se dit que des choses; chose qui a des défauts, qui n'a pas toutes les qualités requises. *Défectif* (qui a le même sens) est un terme de *grammaire* qui désigne des verbes qui n'ont pas tous leurs modes et tous leurs temps, ou même qui ne sont pas employés à toutes les personnes. Voici à cet égard une règle qu'il importe de connaître, concernant l'usage qui gouverne les modes, les temps et les personnes : Tout verbe qui n'a point de *prétérit défini* n'a pas d'*imparfait du subjonctif;* tout verbe qui n'a point de *participe présent*, n'a pas d'*imparfait de l'indicatif*, pas de *pluriel* au *présent de l'indicatif*, et pas de *présent de subjonctif;* tout verbe qui n'a point de *présent de l'indicatif*, n'a pas d'*impératif;* et celui qui n'a point de *futur*, n'a pas de *conditionnel;* en un mot, quand les temps *primitifs* manquent, les temps *dérivés* manquent aussi; il y a très-peu d'exception.

DÉFERRER, v. a. Racine *dé*, et *ferrer* (formé de *fer*). *Ôter* les *fers* des pieds des chevaux, des mulets et autres animaux qu'on *ferre*. Ôter le *fer* attaché à une chose quelconque. *Au figuré*, rendre muet, interdit, confus.

DÉMONÉTISER, v. a. Faire *cesser* le cours d'une *monnaie*. *Ôter* à une *monnaie*, à un papier-monnaie, la valeur qu'une loi lui avait attribuée.

DÉMONTRER, v. a. *Montrer l'origine;* expliquer, prouver la vérité du fait ou de la chose dont il s'agit.

DÉGRÉER, v. a. *Ôter* les *agrès* d'un bâtiment, c'est-à-dire *ôter* tous les objets qui tiennent à la mâture du bâtiment.

---

* *Bifteck*, c'est l'orthographe de l'Académie, qui nous permet, dans ce cas, d'écrire d'une manière certaine, sans devoir nous occuper de la question de savoir qui a raison des auteurs et des copistes qui écrivent ce mot de plusieurs manières, et pour des raisons différentes. Ce terme est formé de l'allemand et de l'anglais dont il est l'euphonique altération. Tiré de l'anglais, il s'analyse comme il suit : *bif*, — *beef* (bœuf), et *teck*, — *steak* (tranche), c'est-à-dire tranche de bœuf grillée.

DÉGROSSIR, v. a. *Oter* le plus *gros* de la matière. C'est commencer à *éclaircir, ébaucher.*

DÉLAISSER, v. a. *Abandonner, laisser sans aucun secours ; cesser,* ne pas continuer.

DÉMÊLER, v. a. *Séparer des choses qui sont mêlées* ensemble.

DÉMÉNAGER, v. a. *Oter, retirer* ses meubles d'une maison pour les transporter dans une autre. *Familier. Sortir* du lieu où l'on est.

DÉNOUER, v. a. Faire *disparaître* le *nœud.* Rendre plus souple, développer, etc.

DÉPIÉCER, v. a. Les verbes qui ont un accent aigu sur l'*é* à l'avant-dernière syllabe, et ceux qui ont un *e* à cette syllabe, prennent un accent grave sur cet *e* devant une syllabe muette. EXEMPLES : ...*écer,* ... *éder,* ...*egner,* ...*érer,* ...*éguer,* (...*eser,* ...*ever,* dont le premier *e* est muet), ...*éter,* ...*évér,* font il dépièce, il cède, il règne, il persévère, il lègue, il pèse, il crève, il empiète, etc. Mais les verbes terminés par ...*êler,* ...*éter,* ...*êner* et ...*éver* conservent l'accent circonflexe dans tous leurs temps : fêler, il fêle ; fêler, il fêlait ; rêver, il rêve, etc.

Ind. je dépièce, es, e, ons, ez, ent. *Imp.* je dépiéçais, ais, ait, ions, iez, ent. *P. déf.* je dépiéçai, as, a, âmes, âtes, èrent. *Fut.* je dépiécerai, as, a, ons, ez, ont. *Cond.* je dépiécerais, ais, ait, ions, iez, aient. *Impér.* dépièce, ons, ez. *Subj.* que je dépièce, es, e, ions, iez, ent. *Imp.* que je dépièçasse, es, ât, ions, iez, ent. *P.* dépiéçant, é, ée.

DÉPLISSER, v. a. Racine *dé* (particule privative), et *plis. Oter* les *plis,* perdre les *plis.* Il ne se dit que des *plis* faits à l'aiguille, et c'est en quoi il diffère de *déplier.*

DÉPORTER, v. a. Racine *dé* (particule extractive), et *porter.* C'est *porter,* bannir, transporter dans un lieu *éloigné.*

DÉPOUILLER, v. a. *Oter* la *peau* des animaux pour les apprêter. *Oter, enlever* ce qui couvre, accompagne ou garnit une chose. *Priver, dénuer.* C'est aussi faire l'examen et donner l'*extrait,* le sommaire d'un inventaire, d'un compte.

DÉPUTER, v. a. Racine *dé* (particule extractive), et *putare* (du latin) *couper,* séparer ; *séparer* un ou plusieurs membres d'un corps par une incision. (Voir le mot suivant son paronyme.)

DÉPUTER, v. a. DÉPUTATION, DÉPUTÉ, sont formés de *dé,* qui signifie extraire, et de *puter,* séparer. Ces termes expriment tous l'idée d'extraire quelqu'un du vulgaire ou d'une fonction pour l'envoyer en mission, etc.

DÉRÉGLER, v. a. Racine *dé,* et *règle, régir ; sortir des règles.* Troubler, mettre dans le désordre, dans un état contraire aux *règles.*

DÉROBER, v. a. *Oter* la *robe,* l'enveloppe. Soustraire, cacher, empêcher de voir, de découvrir. Faire un larcin.

REMARQUE. Cinq cent quatre mots usités de notre langue commencent par l'initiale *des* ou *dés,* au lieu de *dé.* Le *s,* qui suit *de* ou *dé,* dans la composition de ces mots, est purement euphonique. Par conséquent, *des* ou *dés,* quoique n'étant pas toujours considéré comme forme ou variété de la racine originelle *dé,* marque la même idée que cette dernière ; comme il vient d'être dit, le *s* ainsi ajouté au radical n'en modifie nullement le sens.

DES ou DÈS. Molière a donné deux curieux exemples des prépositions inséparables *dé, dès,* dans ces quelques vers, lorsque *Sosie* dit à *Amphitryon :*

« La rigueur d'un pareil destin,
« Monsieur, aujourd'hui nous talonne ;
« Et l'on me dé-*Sosie* enfin,
« Comme on vous dés-*Amphitryonne.* »

DÉSABUSER, v. a. Tirer, faire *sortir* de l'erreur, détromper de quelque fausse croyance.

DÉSACCOUTUMER, v. a. Racine *dés,* et *coutume.* Faire *perdre* la *coutume,* l'habitude qu'on avait contractée de quelque chose.

DÉSAPPAREILLER, v. a. *Oter* une ou plusieurs choses d'un certain nombre de choses *pareilles.*

DÉSAPPOINTER, v. a. *Oter* du rôle, de l'état des officiers, des soldats entretenus. *Il est vieux.*

DÉSARMER, v. a. *Oter* les *armes,* l'armure à quelqu'un ; les lui enlever par force ; obliger à livrer, à rendre les armes, etc.

DÉSASSEMBLER, v. a. *Séparer* ce qui était joint par *assemblage.*

DÉSAVANTAGE, subs. ms. Racine *dés* (particule privative), et *avantage.* Infériorité en quelque genre que ce soit, dans le combat, dans la dispute, etc. Il se dit des personnes et des choses. Voir quelqu'un à son *désavantage ; désavantage* du poste.

DESCELER, v. a. *Oter* le *sceau* d'un acte, d'un titre. *Détacher* ce qui est *scelé.*

DESCENDANT, ANTE, subs. Celui, celle qui *tire son origine.*

DÉSEMPRISONNER, v. a. Faire *sortir* de *prison* quelqu'un qu'on y avait fait entrer.

DÉSENNUYER, v. a. *Chasser, dissiper* l'ennui. La lecture *désennuie* d'abord, mais ensuite elle devient une fatigue ; la lecture *dissipe* l'ennui d'abord, etc.

DÉSENTÊTER, v. a. Faire *cesser* l'entêtement.

DÉSENSEVELIR, v. a. *Oter* le linge qui *ensevelissait* un mort.

DESSERVIR, v. a. *Oter* les plats de dessus la table. *Oter* les *services.*

DESSICATIF, IVE, adj. Qui *dessèche*, enfin qui *extrait* l'eau, l'humidité de certaines substances.

DESSILLER ou **DÉCILLER** (ce dernier est plus conforme à l'étymologie), v. a. Racine *dé*, qui marque *séparation*, et *cil*. C'est *séparer* les *cils* qui sont joints lorsqu'on a les yeux fermés; ouvrir les paupières, les yeux. Au figuré, *dessiller* les yeux de quelqu'un, c'est le *détromper*, le *désabuser*. Ses yeux se *dessillèrent* et il reconnut son erreur.

DESTITUTION, subs. fm. *Privation* forcée d'une charge, d'un emploi.

DÉSUÉTUDE, subs. fm. Racine *dé* (particule privative), et *suescere* (latin), *avoir coutume;* être dans l'habitude de. Il se dit des lois, règlements, etc., *anéantis* en quelque sorte par le non-usage. *Tomber en désuétude.*

DÉTESTER, v. a. Racine *dé*, et *tester* (pour témoin). Prendre à témoin des mauvaises qualités d'une chose, de l'horreur qu'elle inspire, avoir en horreur.

DÉTRESSE, subs. fm. *Privation*, difficulté, empêchement, affliction, peine d'esprit, angoisse, situation malheureuse, critique; embarras, danger pressant. Etre plongé dans la *détresse;* cette famille est dans une extrême *détresse;* c'est dans la *détresse* que le sentiment religieux se réveille dans les cœurs les plus endurcis.

DEVOIR (verbe). *Ind.* je dois, ois, oit, vons, vez, vent. *Imp.* je devais, ais, ait, ions, iez, aient. *P. déf.* je dus, us, ut, ûmes, ûtes, urent. *Fut.* je devrai, as, a, ons, ez, ont. *Cond.* je devrais, ais, ait, ions, iez, aient. *Impér.* dois, ons, ez. *Subj.* que je doive, es, e, ions, iez, ent. *Imp.* que je dusses, es, ût, ions, iez, ent. *P.* devant, û, ue.

DI

DICHOTOMIE, subs. fm. C'est l'état de la lune quand la moitié seulement de son disque est éclairée par le soleil, de sorte qu'il y ait *disparition* de la moitié de la lumière qu'elle réfléchit. C'est ce qu'on appelle *premier* et *dernier* quartier.

DIÉRÈSE, subs. fm. — *diairéô* (grec), je divise. *Division, séparation.* En chirurgie, c'est la *division* des parties dont l'union est contre l'ordre naturel; solution de continuité. En *grammaire,* division d'une diphthongue en deux syllabes, comme dans *lieu,* si l'on faisait *ti-eu.* Signe orthographique appelé aussi (··) *tréma.*

DIÉRÉTIQUE, adj. des 2 g. (division). Remèdes *diérétiques,* qui sont propres à *séparer,* à *diviser,* et plus particulièrement ceux qui ont une vertu corrosive.

DIÈSE, subs. ms. *Diémi* (grec), passer au travers. Ce mot veut dire *séparer*, *diviser*, *passer à travers.* Terme de *musique,* sorte de double croix en sautoir, qui, mise devant une note, la fait hausser d'un demi-ton. Tiré du latin *diesis,* il signifie double croix.

DIGRESSION, subs. fm. Racine *dé*, éloignement, séparation, et *gradi* (latin), marcher. Action de *marcher* en s'éloignant, en se séparant du sujet. Ce qui est dans un discours, dans un écrit, hors du sujet principal. En astronomie, c'est l'*éloignement* apparent des planètes par rapport au soleil.

DILAPIDER, v. a. *Oter* les *pierres* d'un champ. Par extension, dépenser *mal à propos,* dépenser follement et avec désordre.

DILIGENT, ENTE, adj. Soigneux, laborieux, vigilant, prompt pour le *départ* et pour l'arrivée.

DIMINUTION, subs. fm. *Privation* ou *disparition* d'une partie de la chose dont il s'agit.

DIRE et **LIRE.** *Ind.* je dis, is, it, sons, ites, sent. *Imp.* je disais, sais, sait, sions, siez, saient. *P. déf.* je dis, is, it, mes, tes, rent. *Fut.* je dirai, ras, ra, rons, rez, ront. *Cond.* je dirais, rais, rait, rions, riez, raient. *Imp.* dis, sons, tes. *Subj.* que je dise, ses, se, sions, siez, sent. *Imp. subj.* que je disse, sses, ît, ssions, ssiez, ssent. *P.* disant, it, e.

Contredire se conjugue de la même manière, excepté à la seconde personne plurielle de l'indicatif et de l'impératif, où il fait *contredisez,* au lieu de ...*dites.* Il faut conjuguer comme *dire,* les verbes *dédire, redire, interdire, médire,* excepté à la seconde personne plurielle de l'indicatif et de l'impératif, où ils font *médisez, redisez,* etc., ainsi que *élire, lire, relire,* qui font ...*lisez* à la seconde personne de l'indicatif et de l'impératif.

DIVERGENT, ENTE, adj. **DIVERGENCE,** subs. fm. — *dis,* séparation, et de *vergers* (latin), tourner. On emploie ces termes pour désigner :

1o Des rayons ou des lignes qui vont en *s'écartant,* c'est-à-dire qui marquent le *point de départ* sans rapport au point d'arrivée.

2o Pour exprimer des opinions *contraires. Divergence d'opinions, séparation* des opinions.

DIVINITÉ, subs. fm. *Origine* de ce qui existe. *Essence divine, nature divine, Dieu* même.

DIVISER, v. a. *Séparer,* partager une chose en plusieurs parties.

DIVORCE, subs. ms. *Séparation* volontaire d'avec les choses auxquelles on était fort attaché. *Rupture* légale du mariage du vivant des époux.

LOI SUPPLÉMENTAIRE

DI

deux fois, ensemble.

DI ajoute quelquefois au mot qu'il sert à former l'idée de *duplication* ou de *pluralité*. Dans ce cas il est formé de *dis* réduplicatif.

DIAPI, subs. ms. Espèce de flûte ancienne qui n'avait que *deux* trous.

DICHORÉE, subs. ms. Pied composé de *deux chorées* ou *trochées*, c'est-à-dire de *deux* syllabes, une longue et une brève.

DICOTYLÉDONE, adj. des 2 g. et subs. fm. Plante dont les semences ont *deux lobes* ou *cotylédones*.

DIDYME, adj. des 2 g. Qui est formé de *deux* parties plus ou moins arrondies et accouplées.

DILEMME, subs. ms. — *di*, pour *dis*, deux fois, et de *lambanô*, je prends. Argument qui contient *deux* ou *plusieurs* propositions différentes ou contraires dont on laisse le choix à l'adversaire.

DIPHTHONGUE, subs. fm. Racine *di*, pour *dis*, deux fois, et *phlôggos* (grec), son. Réunion de *deux* sons dans une seule syllabe.

DIPTÈRE, subs. ms. Insecte à *deux ailes*. Édifice qui a *deux ailes*, ou *deux* rangs de colonnes de chaque côté.

DIRECTOIRE, subs. ms. Conseil composé de *cinq membres*, auquel la constitution française de 1795 avait délégué le pouvoir exécutif.

DIZEAU, subs. ms. Tas de *dix* bottes, de *dix* gerbes.

DILOGIE, subs. fm. Racine *di* (pour *dis*), deux fois, et *logie*, — de *logos*, discours; récit, drame en *deux* actions, ou plutôt *deux* pièces dans une seule.

DILUER, v. a. Étendre d'eau une dissolution, ou *augmenter d'eau* une dose quelconque.

DILUVIEN, ENNE, adj. Qui marque *augmentation considérable d'eau*, qui a rapport au *déluge*. Les eaux *diluviennes* s'élevaient au sommet des montagnes.

DIPÉTALÉ, ÉE, adj. Ce mot est formé de *di* pour *dis*, deux, et de *pétalon* (grec), pétale; et signifie *deux* fois la *pétale*, la feuille. Corolle *dipétalée*, c'est-à-dire corolle composée de *deux* pièces ou *pétales*.

LOI SUPPLÉMENTAIRE

DI

jour.

Cette articulation ou élément créateur entre dans la composition de beaucoup de mots pour y ajouter la signification du mot jour.

DIMANCHE, subs. ms. — *di*, (pour *dies*), jour, et de *Dominica*, Seigneur; c'est-à-dire *jour* du *Seigneur*, *jour* consacré à *Dieu*.

LUNDI, subs. ms. — *di*, (pour *dies*), jour, et de *luna*, lune; c'est-à-dire *jour* de la *lune*.

MARDI, subs. ms. — *di*, (pour *dies*), jour, et de *Mars*; c'est-à-dire *jour* de *Mars*, (dieu de la guerre), *jour* consacré au dieu *Mars*. *Antiquité*.

MERCREDI, subs. ms. — *di*, (pour *dies*), jour, et de *Mercure* (dieu du commerce); c'est-à-dire *jour* de *Mercure*. Jour consacré à *Mercure*. *Antiquité romaine*.

JEUDI, subs. ms. — *di*, (pour *dies*), jour, et de *jeu*, (contraction du latin *Jovis*, Jupiter); c'est-à-dire *jour* de *Jupiter*, *jour* consacré à *Jupiter*. *Antiquité*.

VENDREDI, subs. ms. — *di*, (pour *dies*), jour, et de *Veneris* (latin), *Vénus*; c'est-à-dire *jour* de *Vénus*, *jour* consacré à *Vénus*. *Antiquité*.

SAMEDI, subs. ms. — *di*, (pour *dies*), jour, et de *Saturni* (latin), *Saturne*, dieu du temps et de l'agriculture; c'est-à-dire *jour* de *Saturne*. Selon d'autres ce mot est formé de *Sabbattum*, c'est-à-dire *jour* du *Sabbat*. *Antiquité*. La première de ces deux origines me paraît plus rationnelle et mériter la préférence.

MIDI, subs. ms. *Mi*, moitié, milieu, et *di*, jour; c'est-à-dire moitié de la *journée*, *milieu* du *jour*.

DIF

variété de *dé*.

Marque quelquefois l'idée de *pluralité*.

DIFFAMER, v. a. Signifie parler de *différents côtés*. Décrier, chercher à déshonorer, à perdre de réputation quelqu'un qu'on veut *extraire* ou priver de la bonne société, etc.

DIFFARÉATION, subs. fm. Racine *di*, *séparation*, *éloignement*, et *far*, *faris*, gâteau qu'on offrait dans les sacrifices chez les anciens.

Romains. *Divorce, séparation*, sacrifice pour rompre le mariage, dans lequel on offrait un *gâteau* de pur froment. C'est l'opposé de *confaréation*.

DIFFÉRER, v. a. et n. *Cesser* d'être semblable. Retarder. Avoir une opinion qui n'est pas générale ; être *séparé* de l'opinion générale.

DIFFICILE, adj. des 2 g. *Disparition* ou *privation* de *facilité*.

DIFFICULTÉ, subs. fm. *Privation, disparition* d'ordre. Obstacle, empêchement, traverse, objection, obscurité d'un texte.

DIFFORMER , v. a. Faire *disparaître*, changer, gâter, altérer la *forme*. Racine *dif* (pour *de*), qui marque *privation* et *forme ; ôter* la *forme*. Qui *n'a pas* la *forme* convenable.

DIFFUS, E, adj. Dans ce cas *dif* marque l'idée *d'augmentation*, de *duplication*. Ce mot signifie (*étendre*). *Etendu*, long dans ses discours ; *prolixe* , avec la différence que le défaut de l'homme *diffus* consiste à dire beaucoup plus qu'il ne faudrait, par des accessoires superflus ; et que celui de l'homme *prolixe* consiste à dire fort longuement et par de vaines circonlocutions ce qu'il aurait fallu dire en peu de mots. *Le style de nos procureurs est* prolixe, a dit Marmontel ; *celui de nos avocats est diffus. Cela doit être quand on paye la longueur des écritures et l'abondance des paroles.*

ORTHOGRAPHE ABSOLUE

DIF

L'initiale *dif...* est orthographiée avec deux *ff* de suite, par *diff...* au commencement de tous les mots qu'elle sert à former, sans exception. EXEMPLES : *Diffamer, différent, difficile, difforme, diffraction, différer, diffusion*, etc.

DIS

Cette initiale, forme ou variété de la racine originelle *dé*, marque, comme son *élément créateur*, l'idée de *cessation*, de *privation*, de *séparation*, et quelquefois celle *d'origine*. Mais, il faut remarquer que cet *élément créateur* ajoute à quelques mots l'idée de *pluralité, d'augmentation*, formée, par extension, de celle de *duplication*, que l'on retrouve aussi dans l'adverbe grec, d'où *dis* (*deux*) est quelquefois formé. Nous aurons occasion de parler des quelques mots dont il s'agit et qui sont peu nombreux,

DISCALE, subs. fm. *Abaissement, diminution. Privation* d'une partie du poids d'une marchandise, pour cause d'humidité, etc. La *discale* d'une botte de soie qui a séchée. Boiste et Gattel font ce mot masculin.

DISCANT. Racine *dis*, doublement, et *cantus* (du latin), chant , *double chant*. Terme de musique ou plutôt de plain-chant. On dit aussi *déchant*. On désignait particulièrement, par ce terme, l'espèce de contre-point impromptu que chantaient au lutrin les parties supérieures, sur le ténor ou la basse. *Dis* est augmentatif dans ce cas.

DISCEPTATION, subs. fm. Racine *dis*, séparation, division, et *captare*, prendre. *Prendre* un *sens contraire*. Dispute, discussion. *Didactique.*

DISCERNER, v. a. Racine *dis*, séparation, et *cernere* (latin), juger, déterminer, arrêter. Faire la *différence* d'une chose avec une autre. *Discerner* le bon du mauvais, le vrai du faux. Le *discernement* consiste à faire la *distinction* d'une chose ; même étymologie que *discerner*.

DISCIPLE, subs. ms. (Signifie *instruction, enseignement*). Celui qui *apprend* d'un autre quelque science ou quelque art libéral. Ceux qui suivent la même doctrine. *Dis* est augmentatif dans ce cas.

DISCIPLINER, v. a. Ce mot et tous les dérivés ou composés sont formés du latin *disciplina*, qui signifie : *Instruction éducation, règlement* ; c'est l'action de *régler*, tenir *dans* l'ordre. *Discipliner* n'admet pas la préposition à. Ainsi on dit : *Discipliner une armée*, mais on ne doit pas ajouter *à la guerre*. Dans ce mot, l'élément créateur *dis* est augmentatif.

DISCONTINUER, v. a. *Cesser* pour quelque temps une action, un ouvrage. Interrompre, suspendre.

DISCONVENANCE , subs. fm. *Défaut, privation* de *convenance*, de rapport, de proportion.

DISCORDE. subs. propre. Racine *dis*, deux, et *corde* (tiré du grec *chordé*). Dans l'origine ce mot signifiait *deux cœurs, plusieurs cœurs ;* où il ne doit y avoir qu'un cœur, et selon la mythologie, c'est là le vrai sens de ce terme, représentant la déesse qui brouillait continuellement les dieux ensemble. Mais on donne le sens privatif à *dis* dans *discorder*, v. et *discorde*, subs. fm. Au lieu de signifier *deux*, dans ces deux derniers mots, *dis*, marque, par une heureuse altération, l'idée de *dissention*, de *division* entre *deux* ou *plusieurs* personnes, et devient privatif. *Discorder, discorde , discordant* , qui n'est pas *d'accord*, ou qu'on ne peut accorder que difficilement ; *sans accord*, privé de *l'accord*.

DISCOURIR, v. n. *Courir* (en parlant), d'un point à un autre. Ne dire que des choses frivoles et inutiles. *Etendre* beaucoup une matière, en multiplier les phrases, etc.

DISCOURTOISIE, subs. fm. *Manque de courtoisie, privation* de politesse. Ce mot est formé de *dis*, qui marque *privation, défaut*, et de *cour*, civil, poli, ce dernier tiré de l'italien, *cortese*.

DISCOURS, subs. ms. Assemblage de paroles pour expliquer sa pensée. Production d'esprit un peu étendue, et appuyée de raisonnements et de preuves. Ouvrage oratoire, harangue. Ce terme marque évidemment une idée *augmentative*; personne ne le contestera, et l'on restera convaincu qu'il appartient à la même étymologie que *discourir*.

DISCUTER, v. a. Racine *dis*, séparation, division, et *quatere*, secouer, ébranler. Selon de savants étymologistes, ce mot, pris dans son sens primitif et naturel, est formé de l'adverbe grec *dis*, de deux côtés, et *cutis*, peau, couper dans la peau de *part* et d'*autre*, l'un d'*un côté*, l'autre, de l'*autre*. On donne aujourd'hui à ce mot le sens de examiner, voir, considérer avec attention.

DISGRACE, subs. fm. *Perte, privation* des bonnes *grâces* d'une personne puissante. Infortune, malheur.

DISJOINDRE, v. a. *Séparer* des choses qui étaient *jointes*.

DISJONCTIF, IVE. Ce mot ne s'emploie guère qu'au féminin. En *grammaire, particule disjonctive*, ou conjonction qui *joint* les membres d'un discours, exprime l'alternative entre *deux* partis proposés ou la négative de tous les *deux*. La définition qui va suivre, puisée dans l'Académie, indique plus clairement les deux idées (*augmentative* et *privative*) que renferme, à la fois, cette particule : Toute conjonction qui, en *unissant* les membres de la phrase ou de la période, *sépare* les choses dont on parle. On ne peut réellement pas dire que ce terme marque l'idée de disjoindre (*séparer* deux choses *jointes*); mais on peut admettre qu'il marque plutôt l'idée de choix, de préférence, entre les choses dont il s'agit. Les disjonctions sont : *Ou, soit, que, ni*.

DISPARAITRE, v. n. *Cesser de paraître*, d'être visible, d'être aperçu.

DISPARATE, subs. fm. *Privé de parité*. Défaut très-sensible de conformité, de rapport.

DISPERSER, v. a. *Séparer, répandre*, jeter çà et là. Forcer à s'enfuir de différents côtés, mettre en désordre, dissiper.

DISPOSER, v. a. *Arranger*, mettre les choses dans un certain ordre. *Idée augmentative.*

DISPOSITION, subs. fm. (*Arrangement*). *Tendance, acheminement* à quelque chose. Les *sentiments* où l'on est à l'égard de quelqu'un ou de quelque chose. *Préparatifs* pour quelque chose. C'est l'action de *régler les choses*, etc. L'idée est *augmentative.*

DISPUTER, v. n. — *dis*, plusieurs (diversion), et de *putare* (latin), couper, et qui signifie par extension *élaguer*, et aussi *croire, contester, raisonner*; c'est-à-dire, selon l'origine, couper, tailler, l'*un d'un côté*, l'*autre de l'autre*. Raisonner argumenter, pour ou *contre*, à plu-

sieurs, sur un sujet donné. Tous les **dérivés** ou composés ont la même origine et présentent à l'esprit la même idée.

DISSEMBLANCE, subs. fm. **DISSEMBLABLE**, adj. des 2 g. *Privé de ressemblance*. Ces deux mots ont la même étymologie, mais présentent une nuance différente.

DISSÉMINER, v. a. *Séparer, répandre* çà et là, semer, éparpiller.

DISSIDENCE, subs. fm. Être *éloigné, séparé*. C'est ne pas s'accorder, être en différend, en débat.

DISSIMULER, v. a. Feindre du *premier point au dernier*, feindre complétement ; *cacher* ses desseins ; laisser tout le monde *privé* de la connaissance des sentiments dont on est animé.

DISSONANCE, subs. fm. Racine *dis*, doublement, et *son*. Ce qui sonne deux fois. Dans l'accord *dissonant*, les *sons*, quoique frappés à la fois, ne se marient pas ensemble, et produisent à l'ouïe un *double* choc qui l'affecte d'une manière désagréable. *En musique*, faux accord. *Ton dissonant*. En général, on désigne, par ce terme, tout accord désagréable à l'oreille, Ce mot n'a qu'un seul *n* dans le dictionnaire de l'Académie.

DISSOUDRE, v. a. Opérer la *séparation* des parties d'un corps solide; faire *disparaître* une obstruction, un engorgement.

DISSYLLABE, adj. des 2 g. Qui est de *deux syllabes. Dis* est augmentatif.

DISSYLLABE, subs. fm. Racine *dis*, séparation, éloignement, et *stare* (latin), être, se trouver. *Éloignement* qu'il y a d'un lieu à un autre, ou d'une chose à une autre.

DISTINGUER, DISTINCT, DISTINCTION. Tous ces mots et leurs dérivés ont pour racine *dis*, plusieurs, et le verbe latin *tingere*, teindre. Sens naturel et primitif : *Teindre de diverses couleurs*. Mettre de la préférence entre... *Discerner* par les sens ou par l'opération de l'esprit. La vertu, le mérite, les dignités *distinguent* un homme, c'est-à-dire élèvent, caractérisent un homme.

DISTRAIRE, v. a. —*dis*, division, séparation, et de *traire*, qui signifie *tirer. Séparer* une partie d'un tout, *éloigner* l'esprit de ce qui le fatigue ou l'obsède, *Détourner* d'une résolution.

DISTRIBUER, et tous ses dérivés ou composés ont la même étymologie. Racine *dis*, division, séparation, et *tribu*; c'est départir, partager entre *plusieurs*. Des auteurs d'un grand mérite prétendent que ce mot, formé de *dis*, doublement (par extension), *plusieurs*, et de (*tribus*) *tribu*, signifiait, dans l'origine, *disposer, ranger par tribus*, et que, par conséquent, la racine *dis* marque l'idée de *duplication*, de *pluralité*, au lieu de celle de *division*. A notre avis, ces deux idées existent, et celle de *division* ou de *séparation* ne proscrit pas, au figuré, celle de *pluralité*, etc., car c'est de l'idée de *diviser* par tribus que surgit naturellement celle de *pluralité* dans cette circonstance.

7

Dia.

RACINE ORIGINELLE :	RACINE FRANÇAISE :	VRAI SENS :
Du grec, *dia*.	*dia*	*à travers, en travérs, par, et quelquefois de.*

Cette particule initiale, préposition grecque, apporte au mot qu'elle sert à constituer l'idée de *traverse*. Elle prend la forme de *dio* dans quelques mots que nous donnerons à la suite.

DIA

DIABLE, subs. ms. Racine originelle *dia*, à travers, et *ballô*, je lance, je jette; c'est-à-dire *lancé*, jeté *à travers* l'espace, enfin chassé du ciel. Dans ce sens *primitif* et *naturel*, d'autres ont sans doute puisé l'étymologie qu'ils en donnent; et, par une heureuse altération, en formant le sens figuré de ce mot qu'il font venir tout entier de *diaballô*, j'accuse, je calomnie, je médis, ils établissent la définition qu'on va lire, et où l'on verra que ces savants étymologistes sont obligés de recourir, pour la lucidité, à l'idée marquée par la racine originelle que nous donnons plus haut. Voici cette définition : *Un des anges rebelles que* Dieu *chassa du paradis, et précipita dans les enfers.* Pourquoi s'écarter des *éléments créateurs* d'un mot, quand ces *éléments* n'ôtent rien aux beautés, ni au génie, ni à la clarté de la définition, et lors même qu'on ne peut les suppléer que par d'autres termes dont l'impuissance est évidente pour représenter fidèlement et avec énergie l'idée de la chose dont il s'agit*? Si ce n'est que l'ambition d'innover qui fait introduire

* Il eût été préférable de dire : ange rebelle que Dieu *lança, jeta à travers* l'espace, etc. *Chassa* (à la place) n'a pas la même énergie, et représente l'idée sous une bien pâle nuance.

ces sortes de modifications dans un mot, il faut être en garde contre l'esprit peu stable de l'étymologiste, qui pourrait nous entraîner dans des bizarreries ou dans le vague.

DIACHYLON, subs. ms. Racine *dia*, de, et un mot grec (*chulos*), suc. Emplâtre composée *de* mucilage ou de *sucs* visqueux de certaines plantes. *Pharmacie.* Dans le Tournaisis et les environs on a conservé l'altération du grec *chulos*, dans le patois *chuc*, pour dire *suc*.

DIADÈME, subs. ms. — *dia*, et de *déô* (grec), je lie. Sorte de bandeau que l'on met *transversalement* autour de la tête des rois, et qui était la marque de la royauté parmi les anciens. On le dit, en poésie, pour royauté.

DIAGONALE, Racine *dia*, à travers, et *gônia*, angle. Terme de *mathématiques.* Ligne qui *traverse* une figure en passant par les angles. C'est donc une ligne tirée d'un angle à l'angle opposé, dans une figure rectiligne et quadrilatère, en passant par le centre.

DIAGRAPHE. (*Ecrire à travers.*) Instrument pour représenter sur le papier la figure d'un objet, sans connaissance du dessin. Racine *dia*, de, et *graphô*, je trace.

DIALECTE, subs. ms. Racine *dia*, séparation, et *légô* (grec), je parle. Langage particulier d'une province ou d'un canton, etc., qui *traverse* la langue nationale, qui est reçu dans la langue nationale, qui se mêle à la langue.

DIALECTIQUE, subs. fm. Partie de la *philosophie* qui fait voir la vérité *à travers* les formes du raisonnement. Même origine que le mot précédent.

DIAMÈTRE, subs. ms. Racine *dia*, à travers, et *mètre*, mesure. Ligne droite qui *traverse* un cercle en passant par le centre et se termine de chaque côté à sa circonférence; qui *mesure* le cercle par le milieu. Tous ses dérivés ont la même origine et servent à exprimer la même idée.

DIALOGUE, subs. fm. Partie de la *philosophie* qui enseigne les règles du raisonnement et permet de discerner le vrai d'avec le faux; entretien de deux ou plusieurs personnes, *Dialoguer*, *traverser* un sujet, converser. Ce terme et tous ses dérivés sont formés de *dia*, contre, et de *légô* (grec), je parle.

DIAPALME ou DIAPALMA, subs. ms. Racine *dia*, de, et *palma*, palmier. *De palmier*. Emplâtre dessicative, composée d'huile commune, de graisse, de porc et de litharge d'or préparée, qu'on fait cuire dans une décoction de *feuilles de palmier*.

DIAPASON, subs. ms. — *dia*, par, et de *pás* (grec), tout. Qui *passe* par tous les *tons*. Espace *traversé* par une voix ou par un instrument, depuis le ton le plus bas jusqu'au ton le plus élevé.

DIAPHANE, adj. des 2 g. Racine *dia*, à travers, et *phaînô*, je brille. Objet *au travers* duquel la lumière *brille*. Objet transparent.

DIAPHANÉITÉ, subs. fm. Qualité de ce qui est transparent, c'est-à-dire *au travers* de quoi l'on peut voir les objets. Même origine que *diaphane*.

DIAPHONIE, subs. fm. Racine *dia*, à travers, et *son*, formé du grec *phoné*. Séparation ou *différence de son*. Nom donné par les anciens Grecs aux intervalles qu'ils appelaient *dissonants*.

DIAPHORÈSE, subs. fm. Racine *dia*, à travers, et *phéró*, je porte. Je *porte à travers*. Toute espèce d'évacuation cutanée, c'est-à-dire qui *traverse* la peau.

DIATHÈSE, subs. fm. — *diatithémi* (grec), disposer. Disposition d'une personne. Affection naturelle ou non naturelle *de* l'homme.

DIATRIBE, subs. fm. Tiré de *diatribé* (grec), s'exercer. Dissertation critique, etc. Critique d'un ouvrage d'esprit, dissertation *sur*, *à travers*, etc. Dans un sens plus odieux et plus usité, *critique amère* et *violente*.

DIOPTRIQUE, subs. ms. — *dio*, à travers, et de *optomai*, je vois. Vrai sens : *Voir à travers*. Science de la *vision* qui se fait par des rayons rompus, c'est-à-dire des rayons qui, passant d'un milieu dans un autre, se brisent à leur passage et changent de direction. C'est la partie de l'optique qui explique les effets de la *réfutation* de la lumière.

DIORAMA, subs. ms. — *dio*, à travers, et de *horama* (grec), vue. Vrai sens : *Vue à travers*.

Sorte de panorama éclairé, comme aux diverses parties du jour, par une lumière mobile.

DIORRHOSE, subs. fm. Racine *dio* (formé de *dia*), et *orros*, sérosité. En *médecine* on désigne, par ce terme, le *changement* des humeurs en eau.

DYS

AVEC PEINE.

Cet élément créateur entre dans la composition des mots tirés des langues anciennes, pour y ajouter l'idée de *difficulté*, d'*altération*, de *privation*, etc., et a pour racine grecque originelle *dus*, qui signifie *avec peine*.

DYSANAGOGUE, adj. des 2 g. — *dys*, avec peine, et de *anagô*, je soulève, je porte en haut, c'est-à-dire difficile à *expectorer*, à *rejeter*. *Médecine*.

DYSCINESIE, subs. fm. — *dys*, avec peine, et de *cinésie* (de *kinéin* (grec), mouvoir). *Difficulté* de se *mouvoir*.

DYSCHYLIE, subs. fm. *Dépravation* du *chyle*. *Médecine*.

Dans les mots donnés plus haut, où il fut question du mot *suc*, représenté par les racines grecques *chulos*, *chumos*, *suc*, etc., nous avons fait le nécessaire à cet égard pour espérer que le lecteur comprendra sans hésitation, enfin sans laisser un instant flotter les vues de l'esprit.

DYSCRASIE, subs. fm. — *dys*, mauvais, et de *crasis*, tempérament ; c'est-à-dire *mauvaise santé*, altération des humeurs, *mauvais tempérament*.

DYSÉCIÉ. — *dys*, avec peine, et de *akouô*, j'entends. Dureté de l'*ouïe*, ou *faiblesse* des organes de l'*entendement*.

DYSÉPULOTIQUE. adj. — *dys*, avec peine, et de *époulôtikos*, qui cicatrise. *Difficile à cicatriser*. *Médecine*.

DYSESTHÉSIE, subs. fm. — *dys*, avec peine, et de *aisthésis* (grec), sentiment. *Privation*, affaiblissement de sentiment, des sensations.

DYSGEUSIE, subs. fm. — *dys*, privation, et *geusis*, goût. *Privation* ou *dépravation* du *goût*. *Médecine*.

DYSPEPSIE, subs. fm. — *dys*, avec peine, et de *pepsie* (de *peptô*, grec), je cuis, je digère. *Digestion difficile*, laborieuse, etc. *Médecine*.

DYSPHAGIE, subs. fm. — *dys*, et de *phagô*, je mange. *Difficulté d'avaler*.

DYSODIE, subs. fm. — *dys*, mauvais, et de *osô*, je sens. État de celui qui *sent mauvais.* Puanteur, exhalaison des matières fétides du corps.

DYSOPIE, subs. fm. — *dys*, avec peine, et de *optomai*, je vois, ou mieux de *ops* (grec), œil. *Difficulté de voir, faiblesse de la vue.*

DYSPHONIE, subs. fm. — *dys*, avec peine, et de *phoné*, voix. *Difficulté de parler, altération de la voix.*

DYSPNÉE, subs. fm. — *dys*, avec peine, et de *pnéô*, je respire. *Difficulté de respirer.*

DYSSENTERIE, subs. fm. — *dys*, avec peine, et de *entéron* (grec), entrailles. Dévoiement avec douleur d'*entrailles*, etc.

DYSTÉMIE, DYSTHÉSIE, DYSTHIMIE, ont la même origine et représentent la même idée d'anxiété, d'abattement, d'impatience, de tristesse, etc., des malades. Racine *dys*, altération, et *thumos*, esprit. *Morosité*, abattement d'esprit. *Médecine.*

DYSURIE, subs. fm. — *dys*, avec peine, et de *ouréô*, j'urine. *Difficulté d'uriner.*

CONJUGAISON.

Verbe qui n'a pas d'élément créateur dans les colonnes précédentes.

DORMIR. *Ind.* je dors, rs, rt, mons, mez, ment. *Imp.* je dormais, mais, mait, mions, miez, maient. *P. déf.* je dormis, mis, mit, mîmes, mîtes, mirent. *Fut.* je dormirai, miras, mira, mirons, mirez, miront. *Cond.* je dormirais, mirais, mirait, mirions, miriez, miraient. *Imp.* dors, mons, mez. *Subj.* que je dorme, mes, me, mions, miez, ment. *Imp. subj.* que je dormisse, misses, mît, missions, missiez, missent. *P.* dormant, dormi (inv.).

Endormir (part. passé var.) et rendormir.

É

RACINE ORIGINELLE :	RACINE FRANÇAISE :	VRAI SENS :
Du latin é, particule privative.	é.	sortir, ôter, séparer, extraire, priver.

Cette particule initiale, ou élément créateur, est une préposition qui apporte l'idée de *sortie* ou d'*infraction*, de *séparation*, etc , au mot qu'elle sert à constituer. Ses formes ou variétés sont : *ef, es, ex*. Cette racine entre, avec ses variétés, dans la composition de plus de sept mille six cent trente-cinq mots français.

É

EBARBER, v. a. Racine é (particule extractive), et *barbe*. *Oter* les parties excédantes et superflues de certaines choses.

EBORGNER, v. a. *Priver* d'un œil, rendre borgne.

EBOURGEONNER, v. a. Racine é, et *bourgeon*. *Oter* les *bourgeons* ou les nouveaux jets superflus. *Il est temps d'ébourgeonner la vigne.*

EBRANCHER, v. a. *Oter* les *branches*. Dépouiller un arbre d'une partie de ses branches.

EBUARD, subs. ms. Coin de bois fort dur qui sert à fendre et *séparer* les bûches par petites parties.

ECAILLER, v. a. Racine é, et *calcaire*. *Oter*, enlever les matières *calcaires* qui couvrent les poissons, les tortues, etc.

ECARTER, v. a. Racine é, et *carte*. *Eloigner*, disperser, détourner. *Rejeter* des *cartes*. *Ecarter* les ennemis, la foule, c'est les *éloigner*, les *disperser*.

ECHANTILLON, subs. ms. — é, particule extractive, *ôter*, et de *chantillon*, tiré de *canthus*, coin. Petit morceau, *coin* d'étoffe, de toile, etc.,

ôté de la pièce pour servir de montre. Il se dit des choses d'esprit.

ECHENILLER, v. a. *Oter* les *chenilles*.

ÉCHOIR, se dit des choses qui arrivent par sort ou par cas fortuit. *Déchoir* est formé du mot choir, qui signifie tomber, faire une chute ; déchoir, c'est aller en décadence.

Ind. J'échois, ois, oit, chéons, ez, chéent.*Imp.* J'échéais, ais, ait, ions, iez, aient. *P. déf.* J'échus, us, ut, ûmes, ûtes, urent. *Fut.* J'écherrai, ras, ra, rons, rez, ront. *Cond.* J'écherrais, rais, rait, rions, riez, raient. *Impér.* Echois, *inusité.* *Subj.* Q. j'échoie, oies, oie, chéions, iez, chéent. *Imp. subj.* Q. j'échusse, ses, ût, sions, siez, sent. *P.* Échéant, échu, e.

Conjuguez *déchoir* de la même manière. Le verbe *choir* n'est usité qu'à l'infinitif.

ECLIPSE, subs. fm. — é, et de *kleipsis*, défaut, etc. *Disparition, privation* apparente d'un astre, causée par l'interposition d'un autre corps céleste entre cet astre et l'observateur. Les Païens regardaient les *éclipses* comme des présages funestes.

ECONDUIRE, v. a. *Conduire dehors*. Faire *sortir, éloigner* avec ménagement de chez soi, d'une maison ou d'une société.

ECONOMIE, subs. fm. — *éco*, tiré de *oikos*, maison, et de *nomos* (grec), règle, ordre, ou mieux de é, et de *curator*, régisseur d'une maison. *Privation* de superfluité. Ordre, règle qu'on apporte dans une maison où l'on se *prive* de tout ce qui est superflu. Ce mot marque plus souvent une idée d'*intériorité* qu'une idée de *sortie*, et devient l'opposite. Il y a cependant des circonstances où il représente l'idée de *séparation*, de *sortie*, etc. Notre but étant d'encourager les études, au lieu de chercher à créer des difficultés; nous arrêterons à nos investigations.

ECRÉMER, v. a. *Oter* la *crème* de dessus le lait.

ÉCRIRE (verbe). *Ind.* J'écris, is, it, vons, ez, ent. *Imp.* J'écrivais, ais, ait, ions, iez, aient. *P. déf.* J'écrivis, is, it, îmes, îtes, irent. *Fut.* J'écrirai, as, a, ons, ez, ont. *Cond.* J'écrirais, ais, ait, ions, iez, aient. *Impér.* Ecris, écrivons, vez. *Subj.* Q. j'écrive, es, e, ions, iez, ent. *Imp. subj.* Que j'écrivisse, es, ît, ions, iez, ent. *P.* Écrivant, écrit, e.

Il faut ainsi conjuguer décrire, inscrire, prescrire, proscrire, récrire, souscrire, transcrire.

EGAYER, v. a. *Sortir* du calme habituel, réjouir. *Oter* les branches qui étouffent un arbre.

EGARER, v. a. Fourvoyer, mettre, *tirer hors* du droit chemin.

EGRAVILLONNER, v. a. Racine *é* (particule extractive), et *gravillon*, c'est-à-dire *ôter* les *petits graviers*.

EGRENER, v. a. Faire *sortir* le *grain de* l'épi, la *graine* des plantes : détacher, *ôter* les *graines* de raisin de la grappe.

EHONTÉ, ÉE, adj. Qui est *sans honte ; privé* de pudeur.

ELAGUER, v. a. *Oter*, ébrancher; c'est dépouiller un arbre de ses branches jusqu'à une certaine hauteur. C'est aussi *ôter*, retrancher dans un ouvrage d'esprit ce qui l'allonge inutilement. Il faut *élaguer* cet article. Cet exorde a besoin d'être *élagué*.

ELIMINER, v. a. Racine *é* (particule extractive), et *limen* (latin), seuil de la porte; mettre *hors* de la *porte*, c'est chasser, expulser, mettre *dehors*. *Oter de*. Retrancher.

EMANCIPER, v. n.—*é*, hors, et de *manciper*, tiré de *mancipium*, sujétion. Mettre un fils ou une fille *hors* de la puissance paternelle. Faire *sortir* un mineur *de* son état pour le mettre à même de jouir de ses revenus. S'émanciper, v. pron. *Sortir de* son calme habituel, se donner trop de licence.

EMANER, v. n. Racine *é*, dehors, et *manare* (latin), couler, sortir, provenir de, *sortir de*, découler de. Emaner désigne proprement la source, et *découler* indique spécialement un canal par où elle passe : Il *découle* du sang d'une blessure. Les odeurs *émanent* des corps. *Au figuré;* toute justice *émane* de Dieu, c'est-à-dire *sort* de Dieu. L'idée de *sortie* a engendré celle d'*origine* dans ce cas.

EMERGENT, adj. Racine *é* (particule extractive), et *mergere* (latin), plonger. C'est *sortir*

d'où l'on était *plongé*. *Les rayons émergents*, les rayons de lumière qui *sortent* d'un milieu après l'avoir traversé.

EMIGRATION, subs. fm. Radical *migrare*, quitter. Action de *sortir* de son pays pour aller s'établir ailleurs.

ÉMISSION, subs. fm.—*é*, dehors, et de *mettre*. Action par laquelle une chose est poussée, *lancée* au *dehors*. Emission de *vœux*, prononciation solennelle des vœux.

ÉMOTION, subs. fm. Ce terme représente l'action du verbe *émouvoir*. C'est l'agitation causée dans l'âme par quelque passion qui fait *sortir* du calme, etc.

ÉMOUSSER, v. a. Racine *é*, ôter, et *mousse*, obtuse. *Oter* la *mousse*, c'est-à-dire la pointe d'une chose aiguë : *Emousser* la pointe d'une épée, d'un poignard. Au figuré : hébéter, ôter, la vivacité de l'esprit : L'habitude *émousse* le plaisir et la douleur.

ÉMOUVOIR, v. a. Mettre en *mouvement*, agiter, troubler. Enfin, c'est faire *sortir* l'âme de sa tranquillité, de son état régulier. Exciter quelque passion dans le cœur; disposer à la sédition.

ÉMULATION, subs. fm. Radical *hamilla*, (grec), combat. Sentiment qui nous excite à *sortir* de notre position pour égaler ou surpasser quelqu'un en quelque chose. Une noble *émulation* anime l'esprit laborieux, l'excite à *sortir* de...

ÉPAMPRER, v. a. Racine *é*, ôter, priver, et *pampre*, Oter de la vigne les *pampres* (les feuilles inutiles).

ÉPANOUIR (S'), v. pron. Ce terme se dit des fleurs qui déploient leurs feuilles et qui *sortent* du bouton.

ÉPOINTER, v. a. *Oter* la *pointe* à quelque instrument.

ÉPOUVANTAIL, subs. ms. Racine *é*, et *peur*. Haillon au bout d'un bâton, etc., dans les jardins pour en faire *sortir* les oiseaux.

ÉTEINDRE, v. a. *Priver* de feu ou de chaleur. Il s'emploie pour parler du feu qu'on étouffe, et dont on *fait cesser* l'action. C'est *ôter*, amortir, tempérer, détruire la chaleur sensible ou cachée qui est en quelque chose. Faire *cesser*, en parlant de la guerre.

ÉTOUFFER, v. a. Suffoquer, faire perdre la respiration, faire mourir par la *privation d'air*. *Oter*, dérober aux plantes l'air nécessaire à leur végétation. Dans le sens de *détruire*, *dissiper*, faire *cesser*, on dit : étouffer une révolte, une erreur.

ÊTRE, est le seul verbe qui exprime l'affirmation; les autres verbes n'ont été inventés que pour abréger le discours. Tout verbe quel qu'il soit renferme en soi le verbe être, le seul verbe substantif ou abstrait; les autres ne sont donc que des verbes adjectifs ou concrets.

Ind. Je suis, es, est, sommes, êtes, sont.
Imp. J'étais, ais, ait, ions, iez, aient. P. déf. Je
fus, us, ut, ûmes, ûtes, rent. Fut. Je serai, as, a,
ons, ez, ont. Cond. Je serais, ais, ait, ions, iez,
aient. Impér. Sois (sois-en), soyons, ez. Subj.
Q. je sois, ois, oit, yons, yez, oient. Imp. subj.
Q. je fusse, ses, ût, sions, siez, sent. P. Etant,
été, ayant été.

ÉVINCER, Racine é, dehors, et vincere (latin),
vaincre; c'est vaincre en mettant dehors. Faire
sortir d'une place, ôter un emploi à quelqu'un.
C'est déposséder, dépouiller juridiquement.

ÉVITER, v. a. — é, hors, via, voie, chemin,
stare, être. C'est-à-dire se tenir, ou être hors de
la voie, du chemin nuisible, etc. Fuir, esquiver
quelque chose de nuisible, de désagréable.

ÉVOQUER, v. a. — é, hors, et de voquer, tiré
de vocare (latin), appeler. Appeler, faire venir.
De là l'idée de sortie d'un lieu pour aller dans un
autre. Ce terme s'emploie pour représenter l'action
d'enlever à un tribunal la connaissance d'une
affaire pour l'attribuer à un autre tribunal. Jurisprudence.

EF

EFFACER, v. a. Racine ef, ôter, et face. Oter,
la face. Enlever la figure, le caractère, les
couleurs, l'empreinte de quelque chose. Rayer,
raturer, surpasser. Effacer une tache d'encre,
ôter une... Effacer la gloire de ses ancêtres, etc.,
c'est les surpasser en vertu, en mérite, etc. Cette
auguste personne efface toutes les dames de
l'assemblée, c'est-à-dire qu'elle paraît plus belle
que toutes, elle les surpasse.

EFFANER, v. a. Racine ef, ôter, et fane,
feuille. Oter la fane. Il a le même sens qu'effeuiller ; mais on ne le dit guère qu'en parlant des
blés. Académie.

EFFARER, v. a. Participe effaré. — ef, et
de fera (latin), bête farouche. Qui est tout hors
de lui. Troubler tellement une personne que son
air et ses yeux ont quelque chose de hagard.

EFFAROUCHER, v. a. — ef, et de farouche.
Epouvanter, effrayer et faire fuir. Rendre
moins traitable. Au figuré, dégoûter, donner de
l'éloignement.

EFFECTUER, v. a. — ef, et de fectuer, tiré
de facere, faire effet. Tous les composés ont la
même origine. Mettre à exécution, faire sortir
les conséquences de l'objet ou de l'engagement
dont il s'agit.

EFFÉMINER, v. a. Faire sortir de sa fermeté,
de son caractère, etc., affaiblir. Adj. efféminé, ée,
qui tient de la faiblesse de la femme.

EFFEUILLER, v. a. Racine ef, ôter, et feuille.
Oter les feuilles.

EFFICACITÉ, subs. fm. Force, vertu de quelque
cause pour faire sortir son exécution, produire
son effet ou ses conséquences. Ce terme et efficient, etc., sont des corruptions du verbe faire,
auquel est joint l'élément ef.

EFFLEURER, v. a. Racine ef, ôter, et fleur.
Oter les fleurs. Il signifie aussi ne faire qu'enlever la superficie de quelque chose; atteindre,
toucher légèrement.

EFFLUENT, ENTE, adj. — ef, et de fluer,
couler. Les émanations invisibles qui sortent d'un
corps.

EFFORCER (S'), v. pron. Racine ef, et force.
Sortir de ses forces physiques et morales; ne
pas assez ménager ses forces.

EFFRÉNÉ, ÉE, adj. Qui est sorti des bornes
du devoir, de la raison, etc., sans frein, sans
retenue. Racine ef, et frein.

EFFRONTÉ, ÉE, adj. Racine ef, sans, et front.
Qui n'a pas plus de front, dont le front ne rougit
jamais. Impudent, qui n'a honte de rien.
Académie. Ce mot signifie, par conséquent, qui
est sorti des bornes de la honte, de la pudeur.

EFFUSION, subs. fm. — ef, et de fusion,
action de verser. Epanchement. Vive et sincère
démonstration de confiance et d'amitié d'un cœur
sorti de sa sensibilité morale et porté au delà de
toute affection commune.

ORTHOGRAPHE ABSOLUE

EF

Cette articulation initiale est orthographiée
avec deux ff de suite, par eff, au commencement
de tous les mots qu'elle sert à former. Excepté
deux mots, éfaufiler, et éfourceau (machine à
deux roues). Orthographiez avec deux ff, sans
hésitation, tous les autres mots : Effectif, efféminer, effervescence, effet, efficace, effeuil-
laison, effigier, effiloquer, effleurir, effondrer,
effroyable, etc.

ES

Cette initiale est une variété de la racine originelle é, qui apporte au mot dont elle est la première syllabe l'idée de sortie, etc., tandis que és

(avec l'accent) est formé, par contraction, de la préposition *en* et de l'article pluriel *les*, et marque l'idée opposée ; ce dernier signifie *dans les*. *Maître ès arts*, etc... Maître *dans les* arts, etc.

ESCALADE, subs. fm.—*scala* (latin), échelle. Ce mot représente l'*idée de sortir des moyens* ordinaires pour parvenir à un but.

ESCALADER, v. a. C'est *sortir* de la voie ordinaire pour entrer dans une maison, dans une ville, etc.

ESCAMOTER, v. a. *Oter*, *changer*, faire *disparaître* quelque chose par un tour de main sans que les spectateurs s'en aperçoivent. *Dérober* subtilement sans qu'on s'en aperçoive.

ESCAMPER, v. n. *Se retirer*, *s'enfuir* en grande hâte. Racine *camp*.

ESCARMOUCHE, subs. fm. Ce terme et ses dérivés sont formés de l'allemand *schwarmen*, courir çà et là, escarmoucher. Combat qui se livre entre de petits détachements *sortis* des rangs du corps expéditionnaire, lorsque deux armées sont proches l'une de l'autre. On dit *escarmoucher*, pour dire combattre par *escarmouches*, faire *sortir* du corps expéditionnaire des détachements, etc.

ESCLAVAGE, subs. ms. Ce mot et ses dérivés sont formés de l'allemands *lave* et du latin *slavi*, ou du nom des *Esclavons*, peuple du Nord. Condition de celui qui est privé de sa liberté.

ESCOMPTER, v. a. Faire *sortir* une somme d'un *compte*. On appelle *escompte* la somme que l'on *ôte* du *compte*, enfin la remise faite au payeur par celui qui reçoit un paiement avant l'échéance.

ESCORTER, v. a. Protéger pour faire *sortir* et accompagner ensuite quelqu'un ou quelque chose.

ESCROQUERIE, subs. fm. Ce mot et ses dérivés sont formés de *es*, tirer, et de *croc*, vieux mot français tiré du celtique, qui signifie instrument à pointes recourbées pour y prendre ou y attacher quelque chose. C'est l'action de prendre, comme au *hameçon*, de voler par fourberie, par ruse, par artifice.

ESPALMER, v. a. *Oter*, nettoyer, laver la carène d'un bâtiment avant de l'enduire de suif ou autre matière.

ESPÉRER, v. a. *Sortir* de son calme ordinaire, attendre un bien qu'on désire vivement et que l'on croit qui arrivera. L'âme la plus tranquille ne peut attendre, sans une légère émotion, tout le bien qu'elle *espère*, c'est-à-dire sans *sortir* de son calme ordinaire.

ESPRIT, subs. ms. Facilité de conception et vivacité d'imagination qui permet de faire *sortir* de belles idées, des pensées fines, ingénieuses, piquantes. *Esprit et jugement*. Un auteur célèbre a dit : On se plaint toujours de son *esprit* et jamais de son *jugement*. On entend, par

esprit cultivé, un esprit qui joint l'élégance aux connaissances. Condillac. *Esprit public*, c'est l'opinion générale que *manifeste* une nation sur les objets qui intéressent son bonheur et sa gloire.

ESSAIM, subs. ms. Volée de jeunes mouches à miel qui se *séparent* des vieilles, On donne aussi le nom d'*essaim* à une grande multitude de personnes qui, *sorties* de leur état normal, marchent et s'agitent.

ESSAIMER, v. n. Se dit des ruches d'où il *sort* un essaim, d'où il *sort* une grande quantité de mouches.

ESTIME, subs. fm. Opinion favorable que l'on conçoit de quelqu'un d'après des qualités aimables qu'il a su *montrer*, ou par la beauté de son caractère qu'il a fait *sortir*. La différence de sens entre *estime* et *intime*, qui se trouve marquée par l'élément initial de chacun de ces deux mots, prouve, à l'évidence, combien il est nécessaire d'étudier les éléments créateurs de notre langue. Dans *estime* on ne trouve pas cette intériorité et cette profondeur d'amitié, d'attachement que représente le mot *intime*, dont l'élément initial *in*, dans, marque l'idée contraire de *es*, sortie. (Voir le mot *intime* dans les colonnes de cet ouvrage.)

ESTIMER, v. a. Priser quelque chose, en faire *sortir* la valeur, la déterminer. Présumer, conjecturer. Avoir une opinion avantageuse de quelqu'un, de quelque chose, établie sur des probabilités ou des qualités qu'on a cru *voir*, que la personne dont il s'agit a fait *sortir*.

ESTROPIER, v. a. *Oter* l'usage d'un membre soit par une blessure, soit par quelque coup. *Estropier* un nom propre, c'est le défigurer en le prononçant ou en l'écrivant, de manière à lui *ôter* sa vraisemblance.

EX

EXAGÉRER, v. a.— *ex*, et de *agérer*, tiré de *agger*, amas, levée, digue, monceau. Il signifie, dans son sens absolu, *élever* des terres, des chaussées, *entasser*, etc. Faire *sortir* des qualités ou des défauts qu'on n'a pas. Louer ou décrier à l'excès, *hors des convenances*, les choses dont on parle.

EXCÉDER, v. a. Racine *ex*, dehors, et *céder*, laisser. *Outre-passer*, aller *au delà*, *sortir* de certaines bornes. Il s'emploie pour importuner, tourmenter.

EXCEPTER, v. a. Racine *ex*, hors de, et *eapere* (latin), prendre. Mettre *hors de*, faire

* C'est-à-dire que fait *sortir*.

sortir de la régle. Ne pas comprendre dans un nombre, etc.

EXCESSIF, IVE, adj. Par ce terme, on désigne ce qui *sort* de la régle, qui excède la mesure, le degré ordinaire ou convenable. (Voir son verbe *excéder*.)

EXCIPER, v. n. Alléguer une *exception* en justice. (Voir le verbe *excepter*, pour l'origine.)

EXCISION, subs. fm. Opération par laquelle on *ôte*, on *enlève* avec un instrument tranchant des parties d'un petit volume. Racine *ex*, dehors, et *cisio* (abréviation du latin *excisio*) mot patois qui signifie *ciseau*, couper, tailler.

EXCURSION, subs. fm. *Course au dehors.* Irruption sur le pays ennemi. Digression. Racine *ex*, et *course*.

EXÉAT, subs. ms.—*ex*, dehors, et de *éat*, tiré de *ire* (latin), aller: *aller dehors.* Au collège, permission de *sortir*. A l'évêché, permission donnée à un ecclésiastique de *sortir* du diocèse pour aller exercer dans un autre.

EXÉCRATION, subs. fm. — *ex*, dehors, et de *sacra* (latin), action d'*ôter* ce qu'il y a de *sacré*. Horreur qu'on a pour ce qui est exécrable.

EXÉCUTION, subs. fm. Action de faire *sortir* l'effet de la cause dont il s'agit.

EXEMPLE, subs. ms.— *ex*, et *emere*, acheter, prendre. Chose mise en avant pour faire mieux *sortir* les qualités ou la fausseté des choses ou de la chose dont on s'occupe. Ce qui peut servir de modèle et peut être imité.

EXEMPTER, v. a. Racine *ex*, hors, dehors, et *emere*, tirer, prendre; c'est littéralement *tirer dehors*. Nul n'est *exempt* de la mort.

EXERGUE, subs. ms. — *ex*, hors, et du grec *ergos*, œuvre; ouvrage *hors d'œuvre*. Espace ménagé *hors* de l'ouvrage, *hors* du type, au bas d'une médaille.

EXHUMER, v. a. — *ex*, extraction, et de *humer*, — *humus*, terrain. Faire *sortir* un corps de la *terre*, le *déterrer*.

EX - JÉSUITE, EX - PROFESSEUR, EX - OFFICIER, etc. Qui sont *sortis* du rang de *jésuite*, de *professeur*, etc.

EXODE, subs. fm. — *ex*, dehors, et *odo*, tiré de *hodos* (grec), chemin. Histoire de la *sortie* d'Egypte. Nom du second livre du Pentateuque.

EXOPHTHALMIE, subs. fm.— *ex*, dehors, et *ophthalmos*, œil. *Sortie* de l'œil *hors* de son orbite.

EXORCISER, v. a. Faire *sortir* les *démons*. Conjurer, se servir des paroles de l'Eglise pour *chasser* les démons. Ce terme et ses dérivés sont formés du grec *exorkirô*, je conjure.

EXOTIQUE, adj. des 2 g. — *exo* (grec), dehors. Hors *du pays*, étranger, qui n'est pas naturel du pays. Il se dit aussi des plantes.

EXPECTORER, v. a. — *ex*, et *pectus*, poitrine. Faire *sortir*, expulser par les crachats, les humeurs grossières et visqueuses attachées aux parois des bronches et des vésicules pulmonaires. Bannir de son esprit, chasser de son cœur, oublier, etc.

EXPÉDIER, v. a.—*ex*, dehors, et de *pied*,(du grec *pous*); mettre les *pieds dehors*. Faire *sortir* d'un endroit pour aller dans un autre. Envoyer, faire partir. Tous les dérivés ont la même origine.

EXPÉDITION, subs. fm. Action de faire *sortir*, d'envoyer au loin, Entreprise militaire ou hostile. Envoi et livraison de marchandises.

EXPÉRIENCE, subs. fm. — *ex*, dehors, et du grec *peira*, épreuve. Epreuve, essai au moyen desquels on a pu faire *sortir* les diverses propriétés des choses et en acquérir ainsi la connaissance par l'usage.

EXPERT, subs. et adj. — *ex*, qui marque extraction, discernement, et du grec *peira*, épreuves; c'est-à-dire fort versé, fort expérimenté dans un art par la pratique.

EXPLÉTIF, IVE, adj. Ce terme de *grammaire*, quoique formé du latin *expletivus*, tiré de *explere*, remplir, sert à désigner des mots qui, peu nécessaires au sens de la phrase, peuvent en être *supprimés*, *ôtés*, *retranchés*, etc. Exemples: Donnez-*moi* cet enfant, je *vous* le traiterai bien. On pourrait dire aussi correctement, dans le même sens: *Donnez cet enfant, je le traiterai bien. Moi* et *vous* sont inutiles dans cette phrase et sont des mots *explétifs*. On doit éviter ces sortes d'expressions qui renferment des termes qui ne sont pas absolument nécessaires au sens. Dans l'analyse des mots, il se trouve aussi des lettres ou même des syllabes *explétives*, c'est-à-dire qui ne présentent aucune idée dans la composition, comme dans *cystiotôme* (au lieu de *cystitôme*), o est *explétif*, car la composition est représentée dans l'analyse comme il suit : *cysti*, formé de *kustis*, vessie, et *tome*, formé de *tômé*, incision. En effet, on doit remarquer que l'o disparaît dans l'analyse.

EXPRIMER, v. a. Oter, tirer le suc d'une chose en la *pressant*. C'est aussi *représenter* la pensée, le sentiment, les passions, c'est-à-dire les faire *sortir* par le secours des mots, de certains tours de phrase. Racine *ex*, extractive, et *primer*, tiré du latin *premere*, presser. Tous les dérivés ont la même origine.

EXPROPRIER, v. a. — *ex*, dehors, et *propriété*. Priver quelqu'un d'une *propriété* immobilière.

EXTERNE, adj. des 2 g. Qui est, qui paraît au *dehors*, ou qui vient du *dehors*. Dans les lycées, les institutions, etc., ce terme désigne les élèves qui n'y sont pas en pension et qui viennent de *dehors* assister aux cours. Ce mot paraît formé de *ex*, dehors, et de *terne*, trois, plusieurs, réunion.

EXTRINSÈQUE, adj. des 2 g. Racine *extra*, dehors. Qui vient de *dehors*. *Valeur extrinsèque*, valeur que la loi attribue aux monnaies, indépendamment du poids. (Voir *intrinsèque*.)

En.

RACINE ORIGINELLE.	RACINE FRANÇAISE :	VRAI SENS:
Préposition latine, *in*.	*en*.	*dans*.

Cette particule initiale apporte au mot qu'elle sert à former l'idée d'*intériorité*, c'est-à-dire que cet élément, tiré de la préposition latine *in* (dans), sert à marquer soit au propre, soit au figuré, la relation d'une chose avec le *dedans*, l'*intérieur*, le *milieu* d'une autre*. Les formes ou variétés sont *em*, avant *b*, *m*, *p*, et *a* au commencement de quelques mots, tels que *abonner*, *abêtir*, etc. (Voir pour cette dernière forme ou variété *a* augmentatif, qui signifie *dans*.)

⸺

EN

ENCADRER, v. a. Racine *en*, dans, et *cadre*, mettre *dans* un *cadre*.

ENCAISSER, v. a. Racine *en*, dans, et *caisse*. Mettre *dans* des *caisses*. *Encaissé, ée*, adj., se dit d'un fleuve, d'une rivière dont les bords sont escarpés.

ENCANAILLER, v. a. Mêler *avec* la *canaille*. *S'encanailler*, v. pron. Se mettre *dans* la *canaille*.

ENCAPER, v. n. Racine *en*, dans, et *cap*. Entrer *dans* un *cap*. Marine.

ENCASTELURE, subs. fm. Douleur *dans* le pied de devant d'un cheval, causée par l'étrécissement de la corne des quartiers.

ENCASTRER, v. a. *Enchâsser dans*. Joindre une chose *à* une autre par le moyen d'une entaille. On *encastre* une pierre *dans* une autre, un crampon *dans* deux pierres pour les joindre, etc.; c'est-à-dire on *enchâsse* dans.

ENCENSOIR, subs. ms. Espèce de cassolette suspendue à de petites chaînes, *dans* laquelle on brûle une espèce de résine aromatique (de l'*encens*).

ENCÉPHALE, adj. des 2 g. — *en*, dans, et de *céphale* (du grec *kèphalé*) tête. Vers qui s'engendrent *dans* la *tête*. Employé comme substantif, il représente l'organe qui est contenu *dans* la cavité du crâne et *dans* le canal vertébral.

ENCHAINER, v. a. Mettre *dans* des *chaînes*. Retenir, contenir à l'*intérieur*. Captiver.

ENCHANTER, v. a. Racine *en*, dans, et *chant*. Causer à l'*intérieur* un vif plaisir, causer une grande admiration. Charmer, ensorceler par des sons, par des paroles, par des figures prétendues magiques.

ENCHASSER, v. a. Mettre, faire entrer quelque chose *dans* du bois, dans de la pierre. On dit aussi *enchâsser*, en parlant de ce qu'on fait entrer *dans* un ouvrage d'esprit.

ENCHEVÊTRER, v. a. Racine *en*, dans, et *chevêtre* (pièce de bois et quelquefois espèce de *bandage*). Mettre un *chevêtre*, un licou. Pron., ce terme se dit en parlant d'un cheval qui engage le pied *dans* la longe de son licou. S'engager *dans* un raisonnement, etc., dont on a de la peine à se retirer.

---

* *Ennemi*, subs. ms., est le seul mot qui marque l'idée opposée.

Dans ce mot, l'élément initial vient de l'*in* négative des Latins qui signifie *privation*.

ENCHYMOSE (enky), subs. fm. Effusion soudaine du *sang dans* les vaisseaux cutanés, comme il arrive dans la joie, la colère, etc.

ENCLAVER, v. a. Enfermer, enclore un chose *dans* une autre.

ENCLOS, subs. ms. Racine *en, dans*, et *clos, dans* un *clos*. Espace compris *dans* une enceinte de maisons, de murailles, etc.

ENCHIFRENEMENT, subs. ms. Embarras *dans* le nez, causé ordinairement par un rhume de *cerveau*.

ENCOCHER, v. a. Mettre la corde d'un arc *dans* la *coche* d'une flèche.

ENCOURAGER, v. a. *Donner* du *courage*, inspirer du courage, et même l'inciter *dans* l'âme, au point de déterminer quelqu'un à entreprendre quelque chose de grand, de hardi, etc.

ENCEINDRE, v. a. Racine *en* et *ceindre*. Environner, entourer, enfermer. *Enceindre* une ville de murailles.

ENCYCLOPÉDIE, subs. fm. — *en*, dans, de *kuclos*, cercle, et de *paidéia* (grec), science. *Enchaînement* de toutes les *sciences*. On désigne, par ce terme, un ouvrage dans lequel se trouvent traitées beaucoup de *sciences*, etc., quelque soit, d'ailleurs, le titre qu'il porte.

ENFLER. v. n. — *en*, dans, et de *fler* (du latin *flare*), souffler. Remplir l'*intérieur* de vent ou de quelque autre chose qui fait prendre une plus grande extension. V. n. *Augmenter* les eaux d'une rivière. La rivière *enfle* tous les jours, elle augmente.

ENFOUIR, v. a. Il est formé de *en, dans*, et *fouir*, creuser. Cacher *en* terre. Cacher une chose *dans* un lieu où il n'est pas facile de la découvrir. V. pron. L'animal alla s'*enfouir* dans son terrier, alla se cacher *dans*.

ENGOUFFRER (s'), v. pron. *Entrer* avec violence *dans* quelque endroit. Il se dit : 1o des rivières ou des ravines d'eau, lorsqu'elles tombent ou se perdent *dans* quelque ouverture de la terre ; 2o des tourbillons de vent, lorsqu'ils entrent avec violence *dans* quelque lieu étroit. Racine *en*, et *gouffre*.

ENGRANGER, v. a. Racine *en*, et *grange*. Serrer des grains *dans* une *grange*.

ENGAGER, v. a. Racine *en, dans*, et *gage*. Faire qu'une chose soit prise *dans* une autre. Mettre *en gage*, donner *en gage*. Lier par quelque obligation.

ENGRAVER, v. a. Engager un petit bâtiment de mer ou de rivière *dans* le *sable, dans* un bas-fond, de sorte qu'il ne flotte plus. Racine *en*, et *graver*.

ENGRENAGE, subs. ms. Racine *en* et *grenage*. Disposition de plusieurs roues dont les dents entrent les unes dans les autres.

ENIVRER, v. a. Porter l'*ivresse dans*.

ENLACER, v. a. *Lacer* l'un *dans* l'autre.

ENORGUEILLIR, v. a. Porter l'*orgueil dans*.

ENREGISTRER, v. a. Racine *en, dans*, et *registre*. Mettre, écrire quelque chose *sur* un registre. Transcrire, ou simplement mentionner un acte, un écrit *dans* des registres publics.

ENNOBLIR, v. a. Donner *de* la *noblesse*, *du* lustre, *de* la dignité, etc. Il s'applique aux personnes et aux choses. (Voir *anoblir*.)

ENSACHER, v. a. Racine *en* et *sac*. Mettre *dans* un *sac*.

ENSEMENCER, v. a. Racine *en* et *semence*. Jeter de la *semence dans* une terre.

ENSEVELIR, v. a. — *en*, dans, et du latin *sepelire*. C'est envelopper un corps mort *dans* un drap, *dans* un linceul. On dit, au figuré, s'*ensevelir dans* la retraite, être *enseveli dans* le sommeil, pour dire que l'on est enveloppé *dans*,... etc.

ENTERRER, v. a. Racine *en*, dans, et *terre*. Mettre *dans* la *terre*.

ENTHOUSIASME, subs. ms. Formé de plusieurs mots grecs contractés comme suit : *en*, dans, et *théos*, Dieu. Ce mot signifie, dans son sens primitif et naturel : *qui a Dieu en soi; divin*. Emotion extraordinaire de l'*âme* qu'on suppose être l'effet d'une inspiration. On exprime, par ce terme, tout mouvement *intérieur* et extraordinaire de l'*âme* qui excite à des actes de courage, de dévouement, d'humanité, de patriotisme, de reconnaissance, de bravoure, de valeur, etc. Démonstration d'une grande joie : Un noble et respectueux *enthousiasme* a fait lever la France entière comme un seul homme, pour saluer le retour de l'Aigle impérial et le rétablissement de l'Empire. C'est-à-dire une émotion extraordinaire de l'*âme*, noble, dévouée, respectueuse, etc.

ENTHYMÈME, subs. ms. Formé de *en*, dans, et du grec *thumos*, qui veut dire *esprit*. Ce mot, au sens primitif et naturel, signifie *parfait* dans l'*esprit*, quoique *imparfait* dans l'*expression*. Exemple : *Je pense, donc j'existe*. Forme de raisonnement dans laquelle on réduit le syllogisme à deux propositions dont la première est appelée *antécédent* et la seconde *conséquent*.

ENTIER, IÈRE, adj. Complet, qui à toutes ses parties, ou que l'on considère *dans* toute son étendue.

ENTRAINER, v. a. Racine *en*, dans, et *trainer*. *Trainer dans*.

ENTONNER, v. a. Racine *en*, dans, et *ton*. Mettre *dans* le *ton*. C'est aussi mettre une liqueur *dans* un *tonneau*.

ENVIE, subs. fm. Formé du latin *invidia*, chagrin. Chagrin qu'on ressent *intérieurement* du bonheur, du succès, des avantages d'autrui. Besoin que l'on a le désir de satisfaire, ou disposition à quelque chose. Un homme qui n'a point de fortune est *envieux* de la prospérité d'autrui.

ENVOI. subs. ms. Racine *en*, dans, et *voie*, chemin. Action de mettre *dans* le chemin pour faire parvenir, c'est aussi le résultat de cette action. Chose *adressée à quelqu'un*, *qui est envoyée*, etc.

ENVOYER (verbe). *Ind.* J'envoie, es, e, ons, ez, ent. *Imp.* J'envoyais, ais. ait, ions, iez, aient. *P. déf.* J'envoyai, as, a, âmes, âtes, èrent. *Fut.* J'enverrai, as, a, ons, ez, ont. *Cond.* J'enverrais, ais, ait, ions. iez, ent. *Impér.* Envoie (envoies-y), ons, ez. *Subj.* que j'envoie, es, e, ions, iez, ent. *Imp. subj.* que j'envoyasse, asses, ât, assions, assiez, assent. *P.* envoyant, é, ée.

Les verbes dont le participe présent se termine par *yant*, prennent un *i* après *y* aux deux premières personnes du pluriel de l'imparfait de l'indicatif et du présent du subjonctif. Nous ployions, vous payiez, etc. Dans les mêmes verbes, on remplace l'*y* par l'*i* devant un *e* muet, excepté rayer, rayant, je rayerai, s'asseyant, je m'asseyerai, ils s'asseyent. On orthographie cependant que j'aie du participe *ayant*. Des auteurs écrivent paye, payement.

Il faut ainsi conjuguer tous les verbes terminés à l'infinitif par *ayer*, *oyer*, *uyer*, comme noyer, ployer, balayer, bégayer, ennuyer, essuyer, tutoyer, délayer, rudoyer, etc. Excepté le futur et le conditionnel qui sont formés irrégulièrement dans *envoyer* et *renvoyer*.

EM

EMBALLER, v. a. Mettre *dans* une *balle*, empaqueter.

EMBARCADÈRE, subs. ms. — de *em*, dans, et de *barque*. Espèce de cale, de jetée qui, du rivage s'avance *dans* la mer ; lieu propre à *s'embarquer*. Les Espagnols disent, dans le même sens, *embarcadero*.

EMBARGO, subs. ms. Ce mot, formé de l'espagnol, signifie *séquestre*, *séquestrer* par autorité de justice. Défense faite aux navires marchands qui sont *dans* un port ou sur une rade d'en sortir sans permission.

EMBARQUER, v. a. Mettre *dans* une *barque*, *dans* un navire. Pron. Entrer *dans* un vaisseau, etc., pour faire route. Engager à quelque chose ou *dans* quelque affaire.

EMBARRAS, subs. ms. Racine *em*, dans, et *barre* (selon Ménage, état d'un homme qui est comme enfermé *dans* des *barres* ou *barrières*). Obstacle qu'on rencontre *dans* un chemin, *dans*

un passage. On appelle ainsi un commencement d'obstruction *dans* l'estomac ou *dans* les intestins.

EMBASE, subs. fm. Racine *em*, dans, et *base*. Assiette, siége, etc. *Menuiserie*. Ressort qui se trouve à quelques enclumes. *Serrurerie*.

EMBAUCHER, v. a. — *em*, dans, et de *bauge*, boutique, demeure. Vieux français. Engager un jeune garçon pour un métier *dans* une *boutique* ; faire entrer, admettre un ouvrier *dans* un atelier.

EMBAUMER, v. a. Mettre du *baume dans*. parfumer ; *remplir* un cadavre de substances balsamiques pour empêcher qu'il ne se corrompe. Racine *em*, dans, et *baume*.

EMBÉGUINER, v. a. Racine *em*, dans, et *béguin*. Envelopper la tête d'un linge en forme de *béguin*. Ce mot du style plaisant, s'emploie, au figuré, pour signifier *mettre* quelque chose *dans* l'esprit de quelqu'un.

EMBELLIR, v. a. Racine *em*, dans, et *bel* (pour *beau*), c'est porter le beau, la *beauté dans* quelque chose, etc., parer, orner, rendre plus *beau*. Les campagnes *s'embellissaient* des premiers rayons du soleil. Les monuments *embellissent* une ville, c'est-à-dire *parent*, ornent une ville.

EMBOITER, v. a. Enchâsser une chose *dans* une autre.

EMBOUCHER, v. a. Mettre *dans* la bouche. Ce terme se dit d'une rivière qui se jette *dans* une autre, ou qui se décharge *dans* la mer. Dans ce dernier cas, il est pron.

EMMÉNAGEMENT, subs. ms. Racine *em* dans, et *ménage*. Action de ranger des *meubles dans* une maison, un appartement où l'on va loger.

EMMENER, v. a. *Mener dans*. Mener quelqu'un avec soi du lieu où il est *en* quelque autre.

Dans cette circonstance et quelques autres semblables, mais peu nombreuses, *em* ou *en* vient du latin *inde* (de là), et ajoute au mot qu'il sert à former l'*idée de point de départ* [*]. Mais il faut être convaincu qu'il existe fort peu d'initiales rappelées à cette étymologie. On peut les considérer comme quelques exceptions : *Emporter*, *s'ensuivre*, etc. C'est-à-dire ôter d'un lieu, de là, il *suit de là*.

EMMIELLER, v. a. Mettre du miel *dans* une liqueur. Enduire de miel.

EMPAUMER, v. a. Racine *em*, dans, et *paume*. Recevoir une balle, un éteuf en plein, *dans* le milieu de la *paume* de la main, de la raquette, etc.

EMPHASE, subs. fm. Racine *em*, dans, et

_____

[*] Cela n'empêche pas l'idée d'intériorité d'exister.

phase, — de *phainô*, je brille. Pompe affectée *dans* le discours ou dans la prononciation.

EMPEREUR, subs. ms. Souverain, chef suprême d'un ou de plusieurs pays, *dans* l'auguste autorité et *dans* la sagesse duquel sont confiés l'ascendant, le commandement, la souveraine puissance, le pouvoir absolu de gouverner. Chef de rois, monarque, souverain d'un empire.

EMPESER. v. a. — *em*, dans, et de *peser*, tiré de *pissa* (grec), poix. C'est-à-dire apprêter le linge avec de l'*empois*. Au figuré il se dit des personnes qui ont une attitude raide, un air composé.

EMPHYSÈME, subs. ms. — *em*, dans, et *phusaô*, je souffle. Thuméfaction causée par l'*introduction* de l'air *dans* le tissu cellulaire.

EMPHYTÉOSE, subs. fm. Ce mot, formé de *em*, dans, et *phuteuô* (grec), je plante, signifie *j'ente, je plante dans*. Bail à longues années, qui peut durer jusqu'à 99 ans, à charge d'une survivance annuelle. Ces contrats n'avaient lieu, dans l'origine, que pour des terres à défricher, et susceptibles d'amélioration; c'est de là que vient cette signification de *planter*, *enter*, et ensuite l'idée de long terme, même à perpétuité, afin de permettre au preneur de tirer le produit dont ses améliorations étaient susceptibles. Les dérivés ont la même origine, et présentent à l'esprit la même idée.

EMPRISONNER, v. a. Mettre *dans* une prison.

ORTHOGRAPHE ABSOLUE

Des 4,000 mots* dont l'articulation initiale est EN, EM, AM ou AN.

EM ou EN	AM ou AN	EM ou EN		AM ou AN	
Cette initiale prend un *e*, au commencement des mots qui sont *verbes* ou qui peuvent être convertis en verbes.	Cette initiale prend un *a* au commencement des mots qui ne sont pas *verbes* et qui ne peuvent être convertis en verbes.	Enchanter,	*verbe.*	Andanté, n'est pas *v*. ni *dér.*	
		Enchantement,	*dérivé.*	Andouillette,	*id.*
		Enchérir,	*verbe.*	Androgyne,	*id.*
		Enchérissement,	*dérivé.*	Andromède,	*id.*
		Encourager,	*verbe.*	Anfractueux,	*id.*
—	—	Encouragement,	*dérivé.*	Ange,	*id.*
		Endurcir,	*verbe.*	Angiographie,	*id.*
EXEMPLES :	EXEMPLES :	Endurcissement,	*dérivé.*	Angiologie,	*id.*
		Engager,	*verbe.*	Angiosperme,	*id.*
Embarquer,	*verbe.*	Engagement,	*dérivé.*	Angle,	*id.*
Embarcation,	*dérivé.*	Ambage, n'est pas *verbe* ni *dérivé.*	Engraisser,	*verbe.*	Anguillade,	*id.*
Embellir,	*verbe.*	Engrais,	*dérivé.*	Antagoniste,	*id.*
Embellissement,	*dérivé.*	Ambassadeur, *id.*	Enlacer,	*verbe.*	Antéchrist,	*id.*
Emblaver,	*verbe*	Ambidextre, *id.*	Enlacement.	*dérivé.*	Antérieur,	*id.*
Emblavure,	*dérivé.*	Ambigu, *id.*	Entendre,	*verbe.*	Anthologie,	*id.*
Empiétement,	*id.*	Ambroisie, *id.*	Entendement,	*dérivé.*	Antichrétien,	*id.*
Empiéter,	*verbe.*	Ambulance, *id.*	Enter,	*verbe.*	Antonomase,	*id.*
Emploi,	*dérivé.*	Ambulatoire, *id.*	Enregistrer,	*id.*	Antre,	*id.*
Employer,	*verbe.*	Amphibie, *id.*	Enregistrement,	*dérivé.*	Anxiété,	*id.*
Emprunter,	*verbe.*	Amphibologie, *id.*	Envelopper,	*verbe*	Antipode,	*id.*
Emprunt,	*dérivé.*	Amphigouri**, *id.*	Enveloppe,	*dérivé.*	Antithèse,	*id.*
Encenser,	*verbe.*	Ampoule, *id.*	etc., etc.		Antimoine,	*id.*
Encensoir,	*dérivé.*	Ancêtre, *id.*			etc., etc.	
	Ancien, *id.*				

* Dans ce chiffre sont compris leurs *composés* et *surcomposés*, étant soumis aux mêmes lois orthographiques.

** Voir la racine originelle *amphi* et *ampho*, qui est l'orthographe certaine de ces éléments. Inutile d'en donner ici d'autres exemples.

EM ou EN	AM ou AN	AM ou AN	AM ou AN
En effet, on peut con-juguer tous ces mots et dire :	En effet, ces mots ne peuvent être verbes, car on ne peut pas dire :	Les voici :	On écrit : on prononce :
J'embarque,	Il ambages.	et non *en*.	Amnistier, *a-mnistier.*
Tu embellis,	Tu *ambulances.*	*Ambitionner*, prend *a* quoi-que *verbe.*	Anneler, *a-nneler.*
Il emprunte,	Nous *ambroisons,*	*Ambler*, *id.*	Annexer, *a-nnexer.*
Nous employons,	Vous *angez*,	*Ambrer*, *id.*	Annihiler, *a-nnihiler.*
Vous empiétez,	Il *ambassade,*	*Ancrer*, *id.*	Annoncer, *annoncer.*
Ils encensent.	Nous *ambassadons,*	*Anglaiser,* *id.*	Annoter, *a-nnoter.*
Nous encourageons, etc., etc.	Nous *antagonisons.* etc., etc.	*Amplifier,* *id.*	Annuler, *a-nnuler.*
		Amputer*, *id.*	Cinquante – huit mots composés de la préposition *en*, et cent-quarante mots formés de la préposition *entre*, ont l'initiale *en* ortho-graphiée par *en* (avec *e*).
		Anticiper, *id.*	
		Antidater, *id.*	
Neuf mots sont exceptés selon le Dictionnaire de l'Académie, qui nous a servi d'autorité à cet égard.	Les *sept mots* qui vont suivre et dont la pronon-ciation empêche toute équi-voque, ont pour initiale *an*,	On peut y ajouter *hanter* (par *h*), qui signifie fré-quenter.	

—◦◦◦—

PANORAMA

Des 52 mots qui, sans être verbes ni dérivés de verbes, ont l'initiale EN orthographiée par E, parce qu'ils sont (ainsi que leurs dérivés), formés, comme les verbes, de la préposition EN qui leur apporte l'idée d'intériorité, et signifie *dans*.

LES VOICI :

Embase.	Empirique.	Encore.	Ensuite.
Embargo.	Emplette.	Encre (d'encrier).	Ennéandrie.
d'Emblée, adv.	Empois.	Encyclique (circulaire).	Enthymème.
Emblème, ms.	Empyème.	Encyclopédie.	Entier.
Embonpoint.	Empyreume.	Endive.	Entité.
Embryon.	Encan.	Endémique.	Entomologie.
Empan.	Encaustique.	Endroit.	Entorse.
Empeigne.	Encéphale.	Enfer.	Envers, subs. ms. et
Empereur	Enchimose (enki).	Engelure.	Envers, prép.
Emphase, fm.	Enclin.	Engin.	A cette nomenclature on
Emphatique.	Enclitique (fm.), réunion.	Enharmonique.	pourrait ajouter les 140 mots
Emphytéose.	Enclume.	Enjeu.	formés de *entre*, prép. qui
Emphytiatique.	Encoignure.	Enkysté.	signifie *au milieu, dans*,
Empire.	Encolure.	Ennéagone.	etc. *Entre-côté, entr'acte,*
Empirée, ms.	A l'encontre.	Ensemble.	*entre-mets, entre-ligne, etc.*

---

* Nous avons déjà donné l'origine de *ambô*, formé de *ambo*, deux, plusieurs côtés ; *amputer* en est une variété enphonique qui s'analyse comme il suit : *amp*, pour *ambo*, plusieurs côtés, et *putare*, couper ; c'est couper de plusieurs côtés.

Entre.

RACINE ORIGINELLE :	RACINE FRANÇAISE:	VRAI SENS :
du latin, *inter*	*entre*.	*Dans, en, parmi,*
		réciprocité, milieu.

Cette initiale entre dans la composition de 140 mots pour marquer l'idée de *réciprocité* ou désigner l'espace qui va d'un point à l'autre et qui est le *milieu* ou à peu près le *milieu*. La voyelle *e* s'élide à la fin de ce mot lorsqu'il est suivi d'une voyelle.

ENTRE

ENTR'ACCORDER (S'), v. récipr. S'*accorder réciproquement.*

ENTR'ACCUSER (S'), v. récipr. S'*accuser réciproquement.*

ENTR'ACTE, subs. ms. *Intervalle, espace,* qui, dans la représentation d'une pièce de théâtre, sépare un *acte* d'un autre, vers le *milieu* ou à peu près.

ENTR'AIDER (S'), v. récipr. S'*aider mutuellement.*

ENTRE-BAISER (S'), v. récipr. *Se baiser réciproquement.*

ENTRE-COLONNE ou **ENTRE-COLONNEMENT**, subs. ms. *Espace* qui est, qui doit être *au milieu,* ou *à peu près entre deux colonnes.*

ENTRE-DÉVORER (S'), v. récipr. *Se dévorer mutuellement.*

ENTREMÊLER, v. a. *Mêler parmi.* Insérer plusieurs choses *parmi* d'autres.

ENTREMETS, subs. ms. Racine *entre* et *mets.* Ce qui se sert sur la table *entre* (au milieu) les services, et particulièrement après le rôti et avant le dessert.

ENTRAIT, subs. ms. Pièce principale ou poutre qui porte, *dans* une ferme de comble, les arbalétriers et le poinçon.

ENTRECHAT, subs. ms. Ce mot est formé de l'italien *entrecciato,* entrelacé, sous-entendu *salto,* saut; c'est-à-dire *saut entrelacé, croisé.* Saut léger et brillant, pendant lequel les deux pieds du danseur se croisent rapidement, pour retomber à la première position. *Terme de danse.*

ENTRAVES, subs. fm. pl. Selon Ménage, ce mot a pour racine *in* (latin), en, dans, et *trabes,* qui signifie proprement *poutre,* et qui, dans ce cas, est pris pour *bâton;* c'est-à-dire *bâton* mis *dans,* ou plutôt *entre* les jambes. Il s'emploie pour désigner ce qui sert à lier les jambes d'un cheval. Au figuré, obstacles, empêchements.

ENTRECOUPER, v. a. Interrompre *en* divers endroits, par divers endroits. Racine *entre,* et *couper.* Couper *en* plusieurs.

ENTRE-METTRE (S'), v. pron. *Se mettre entre, au milieu.* S'employer pour la réussite d'une chose qui intéresse *réciproquement* une ou plusieurs personnes.

ENTREPOSER, v. a. Déposer des marchandises *dans* un magasin dit *entrepôt.*

ENTREPOT, subs. ms. Lieu où l'on met les marchandises *en dépôt.*

ENTREFAÎTES, subs. fm. Il s'emploie adverbialement. Sur ces *entrefaites,* pendant cet *espace-là.*

ENTRE-TEMPS, subs. ms. *Intervalle, espace* de temps qui s'écoule *entre* deux actions, *au milieu* ou *à peu près.*

ENTRETENIR, v. a. Arrêter, et tenir ensemble les diverses parties d'un tout. V. pron. Se tenir, s'assujettir réciproquement.

ENTREVOUS. Intervalle, espace d'une solive à l'autre dans un plancher.

ENTR'OUVRIR, v. a. Ouvrir à moitié. Ouvrir un peu.

Épi

RACINE ORIGINELLE :	RACINE FRANÇAISE :	VRAI SENS :
Préposition grecque, épi.	épi.	dans, sur.

Cette initiale, élément créateur, apporte au mot qu'elle sert à former une idée de position supérieure et signifie sur, ou dans, parmi. Il prend la forme de éphi, de éphé, de épho, dans quelques mots.

ÉPI

ÉPI, subs. ms. Sommet, partie supérieure. Partie du blé, du froment et de plusieurs autres plantes graminées qui est placée au sommet de la tige et formée par la réunion des graines. Académie.

ÉPICHÉRÈME, subs. ms. Syllogisme dans lequel chacune des prémisses est accompagnée de sa preuve. Ce mot vient de épi, sur ou dans, et chéir, main. C'est-à-dire sur ou dans la main (ou sous la main). Logique. (Voir le mot prémisse.)

ÉPICRANE, subs. ms. Sur le crâne. Ce qui environne le crâne.

ÉPICRISE, subs. fm. — épi, sur, et krinô, je juge. Jugement sur. En médecine c'est un jugement que l'on peut porter sur les causes et la marche des maladies.

ÉPIDÉMIE, subs. fm. — épi, dans, parmi, et démie, tiré de démos, peuple. Maladie sur, dans et parmi le peuple, la multitude.

ÉPIDERME, subs. ms. — épi, sur, et derma (grec), peau. Sur peau. La première peau de l'homme ou de l'animal et la plus mince. Académie. Des auteurs définissent ce terme de cette manière : La partie supérieure de la peau.

ÉPIER, v. a. — du scythe spu, œil, en espagnol espiar, en flamand spien, Avoir l'œil sur. Prendre un ascendant sur quelqu'un, observer adroitement et secrètement ses actions, ses discours. V. n. Employé comme neutre, il sert à marquer l'idée de supériorité et signifie monter en épi.

ÉPIGASTRE, subs. ms. Racine épi, sur, et gastre, — gaster, ventre. La partie moyenne et supérieure du bas-ventre.

ÉPIGRAMME, subs. fm. — épi, sur, et gramme, de gramma, lettre. Inscription sur. Pensée fine et satirique dirigée sur quelqu'un. Petite pièce de vers dont le mérite est dans la dernière pensée, qu'on appelle la pointe, et qui doit être vive, nette et juste.

ÉPIGRAPHE, subs. fm. — épi, sur, et graphé, de graphô, j'écris. Inscription qu'on met sur un bâtiment. Courte sentence ou courte citation qu'on met en tête d'un livre, à la partie supérieure d'un chapitre, etc.

ÉPILEPSIE, subs. fm.—*épi*, sur, et *lambanô*, je saisis. Maladie qui *survient*, qui *saisit* à l'improviste, appelée vulgairement le *haut* mal. *Médecine*.

ÉPILOGUE, subs. ms. — *épi*, sur, et *logos*, discours. Conclusion *sur* l'œuvre qu'on veut critiquer ; *censure ; conclusion sur* un poëme, *sur* un *discours*.

ÉPIPHANIE, subs. fm. Racine *épi*, sur, et *phainô*, je parais, je brille, ou mieux, je me *montre au-dessus*. C'est-à-dire manifestation. L'Académie définit ainsi ce terme : Fête de la *manifestation de Jésus-Christ* aux Gentils, et particulièrement de l'Adoration des Rois. L'Académie, dans sa définition, ne laisse rien à désirer, et je ne dois que tâcher de justifier, après cela, le principe de l'élément créateur *épi*. Voici le résultat de mon appréciation de cette définition aussi concise que lucide et judicieuse : L'Eglise, regardant les Mages comme les *prémices* des Gentils qui ont été convertis à la foi, célèbre particulièrement, par l'*Epiphanie* (mot qui veut dire *manifestation*, ou mieux, action de faire connaître une *supériorité*), l'adoration que les Mages ont rendue à *Jésus-Christ* enfant. Par l'adoration des Rois, on entend , sans doute, l'action par laquelle les rois de la terre sont venus reconnaître la *suprématie de Notre-Seigneur Jésus - Christ* , du Maître de l'Univers , et rendre, par conséquent, au Roi des rois, à la Divinité, le culte qui lui est dû *.

ÉPISCOPAT, subs. ms.— *épi*, sur, et *skopéô*, je vois. *Dignité* d'évêque qui lui donne la surintendance d'un diocèse.

ÉPISODE, subs. ms.—*épi*, sur, dessus, et *odos*, chemin. Action ou événement qui *survient* et se lie à l'action principale dans un poëme, dans un roman.

ÉPISCOPAL, adj. — *épi*, sur, et de *copal*, ou *copat*, tiré du grec *skopéô*, je vois ; qui appartient à l'évêque.

ÉPISTAXIS, subs. fm.— *épi*, sur, et de *stazô*, je coule goutte à goutte. Hémorrhagie nasale.

ÉPITAPHE , subs. fm. — *épi*, sur, *taphe* (de *taphos*),tombeau.Inscription que l'on met *sur* les *tombeaux*.

ÉPITHALAME , subs. ms.—*épi*, sur, et de *thalame*, tiré de *thalamos* (grec), lit nuptial. Ce mot désigne un petit poëme où l'on célèbre le mariage de quelqu'un, chant nuptial inventé chez les Grecs par Stésicore, et renouvelé chez les Latins par Catulle.

ÉPITHÈTE, subs. fm.—*épi*, sur, et *thémi*, j'applique. Mettre *sur*, dessus. Adjectif placé *sur* un nom pour lui communiquer de la force ou de la grâce.

* En mythologie, ce terme employé au pluriel représentait les sacrifices et les fêtes que l'on célébrait autrefois en mémoire de l'apparition des dieux sur la terre. Il s'agissait également de fêter une supériorité ou des supériorités,

EPITROPE, subs. ms.—*épi*, sur, *trépô* (grec), je permets. Figure de rhétorique qui consiste à annoncer ce qu'on peut nier pour obtenir ce qu'on demande.

ÉPITRE, subs. fm. — *épi*, sur, *stellô*, j'envoie. Lettre missive. Il se dit des lettres en vers, des lettres des anciens.

EPIZOOTIE, subs. fm.—*épi*, sur, *zoôn* (grec), animal. On désigne par ce terme toute maladie qui règne *sur* les *animaux*. Maladie contagieuse des bestiaux.

EPH

ÉPHÈBE, subs. ms. — *éphê* (*épi*), dans, et de *hébé*, jeunesse. Jeune homme de 14 ans.

ÉPHÉMÈRE, adj. des 2 g. — *éphê* (*épi*), dans, et de *héméra*, jour. Qui ne dure *qu'un jour*. Joie, bonheur, fleur, fièvre, insecte, etc., de peu de durée. Tous les dérivés ont la même origine.

ÉPHÉNIES, subs. fm. plur. — *éphê* (*épi*), sur, et *hélios* (grec), soleil. C'est-à-dire taches *sur* la peau causées par le *soleil*.

ÉPHÉMÉRIDES, subs. fm. plur. — *éphê* (pour *épi*), dans, et de *héméra*, jour. Tables astronomiques qui déterminent, pour chaque *jour*, le lieu de chaque planète *dans* le zodiaque.

ÉPHI, subs. ms. Mot primitif. Sorte de mesure de grain chez les Hébreux.

ÉPHIDROSE, subs. fm. — *éphi* (*épi*), et de *hidrôs*, sueur. Sueur abondante suivie d'épuisement.

ÉPHODE, subs. ms. — *épho* (hébreu), dont on a fait *épi*, sur, et de *odos*, chemin. Passage qui sert de sortie aux excréments. *Médecine*.

ÉPHORE, subs. ms. — *épho* (hébreu), d'où l'on a fait *épi*, sur, et de *haraô*, je vois. Magistrats lacédémoniens.

ÉQUI

ÉGAL.

Cet élément, formé du latin *œquus*, qui signifie *égal*, entre dans la composition de quelques mots où il conserve le sens de sa racine originelle. Il prend la forme de *équa* dans quelques mots.

ÉQUANIMITÉ, subs. fm. — *équa* (*œquus*), égal, et de *anima*, âme. C'est-à-dire droiture, impartialité.

ÉQUATEUR , subs. ms. Grand cercle qui divise la sphère en deux parties *égales*.

ÉQUIANGLE. subs. ms.—*équi*, égal, et *angle*. Figure dont les *angles* sont *égaux*.

ÉQUIDISTANT, E, adj. *Également distant*, éloigné l'un de l'autre.

ÉQUILATÉRAL, E, adj. — *équi*, égal, et de *latéral* (pour *latus*), côté. Qui a tous ses *côtés égaux*. *Géométrie*.

ÉQUILIBRE, subs. fm. — *équi*, égal, et *libre* (de *libera*), balance. État de choses qui, étant pesées, sont d'un poids *égal* sur la balance.

ÉQUINOXE, subs. ms. — *équi*, égal, et de *noxe* (du latin *nox*, *noctis*), nuit. C'est-à-dire époque où les jours sont *égaux* aux *nuits*. Tous les dérivés ont la même origine.

ÉQUIVOQUE, subs. fm. — *équi*, égal, et de *vox*, voix, mot. *Mot* à double sens. Expression à double *voix*.

ÉQUITÉ, subs. fm. — *équi*, égal, plain, uni. Ce mot et tous ses dérivés représentent l'idée de justice, de mettre de *niveau*.

ETHNA, ETHNO

NATION.

Cet élément créateur, formé du grec *ethnos*, signifie *nation*, et ajoute cette même idée aux mots qu'il sert à former.

ETHNARCHA, ETHNARCHIE. — *éthna*, nation, et de *archie*, tiré de *arché* (*ké*. grec), pouvoir. Le premier exprime le commandant, et le second le commandement d'une province. *Antiquité*.

ETHNOGRAPHE, subs. ms. Ce terme et tous ses dérivés représentent l'idée de peindre les mœurs des *nations*, et sont tous formés de *ethno*, nation, et de *graphô*, je décris.

ÉTHO

MŒURS.

Cette initiale, ou élément créateur formé du grec *éthos*, mœurs, entre dans la composition de quelques mots pour y ajouter sa propre signification.

ÉTHOCRATIE, subs. fm. — *étho*, mœurs, et *cratie* (de *kratos*), puissance; c'est-à-dire gouvernement imaginaire fondé sur la *morale* seule. Tous les dérivés ont la même origine.

ÉTHOLOGIE, subs. fm. et ses dérivés sont formés de *étho*, mœurs, *logos*, discours, traité; c'est-à-dire *traité* sur les *mœurs*, les manières.

ÉTHOPÉE, subs. fm. — *étho*, mœurs, *poiéô*, je fais. C'est la *peinture* des *mœurs*, des passions. Figure de rhétorique.

ÊTRE, v. subs. — de *esse*, ou *stare* (latin), exister. On appelle *être* ce qui est ou *existe*. Verbe auxiliaire. (Pour la conjugaison, voir plus haut.)

Eu

RACINE ORIGINELLE :	RACINE FRANÇAISE :	VRAI SENS :
Adverbe grec, *eu*.	*eu*.	*bien, bon, beau, agréable.*

Cette particule initiale, élément créateur, entre dans la composition des mots pour exprimer des choses agréables; elle apporte, par conséquent, au mot qu'elle sert à former, l'idée de *bien, bon, beau*, de *douceur*, de *bon augure*, etc. Elle prend la forme de *ev* dans quelques mots.

EU

EUCHARISTIE, subs. fm. Ce mot, formé de *eu*, bien, et de *charis* (grec), qui veut dire *grâce*, signifie action de *grâce* la plus *agréable* à Dieu qu'un chrétien puisse lui rendre. Le Saint-Sacrement du corps et du sang de Jésus-Christ, contenus sous les espèces du pain et du vin.

EUCOLOGE, subs. ms. On donne ce nom à un livre qui ne contient que de *bonnes* choses, et où se trouve tout l'office des dimanches, des principales fêtes de l'année. Racine *euché*, prière, et *logos*, discours.

EUCOME, subs. fm. Qui a de *beaux cheveux*. C'est aussi une espèce de plante qu'on appelle quelquefois basile. *Botanique*. Racine *eu*, et *comos*, cheveux.

EUCRASIE, subs. fm. — *eu*, bon, *crasie*, de *crasis* (grec), tempérament. On désigne par ce terme un *bon* tempérament.

EUDIOMÉTRIE, subs. fm. — *eu*, bien, ou *eudia*, temps serein, et *mètre*. Art de connaître ce que l'air contient de *salubre*, de *bon*, d'*agréable*, etc. Art d'analyser l'air, etc.

EUGÈNE, subs. ms. *Bien né*.

EUGÉNIE, subs. fm. — *eu*, bien, et *génie*, tiré du grec *genaô*, je produis, j'engendre. Noblesse grecque. *Bien née*, belle naissance.

EULALIE, subs. fm. — *eu*, bien, et *lalô*, je parle; c'est-à-dire qui parle bien, qui possède l'art de bien parler.

EUMÉNIDE, subs. fm. C'est-à-dire *douces*, *bienfaisantes*. Antiphrase. C'est le nom collectif de Mégère, Alecton et Tisiphone, qui fla-gellaient avec des serpents et des flambeaux ardents ceux qui avaient mal vécu. *Mythologie*. On désigne ainsi ces trois furies, par *euphémisme*, dans l'espoir de se rendre ces trois divinités infernales plus favorables, en leur donnant un nom flatteur. On employait, dans l'origine, ce terme, ou par ironie, ou par flatterie, ou par crainte.

EULOGIES, subs. fm. plur. Choses *bénites*, choses *agréables*, etc. Ce mot est formé de *eu*, bon, et du grec *légô*, je dis; c'est-à-dire *je bénis*. L'*Eucharistie* a aussi porté anciennement le nom d'*eulogie*.

EUPHONIQUE, adj. des 2 g. Qui rend le *son* de la voix plus *agréable*. Les lettres euphoniques sont : *l,s,t*. On dit : *si l'on*, pour *si on; apporte-s-en*, pour *apporte-en; viendra-t-il*, pour *viendra-il*.

EUPODE, subs. fm. Racine *eu*, beau, et *pous* (grec), pieds. Qui a de *beaux pieds*.

EURITHMIE, subs. fm. Racine *eu*, bien, *ruthmos* (grec), ordre. Il signifie aussi cadence, justesse, accord. *Bel ordre, bel proportion*. Ce terme sert à représenter la *beauté* qui résulte de toutes les parties d'un ouvrage d'architecture.

EUROPE, subs. fm. — *eu*, bien, ou de *hur appa*, blanc de visage. On a donné ce nom à une contrée du monde qui est *bien*, et que l'on considère comme la plus *agréable* et la plus *belle*. On raconte que la princesse *Europe*, sœur de Cadmus et fille d'Agénor, était si *belle* que Jupiter l'enleva, lui fit passer la mer sur son dos, et l'emporta dans cette partie du monde à laquelle elle donna son nom. On prétend qu'une des compagnes de Junon avait dérobé un petit pot de fard sur la toilette de cette déesse pour le donner à *Europe*. *Mythologie*.

EUSÉMIE, subs. fm. — *euséméia* (grec), clarté évidente. Concours de *bons signes* ou symptôme dans une maladie. *Médecine*.

EUPATORIA. — *eu*, bien, et de *patria*, patrie (dont l'*o* est explétif); c'est-à-dire *belle patrie*, patrie qui est bien située, la mieux située. La patrie qui paraît la plus agréable de la Crimée.

EUPEPSIE, subs. fm. *Bonne digestion.* Racine *eu*, bien, et *pepsie* (de *peptô*), je digère.

EUPHÉMISME, subs. ms. — *eu*, bien, et *phémi* (grec), je dis; *je dis bien*. Figure de langue. *Adoucissement* d'expression par lequel on déguise des *idées désagréables* ou *déshonnêtes*, sous d'autres idées plus *douces*, plus *agréables*, plus *décentes*. On dit, par *euphémisme*: Il n'est plus, ou j'ai eu le malheur de le perdre, pour dire: *il est mort*. C'est par *euphémisme* qu'on dit à un pauvre; Dieu vous bénisse! Dieu vous assiste! Au lieu de lui dire: *Je n'ai rien à vous donner*. Et quand on dit à quelqu'un que l'on veut renvoyer: Voilà qui est bien, je vous remercie; au lieu de lui dire: *Allez-vous-en!*

EUPHONIE, subs. fm. — *eu*, bien, et *phonie*, de *phôné*, voix. *Son agréable* d'une seule *voix* ou d'un seul *instrument*. En *grammaire*, ce que l'on ajoute pour rendre la prononciation plus *douce* et plus coulante. Articulation qui devient plus *agréable* à l'oreille, par *euphonie*. C'est par *euphonie* qu'on dit, *mon amie*, et même *ma mie*, au lieu de *ma amie* qui rendrait la prononciation dure et difficile.

EUSTYLE, subs. ms. Edifice où les colonnes sont *bien* placées, dans une proportion *convenable*. Racine *eu*, bien, et *stulos*, colonne.

EUTHÉNIE, subs. fm. (*euthéneô*, je prospère). *Abondance.* C'est le nom sous lequel les Grecs avaient personnifié l'*abondance*. *Mythologie.*

EUTHÉSIE, subs. fm. Formé de *eu*, bien, et de *thésie*, du grec *thèsis*, situation. Ce mot veut dire *constitution vigoureuse du corps*. *Médecine.*

EUTHYMIE, subs. fm. *Douceur, tranquillité* d'esprit. Racine *eu*, bien, *thumos*, âme.

EUTHYME, signifie, par analogie, plein de courage.

EUTRAPÉLIE, subs. fm. — *eu*, bien, et *trépô* (grec), je tourne. Art de plaisanter avec finesse. Gaîté facétieuse, manière enjouée, agréable, affable. *Eutropétie*, c'est la manière de plaisanter agréablement, avec finesse.

EUTROPHIE, subs. fm. — *eu*, bien, et de *tréphô*, je nourris. *Bonne* et abondante *nourriture.*

EUXIN, PONT-EUXIN, subs. ms. C'est-à-dire, *mer hospitalière*. Ancien nom donné à la mer noire qui est pourtant très-orageuse et dont les bords étaient jadis habités par des hommes féroces. On n'ignore pas que les anciens lui avaient donné ce nom flatteur (ou par ironie) espérant ainsi se rendre cette mer *favorable*.

Les quelques termes qui précèdent ne sont pas tous admis par l'*Académie*, et, par conséquent, ne se trouvent pas tous dans son dictionnaire.

EV... Est une forme ou variété de *eu*, bien, dans *Evangile*, qui signifie *bonne nouvelle*. *Evergète.* — *eu*, bien, et *ergon* (grec), action. C'est-à-dire *bienfaiteur*, surnom des princes de Syrie.

Cette étymologie est vraisemblable pour ces mots et tous leurs *dérivés*.

EXTRA

HORS DE, AU DELA.

Cette particule initiale, *élément créateur*, entre dans la composition de vingt-quatre mots français, non compris les dérivés. Elle ajoute au mot qu'elle sert à former une idée de *sortie qui va au delà* de ce qui est *commun* ou raisonnable.

EXTRACTION, subs. fm. Action de faire *sortir*, de mettre *hors de*. Origine d'où l'on *tire* sa naissance.

EXTRADITION, subs. fm. Racine *extra*, hors, et *tradere*, livrer, remettre; action de livrer un criminel hors du territoire sur lequel il s'était réfugié. Remise que fait un gouvernement étranger d'un criminel, d'un prisonnier, etc., sur la réclamation du gouvernement auquel celui-ci appartient naturellement.

EXTRADOSSÉ, ÉE, adj. *Voûte extradossée*, voûte dont le *dehors* n'est pas brut.

EXTRAIRE, v. a. (*Tirer dehors*). Tirer quelque chose d'un corps mixte par le moyen de la chimie. *Tirer* la pierre de la vessie.

EXTRAJUDICIAIRE, adj. des 2 genres. On désigne, par ce terme, des actes et significations *en dehors* d'un procès pendant.

EXTRAORDINAIRE, adj. des 2 genres. Racine *extra*, hors, et *ordre*; hors de l'ordre. *Au delà* de l'*ordinaire*, qui n'est pas selon l'usage *ordinaire*, selon l'usage *commun*. Qui est singulier, ou ridicule, bizarre, extravagant.

EXTRAPASSER, v. a. Racine *extra*, hors, et *passer*; *passer hors de*. Excéder, être *au-dessus* de quelqu'un. V. pron. Faire très-bien; aller *au delà* de ce qu'on peut faire à son *ordinaire*.

EXTRAVAGUER, v. n. *Errer* en allant *au delà* des idées raisonnables.

EXTRAVASER (S'), v. pron. *Sortir, aller au delà* du *vase*. Ce terme se dit du sang et des humeurs qui *sortent* des vaisseaux destinés à les contenir, et qui se répandent sur la peau. Par extension, on emploie ce mot pour désigner tout épanchement analogue.

EXTRINSÈQUE et EXTROVERSION, sont considérés comme formes ou variétés de *extra*. Le premier de ces deux mots a pour racine *extra* (latin), au *dehors*, et signifie qui vient du dehors. Le second, formé de *extro* (*extra*), au *dehors*, et de *vertere*, tourner, signifie *renversement* en dehors d'un organe. *Médecine.*

F

FAN

Il faut orthographier par *fan*, avec *a*, et non par *fen* avec *e*, tous les mots où l'on entend cet élément. Excepté le verbe *fendre* et tous ses dérivés ou composés. *Fanfare*, *fanfaron, enfant, fange* (du celtique *fancq*), boue, bourbe, *fantaisie* (du grec *phantasia*, vision, imagination); *fantassin* (de l'italien *fante*, serviteur, piéton, soldat à pied), *fantôme* (du grec, *phantasma*, spectre).

FENDRE, et ses dérivés qui sont nombreux, prennent l'*e* à *fen*, à cause de leur origine *findere* (latin), diviser, séparer. *Femme* a le son *em* par *e*, à cause de son origine latine *femina*. Prononcez *fâme*.

FAILLIR, v. n. *Faillir*, c'est être près de ; il signifie aussi *tomber* : il avoue qu'il a *failli*. Il n'est plus guère d'usage qu'à l'infinitif, au passé défini et aux temps composés.

Ind. nous faillons, lez, lent. *Imp. inusité. P. déf.* je faillis, lis, lit, lîmes, lîtes, lirent. *Fut.* je faillirai, ras, ra, rons, rez, ront. *Cond.* je faillirais, rais, rait, rions, riez, raient. *Impér.* faillons, lez. *Subj. inusité. Imp.* que je faillisse, lisse, lît, lissions, lissiez, lissent. *P.* faillant, failli, e. Ces mots sont adjectifs.

FAIRE, v. a. *Ind.* je fais, fais, fait, sons, aites, font. *Imp.* je faisais, sais, sait, sions, siez, saient. *P. déf.* je fis, fis, fit, fîmes, fîtes, firent. *Fut.* je ferai, ras, ra, rons, rez, ront. *Cond.* je ferais, rais, rait, rions, riez, raient. *Impér.* fais, sons, faites. *Subj.* que je fasse, ses, se, sions, siez, sent. *Imp.* que je fisse, fisses, fît, sions, siez, sent. *P.* faisant, fait, e.

Conjuguez de même *défaire, contrefaire, malfaire, méfaire, parfaire, redéfaire, refaire, satisfaire, surfaire, forfaire.*

Malfaire, c'est *faire de méchantes actions*. Dans les temps usités il se conjugue comme *faire*. Ce verbe est plus particulièrement en usage à l'infinitif.

Forfaire, c'est faire quelque chose contre la loi, contre la règle, contre le devoir.

FALLOIR, v. n. impers. *Ind.* il faut, *Imp.* il fallait. *P. déf.* il fallut. *Fut.* il faudra. *Cond.* il faudrait. *Impér. inusité. Subj.* qu'il faille. *Imp.* qu'il fallût. *P.* fallu (inv.)

FER

Tous les mots français dans lesquels entre cette articulation pour représenter l'idée du mot *fer* (métal), formé du latin *ferrum*, sont orthographiés avec deux *r* de suite. Tous les autres mots de cette catégorie n'ont qu'un seul *r*. Ecrivez, sans hésiter, avec deux *r*, *ferrage, ferraille, ferrailles, ferrandine* (étoffe), *ferrer, ferret, ferrière* (sac de cuir contenant le nécessaire pour *ferrer* un cheval), *ferrettier* (marteau), *ferron*, etc.

Et avec un seul *r* tous les autres mots de cette catégorie. *Féra* (constellation), *férer*, (fêter, chômer), *férie, férocité*, etc.

FÉRIR, v. a. *Férir*, vieux mot, signifiait *darder, frapper, jeter, lancer, battre, heurter*, etc. Il n'est plus d'usage que dans cette phrase : *sans coup férir*, sans être obligé de se battre.

Ce verbe n'est pas usité.

FLAN

Orthographiez, sans exception, tous les mots qui font entendre cette articulation soit initiale, médiale ou finale, par *flan*, ou *flam*, selon la règle de principe :

Flambart, *flamber*, *flamme*, (prononcez *flâme*), *flamboyant*, *flambeau*, *flamberge* (épée), *flan* (du latin *flare*, fondre, c'est-à-dire *tartre* de crème, ou métal pour la monnaie), *flanc* (du grec *flagon*. côte). *Flandrin, flanquer* (racine *flanc, gonflant, soufflant*, etc.)

FONDS

Cette articulation est orthographiée d'après son origine et sa dérivation.

FOND, subs. m. Formé du latin *fondus*, profondeur, signifie *base*, sujet, objet principal, ou l'endroit le plus *bas*, le plus *creux*, le plus *éloigné*. Nul ne trouve tout dans son *fond*. *Vauvenargues*. Au *fond* le nom et la forme du gouvernement ne *font* rien à l'affaire, pourvu que la justice soit rendue à tous les citoyens, qu'ils soient égaux en droits, l'État est bien réglé. *Napoléon Ier*.

FONDS, subs. ms. (prononcez *fon*). Sol d'un champ, d'un héritage ; argent placé ; capital d'un bien ; biens, sommes, marchandise d'une boutique, etc. Vendre son *fonds*, c'est acheter l'ennui.

FONTS, subs. ms. plur. Formé du latin *fontis*, (vaisseau large, vase fixe pour conserver l'eau destinée au baptême. Tenir un enfant sur les *fonts*.

FONDRE, v. a. *Ind.* je fonds, fonds, fond, dons, dez, dent. *Imp.* je fondais, dais, dait, dions, diez, daient. *P. déf.* je fondis, dis, dit, dîmes, dîtes, dirent. *Fut.* je fondrai, dras, dra, drons drez, dront. *Cond.* je fondrais, drais, drait, drions, driez, draient. *Impér.* fonds, dons, dez. *Subj.* que je fonde, des, de, dions, diez, dent. *Imp.* que je fondisse, disses, dit, dissions, dissiez, dissent. *P.* fondant, du, e.

Il faut conjuguer de même *confondre*, *correspondre*, *morfondre*, *pondre*, *répondre*, *tondre*.

REMARQUE. On écrit il *fond*, à la 3e personne du singulier de l'*indicatif* du verbe *fondre*, et ils *font*, à la 3e personne du pluriel du même temps du verbe *faire*.

Dans *phonique*, *euphonie*, *phonomètre*, etc., la composition n'est plus la même, comme on le voit aisément. Dans ce cas, *phon* est formé du grec *phôné*, qui signifie *voix*, et, par conséquent, tous les mots qui en sont composés expriment cette même idée sous diverses nuances.

FOR

Cette initiale, formée d'une particule latine, *foris*, qui signifie *hors*, apporte au mot qu'elle sert à constituer une idée de *transgression*, de *position en dehors*. Elle a pour variété *four*.

FORAIN, AINE, adj. Qui est du *dehors*, qui n'est pas du lieu. *Marchand forain*, ou simplement *forain*, qui parcourt avec ses marchandises les *foires*, les villes, les campagnes, les marchés. *Chemin forain*, celui dont la largeur doit suffire au passage de deux voitures. *Propriétaire forain*, celui qui n'a pas son domicile dans le lieu où ses biens sont situés.

FORÇAGE, subs. ms. Ce qui est en *dehors* de. *Excédant* que peut avoir une pièce *au-dessus* du poids prescrit par les ordonnances.

FORCENÉ, ÉE, subs. et adj. Furieux et *hors de sens*. Il se dit d'un cheval emporté et furieux. Les Italiens ont fait *forsennato*, formé de *for*, hors, et de *sennato* (du latin *senno*), sens.

FORCER, v. a. Briser, rompre, ouvrir avec violence ; pousser même la violence et la véhémence *hors du naturel*.

FORCEPS, subs. ms. Fer pour prendre ou pour mettre *dehors* ; (tenailles, pinces, etc.), pincettes, ciseaux, tenettes, etc., pour saisir et *tirer* les corps étrangers.

FORFAIRE, v. n. Racine *for*, hors, dehors, et *faire* ; c'est-à-dire, *faire hors de la règle*, de son devoir. *Forfaiture*, prévarication d'un magistrat, d'un officier de justice. Même étymologie que *forfaire*.

FORFAIT, subs. ms. Ce mot a deux sens et deux nuances différentes ; c'est pourquoi nous en donnons deux définitions : Il se dit d'un crime énorme commis avec audace. *Commettre un forfait*, c'est commettre une action *hors des lois*, transgresser les lois dans la matière dont il s'agit ; 2° *vendre à forfait*, c'est vendre à un prix *fait hors des règles ordinaires*.

FORJET, subs. ms. Saillie *hors d'alignement*.

FORJETER, v. n. Se *jeter en dehors*, sortir de l'alignement ou de l'aplomb.

FORLANCER, v. a. *Faire sortir*, mettre une bête *hors de* son gîte.

FORLIGNER, v. n. Aller *hors de la ligne*. Dégénérer *de* la vertu de ses ancêtres.

FORLONGER, v. n. Ce terme se dit des bêtes qui, étant chassées, vont *hors du* pays où elles font leur *séjour ordinaire*.

FORME, subs. fm. (*Forma.*) Figure ou disposition extérieure des corps. Même sens pour tous ses dérivés.

FORPAITRE, v. n. Racine *for*, et *paître*. Ce terme se dit des bêtes qui vont chercher leur *pâture* dans des lieux éloignés de leur séjour ordinaire.

FORPASSER, v. a. Racine *for*, hors de, et *passer*. C'est *dépasser*, aller plus loin que le but.

FORTUIT, UITE, adj. Qui arrive par hasard, *en dehors*, *au-dessus de* ce qui est ou a pu être prévu.

FOUR

Cette initiale, quoique considérée par des auteurs d'un grand mérite comme une variété de *for*, ne peut être rappelée à cette origine, et, par conséquent, marquer la même idée que dans trois ou quatre mots français et leurs dérivés.

FOURBERIE, subs. fm. Tromperie coupable, ruse odieuse, acte de celui qui est *hors du* bon chemin, *de* la voie de l'honneur.

FOURBURE, subs. fm. Maladie d'un cheval, ou d'autres animaux qui les met *hors* d'état de pouvoir se servir de leurs jambes.

FOURVOYER, v. a. *Mettre hors du chemin*, égarer, détourner.

ORTHOGRAPHE ABSOLUE

FOURR

Cette articulation prend régulièrement deux *r* avant une voyelle. Sans exception. Ecrivez, sans hésiter, avec deux *r*, *fourrage*, *fourragère*, *fourrager*, *fourreau*, *fourrer*, *fourrier* (de l'allemand *führen*, conduire), sous-officier, *fourrière*, *fourrure*, etc.

ORTHOGRAPHE ABSOLUE

FRAN OU FRAM

Cet élément du mot est toujours orthographié par *a*. Sans exception. Ecrivez par *an* tous les mots composés de *fram* ou *fran*: *framboise*, *franc* (dont l'origine est *francus*, peuple germain), libre, c'est-à-dire sincère, loyal, qui dit ce qu'il pense, *franchir*, *franquette*, *offrande*, *souffrance*, etc.

CONJUGAISON.

Verbes qui n'ont pas d'éléments créateurs dans les colonnes précédentes.

FINIR, v. a. *Ind.* je finis, nis, nit, nissons, nissez, nissent. *Imp.* je finissais, sais, sait, sions, siez, saient. *P. déf.* je finis, nis, nit, nîmes, nîtes, nirent. *Fut.* je finirai, ras, ra, rons, rez, ront. *Cond.* je finirais, rais, rait, rions, riez, raient. *Impér.* finis, sons, sez. *Subj.* que je finisse, nisses, nisse, nissions, nissiez, nissent. *Imp.* que je finisse, nisse, nît, nissions, nissiez, nissent. *P.* finissant, fini, nie.

Il faut ainsi conjuguer, dans tous leurs temps, les verbes en *...cir* et *punir, mourir, pourrir, périr, mugir, munir, emplir, envahir, épanouir, enhardir, agir, mûrir, éblouir, établir, embellir, haïr, bénir, fleurir, appesantir, applaudir, approfondir, assujettir, attendrir, obéir, guérir, avertir, unir, enrichir, ternir, adoucir, ensevelir, empuantir, jaillir* (pass. inv.), *rejaillir, saisir, retentir*. *Haïr* est irrégulier aux trois personnes du singulier de l'indicatif, *je hais, tu hais, il hait*, où il n'a pas le tréma sur l'*i*. *Bénir* a deux passés, *béni, bénie*, lorsqu'il s'agit de personnes : Vous êtes *bénis* entre toutes les femmes ; *bénit, bénite*, lorsqu'il s'agit de choses : pain *bénit*, eau *bénite*. *Fleurir* fait *florissant* au participe présent, et *florissait* à l'imparfait, lorsqu'il signifie *prospérer, briller*. Les poëtes *florissaient* en Italie. Les arts sont *florissants*.

FRIRE et **FAIRE FRIRE** (verbes). *Frire et faire frire* sont deux verbes différents. *Frire* n'est guère d'usage qu'au singulier. *Faire frire* est usité dans tous les temps et toutes les personnes : *je fais frire*.

Ind. je fris, fris, frit, frient. *Imp. inusité*. *P. déf. inusité*. *Fut.* je frirai, ras, ra, rons, rez, ront. *Cond.* je frirais, rais, rait, rions, riez, raient. *Impér.* fris. *Subj. inusité*. *Imp. inusité*, *P.* friant, frit, e.

FUIR et **S'ENFUIR**, v. a. *Fuir* a plusieurs sens différents : voici les deux principaux : ou il signifie *s'éloigner* avec vitesse, ou il signifie *éviter, éluder*. Dans le premier cas on dit : Le méchant *fuit* la lumière ; dans le second on dit : Nous *fuyons* ceux qui nous poursuivent.

S'enfuir, c'est-à-dire fuir de quelque lieu. *S'enfuir* au loin ; *s'enfuir* en désordre ; tous les maux *s'enfuient* loin de ces lieux tranquilles. Fénelon.

Ind. je fuis, fuis, fuit, ons, ez, ent. *Imp.* je fuyais, ais, ait, ions, iez, aient. *P. déf.* je fuis, fuis, fuit, fuîmes, fuîtes, fuirent. *Fut.* je fuirai, ras, ra, rons, rez, ront. *Cond.* je fuirais, rais, rait, rions, riez, raient. *Impér.* fuis, fuyons, ez. *Subj.* que je fuie, fuies, fuie, ions, iez, ent. *Imp.* que je fuisse, ses, ît, sions, siez, sent. *P.* fuyant, fui, e.

G

ORTHOGRAPHE ABSOLUE

GAL

Cette articulation est orthographiée avec un seul *l*, dans la composition des mots où elle prend la forme de *gala* (grec), qui signifie *lait* ; *galacte* (sel tiré du *lait*); *galactographe* (qui *décrit* les sucs laiteux); *galactophage* (qui vit de lait) ; *galactopote* (soumis au régime du lait), etc. Ecrivez également par *gal*, avec un seul *l*, *galant* (civil, probe, honnête); *gala* (fête, réjouissance); *galaxie* (nom de la voie lactée); *gale* (maladie cutanée); *galère*, *galerie*, *galetas* (logement pauvre); *galette* (gâteau plat); *galimatias* (discours embrouillé dans lequel l'avocat a dit : *le Mathieu du coq*, pour *le coq de Mathieu*); *galiope* (petit bâtiment de mer); *galoche*, *galon*, *galop*, *galoubet* (petite flûte à trois trous); *galuchat* (peau de raie), etc., et tous les dérivés et composés. Selon l'Académie.

Orthographiez, selon l'autorité, avec deux *l*, par *gall...*, *galle* (excroissance, tubérosité des végétaux). *Galle* du chêne, etc., *gallican*, *gallicisme* (de *gallicus*, français, construction particulière à la langue française, comme dans : *il va venir*). *Gallinacé*, *gallique* (tous ces termes et leurs dérivés sont tirés de *galle*), et *gallon* (mesure anglaise pour les liquides).

ORTHOGRAPHE ABSOLUE

GAR

Ecrivez *garrotter* et *garrot*, avec deux *r*, et tous les autres mots de cette catégorie par *gar...*, avec un seul *r*; *garant*, *garantir*, *garé* (du verbe *garer*), *garenne*, *garer* (faire entrer, attacher), *garou*, *garus*, etc.

GÉO

TERRE

Cet élément créateur, tiré du grec, entre dans la composition des mots pour y ajouter l'idée du mot *terre*.

GÉODÉSIE, subs. fm.—*géo* (tiré de *gê*,terre) et de *daiô*, je divise; c'est-à-dire arpentage, art de mesurer et de diviser les terres.

GÉOGRAPHIE, subs. fm. — *géo*, terre, et *graphô*, je décris; c'est la science qui enseigne la position de toutes les régions de la *terre*, les unes à l'égard des autres, etc. Académie.

GÉOLOGIE, subs. fm. — *géo*, terre, et *logos*, traité; c'est la science qui a pour objet la connaissance et la *description* du globe *terrestre*, etc.

GÉOMANIE, subs. fm. — *géo*, terre, et *manteia*, divination ; ce terme et tous ses dérivés servent à marquer une espèce de *divination* superstitieuse au moyen de points tracés au hasard sur la *terre*.

GÉOMÉTRIE, subs. fm. — *géo*, terre, et *métrie* (de *metron*), mesure. Art de *mesurer* la *terre*. Tous les dérivés ont la même origine.

ORTHOGRAPHE ABSOLUE

GOUT

Formé du latin *gustus*, sens qui discerne la saveur, *goût...*, s'écrit avec un seul *t* dans les mots qu'il sert à former ; *goûter*, exercer le sens du goût; *goûter*, manger légèrement ; *goûter*, petit repas qu'on fait entre le dîner et le souper.

Cas contraire, *goutt...*, s'écrit avec deux *t*, quand il est formé de *gutta*, petite partie d'une chose liquide,*goutte*, *goutte* (maladie),*goutteux*, *gouttière*.

GYMNO

NU.

Tous les mots français que cet élément créateur ou cette initiale sert à former marquent l'idée de *nudité ;* ils sont tirés de *gumnos* (grec) et signifient *nu*. Cette racine originelle, formée du grec, prend dans quelques mots français la forme de *gymna, gymné, gymni*, où elle conserve le même *sens*.

GYMNASE. subs. ms. Racine *nu*. Cette signification vient de ce qu'on était *nu*, ou presque *nu*, pour se livrer plus librement aux exercices du corps. On désigne par ce terme le lieu où les Grecs s'exerçaient à différents jeux propres à développer le corps et à le fortifier. On applique aujourd'hui ce nom à certains établissements où l'on forme la jeunesse aux exercices du corps. Le gymnase d'un collége. *Gymnaste, gymnastique*, etc., et tous les dérivés ont la *même étymologie*.

GYMNASTÉRION, subs. ms. Lieu du *gymnase* où l'on *quittait* ses *habits*, soit pour le bain, soit pour les exercices, et où l'on venait ensuite les reprendre.

GYMNASTIQUE, adj. des 2 g. Jeux publics où les athlètes combattaient *nus*. On appelait ainsi tous les jeux qu'on célébrait dans la Grèce, comme la *course*, le *saut*, le *disque* ou *palet*, la *lutte*, etc. Subs. fm. *La gymnastique*, *science*, etc.

GYMNOCÉPHALE, subs. fm. Nom générique des choucas *chauves*, (corneilles grises qui ont les pattes rouges).

GYMNONECTE, subs. ms. *Nu*, sans armes. Nageur *nu*, sans armes. En *Histoire naturelle*, famille de crustacés.

GYMNOPE, subs. ms. Genre de champignons.

GYMNOPÉDIE, subs. fm. — *gymno*, nu, et *pais* (grec), enfant. Enfant *nu*. Danse religieuse en usage à Lacédémone, et dans laquelle les jeunes danseurs étaient *nus*. *Antiquité*.

GYMNOPODE, subs. ms. *Pied nu*. Qui marche *pieds nus*. Certain ordre de moines mendiants.

GYMNOPTÈRE, subs. ms. *Ailes nues*. Nom générique de tous les insectes à quatre *ailes nues*. *Histoire naturelle*.

GYMNOSOPHISTE, subs. ms. *Sage nu*. Nom donné par les anciens à des philosophes indiens qui allaient *presque nus;* les Brachmanes en étaient une secte. Ils s'abstenaient de viande, renonçaient à toutes les voluptés, et s'adonnaient à la contemplation de la nature.

GYMNOSPERME, adj. des 2 g. *Semence nue*. Plantes qui n'ont point de péricarde et dont les graines sont *nues* au fond du calice. *Botanique*.

GYN

FEMME.

Cet articulation est formée du grec *guné*, qui signifie femme. Elle sert à former quelques mots dont voici l'analyse :

GYNANDRIE, subs. fm. — *gyn* (de *guné*, grec), femme, et *anér*, homme ; végétaux à fleurs hermaphrodites.

GYNÉCÉE, subs. ms. Retraite, lieu de travail des femmes. *Antiquité*.

GYNÉCOCRATIE, — *gyn*, femme, et de *kratos*, puissance. Etat où les femmes peuvent gouverner.

GYNÉCONOME, subs. ms. — *gyn*, et de *némô* (grec), je gouverne ; censeur des femmes à *Athènes*.

VERBE

GIR ou **GÉSIR** (verbe). *Ind.* Il gît (ci-gît), sons, sent. *Imp.* Il gisait, saient. Ce verbe n'a que ces deux temps. Gisant.
Gir ou *gésir*. Ce mot, vieux et presque inusité, signifiait, être couché, reposer, etc., *être gisant*.

H

HÉLIO

SOLEIL.

Tous les mots français qui ont pour initiale cet élément créateur formé du grec *hélios*, servent à marquer l'idée du mot *soleil*. Nous ne connaissons que 31 mots de cette catégorie, dont nous donnons les principaux. Il prend, dans quelques mots, la forme de *hélia*.

HÉLIOCENTRIQUE. Racine *hélio*, soleil, et *centre;* c'est-à-dire, dont le centre est le *soleil*. Il se dit du point d'où serait vu un astre observé du *centre* du *soleil*.

HÉLIOCOMÈTE. Racine *hélio*, soleil, et *comète*. Phénomène dans le *soleil*, à son coucher, traînant après lui une longue queue qui ressemble à une *comète*. *Astronomie*.

HÉLIOMÈTRE, subs. ms. Racine *hélio*, soleil, et *mètre*, mesure. Instrument propre à mesurer les diamètres du *soleil* et des planètes.

HÉLIOPHILE, subs. fm. Racine *hélio*, soleil, et *phile* (du grec *philos*), ami. Genre de plantes crucifères (dont les fleurs ont les pétales disposées en forme de croix) à feuilles entières et velues, et cultivées dans nos jardins. *Botanique*.

HÉLIOSCOPE, subs. ms. Racine *hélio*, soleil, et *scope* (formé du grec *skopéo*), je regarde, signifie en français : je *regarde le soleil*. Lunette pour regarder le soleil , et affaiblir sa lumière, de manière que l'œil puisse la supporter; elle est garnie à cet effet d'un verre enfumé. *Astronomie*.

HÉLIOTROPE, subs. ms. Racine *hélio*, soleil, et *trope* (de *trepo*), je tourne; c'est-à-dire plantes qui tournent ordinairement le disque de leurs fleurs du côté du *soleil*. Plante agreste (rustique, sauvage) annuelle, de la famille des borraginées, qu'on nomme aussi *herbe aux verrues*. Autre plante nommée aussi *tournesol*. Comme adj. il se dit en général des *plantes héliotropes*, c'est-à-dire dont la fleur a son disque toujours tourné du côté du *soleil*, et semble le suivre dans son cours sur l'horizon. *Botanique*.

HÉLIOTROPE, adj. des 2 g. En *histoire naturelle*, c'est une pierre précieuse verte, parsemée de points jaunes, qui, mise dans l'eau, faisait, selon Pline, paraître couleur de sang les rayons qui tombaient dessus, et qui, hors de l'eau, représentait l'image du *soleil*.

HÉLIA

SOLEIL.

HÉLIADES, subs. propre, fm. plur. C'est le nom que l'on a donné aux enfants du *Soleil*. *Mythologie*.

HÉLIANTHE, subs. ms. Genres de plantes composées, à fleurs jaunes, radiées, qu'on nomme plus communément *soleil*. *Botanique*.

HÉLIANTHÈME, subs. ms. *Fleur du soleil*. Genre de plantes dont une espèce est vulnéraire et arrête le flux du sang. *Botanique*.

HÉLIAQUE, adj. des 2 g. *Lever héliaque*, lever d'une étoile ou d'une planète, lorsqu'elle sort des rayons du *soleil*, et que l'on commence à l'apercevoir le matin, avant le lever de cet astre. *Astre héliaque*, qui se lève ou se couche dans les rayons du *soleil*. Au pluriel, sacrifices que l'on faisait en l'honneur du *soleil*.

HÉLIX

AUTOUR.

Ce mot primitif prend la forme de *hélice* dans quelques mots qu'il sert à constituer, mots qui sont tous composés ou dérivés de ce dernier.

HÉLICE. Ligne en vis *autour* d'un cylindre.

HÉLICOSOPHIE, subs. fm. — *hélix*, contour, et *sophia*, connaissance ; art de tracer les spirales.

HÉCA, HECTA, HECTO

CENT.

Cet élément créateur, formé du grec, signifie *cent;* il entre dans la composition de quelques mots dont voici les principaux.

HÉCATOMBE. subs. fm. — *hécaton* (grec), et *bous*, bœuf; sacrifice de *cent bœufs*. *Antiquité*.

HECTARE, subs. ms. *Cent ares*.

HECTOGRAMME, subs. ms. *Cent grammes*.

HECTOLITRE, subs. ms. *Cent litres*.

HECTOMÈTRE, subs. ms. *Cent mètres*.

HECTOSTÈRE, subs. ms. — *hecto*, cent, et de *stère* (de *stéreos*, solide), *cent stères*.

HÉMA

SANG.

Cet élément créateur, (racine originelle) formé du grec *haima*, ainsi francisé, signifie *sang* et apporte ce sens littéral aux 75 mots qu'il sert à constituer. Il a pour forme ou variété *hémo*. Des exemples vont suivre pour l'application.

HÉMAGOGUE, subs. et adj. des 2 g. *Qui chasse le sang*. — *héma*, sang, et *agô*, je chasse.

HÉMALOPIE, subs. fm. Racine, *héma*, sang, et *ops*, œil. (*Sang dans l'œil*). Epanchement de sang dans le globe de l'œil. *Chirurgie*.

HÉMANTE , subs. fm. (*Fleur de sang*). Plante des Pyrénées qui, appliquée sur la peau, fait sortir le *sang* par les pores; — *anthos*, fleur. *Botanique*.

HÉMAPHOBIE, subs. fm. *Horreur du sang*. — *phobos* (grec), crainte.

HÉMATITE, subs. fm. Espèce de pierre de couleur *sanguine* dont on fait les crayons. *Histoire naturelle*.

HÉMATOGRAPHIE, subs. fm. *Description du sang*.

HÉMATOÏDE, adj. des 2 g. *Apparence, ressemblance du sang*. De couleur de *sang*. — *eidos*, forme, *Médecine*.

HÉMATOLOGIE, subs. fm. Partie de la médecine qui *traite* du *sang*. *Discours* sur le *sang*. — *logos*, traité, et de *to* explétif.

HÉMATOSE, subs. fm. Action par laquelle le chyle (liquide blanchâtre qui se sépare des aliments pendant l'acte de la digestion) se convertit en *sang*.

HÉMATOSPILIE, subs. fm. *Tache* de *sang*. *Tache* rouge qui apparaît dans les membranes muqueuses.

HÉMO

SANG.

Cette initiale, forme ou variété de *héma*, marque littéralement la même idée que la racine originelle.

HÉMODIE, subs. fm. Engourdissement des *dents* causé par le *sang*.

HÉMOMÈTRE, subs. ms. *Mesure* du *sang*. En *chirurgie*, c'est le nom de l'instrument pour *mesurer* le *sang*.

HÉMOPTOÏQUE, adj. des 2 g, Qui *crache* le *sang*.

HÉMOPTYSIE, subs. fm. — *hémo*, sang, et *ptusis*, crachement. *Crachement* de *sang* causé par la rupture ou l'érosion de quelques vaisseaux du poumon.

HÉMORRAGIE, subs. fm. — *hémo*, sang, *rhoos*, écoulement, et *agô*, je fais. *Écoulement* du *sang* par les vaisseaux qui doivent le contenir, avec ou sans rupture de leurs parois.

HÉMORROÏDES, subs. fm. plur. *Écoulement* du *sang* par les vaisseaux de l'anus. Tous les composés ou dérivés de ce mot marquent la même idée.

HÉMORROSCOPIE. subs. fm. — *hémo* (du grec *haima*), sang. *rhoos*, écoulement, *skopéô*, je regarde. Action d'*examiner couler le sang. Inspection du *sang* tiré par la saignée pour connaître l'état du corps.

HÉMORROÏSSE, subs. fm. Femme malade d'un *flux* de *sang*, qui fut guérie en touchant la robe de Notre-Seigneur. *Style sacré*.

HÉMOSTATIQUE, adj. des 2 g. et subs. ms. Remède qui arrête les hémorragies.

HÉMOSTASIE, subs. fm. — *histémi* (je m'arrête). *Stagnation* universelle du *sang*, occasionnée par la pléthore (c'est-à-dire par l'abondance de *sang* et d'humeurs). *Médecine*.

HÉMÉRA

JOUR.

Cet élément créateur (racine originelle formée du grec *héméra*), ainsi francisé, signifie, *jour*, et apporte ce sens littéral aux 21 mots qu'il sert à constituer. Il prend la forme de *héméro*. Voici quelques-uns des mots principaux et usités.

HÉMÉRABAPTISTE, subs. ms. Nom de sectaires qui se *lavaient* et se baignaient tous les *jours* et dans toutes les saisons.

HÉMÉRALOPIE, subs. fm. *Affection* des *yeux* qui consiste à ne voir les objets qu'en plein *jour*, sans pouvoir les distinguer vers le *soir*. — *héméra*, jour, et *optomai* (grec), je vois.

HÉMÉROBE, subs. ms. — *héméra*, jour, et *bios*, vie. Qui ne *vit* qu'un *jour*, qui *vit* fort peu de temps. Espèce d'insecte qu'on appelle aussi *lions des pucerons*, parce qu'ils leur font la guerre. *Histoire naturelle*.

HÉMÉROLOGIE, ou **HEMEROGRAPHIE**, subs. fm. *Discours* sur les *jours*. Art du calendrier.

HÉMÉROPATHIE, subs. fm. — *héméro*, jour, et *pathos*, affection. *Affection de jour*. *Maladie* qui n'apparaît que le *jour*. *Médecine*.

HÉMÉROSCOPE, subs. ms. Qui *examine* pendant le *jour*. Chez les anciens Grecs, courrier que l'on détachait pour observer les mouvements de l'ennemi. *Antiquité*.

HÉMI

DEMI.

Cette racine (abréviation du grec *hémisus*), entre dans la composition de plusieurs mots français pour signifier *demi* ou *moitié*. En voici quelques-uns pour exemples.

HÉMICRANIE, subs. fm. (*Moitié du crâne*). Maladie qui affecte la *moitié* de la *tête*.

HÉMICYCLE, subs. fm. (*Demi-cercle*). Ce terme s'emploie pour désigner un lieu formé en amphithéâtre pour une assemblée d'auditeurs et de spectateurs.

HÉMINE, subs. fm. (*Demi*). Mesure des anciens, qui vaut un *demi-setier*, ou une *demi-chopine*. Aujourd'hui, mesure de compte usitée pour les grains, et dont la valeur varie selon les lieux.

HÉMIOBOLE, subs. fm. *Moitié* d'une *obole*. Ancienne petite monnaie grecque qui valait la *demi-obole*.

HÉMIPAGIE, subs. fm. — *hémi*, et *pagios*, fixe. Douleur qui ne tient qu'*un côté* de la *tête*. *Médecine*.

HÉMIPLÉGIE, ou **HEMIPLEXIE**, subs. fm. *Paralysie* qui n'affecte que la *moitié* du corps.

HÉMISPHÈRE, subs. ms. Racine *hémi*, moitié, et *sphère*, globe, *demi-globe*. C'est plus particuliérement la *moitié* du *globe* terrestre ou céleste.

HÉMISTICHE, subs. ms. — *hémi*, moitié, et *stichos*, vers. *Moitié* de vers. La césure rompt le vers, coupe la phrase, et marque l'*hémistiche*.

Dans les vers français de douze syllabes, appelés héroïques ou alexandrins, le premier *hémistiche* est, ainsi que le second, de six syllabes, après lesquelles il y a un repos. Dans les vers de dix syllabes, le premier *hémistiche* n'est que de quatre syllabes, suivies également d'un repos.

HÉPA

FOIE

Cet élément créateur (racine originelle), formé du grec, *hépar*, signifie *foie*, et apporte ce sens littéral aux 31 mots qu'il sert à former. En voici des exemples.

HÉPAR, subs. ms. Mot primitif *(foie)*. Nom donné par les anciens chimistes au *foie de soufre*, c'est-à-dire à la combinaison du soufre avec les matières alcalines, que les chimistes modernes appellent *sulfure d'alcali*.

HÉPATALGIE, subs. fm. Douleur du *foie*. Colique hépatique.

HÉPATE. *(Foie)*. Poisson de mer dont la figure et la couleur approchent de celles du *foie* humain. *Histoire naturelle*.

HÉPATISIE, subs. fm. Atrophie du *foie*. *Médecine*.

HÉPATOGRAPHIE, subs. fm. Description, traité *du foie* ou de la maladie *du foie*.

HÉPATOSCOPIE, subs. fm. *Examen du foie*. Divination qui s'exerçait par *l'inspection* du *foie* de la victime. *Antiquité*.

HÉPATOCÈLE, subs. fm. *Tumeur*, hernie *du foie*. *Chirurgie*.

HÉPATITE, subs. fm. En *médecine*, inflammation du *foie*. En *histoire naturelle*, pierre précieuse de la couleur du *foie*.

HÉPATOTOMIE, subs. fm. — *hépa*, foie, et *tomé* (grec), incision, *dissection* du *foie*.

HÉTÉRO

AUTRE, DIFFÉRENT

Cet élément créateur, tiré du grec *hétérôs*, autrement, sert à la composition de plusieurs mots français auxquels il ajoute sa propre signification.

HÉTÉROCLITE, adj. des 2 g. — *hétéro*, autre, et *klinô*, j'incline; c'est-à-dire qui s'écarte des règles.

HÉTÉRODOXE, adj. — *hétéro*, autre, différent, et *doxa* (grec), opinion; *contraire* à la vraie *doctrine*. Opposé de *orthodoxe*.

HÉTÉROGÈNE, adj. des 2 g. — *hétéro*, différent, et *génos*, nature; de *différentes natures*.

HÉTÉROPTÈRES, subs. ms. pl. — *hétéro*, différent, et *ptéron* (grec), *aile;* insectes dont les *ailes* sont *renversées*.

HÉTÉROPHYLLE, adj. fm. — *hétéro*, autre, différent, et *phullon* (grec), feuille. Plante dont les feuilles ne sont pas semblables.

HÉTÉROUSIENS, subs. ms. pl. — *hétéro*, autre, *ousia*, substance. Nom donné à des sectaires qui croyaient J.-C. d'une autre substance que son père.

HOLO

TOUT

Cet élément créateur, formé du grec *holos*, tout, sert à la composition de quelques termes.

HOLOCAUSTE, subs. ms. — *holo* (du grec *holos*), tout, et de *kaiô*, je brûle. Ce terme représente le nom de la victime sacrifiée, brûlée par les juifs.

HOLOMÈTRE, subs. ms. — *holo*, tout, et *mètre;* instrument pour mesurer les hauteurs.

HOLOGRAPHE, *olographe*. Qui décrit tout.

HOLOSTION, subs. ms. — *holo*, tout, et *ostéon* (grec), os; qui est *tout os*. Poisson du Nil. *Histoire naturelle*.

HOMO

SEMBLABLE

Cet élément créateur, formé du grec *homos*, semblable, ne doit pas être confondu avec *homo*, (bas latin), qui veut dire *homme*, et qui ne se retrouve pas dans le français sous cette dernière forme.

HOMO, prend aussi la forme de *homéo*, pour signifier *semblable*.

HOMOCENTRE, subs. ms. — *homo*, semblable, et *centre;* centre semblable.

HOMOGÈNE, adj. des 2. g. — *homo*, semblable, et *génos*, nature; de *même nature*, d'une *même dimension*.

HOMOGRAMME. subs. ms. — *homo*, semblable, et *gramme* (de *gramma*), lettre. *Même lettre.* Athlète qui combattait contre celui qui avait tiré une lettre semblable à la sienne.

HOMOLOGATION, subs. fm. — *homo*, semblable, et *légô*, je dis. *Je dis de même.* Confirmation d'un acte par la justice.

HOMONYMIE.—*homo*, semblable, et *onoma*, nom; *ressemblance* de *noms.* Sens différent d'un même mot.

HOMOTONE. *Même ton.* Flèvre *homotone,* qui a toujours le même degré.

HOMÉO

SEMBLABLE

HOMÉOMÈRE, adj. Et ses dérivés, sont formés de *homéo* (du grec *homoios*), semblable, et de *méros*, parties; c'est-à-dire dont les *parties* sont *semblables*.

HOMÉOPATHIE , subs. fm. — *homéo*, semblable, et *pathie* (de *pathos*), affection; système de médecine qui consiste à guérir par les semblables, qui provoque des *affections semblables*.

HOMÉOTÉLENTE, subs. fm. Figure de rhétorique par laquelle on termine les membres d'une période de la même manière.

ORTHOGRAPHE ABSOLUE

HOM

Écrivez avec un seul *m* tous les mots français commençant par *hom... homicide*, de *homo*, homme, et de *cædere* , tuer. *Homélie* (conférence), *homard, homogénéité*, etc.

EXCEPTÉ : *hommage, hommasse* (qui tient de l'homme), *homme,* et leurs dérivés.

OBSERVATION. Le lecteur a dû remarquer que les origines déjà données plusieurs fois, dans les cases précédentes, ne sont plus répétées à chaque mot où elles se reproduisent, pour éviter des redites superflues et inutiles.

Hydro.

RACINE ORIGINELLE :	RACINE FRANÇAISE :	VRAI SENS :
Du grec *hudôr*.	*hydro.*	*eau.*

Cet élément créateur, qui sert à former plus de soixante-dix mots de la langue française, est tiré du grec, marque l'idée *de sérosité, d'humidité, de fluidité*, etc., et signifie *eau*, ainsi que ses formes ou variétés que voici : *hyda, hydra, hydria, hygro*.

HYDRO

HYDROCARDIE, subs. fm. Hydropisie du péricarde. On veut dire par ce terme que le *péricarde* (enveloppe du *cœur*) se trouve rempli *d'eau*, ou qu'il y a dans cette partie du corps accumulation de *sérosité*, tandis qu'il ne devait pas y en avoir.

HYDROCÈLE, subs. fm. Tumeur due à l'accumulation de la *sérosité* dans le tissu cellulaire du scrotum, etc. On entend par *sérosité* la partie qui contient le plus *d'eau* des humeurs.

HYDROCÉPHALE, subs. fm. Accumulation *d'eau* ou de *sérosité* dans la *tête*. Hydropisie de la *tête*.

HYDRODYNAMIQUE, subs. fm. Science du mouvement, de la pesanteur et de l'équilibre des *fluides;* (c'est-à-dire de ce qui n'est pas solide et coule aisément).—*hydro*, eau, et *dunamis* (grec), puissance.

HYDROCOTYLE, subs. fm. Plante *aquatique*.

HYDROGALE, subs. ms. *Boisson* laiteuse.

HYDROGÈNE, subs. ms. Selon M. Morin, ce mot formé du grec veut dire *né de l'eau, engendré par l'eau*, et non *qui engendre l'eau, générateur de l'eau*. Il se dit de la substance aériforme autrefois connue sous le nom d'air ou de gaz inflammable. Il se dit aussi du gaz hydrogène carboné que l'on emploie à l'éclairage.

HYDROGÉOLOGIE, subs. fm. *Traité* de l'influence des *eaux* sur la *terre*.

HYDROGRAPHIE, subs. fm. *Description* des *mers*. Art de naviguer.

HYDROLOGIE, subs. fm. *Traité* des *eaux*, de leur nature, de leurs propriétés.

HYDROMANIE, subs. fm. Délire qui porte celui qui en est atteint à se jeter dans l'*eau*.

HYDROMANTIQUE, subs. fm. *Illusion* par l'*eau*, certaines apparences singulières, comme de faire perdre de vue aux spectateurs une image ou un objet présent, etc. Ce mot, dans son origine, veut dire *devin, sorcier*, par le moyen de l'*eau*.

HYDROMEL, subs. ms. Sorte de breuvage fait d'*eau* et de *miel*. — *hydro*, eau, et *mélis*, miel.

HYDROMÈTRE, subs. ms. Instrument pour peser l'*eau*. C'est-à-dire qui sert à *mesurer* la pesanteur, la densité, la vitesse ou la force des *fluides*.

HYDROPÉDÈSE, subs. fm. *Sueur* trop abondante. *Médecine*.

HYDROPHANE. Racine *hydro*, eau, *phane*, *phainô* (en grec), je brille; pierre *transparente* dans l'*eau*. *Histoire naturelle*.

HYDROPHOBIE, subs. fm. *Crainte, horreur* de l'*eau* et de tous les liquides. C'est un des principaux symptômes de la rage. La rage même.

HYDROPISIE, subs. fm. Tumeur *aqueuse* (c'est-à-dire de la nature de l'*eau*) contre nature, enfin accumulation de *sérosité* (d'humeurs remplies d'eau) dans quelques parties du corps où il ne devrait point y en avoir. Racine *hydro*, eau, et *ôps*, aspect.

HYDROPNEUMATIQUE, adj. des 2 g.— *hydro*, eau, et *pneuma* (grec), air, vent. Appareil chimique pour extraire le *gaz* de différentes substances à l'aide d'une cave ou d'un récipient rempli d'*eau*;

HYDROPOTE, subs. des 2 g. Celui, celle qui ne *boit* que de l'*eau*. Racine *hydro*, eau, et *potès* (grec), buveur.

HYDRORRHODIN, subs. ms. — *hydro*, eau, et de *rhodon*, rose ; *eau de rose*. En pharmacie, *eau* mélée avec de l'huile de *rose* ; elle provoque le vomissement , et elle est excellente quand on a avalé du poison.

HYDROSACCHARUM, subs. ms. *Eau sucrée.*

HYDROSCOPIE et **HYDROSCOPE**, *hydro*, et de *skopéo*, je regarde. Nom donné à ceux qui prétendent avoir la faculté de *deviner* et de *voir* l'*eau* qui est sous terre, soit coulante, soit stagnante, ou d'en *sentir* du moins les émanations. On désigne aussi par ce terme une sorte d'horloge d'*eau* autrefois en usage. *Hydroscopie.* c'est la prétendue faculté dont il est parlé au mot *hydroscope*.

HYDROSTATIQUE , subs. fm. Science de la pesanteur des *liquides* et surtout de l'*eau*. Science de l'équilibre des corps *fluides*.

HYDROSULFURIQUE, adj. Ce terme se dit d'un acide formé de *sulfure* et d'*hydrogène*. (Voyez ce dernier mot.)

HYDROTIQUE, adj. des 2 g. Médicament *sudorifique*, c'est-à-dire qui provoque la *sueur*. Fièvre accompagné de sueurs très-abondantes. *Médecine.*

HYDRURE, subs. ms. Terme de chimie. On considère, avec raison, ce mot comme forme ou variété de *hydro*, eau, et on l'emploie pour le nom générique de toutes les combinaisons de l'*hydrogène* avec les terres , les alcalis et les métaux.

HYDA

EAU.

.**HYDARTHRE**, subs. fm. — *hyda* (du grec *húdôr*), eau, et *arthron*, articulation. *Tumeur* blanche, *hydropisie* des *articulations*. *Médecine.*

HYDATIDE, subs. fm. Vésicule (petite vessie) pleine d'*eau* qui naît sur le corps.

HYDATISTE, subs. fm. *Tumeur* graisseuse de la paupière supérieure. *Chirurgie.*

HYDATODE, subs. fm. Humeur *aqueuse* de l'œil renfermée entre la cornée et l'uvée.

HYDATOSCOPE , subs. ms. *Hydatoscopie*. Art de produire par l'inspection de l'*eau*.— *skopéo* (grec), j'examine.

HYDRA

EAU.

HYDRACHNE, subs. fm. Araignée de mer. Qui vit dans l'*eau*.

HYDRAGOGUE, subs. ms. —*agô*, je chasse. Médicament qui pousse au dehors les *sérosités*. Son synonyme est *hydrotique*.

HYDRATE, subs ms. Combinaison d'oxides métalliques et d'*eau*.

Dans cette variété, on trouve *hydrau*, *hydre*, *hydri*, dont on a formé :

1º. **HYDRAULIQUE**, adj. des 2 g. Qui sert à élever l'*eau*. Il se dit de la science, de l'art qui enseigne à conduire, à élever les *eaux*, ou des machines qui servent à cet objet. Substantif féminin, D. Alembert appelle *science hydraulique* celle du mouvement et de la résistance des *fluides*.

2º **HYDRAULE**, subs. ms. Joueur d'instruments qui formait des sons à l'aide de l'*eau*. *Histoire ancienne.*

3º **HYDRAULICOPNEUMATIQUE**. — *pneuma*, air. Machine qui élève l'*eau* par le moyen de l'*air*.

4º **HYDRE**, subs. fm. Cet élément est le mot primitif dont plusieurs autres sont formés. Au propre, serpent d'*eau* douce qui vit dans les rivières et les étangs. Serpent fabuleux à sept têtes, à qui il en renaissait plusieurs quand on lui en coupait une. Au figuré, mal qui augmente à mesure qu'on fait plus d'efforts pour le détruire.

HYDRÉLÉON, subs. ms. — *hudôr*, eau, et de *élaion*, huile. Mélange d'*eau* et d'*huile*. *Pharmacie.*

HYDRÉOLE, subs. fm. Machine pour faire monter l'*eau* au-dessus de son niveau, au moyen d'une combinaison d'*air* et d'*eau*. *Mécanique.*

HYDRÉON, subs. ms. Humeur *aqueuse* qui découle des oreilles ou des yeux. *Médecine.*

HYDRIAPHORES, subs. fm. pl. Femmes étrangères qui résidaient à Athènes, et que, dans la procession des Panathénées, on obligeait à *porter des cruches* d'*eau* pour rafraîchir les citoyennes qui formaient cette marche sacrée. *Histoire ancienne.*

HYDRIE, subs. fm. *Cruche d'eau. Vase* dont se servaient les anciens pour mettre de l'*eau*. *Antiquité.*

HYDRIOSIQUE, adj. des 2 g. Acide extrait de l'iode et de l'*hydrogène*.

HYGRO

HYGROLOGIE, subs. fm. Traité des *fluides* du corps humain.

HYGROMÈTRE, subs. ms. Instrument de physique pour *mesurer* les divers degrés de sécheresse ou d'*humidité* de l'*air*.

HYGROPHOBIE, subs. fm. Qui se dit plus ordinairement et mieux que *hydrophobie*, son synonyme. (Voir *hydrophobie*, pour la définition.)

Hyper.

RACINE ORIGINELLE :	RACINE FRANÇAISE :	VRAI SENS :
du grec *huper*.	*hyper*.	*au-dessus, au delà*.

Cet élément créateur, ou particule initiale, entre dans la composition des mots français pour marquer l'idée d'*excès*, quelque chose *au delà* de la signification du mot auquel il se joint.

HYPER

HYPERBATE, subs. fm. — *hyper*, au delà, et de *bainô*, je vais. *Passer outre, au delà*. Figure de grammaire qui consiste à intervertir, à *renverser* l'ordre naturel du discours. Inversion qui va jusqu'à l'excès. Exemple d'inversion où l'on place après le verbe le nom qui le régit : « M. de Turenne fait voir tout ce que peut, pour la défense d'un royaume, un général d'armée qui s'est rendu digne de commander. » *Fléchier*.

HYPERBOLE, subs. fm. — *hyper*, au delà, et *ballô*, je jette. *Jeter au delà*. Figure de rhétorique qui consiste à augmenter ou à diminuer *excessivement* la vérité des choses. Expression qui va *au delà* de la vérité. Des auteurs lui donnent ce sens qui est la même signification, en d'autres termes : *J'excède, je surpasse de beaucoup*.

EXEMPLES ; Pour exprimer que quelqu'un court légèrement, on dit qu'*il va plus vite que le vent;* pour faire entendre que quelqu'un est petit, on dit qu'*il est haut comme la botte*.

Dans le premier exemple, on dit plus qu'on ne veut faire entendre, et dans le second on dit beaucoup moins, de sorte qu'il y a excès dans les deux cas.

L'*hyperbole* est l'expression favorite des personnes qui ont plus d'imagination que de jugement, plus de sensibilité que de raison. Les personnes judicieuses ne doivent pas toujours, pour cela, dédaigner ces figures qui sont le langage des passions, puisqu'elles rendent l'expression de nos pensées plus noble et conséquemment plus riche, et qu'elles en augmentent l'énergie. Il y a des *hyperboles* qui sont consacrées par l'usage. En voici un exemple :

> Il monte un cheval superbe,
> Qui, furieux aux combats,
> A peine fait courber l'herbe
> Sous la trace de ses pas.
>
> SARRASIN.

Voici un autre exemple aussi plaisant qu'exa-géré :

> Celui-ci se croyant l'hyperbole permise,
> J'ai vu, dit-il, un chou plus grand qu'une maison,
> Et moi, dit l'autre, un pot aussi grand qu'une église...
> Le premier se moquant, l'autre reprit : Tout doux !
> On le fit pour cuire vos choux.
>
> LA FONTAINE, liv. IX, fable I.

Selon La Bruyère, les esprits vifs, pleins de feu, et qu'une vaste imagination emporte hors des règles et de la justesse, ne peuvent s'assouvir d'*hyperboles*. *Des ouvrages d'esprit, Caractères,* chap. Ier.

HYPERBORÉE, adj. des 2 g. ou **HYPERBO-RÉEN, ENNE** (selon l'Académie). On désigne, par ces termes, les peuples des pays très-septen-trionaux, qui sont *au delà de Borée, au delà du* Nord.

HYPERCOUSIE, subs. fm. *Entendre au delà.* Sensation auditive qui fait entendre les sons plus forts qu'ils ne le sont réellement. *Terme de pathologie.*

HYPERCRISIE, subs. fm. *Crise au delà.* Crise *violente* et *excessive* dans une maladie. *Médecine.*

HYPERCRITIQUE, subs. et adj. des 2 g. *Critique au delà.* Censeur *outré,* critique qui ne pardonne rien, qui *outrepasse* les bornes.

HYPERDULIE, subs. fm. Racine *hyper,* au-dessus, et *dulie,* servitude. C'est le culte (*au-dessus* du culte de *dulie,* qu'on rend aux anges et aux saints,) qu'on rend à la sainte Vierge.

HYPÉRÉTHÉSIE, subs. fm. *Sentiment au delà. Excès de sensibilité. Pathologie.*

HYPERGEUSTIE, subs. fm. Sensibilité *exces-sive* de l'organe du *goût. Médecine.*

HYPERTROPHIE, subs. fm. *Nourriture au delà.* Etat d'une partie du corps dans laquelle la *nutrition* se fait avec trop d'activité (avec *excès*), et qui, par cette raison, peut acquérir un volume considérable.

Hippo.

RACINE ORIGINELLE :	RACINE FRANÇAISE :	VRAI SENS :
Du grec *hippos.*	*hippo.*	*cheval*

Cet élément créateur, ainsi francisé, signifie cheval, et prend quelquefois la forme de *hippa, hippé, hippi,* pour exprimer la même idée. Il ne faut pas confondre cette racine avec *hypo* (sous), dont il sera question plus loin.

HIPPO

CHEVAL.

HIPPOBOTE, subs. ms. Celui qui nourrit des *chevaux,* qui en possède ; et de cette idée est venue, par extension, celle d'opulence ; on a donné ce nom à l'homme opulent. Lieu où l'on nourrit les *chevaux, haras.*

HIPPOCRÈNE, subs. fm. — *hippo,* cheval, et *krêné,* fontaine. *Fontaine du cheval.* Fontaine du mont Hélicon en Béotie, qui était consacrée aux Muses, et que le *cheval* Pégase avait, selon la fable, fait jaillir d'un coup de pied.

HIPPODROMIE, subs. fm. Course de *chevaux* dans un *hippodrome ;* c'est aussi l'art de les diriger.

HIPPODROME. Racine *hippo,* cheval, et *drome* (*dromos,* en grec), course. Lice où l'on disputait le prix de la course des *chevaux* et où on les exerçait. Les Turcs lui donnent aujourd'hui le nom d'*At-meidan,* c'est-à-dire *place aux che-vaux.*

HIPPOGLOSSE, subs. fm. — *glôssa,* langue. *Langue de cheval,* nom donné à certaine plante connue. *Botanique.*

HIPPOGRIFFE, subs. ms. — *grups* (grec), griffon. *Cheval ailé.*

D

HIPPOLITHE, subs. fm. *Pierre* jaune qu'on trouve dans les intestins ou dans la vessie d'un *cheval*.

HIPPOLYTE, subs. propre, ms. Dans la mythologie, c'est le nom qu'on donne au fils de la reine des *Amazones*, aussi appelée *Hippolyte*, femme guerrière qui combattait à *cheval*. On raconte que *Hippolyte* aimait passionnément la chasse, et qu'il n'était sensible à aucun autre plaisir. Un jour, monté sur un char proche de la mer, ses *chevaux* furent effrayés par un monstre marin qui apparut tout à coup sur le rivage, prirent la fuite, fracassèrent le char, et ce prince fut traîné à travers les rochers, où il périt. Il y eut d'autres personnages fabuleux qui prirent le nom d'*Hippolyte*, qui, selon les faits de l'histoire, veut dire *amateur de chevaux*.

HIPPOMANIE, subs. fm. Espèce de frénésie ou de rage qui attaque quelquefois le *cheval*.

HIPPOCENTAURE, subs. ms. —*hippo*, cheval, *kentiô*, je pique, et *tauros*, taureau. Animal fabuleux qu'on suppose être moitié homme et moitié cheval.

HIPPOGRIFFE, subs. ms. Animal fabuleux qu'on suppose être un *cheval* ailé, dont la tête ressemble à celle d'un *griffon*.

HIPPOMYRMÈGE, subs. ms. Peuple imaginaire, *monté sur des fourmis*, que Lucien place dans le soleil. Selon *Napoléon Landais*.

HIPPOPATHOLOGIE, subs. fm. *Traité*, connaissance des maladies du *cheval*. *Médecine*. Ce mot est formé de trois mots grecs que nous donnons, parce que les racines grecques dont il s'agit se reproduisent dans beaucoup d'autres mots de notre langue, les voici : *hippos* (hippo, cheval), *pathos*, affection, et *logos*, discours.

HIPPOPHAGIE, subs. fm. Racine *hippo* (du grec *hippos*), cheval, et *phagie* (phagô, en grec), je mange. Habitude de *manger* de la chair de *cheval*. Les Grecs donnaient le nom d'*hippophage* aux Scythes qui se *nourrissaient* de la chair de *cheval*.

HIPPOPOTAME, subs. ms. Racine *hippo*, cheval (du grec *hippos*), et *potame* (potamos en grec), fleuve en français. Cet animal est ainsi appelé à cause : 1° De son cri qui a du rapport avec celui du *cheval*; 2° A cause de sa course rapide et du séjour qu'il fait dans les *fleuves*. Cet amphibie est commun en Afrique et n'a point encore été dompté.

HIPPOTOMIE, subs. fm. — *tomé* (grec), incision, coupure. Anatomie du *cheval*. Art de *disséquer, couper* le *cheval*.

HIPPA, HIPPÉ, HIPPI

CHEVAL.

Ces initiales, formes ou variétés de *hippo*, n'entrent dans la composition que de quelques mots (environ vingt-cinq mots).

HIPPACE, subs. ms. Fromage de lait de *jument*, fort recherché des anciens.

HIPPAGRÈTE, subs. ms. C'est le nom que l'on donnait aux trois magistrats de Lacédémone, chargés de lever la *cavalerie*. *Histoire ancienne*.

HYPPANTHROPIE, subs. fm. — *hippo*, cheval, et *anthropie* (de anthropos) homme. Espèce de maladie par laquelle on se croit transformé en *cheval*. *Médecine*.

HIPPARQUE, subs. ms. —*hippo* (de *hippos*) cheval, et *archos*, commandant. *Commandant à cheval*. Général de *cavalerie*, chez les anciens.

HIPPÉE, subs. fm. En mythologie, c'est le nom de la fille du Centaure Chiron, métamorphosée en *jument*, et mise au nombre des astres.

HIPPÉLAPHE, subs. ms. — *hippo*, et *élaphos* (grec), cerf. Nom donné par les anciens à une espèce de cerf qui a quelque ressemblance avec le *cheval*. On l'appelle aussi *cerf des Ardennes*.

HIPPIADE, subs. fm. Statue de femme à *cheval*.

HIPPICE, subs. fm. Plante qui, selon Pline, ôte aux *chevaux* la faim et la soif.

HIPPIUS, subs. propr. ms. — *hippos* (grec), cheval. Surnom de Neptune, et d'un certain Damœus, inventeur de l'art de dompter les chevaux et de s'en servir.

HIÉRO

SACRÉ.

Cet élément créateur (ou initiale), formé du grec *hiéros* qui signifie *sacré*, prend la forme de *hiéra*, dans quelques mots, sans changer sa signification.

HIÉRANOSE, subs. fm. Epilepsie, *mal sacré*. *Médecine*.

HIÉRARCHIE, subs. fm, *Empire sacré*. Racine *hiéra* (hiéros en grec), sacré, et *archie* (arché en grec), empire, gouvernement, principauté. Ordre et subordination des neufs Chœurs des Anges, et des divers degrés de l'État ecclésiastique. Par extension, les divers degrés de pouvoir ou d'autorité, etc. La hiérarchie militaire, la hiérarchie administrative.

HIÉRATIQUE, adj. des 2 g. Qui concerne les choses *sacrées*.

HIÉROBOTANE, subs. ms. —*hiéro* et *batoné*, herbe. *Herbe sacrée*, herbe célèbre chez les anciens que l'on nommait ainsi parce qu'elle servait aux enchantements dans les cérémonies expiatoires, et à d'autres usages religieux. *Antiquité.*

HIÉROCORACE, subs. ms. — *hiéro*, sacré, et *korax*, corbeau. *Corbeau sacré.* On appelait ainsi les prêtres de Mithra, selon la mythologie, à cause de la couleur de leurs habits, semblable à celle des *corbeaux* qui étaient consacrés au culte de cette divinité.

HIÉROGLYPHE, subs. ms. Racine *hiéro*, (du grec *hiéros*), sacré, et *glyphe* (du grec *gruphô*), je grave; (*gravure sacrée*.) *Caractère symbolique* et qui contient quelque chose de mystérieux. Les Egyptiens en faisaient un fréquent usage dans ce qui regardait la religion, les sciences et les arts.

HIÉROGRAMME, subs. ms. Racine *hiéro*, sacré, et *gramme* (du grec *gramma*), lettre, caractère. Sorte de *caractères sacrés* dont était composée l'écriture des Egyptiens.

HYÉROGRAPHIE, subs. fm. Racine *hiéro* (du grec *hiéros*), et *graphe* (de *graphô*), je décris. *Description des choses sacrées.* Hiérographe, celui qui les décrit.

HIÉROPHANTE, subs. ms. Racine *hiéro* (du grec *hiéros*), sacré, et *phaînô*, je déclare, je manifeste. Le sens littéral est *qui révèle* ou qui *explique* les choses *sacrées.*

HIÉROPHORE, subs. ms. — *hiéro*, sacré, et *phérô*, je porte. Celui qui, dans les cérémonies religieuses, *portait* les statues des dieux et les autres choses *sacrées.*

Hypo.

RACINE ORIGINELLE :	RACINE FRANÇAISE :	VRAI SENS :
Du grec, *hupo*.	*hypo*.	*sous, dessous.*

Cet élément créateur (ou particule initiale) est une préposition grecque qui apporte au mot qu'elle sert à constituer l'idée de *soumission*, d'*abaissement*, de *diminution.*

HYPO

HYPOCAUSTE, subs. ms. — *hypo*, sous, et *kaiô*, je brûle. Qui *brûle dessous*. Chez les anciens, fourneau *souterrain* pour *échauffer* les bains et les appartements.

HYPOCONDRIE, subs. fm. Maladie qui, *sous* les apparences d'une santé assez bonne, rend bizarre, morose, et dans laquelle on se plaint de douleurs variées, de souffrances excessives. Il désigne toute espèce de mélancolie ou de tristesse habituelle. Racine *hypo* (*hupo*, grec), sous, et *condrie* (*chondros*, grec), cartilage, parce que ses côtes sont presque toutes cartilagineuses.

HYPOCISTE, subs ms. Racine *hypo*, sous, et *ciste*. Plante parasite qui s'attache aux racines du *ciste* (arbrisseau); c'est-à-dire *planté dessous*, qui est *sous* une autre.

HYPOCRAS, subs. ms. Racine *hypo* (du grec *hupos*), sous, et *cras* (*krasis* en grec), mélange.

Breuvage fait avec du vin, du sucre et de la canelle.

HYPOCRITE, subs. ms. *Qui se déguise.* Formé de *hupokrisis* (grec), masque, déguisement. Celui ou celle qui se montre avec un caractère qui n'est pas le sien, qui feint, *sous* la fausse apparence de piété, de vertu, de probité.

HYPODERME, subs. ms. Genre de plantes qui croissent *sous* l'écorce des arbres.

HYPOGÉE, subs. ms. — *hypo*, sous, et *gé* (grec), terre. *Souterrain.* Ce terme se dit des excavations et des constructions *souterraines* où les anciens déposaient leurs morts. Adj. *Temple hypogée*, lieu où les Grecs et les Romains déposaient leurs morts lorsqu'ils eurent perdu l'usage de les brûler.

HYPOGYNE, subs. fm. et adj. — *hypo*, et *gyne*, de *gunê* (grec), femme. Corolle qui est *sous* le pistil. *Botanique.*

HYPOTÉNUSE, subs. fm. — *hypo*, et *téinô*

(grec), je tends. Ligne *sous tendante* de l'angle droit. Dans un triangle rectangle, le côté opposé à l'angle droit.

HYPOTHÈQUE, subs. fm. — *hypo*, sous, et *tithémi* (grec), je place. Ce qui est *placé sous* une dette active et en assure le payement.

HYPOTHÈSE, subs. fm. *Sous la thèse*. Placé sous le raisonnement pour l'appuyer. Supposition d'une chose, soit possible, soit impossible, de laquelle on tire une conséquence.

HYPOTRACHÉLION, (prononcez *ké*), subs. ms. —*trachélos* (grec), cou. *Sous le cou*, la gorge. Partie *inférieure* du cou.

HYPOTYPOSE, subs. fm. — *hypo*, sous, et *typose*, de *tupoô* (grec), je figure. Figure de rhétorique, description vive et animée par laquelle on met en quelque sorte *sous* les yeux l'objet que l'on *peint*.

IDIO

PROPRE.

Cet élément créateur (racine originelle formée du grec *idios*) entre dans la composition de vingt mots français, et signifie *propre, particulier*.

IDIOCRASE, subs. fm. Terme de physique. Disposition, ou tempérament *propre* d'une chose, d'un individu.

IDIO-ÉLECTRIQUE, adj. des 2 g. A qui la vertu électrique est *propre*, comme à l'*ambre*.

IDIOGYNE, adj. des 2 g. — *idio*, séparé, et *gyne* (de *guné*), femelle. Ce terme se dit des étamines *séparées* du pistil ou organe *femelle* de la fleur.

IDIOME, subs. ms. —*idios* (grec), particulier. *Propriété*. Manière *propre* ou *particulière* de parler une même langue; langue *propre* à une nation. Par extension, langage d'une partie d'une nation : Idiome provençal, gascon, etc.

IDIOMÈLE, subs. ms. — *idio* et *mélos* (grec), chant. *Chant propre*, *particulier*. Verset grec récité sur un ton grave, *particulier*, qui n'est pas tiré de l'Écriture.

IDIOPATHIE, subs. fm. — *idio* et de *pathos*, affection, maladie. Maladie *propre* à quelque partie du corps. En morale, inclination *particulière* pour une chose.

IDIOT, subs. et adj.— *idios* (grec), particulier. Il signifie littéralement, homme qui n'est *propre* à aucun emploi. Il se dit de celui qui, par un défaut naturel dans les organes qui servent aux opérations de l'entendement, est incapable de combiner une idée.

IDIOTISME, subs. ms. *Propre, particulier*. Manière de parler *particulière* à une langue.

IDIOTROPHIE, subs. fm. —*idio* et *trophie* (de *trophé*, grec), nourriture. Constitution *propre* à chaque individu.

In.

RACINE ORIGINELLE :	RACINE FRANÇAISE :	VRAI SENS :
Du latin, *in* ou *non*.	*in*.	*da* ou *sans*.

Cette initiale ajoute aux mots qu'elle sert à constituer deux idées différentes. Pour bien faire saisir cette bizarrerie d'étymologie, voici, sur deux colonnes, une nomenclature de mots représentant les deux idées dont il s'agit.

IN

Cet élément créateur (*in*) ajoute au mot qu'il sert à former une idée *d'intériorité* justifiée par une étymologie positive et reconnue. Il vient

IN

Cet élément créateur (*in*), ajoute au mot qu'il sert à former, une idée de *privation de négation*, et signifie *sans*. Il répond, dans ce cas dans ce cas, de la préposition latine *in* qui signifie *dans*.Ses formes ou variétés sont : *il,im,ir*.

INCAMÉRER, v. a. Racine *in*, dans, à, et *camera*,chambre.*Unir* à la *chambre* apostolique, *unir* une terre au domaine du pape.

INCARNER (S'), v. pron. Se revêtir d'un corps de chair. En parlant de la Divinité, qui prend un corps *dans* la *chair*.

INCARCÉRER, v. a. Mettre *dans* une prison.

INCARNATION, subs. fm. *Union* du fils de Dieu avec la nature humaine. En chirurgie, formation des *chairs dans* les plaies ou les ulcères.

INCIDENT, subs. ms. Événement qui survient *dans* le cours d'une affaire, d'une entreprise.

INCIDENTE, subs. fm. En grammaire proposition insérée *dans* une proposition principale dont elle fait partie.

INCLINER, v. a. Mettre *dans* une situation *oblique*. Pencher, courber.

INCLUS, **USE**, participe du verbe *inclure* qui n'est plus usité. Enfermé, enveloppé *dans* un paquet.

INCORPORER, v. a. Faire entrer *dans* un *corps*. Au figuré, *joindre* un corps moral à un autre. En chimie, *unir*, *mêler* ensemble.

INCULQUER, v. a. Imprimer une chose *dans* l'esprit de quelqu'un à force de la répéter.

INCRIMINER, v. a. Supposer *criminel*. *Imputer* une chose à un *crime*.

INDICATEUR, subs. et adj. Qui conduit *dans*..., celui qui fait connaître un coupable.

INDIGÈNE, subs. des 2 g. Qui est né *dans* le pays. Il se dit des peuples qui sont naturels d'un pays.

INDUIRE, v. a. Porter, pousser à faire quelque chose. Tromper à dessein. *Induire en erreur*.

INCURSION, subs. fm. Racine *in*, dans ou sur. *Course* de gens de guerre *en* pays ennemi.

INCULPER, v.a.Jeter une faute *sur* quelqu'un. Racine *in*, dans, sur, et *culpa*, faute.

INFANTERIE. Racine *enfant* (du latin *infans*),titre qu'on donne aux *enfants* puinés des rois d'Espagne et de Portugal. Selon quelques anciens auteurs, ce mot vient d'une *infante* d'Espagne qui volant au secours du roi, son père, défait par les Maures, battit ceux-ci à la tête d'une troupe de gens de pied qu'elle avait rassemblés,et dont l'usage pour les combats était alors inconnu. En mémoire de cet événement, les piétons espagnols prirent le nom d'*infanterie*, qui fut admis dans toutes les nations.

INFECTER, v. a. Mettre la puanteur, la contagion, quelque chose de vénimeux, *dans* un

au *non* des Latins et à l'*a* privatif des Grecs. Ses formes ou variétés sont : *il*, *im*, *ir*.

INALTÉRABLE, adj. des 2 g. Racine *in* (négative) et *altérable*, qui ne peut s'altérer, se changer, ni se corrompre, au physique et au moral.

INCAPABLE, adj. des 2 g. Sans la *capacité*, le talent, l'aptitude, pour certaines choses; *sans* moyens.

INABORDABLE, adj. des 2 g. *Sans abord*, qu'on *ne* peut aborder.

INANIMÉ. Racine *in* privatif, *sans*, et *âme*. Qui *n'est* pas animé, *sans âme*, qui n'a point de vie. *Figure inanimée*.

INAMOVIBLE, adj. des 2 g. Racine *in*, négatif, et le verbe *mouvoir*. *Sans changer;* qui ne peut être destitué, *emploi à vie*.

INAPERÇU, **UE**, Adj. *Sans* être *aperçu*. Mot employé pour la première fois par Delille dans sa traduction de l'*Énéïde*.

INCOHÉRENT, **ENTE**, adj. *Sans cohérence*. Qui manque de liaison, d'union, de connexion.

INCOGNITO, adv. *Sans* être *connu*. Garder l'incognito, *ne pas* se laisser *connaître*.

INCORPOREL, **ELLE**, adj. *Sans corps*. En droit, une chose incorporelle est une chose qu'on *ne peut toucher* qui consiste en droit et en action.

INCRÉDULITÉ, subs. fm. *Sans crédulité*. *Manque* de foi, répugnance à croire ce qui est croyable.

INCOMMODITÉ, subs. fm. *Sans commodité*. Racine *in*, négatif, et *commodité*.

INDIRECT, **ECTE**, adj. Qui *n'est* pas *direct;* qui ne reçoit pas directement l'action, *régime indirect*.

INDISCRÉTION, subs. fm. *Sans discrétion*, manque de discrétion. Action indiscrète.

INDIVIS, **E**, subs. ms. et adj. des 2 g. Racine *in*, négatif, *sans*, et *diviser*. Qui n'est *pas divisé*.

INDISPOSITION, subs. fm. *Sans la disposition; privation* de la véritable disposition. Eloignement, aversion pour...

INCROYABLE, adj. des 2 g. Qui n'est *pas croyable;* qui ne peut être cru.

INFINI, subs. ms. Racine *in*, négatif, et *fini*. Qui *n'est* pas *fini*. *Sans* borne, *sans limite*.

INFINITIF, subs. ms. En grammaire, mode du verbe qui *ne* marque ni nombre ni personnes. On appelle ainsi dans les verbes le mode qui signifie *sans* affirmation, ou qui signifie l'*affirmation indéfiniment*, et *sans* aucun rapport exprimé de nombre ni de personne. *Aimer* est l'infinitif du verbe *j'aime*. Le verbe à l'infinitif veut dire *faire l'action*.

INFIDÈLE, subs. et adj. des 2 g. Qui *manque* de fidélité, de foi; déloyal. *Mémoire infidèle*, *rapport infidèle*, qui n'est *pas* véritable.

corps. Au figuré, corrompre l'esprit ou les mœurs.

INFUS, E, adj. *Verser dans ou sur. Infuser,* v. a. *Même étymologie.* Mettre, durant un certain temps, une drogue *dans* quelque liqueur, ordinairement bouillante pour que celle-ci en tire le suc.

INGÉNIEUX, adj. Qui a du *génie,* de l'*esprit.* Celui qui trouve *dans* son esprit l'invention, l'adresse, le talent, le *génie* pour réussir.

INGÉRER (S'), v. pron. Racine *in,* dans, et *gérer,* porter; se *porter,* se mettre *dans.* Se mêler de quelque chose sans en être requis.

INHÉRENT, E, adj. Racine *in, dans ou sur.* Être attaché, *tenir.* Qui est joint inséparablement à un sujet.

INHUMER, v. a. Racine *in,* dans, et *humus,* terre. Mettre *dans la terre.* Donner la sépulture à un corps mort. Selon Roubaud, il y a cette différence entre *inhumer* et *enterrer,* que *enterrer* exprime proprement l'acte matériel de *mettre en terre,* et *inhumer,* l'acte religieux qui donne la sépulture. Un ministre de la religion *inhume* les fidèles, un assassin *enterre* le cadavre de la personne qu'il a tuée.

INFORMER, v. a. Racine *in,* dans, et *forme.* Mettre des *formes dans* l'instruction d'une affaire. Il signifie, au propre, *donner* la première *forme,* ébaucher, esquisser, et au figuré, *former,* instruire, avertir. *Un plus ample informé.*

INGRÉDIENT, subs. ms. Ce qui entre *dans* la composition d'un remède, d'un vernis.

INITIER, v. a. Admettre *dans* une société. Mettre au fait d'une science, d'un art, d'une profession.

INNOVATION, subs. fm. Introduction de quelque *nouveauté dans* une coutume, *dans* un usage, *dans* un acte, etc.

INOCULATION, subs. fm. Action d'introduire un virus *dans* le corps pour y communiquer artificiellement une maladie contagieuse.

INSINUER. Racine *in,* dans, et *sein.* Mettre *dans* le *sein. Introduire doucement.* Faire entrer *dans* l'esprit; faire entendre adroitement. *S'insinuer dans l'esprit de quelqu'un.* Se *mettre bien dans,* etc.

INSCRIRE, v. a. *Écrire dans.* Mettre un nom *sur* un registre. *En géométrie,* tracer une figure au *dedans* d'une autre, etc.

INTÉRESSER, v. a. Faire entrer quelqu'un *dans* une affaire, de manière qu'il ait part aux succès.

INTERNE. Adj. des 2 g. Racine, *inclus* (latin). Qui est au *dedans,* qui appartient au *dedans.* Élève interne, celui qui prend sa pension *dans* l'institution, d'où il ne sort pas. On appelle *internat* la pension où les élèves sont à demeure. On appelle *angles internes* ceux pris au *dedans* de la figure, etc.

INFORTUNE, subs. fm. *Sans fortune.* Racine *in* privatif, sans, et *fortune. Sans bonheur.* Malheur, adversité. *L'infortuné* a contre lui la fortune, il est malheureux.

INGRATITUDE, subs. fm. *Sans la gratitude.* Manque de reconnaissance pour un bienfait reçu. Oubli coupable de ce bienfait.

INGLORIEUX, adj. ms. *Sans gloire.* Mot employé par Delille dans *Trois Règnes de la nature,* chant III :

« Mes jours *inglorieux* et mon destin obscur. »

INFRUCTUEUX, adj. *Sans fruit.* Qui ne rapporte *point de fruit.* Il est plus usité au figuré qu'au propre. *Travail infructueux.*

INHUMAIN, subs. et adj. *Sans humanité.* Cruel, dur, qui n'a point d'humanité. *Sans pitié,* barbare.

INHOSPITALIER, IÈRE, adj. *Inhumain* envers les étrangers. *Sans exercer l'hospitalité.* On appelle *inhumaine,* dans le langage des poêtes, une femme qui ne répond pas à la passion de celui dont elle est aimée. *Bergère inhumaine.* Subs. *C'est un inhumain, une inhumaine,* etc.

INFORME, adj. des 2 g. Racine *in,* privatif, et *forme;* qui *n'a pas la forme* qu'il devrait avoir. Imparfait, qui ne fait pas foi, qui *n'est pas* revêtu des *formes* prescrites. Une masse *informe* et sans beauté. La Fontaine. C'est-à-dire une masse privée de la véritable *forme.*

INJURE, subs. fm. **INJUSTE,** adj. des 2 g. Qui est *contre le droit, sans la justice.*

INNOCENCE. Racine *in,* négatif. *Sans dessein* de faire mal. Pureté de mœurs, intégrité de vie.

INOBSERVATION, subs. fm. *Sans l'observation. Manque* d'obéissance aux lois, aux règlements.

INODORE, adj. des 2 g. *Sans odeur.* Qui n'a pas d'odeur. *Les tulipes sont inodores.* Ce mot, créé par J.-J. Rousseau, est adopté.

INORGANIQUE, adj. des 2 g. Ce terme s'applique aux corps *sans organisation,* et qui ne peuvent s'accroître que par juxta-position, comme les *minéraux.*

INSENSIBLE, adj. Qui *ne peut point* éprouver de *sensations.* Subs. Personne qui *n'est point sensible.*

INTOLÉRABLE, adj. des 2 g. *Sans* pouvoir être *toléré.* Qu'on *ne peut* souffrir, *tolérer,* supporter.

INVINCIBLE, adj. des 2 g. *Sans* pouvoir être *vaincu,* qu'on *ne peut vaincre.* Armée, courage *invincible.* Ce qu'on ne peut surmonter ni faire céder. Le dévouement des Français à leur auguste Empereur est sympathique et *invincible.* On ne peut le surmonter ni le vaincre.

INVALIDE, adj. des 2 g. et subs. *Sans vali-*

INTRODUCTION, subs. fm. Action de faire entrer une chose *dans* une autre, ou de faire entrer, conduire quelqu'un *dans* un lieu.

INTRIGUE, subs. fm. Qui consiste à embrouiller, embarrasser dans; filets *dans* lesquels les oiseaux *s'embarrassent.*

INTIME, adj. des 2 g. Au dedans; intérieur et profond. *Amitié intime et attachement intime,* qui existent au fond de l'âme. Subs. qui a et pour qui l'on a une affection très-forte.

INTRINSÈQUE, adj. des 2 g. *Intérieur,* qui est au dedans. La valeur intrinsèque d'un bijou d'or est la matière même, sans aucun égard à la façon.

INTRUS, E, adj. et subs. *Pousser dans.* Celui ou celle qui s'est mis ou introduit *dans* quelque lieu, etc., sans droit, par ruse.

dité, *non valide.* Estropié, infirme. Gens de guerre que l'âge ou les blessures rendent incapables de servir.

INVARIABLE, adj. des 2 g. *Sans* pouvoir varier. Chose qui ne change point.

INUTILE, adj. des 2 g. *Sans utilité.* Qui n'est ou ne peut être d'aucune *utilité.* Par ce terme, on représente aussi quelque chose dont on ne se sert pas. *Laisser quelqu'un inutile.* Ne pas l'employer.

INVISIBLE, adj. *Sans* être *visible,* qu'on ne peut voir, qui échappe à la *vue,* qui se cache, qui ne se laisse point voir.

INVECTIVER, v. n. *Être porté contre,* ou se porter *contre;* déclamer *contre* quelqu'un ou quelque chose. Invectiver *contre* le ciel, dire *contre.*

ORTHOGRAPHE ABSOLUE.

IN et IM

Pour l'orthographe de ces particules im ou in, la raison étymologique donnée pour chaque terme est un guide sûr; mais il suffira de savoir qu'il n'existe pas d'initiale par *ain* ou *ein*, en français, et par conséquent, ce son initial se reproduit toujours par *im* ou *in*. Excepté *ains*, conjonction, et *ainsi* (formé de *in* et de *sic*), de la sorte, de cette sorte.

Quand au redoublement de la consonne m ou n, la difficulté est résolue dans l'analyse données plus haut.

IL

ILLITION, subs. ms. Action de *oindre, frotter* une partie *de* quelque liqueur onctueuse.

ILLUMINER, v. a. Mettre la *lumière dans.* Éclairer l'âme, éclairer l'esprit.

ILLUSION, subs. fm. Il signifie, au propre, se *moquer de. Erreur* portée *dans* l'imagination. Apparence trompeuse.

ILLUSTRE, adj. des 2 g. *Dans* le *lustre.* Éclatant, célèbre par le mérite, par les talents, par les succès, etc. Racine *il*, dans, et *lustre*, éclatant, célèbre, etc.

ILLUTATION. En médecine, action d'enduire quelque partie du corps *de* boue, que l'on a soin de renouveler lorsqu'elle est sèche, etc.

IL

ILLICITE, adj. des 2 g. Racine *il* (pour *in*, privatif), et *licite;* qui n'est pas *licite,* pas *permis* par la *loi.*

ILLETTRÉ, ÉE, adj. *Sans* les *lettres.* Ignorant qui *n'a point* de connaissance en *littérature.*

ILLÉGITIME, adj. des 2 g. *Sans* être *légitime.* Qui *n'a pas* les conditions voulues par les *lois. Le contraire de légitime.*

ILLIMITÉ, ÉE, adj. *Sans limites.* Qui n'a point de bornes, de limites, de terme. *Un pouvoir illimité, sans terme.*

ILLOGIQUE, adj. Racine *il*, sans, et *logique. Sans logique. Contraire* à la *logique.*

IM

IMAGINER, v. a. Former quelque image, quelque chose *dans* son esprit. Créer en quelque sorte une *idée,* en être l'inventeur. Racine *im,* dans, et *image,* chose, idée.

IM

IMBERBE, adj. des 2 g. Racine *im* (pour *in*), privatif, sans, et *barbe* (de *barba*), qui est *sans barbe.* C'est un imberbe.

IMBIBER, v. a. Racine *im* (pour *in*, dans), et *bibere*, boire. Mouiller *de* quelque liqueur, en sorte que la chose en soit bien pénétrée.

IMAGINATION, subs. fm. Racine *im*, dans, et *image*, chose, idée. Faculté *de* l'âme par laquelle elle se forme *des* idées, les combine entre elles.

IMAGE, subs. fm. Objet qui se répète *dans* un miroir, *dans* l'eau, etc. Représentation *de* quelque chose *en* peinture, en gravure, ou *dans* un dessin, etc.

IMPLANTER, v. a. Racine *im*, dans, et *plante*. Insérer *dans; planter* une chose *dans* une autre.

IMMERSION, subs. fm. Racine *im* (pour *in*), dans, et *mergere*, plonger. Action de se *plonger dans* l'eau. *Entrée* d'une planète *dans* l'ombre d'une autre planète.

IMMISCER (S'), v. pron. S'ingérer mal à propos *dans* une affaire. Se mêler *de* ce qu'on ne doit pas s'occuper.

IMMATRICULER, v. a. Mettre *dans* la *matricule*. Insérer *dans* le registre.

IMPATRONISER (S'), v. pron. Acquérir tant de crédit *dans* une maison, qu'on y gouverne tout.

IMMOLER, v. a. Racine *im* (pour *in*), sur, et *mola*, gâteau sacré qu'on mettait *sur* la tête des victimes avant de les égorger.

IMPRESSION, subs. fm. Effet *de* l'action d'un corps *sur* un autre. Au figuré, opinion, sentiment qui s'imprime *dans* l'esprit, *dans* le cœur, par l'effet d'une cause extraordinairement produite.

IMPLICITE, adj. des 2 g. Enveloppé, contenu *dans* une proposition, *dans* un discours, *dans* une clause, non pas en termes exprès et formels, mais qui s'en tire par une conséquence naturelle. Il sert à exprimer la confiance absolue dans l'opinion, dans les paroles de quelqu'un. C'est le contraire d'explicite. Il signifie non expliqué, non développé.

IMPRIMER, v. a. Racine *im* (pour *in*), sur, et *primer* (de *premere*), presser. Faire une empreinte *sur*. Il se dit des sentiments, des images qui font *impression dans* l'esprit, *dans* la mémoire, *dans* le cœur.

IMMACULÉ, ÉE, adj. —*im*, sans, et *macula*, tache. Qui est *sans tache* de péché. Il ne se dit sérieusement que de la conception de la sainte Vierge.

IMMÉDIAT, E, adj. Racine *im*, sans, et *milieu*. Qui agit *sans milieu*. Qui suit ou qui précède *sans* aucun intervalle.

IMMÉMORIAL, E. Racine *im* (pour *in*, privatif), *sans*, et *mémoire;* qui est si ancien qu'il n'en reste aucune mémoire, aucun souvenir; au pl. *immémoriaux*.

IMMOBILE, adj. des 2 g. *Sans mobilité*. Qui ne se meut point. *Sans mouvement*.

IMMORTALITÉ, subs. fm. Racine *im* (pour *in*), sans, et *mortalité*, qualité, condition de ce qui ne *peut mourir*. Espèce de vie perpétuelle. *Immortalité de l'âme*.

IMMORAL, ALE, adj. *Sans mœurs* et *sans* principes. *Contraire* aux bonnes *mœurs*. Mot nouveau; au pl. ms. *immoraux*.

IMPALPABLE, adj. des 2 g. Qui *n'est pas palpable*, qui ne peut se toucher avec la main.

IMPATIENCE, subs. fm. *Sans patience*. Sentiment d'inquiétude, soit dans la souffrance d'un mal, soit dans l'attente d'un bien.

IMMUNITÉ, subs. fm. Racine *im* (pour *in*, privatif), et *munus*, charge. Exemption des impôts, des charges, etc.

IMPUISSANCE, subs. fm. *Sans la puissance*). Manque de force, de pouvoir ou de moyens pour faire une chose. Racine *im* (pour *in*, privatif, sans, et *puissance*, force.

IMPARFAIT, adj. Racine *im* (pour *in*, privatif), et *parfait*. Qui *n'est pas parfait*, qui *n'est pas fait*, pas achevé. Qui a des défauts. *Livre imparfait*, où il manque des feuilles ou parties de feuilles. En grammaire, qui marque le commencement, le cours d'une action, sans en désigner la fin. *Imparfait prétérit*, ou simplement *imparfait*.

IMPUDENT, E. Qui *n'a point de pudeur;* insolent, effronté. Il se dit des actions et de tout ce qui blesse la *pudeur*. Actions, paroles impudentes. L'impudent, dit l'abbé Roubaud, n'a point de décence, il ne respecte ni les choses, ni les hommes, ni lui.

IR

IRRADIATION, subs. fm. Action d'éclairer *de* ses rayons. Tout mouvement qui se fait *de* l'intérieur à l'extérieur, dans un corps organisé. *Irradiation des rayons solaires*. Action par laquelle le soleil lance ses rayons.

IRRIGATION, subs. fm. Action de faire des rigoles *dans* les terres, les prés, pour les arroser.

IRRORATION, subs. fm. Racine *irr*, (pour

IR

IRRÉPROCHABLE, adj. des 2 g. *Sans reproches*, ou qui ne mérite point de reproche. On dit au palais, qu'*un témoin est irréprochable* quand il n'y a aucune cause de récusation à alléguer contre lui.

IRRÉSOLUTION, subs. fm. *Sans résolution*. État de celui qui *n'est pas résolu*.

IRRESPECTUEUX, EUSE, adj. *Sans respect*.

in), *dans, sur*, et arroser, baigner. Action qui consiste à mettre *dans* la *rosée* quelque chose, ou à l'exposer à un arrosement.

IRRUPTION, subs. fm. *Entrer* brusquement, se jeter avec impétuosité *sur ;* entrée soudaine des ennemis *dans* un pays. Débordement, envahissement de la mer, d'un fleuve *sur* les terres.

Qui *n*'est *point respectueux :* qui manque de *respect ,* ou qui blesse le *respect. Irrévérence ; manque de respect.* Ce dernier ne se dit guère qu'à l'égard de Dieu.

IRRÉLIGIEUX, EUSE, adj. *Sans religion , contraire* à la religion, ou qui blesse le respect qui lui est dû. Son emploi ordinaire est en parlant des choses : *Sentiments irréligieux.* On dit cependant aussi : *Un homme irréligieux.*

ORTHOGRAPHE ABSOLUE

IR

Par les exemples donnés, on doit voir que dans les mots où l'initiale *irr...* prend deux *r* on peut supprimer *ir*, et retrouver, malgré cette suppression, un mot français.

Dans *irrégulier*, en supprimant *ir*, on a *régulier*; dans *irrévérence*, en retranchant *ir*, on a *révérence ;* dans *irrésistible*, en retranchant *ir*, on a *résistible.* Mais dans iroquois, si l'on retranche *ir*, on a *oquois*, qui n'est qu'un lambeau de mot. Il faut excepter irriter, irruption, irroration.

Inter.

RACINE ORIGINELLE :	RACINE FRANÇAISE :	VRAI SENS :
Préposition latine, *inter*.	*inter*.	*entre, espace, dans*.

Cette initiale (élément créateur), qui apporte au mot qu'elle sert à constituer une idée d'*intériorité*, marque aussi l'*espace* entre deux points, et signifie (quelquefois) *dans le chemin*.

IN

INTERCALAIRE, adj. des 2 g. Qui est *inséré dans* un autre. *Lune intercalaire*, la treizième lune qui se trouve *dans* une année, de trois ans en trois ans. *Jour intercalaire*, jour que l'on ajoute au mois de février dans les années bissextiles.

INTERCALER, v. a. *Appeler entre, insérer.* Ajouter un jour aux années bissextiles. Chez les Romains ce jour était annoncé à haute voix par les pontifes.

INTERCÉDER, v. n. Se mettre *entre* celui qu'on prie et celui pour qui l'on prie. Prier, solliciter en faveur de quelqu'un, afin de lui procurer quelque bien, ou de le garantir de quelque mal.

INTERCEPTER, v. a. Arrêter, interrompre le cours, prendre *entre*, au milieu, arrêter au passage. *Intercepter une lettre*, la surprendre, l'empêcher de parvenir à sa destination.

INTÉRESSER, v. a. *Intervenir*, se *mettre entre*, au milieu, faire prendre part à... *Vos procédés m'ont intéressé à votre bonheur.* Faire entrer quelqu'un *dans* une affaire, en sorte qu'il ait part au profit.

INTERFOLIER, v. a. Insérer des feuillets blancs *entre* les feuillets qui portent l'écriture ou l'impression.

INTÉRIEUR. Qui est au *dedans*.

INTÉRIM, subs. *Entre-temps*. Administration provisoire.

INTERLIGNE, subs. ms. L'espace qui est entre deux lignes écrites ou imprimées. *Interligner*, v. (Mettre des *interlignes*.)

INTERLINÉAIRE, adj. des 2 g. Qui est écrit *dans* l'interligne, *dans* les interlignes. (*Voir ce mot.*)

INTERLOCUTOIRE, adj. des 2 g. Preuve ou instructions *entre* deux jugements. Jugement qui ordonne cette preuve ou cette instruction.

INTERMÈDE, subs. ms. Qui est au *milieu*, *entre-deux*. Espèce de représentation et de divertissement *entre* les actes d'une pièce de théâtre.

INTERMÉDIAIRE, adj. des 2 g. Qui est *entre deux*. La personne *entremise* en faveur de quelqu'un. On dit : *Pouvoirs intermédiaires*, subordonnés et dépendants.

INTERMÉDIAT, ATE, adj. Intervalle, *espace* de temps *entre deux* actions, *entre deux* termes. *Le temps intermédiat.*

INTERMITTENT, ENTE, adj. Qui discontinue, et reprend par intervalles, par espaces. *Fièvre intermittente; fontaine intermittente.*

INTERPOSER, v. a. Poser une chose *entre deux* autres. V. pron. Intervenir comme médiateur.

INTERPRÈTE, subs. des 2 g. Celui qui vous met *dans le bon chemin*. Celui qui éclaircit, qui fait connaître le sens d'un auteur, etc.

INTERRÈGNE, subs. ms. Espace, temps qui s'écoule *entre deux règnes;* ou *espace* de temps pendant lequel il n'y a point de chef dans un état soit héréditaire, soit électif.

INTERROMPRE, v. a. *Rompre* pour un temps, un *espace*. Couper, arrêter pour un instant, suspendre, empêcher.

INTERVENIR, v. n. *Venir entre.* Interposer son autorité pour régler une affaire entre deux ou plusieurs personnes.

INTERVALLE, subs. ms. *Espace*, distance *entre* deux points.

REMARQUE. Par une heureuse altération que demande l'euphonie, *inter* prend la forme de *intel* dans *intelligence*, et les mots qui en dérivent. *Une personne intelligente* est une personne qui a du bon sens et de la pénétration; une personne habile, versée *dans* quelque matière qui recueille, choisit, qui saisit la pensée au *milieu* des mots, et fait choix du *bon chemin*. *Dieu est la souveraine intelligence.*

CONJUGAISON.

Verbes qui n'ont pas d'éléments créateurs dans les colonnes précédentes.

JETER, v. a. *Ind.* Je jette, tes, te, ons, ez, tent. *Imp.* je jetais, ais, ait, ions, iez, aient: *P. déf.* Je jetai, as, a, âmes, âtes, èrent. *Fut.* Je jetterai, teras, tera, terons, terez, teront. *Cond.* Je jetterais, terais, terait, terions, teriez, teraient. *Impér.* Jette, tons, tez. *Subj.* Q. je jette, tes, te, ions, iez, tent. *Imp. subj.* Q. je jetasse, asses, ât, assions, assiez, assent. *P.* Jetant, jeté, e.

Conjuguez de même tous les verbes en ...*eler*, ou en *eter*, comme atteler, chanceler, cacheter, niveler, crocheter, épeler, projeter, etc., excepté acheter, bourreler, déceler, geler, harceler, peler, qui font j'achète, il bourrèle, il décèle, tu gèleras, il harcèle, nous pèlerons, avec l'*è* grave. Les autres verbes en *eler*, *eter*, prennent deux *l* et deux *t*, devant l'*e* muet.

JOINDRE, v. a. *Ind.* Je joins, ins, int, gnons, gnez, gnent. *Imp.* Je joignais, gnais, gnait, gnions, gniez, gnaient. *P. déf.* Je joignis, gnis, gnit, gnîmes, gnîtes, gnirent. *Fut.* Je joindrai, dras, dra, drons, drez, dront, *Cond.* Je joindrais, drais, drait, drions, driez, draient, *Impér.* Joins, gnons, gnez. *Subj.* Q. je joigne, gnes, gne, gnions, gniez, gnent. *Imp. subj.* Q. je joignisse, gnisses, gnît, gnissions, gnissiez, gnissent. *P.* Joignant, joint, e.

Conjuguez de même: oindre, disjoindre, adjoindre, rejoindre, conjoindre, déjoindre, enjoindre.

KILO

MILLE

Ce mot primitif grec entre dans la composition pour signifier *mille fois* la chose dont il s'agit.

KILOGONE, subs. ms. Figure à *mille* côtés et *mille* angles.

KILOGRAMME, subs. ms. *Mille* grammes.

KILOLITRE, subs. ms. *Mille* litres.

KILOMÈTRE, subs. ms. *Mille* mètres.

KILOSTÈRE, subs. ms. *Mille* stères.

ORTHOGRAPHE ABSOLUE

LAM OU LAN

Cette articulation initiale est orthographiée par *lam* ou *lan*, (avec *a*), et non par *lem* ou *len*. Ecrivez, sans hésiter, toutes les initiales des mots par *lam* ou *lan*: Lambeau, lambin, lambris, lampe, lampos, lampion, lance, lancer, lande, langue, langage, languir, lanterne, lanturlu, lansquenet, etc. EXCEPTÉ : *Lemme* (proposition), lendemain, lendore, lent (tardif), lentille, lenstique, et leurs dérivés. Selon l'Académie.

LITHO

PIERRE.

Cet élément créateur, formé du grec *lithos* (pierre), entre dans la composition des mots pour y ajouter sa propre signification.) Il prend, dans le français, la forme de *litha, lithi,* et quelquefois celle de *lithe,* surtout à la fin des mots.

LITHAGOGUE, adj. des 2 g. — *litha* (de *lithos*), pierre, et *agogue,* tiré de *agô,* je chasse; c'est-à-dire qui *chasse la pierre.*

LITHARGE, subs. fm. — *litha* (de *lithos*), pierre, et *arguros* (grec), argent; oxide de plomb à moitié vitrifié.

LITHIASIE, subs. fm. — *lithos.* C'est-à-dire formation de la *pierre.*

LITHIQUE, subs. fm. — *lithos,* pierre. Acide lithique, qui est tiré de la *pierre* de la vessie.

LITHOCHROMIE, subs. fm. — *litho,* pierre, et *chromie,* du grec *chroma,* couleur; c'est l'art de *lithographier* avec des *couleurs* à l'huile.

LITHOGLYPHE, subs. fm. Racine grecque *gluphô,* sculpteur. Nom donné au graveur sur *pierre. Antiquité.*

LITHOGRAPHIE, subs. fm. Ce mot et tous ses dérivés sont formés de *litho,* pierre, et de *graphô* (grec), je décris, je grave. Art d'imprimer avec des planches de pierre. On donne ce nom au dessin imprimé par ce procédé.

LITHOLABE, subs. ms. — *litho* et *labé* (grec), prise; c'est-à-dire pincette pour *tirer la pierre* hors de la vessie.

LITHOLOGIE, subs. fm. Connaissance, *traité,* histoire naturelle des *pierres.*

LITHOPHAGE, subs. ms. *Mangeur de pierre.* Ver à tuyau.

LITHOPHITE, subs. ms. Racine grecque *phuton,* plante; *pierre-plante.*

LITHOTOMIE, et tous ses composés sont formés de *litho,* pierre, et du grec *tomé,* incision, et marquent l'idée de *tirer* la *pierre* de la vessie. Opération de la taille.

LITHOTRITIE. Racine, *tritein* (grec), broyer. Art de *broyer* la *pierre* dans la vessie.

LITHOXILE, subs. ms. — *litho,* pierre, et *xyle,* du grec *xulon,* bois ; *bois pétrifié.*

REMARQUE. Ne confondez pas *litho,* pierre, avec *lito* (du grec *litos*), simple, qui ne forme que 3 mots français, *litote,* simple. C'est une figure qui consiste à se servir, par modestie ou par égard, d'une expression qui affaiblit l'idée pour l'augmenter. EXEMPLE : *Je ne te hais point,* pour *je t'aime.*

Petit panorama des origines en général de

LY

RACINE FRANÇAISE, ORIGINE ET VRAI SENS.

LYCANTHROPE. *Lukos,* loup, homme fou qui se croit *loup, loup-garou.*

LYCÉE, subs. ms. — *lukos,* loup ; fête de Jupiter. École d'Aristote. *Antiquité.*

LYCAPERDRON — *lukos,* loup, *pordé,* vesse. Champignon dit *vesse de loup.*

LYCAPODE — *lukos,* loup, *pous,* pied; plante dite *pied de loup.*

LYCHNIS, subs. fm. — *luchnos,* lampe; pierre qui ressemble à la lumière d'une lampe. *Pline.*

LYCHNOSOMATE—*luchnos,* lumière, *omas,* universalité; *lumière du monde.*

LYCHNOMANCIE — *luchnos,* lumière, *mantéia,* divination. *Divination* par la *lumière.*

LYMPHE, subs. fm.— *lumphé,* eau, humeur aqueuse; séve.

LYNX. subs. ms.—*luké,* lumière; animal sauvage ; vue perçante ; homme dont la vue est fort bonne.

LYPOTHIMÉE — *lupé,* douleur, et *thumos,* cœur; *douleur du cœur; défaillance.*

LYRE, subs. fm.—*lyra,* instrument de musique à cordes. Muse. *Antiquité.*

LYSIMACHIE — *lusis,* interruption, *maché,* combat. Plante qui arrête le sang.

LYSIODE, subs. ms.—*lusis,* dissolution, *aéidô,* je chante; *chanteur dissolu,* efféminé.

MANI et MANU
MAIN.

Cet *élément créateur,* formé du latin *manus,* main, marque la même idée que le mot dont il est formé, et sert à la composition de plusieurs mots français.

MANIABLE, adj. des 2 g. Racine *main.* Qui se *manie* aisément; qui se prête à l'action de la *main.* Aisé à mettre en œuvre.

MANIER, v. a. Tâter avec la *main.* Se servir avec la *main* de quelque outil, de quelque instrument. *Manier un cheval,* le mener.

MANIÈRE, MANIÉRÉ, MANIEUR. Racine *main.* Se servir adroitement des *mains; manier* beaucoup. Tous ces mots marquent l'idée du mot *main.*

MANIFESTE, adj. des 2 g. Clair, notoire, évident, connu de tout le monde ; qu'on peut toucher de la *main* et de l'œil, selon la logique des anciens.

MANIPULER, v. a. *Opérer* avec la *main.* Ce mot et tous ses composés ont pour racine *main.* En pharmacie et en chirurgie, pétrir, mêler.

MANIQUE, subs. fm. Espèce de gant que certains ouvriers se mettent à la *main* pour qu'elle puisse résister au travail.

MANIVELLE, subs. fm. Qui sert à faire tourner, à prendre à la *main*.

MANUEL, ELLE, adj. Qui se fait avec la *main*. *Ouvrage manuel*.

MANUEL, subs. ms. Livre qui peut se porter à la *main*.

MANUDUCTEUR, subs. ms. Guide qui *conduit* la *main*.

MANUFACTURE, subs. fm. Fabrication de certains ouvrages qui se *font* à la *main*. Tous ses dérivés ou composés ont la même racine, *main*. Inutile de donner un long détail, les progrès ont tenu compte des modifications nécessaires auprès de l'esprit laborieux.

MANUSCRIT, subs. ms. *Écrit* à la *main*. *Ouvrage manuscrit*.

MANUTENTION, subs. fm. Ce mot et tous ceux de sa famille ont pour racine *main*. Action de *maintenir*. Établissement où l'on fabrique, avec la *main*, le pain, etc., pour la troupe, etc.

REMARQUE. On retrouve littéralement la même idée, dans *manœuvre, manouvrier, manne*, etc. (c'est-à-dire avec la *main*).

ORTHOGRAPHE ABSOLUE.

MAR

Orthographiez par *mar*, avec un seul *r*, tous les mots commençant par *mar* : *Marabout*, (cafetière, oiseau, prêtre d'Afrique), *marais*, *marauder*, *maraud*, *marée*, *mariage*, *mari* (époux), *marine*, *marionnette*, *maronite*, *maroquin*, *marotte*, *maroufler* (coller la toile sur une autre toile pour renforcer), *marum* (plante), et tous les dérivés.

EXCEPTÉ : *Marraine*, *marri* (fâché), *marron*, *marrube* et leurs dérivés. *Selon l'Académie*.

Méta.

RACINE ORIGINELLE :	RACINE FRANÇAISE :	VRAI SENS :
Du grec, *meta*.	*méta*.	*au delà, changement.*

Cet élément créateur, qui se change quelquefois en *mété, méto* et *métho*, par euphonie, apporte au mot qu'il sert à constituer une idée de *transformation*, de *traversée*, de *substitution*, de *transposition*, et marque la même idée que le *trans* latin (*au-dessus*).

MÉTA

MÉTABASE, subs. fm. *Transposition. Rhétorique*.

MÉTABOLE, subs. fm. — *méta*, changement, et *balló*, je jette. *Substitution*. Figure de rhétorique où l'on répète dans la seconde partie d'une phrase les mots de la première, mais placé dans un ordre *inverse*.

MÉTACHORÈSE, subs. fm. — *méta*, changement, et *choros* (grec), lieu. Je passe d'un endroit à un autre; *changement*. En médecine, *transport* d'une humeur dans une autre partie.

MÉTACHRONISME, subs. ms. Racine *chronos* (grec), temps, et *méta*. Au delà de l'époque, *changement* de temps. Anachronisme qui consiste à aller *au delà* de l'époque, c'est-à-dire à placer un événement dans un temps *antérieur* à celui où il est arrivé.

MÉTALEPSE, subs. fm. — *méta*, changement, *lambanô*, je prends. Figure de rhétorique où l'on fait la *transposition* des termes que l'on prend l'un pour l'autre; l'antécédent pour le conséquent, et le conséquent pour l'antécédent, la cause pour l'effet, l'effet pour la cause, etc. Ce terme marque, dans sa racine, *changement*, *transmutation, transposition.* Voici un exemple de l'*effet* pour la *cause*, puisé dans Boileau, *Lutrin, ch.* 2. *Pour dire :* Il se fait nuit :

> Les ombres cependant sur la ville épandues
> Du faîte des maisons descendant dans la rue.

Autre exemple : *il a vécu,* ou *nous le pleurons,* pour il est mort.

MÉTAMORPHOSE, subs. fm.—*méta,*changement, et *morphé,* forme.*Changement de forme en une autre.Transmutation, changements* de cette nature que les païens croyaient avoir été fait par les dieux. *Transformation,* qui a lieu dans la plupart des insectes, et dans quelques animaux.

MÉTAPHORE, subs. fm. — *méta,* au delà, et *phore* (du grec *phéró*), je porte. *Transposition.* Figure de rhétorique, par laquelle un mot est porté *au delà* de sa signification à une signification analogue. Transposition d'un mot du sens propre au sens figuré. Exemple :

> Celui qui *met un frein* à la fureur des flots
> Sait aussi des méchants arrêter les complots.
>   Racine.

Mettre un frein à la fureur des flots, c'est les modérer, les arrêter, s'en rendre maître, comme on le fait d'un char, ou d'un cheval avec le frein. Voilà le sens figuré.

Le célèbre Montaigne dit : *La vieillesse attache plus de rides à l'esprit qu'au visage.* Dans le sens propre, on ne peut appliquer le mot *ride* à l'esprit. Voilà cependant une expression énergique.

MÉTAPHRASE, subs. fm. *Changement de phrase.* Racine *méta,* et *phrase; je parle dans une autre langue,* traduction, interprétation littérale.

MÉTAPHYSIQUE, subs. fm.—*méta,*après, et *physique* (nature). *Abus* des abstractions. Science qui traite des facultés de l'entendement humain des premiers principes de nos connaissances et des idées universelles.

MÉTATHÈSE, subs. fm. — *méta,* et *thèse.* Figure de grammaire qui consiste dans la *transposition* d'une lettre, comme *berlan* pour *brelan, éprevier* pour *épervier.*

MÉTASTASE, subs. fm. — *méta,* et *stomoó,* j'ouvre. *Transport* ou passage d'une maladie d'une partie du corps dans une autre partie.

MÉTONOMASIE, subs. fm.—*méto* (de *méta*), changement, et *onoma,* nom. *Changement* d'un *nom* ou traduction d'un nom, comme *la Ramée,* pour *Ramus.*

MÉTONYMIE, subs. fm. — *méto* (de *méta*), changement, *onuma* (grec), nom. *Changement de nom.* Figure de rhétorique où l'on prend la cause pour l'effet, le sujet pour l'attribut, le contenant pour le contenu, etc., par exemple : *il vit de ses œuvres* (du produit de ses œuvres); la ville est heureuse et fière de son bonheur, de sa prospérité, etc.; *tous les habitants de la ville,* etc.

MÉTOPE, subs. fm. — *méta,* entre, et *opé,* trou; *distance* d'un *trou* à un autre. *Architecture.*

MÉTEMPSYCOSE, subs. fm.—*méta,* changement, *en* (dans), et *psuché* (grec), âme. *Changement* de l'*âme,* changement de l'âme d'un corps dans un autre, selon la doctrine de Pythagore.

MÉTÉORE, subs. ms. — *mété* (de *méta*), au-dessus, et *aéiró,* j'élève. *Elevé au-dessus.* Phénomène qui apparaît dans l'air, et qui se forme des vapeurs et exhalaisons de la terre.

MÉTÉOROLITHE, subs. fm. Racine *lithos,* pierre. *Pierre élevée.* C'est-à-dire pierre tombée de l'atmosphère. *Histoire naturelle.*

MÉTHODE, subs. fm.—*métho* (de *méta*), par, et *hodos* (grec), voie; moyen d'arriver à un but par la *voie* la plus convenable ; habitude, usage, etc.

MI

DEMI, MOITIÉ, MILIEU.

Cet élément créateur (particule initiale indéclinable) entre dans la composition de plusieurs mots pour marquer l'idée de *demi, moitié, milieu.* Il prend la forme de *micro,* pour signifier *petit* (du grec *mikros*).

MI-AOUT, subs. fm. Le quinze du mois d'*août.*

MICHE, subs. fm. Du latin *mica,* miette, à cause de sa *petitesse.* De l'idée de *petitesse* vient celle de *petitesse.* On disait autrefois *miche,* pour dire *petit pain blanc.* De là le mot Michel, et ensuite les boulangers prirent saint Michel pour leur patron, anciennement.

MICROCÈLE, adj. des 2 g. — *micro,* petit, et *kélé,* tumeur; qui a un *petit* ventre.

MICROCÉPHALE, adj. des 2 g. — *micro,* petit, et *céphale* (du grec *képhalé*), tête; qui a une *petite tête.* A *tête* de singe.

MICROCOSME, subs. ms. — *micro,* petit, et *kosmos,* monde. *Petit monde.* L'homme est un microcosme.

MICROGRAPHIE, subs. fm. *Description* des propriétés des objets fort *petits,* vus seulement au microscope.

MICROPHONE, subs. ms. et adj. des 2 g. Racine *phôné* (grec), son. *Petit son.* Qui a la *voix faible.* Qui *affaiblit* les sons.

MICROPHYLLE, adj. des 2 g. Racine *phullon,* feuilles. A *petites feuilles.*

MICROSCOPE, subs. ms. — *micro,* petit, et *skopéô,* je regarde. Instrument d'optique qui sert à grossir les *petits* objets.

MIDI, subs. ms. Le *milieu* du *jour.* Le moment où le soleil est au méridien. L'heure qui marque le *milieu* du *jour*. La plus haute élévation du soleil, d'une planète.

MIETTE, subs. fm. *Petite* partie de pain.

MIGRAINE, subs. fm. Douleur qui occupe une *moitié* de la *tête*, et qui est souvent périodique.

MÉTIS, SSE, paraît être une variété de *mi*, c'est-à-dire engendré de *deux espèces*. Né d'un blanc et d'une indienne.

MIL

Cet élément créateur (abréviation de *mille*) apporte au mot qu'il sert à constituer l'idée de *dix fois cent*, ou de *mille*.

MILICE, subs. fm. Racine *mil* (formé de *miles*, *soldat*, lequel dérive de *mille*), parce qu'à Rome, chaque tribun fournissait *mille* hommes pour la guerre; quiconque était de ce nombre s'appelait *miles*. Troupe de gens de guerre. Nouvelles recrues. Il est opposé à *troupes réglées*.

MILICIEN, subs. ms. Même origine que *milice*. Soldat de milice.

MILITER, v. n. Racine *miles*, soldat (du latin *militare*), combattre. Il est probable que *militaire* en est une traduction.

MILLÉNAIRE, adj. des 2 g. Qui contient *mille*. Subs. ms. *Dix siècles*, ou *mille* ans. Le premier *millénaire*.

MILLIAIRE, subs. ms. et adj. des 2 g. *Colonne ou pierre milliaire*, que les Romains plaçaient sur les grands chemins pour marquer les distances en comptant par *milles*. Quoique nous ne comptions point par *milles*, nous appelons de même *pierre milliaire* celles qui, sur nos grands chemins, indiquent les distances. La colonne qu'Auguste fit élever au centre de Rome, sur laquelle étaient marqués les grands chemins d'Italie, et leur distance de Rome par *milles*, s'appelaient *milliaire doré*.

MILLIGRAMME. Par extension on a formé *milli*, nom générique de la *millième* partie d'une chose; c'est de là que *milligramme* veut dire *millième* partie du *gramme*.

MILLISTÈRE, subs. ms. La *millième* partie du *stère*.

MILLIMÈTRE. *Millième partie du mètre*.

Mono.

RACINE ORIGINELLE.	RACINE FRANÇAISE :	VRAI SENS:
Du grec, *monos*.	*mono*.	*seul*.

Cet élément créateur (ou initiale) entre dans la composition des mots français pour leur apporter l'idée *d'unité*. Il a pour forme ou variété *mona*, qui donne peu de mots.

MONO

MONOCÉROS, subs. ms. — *mono*, seul, et *kéros*, corne. Animal qui n'a qu'une *seule corne*.

MONOCROME, adj. des 2 g. et sub. ms. Tableau *d'une seule couleur*. L'invention, chez les anciens, en est attribuée à Cléophante de Corinthe. Racine, *chôma* (grec), couleur.

MONOCLE, subs. ms. — *mono*, seul, et *oculus*, œil. Petite lunette qui ne sert que pour *un seul œil*. Adj. qui n'a *qu'un œil*.

MONOCLINE, subs. ms. et adj. des 2 g. Racine grecque *kliné*, lit. Plantes dont les organes sexuels sont réunis dans *la même fleur*.

MONOCORDE, subs. ms. Instrument de musique à *une seule corde*, pour faire connaître les différents intervalles de tons.

MONOCROTON, subs. ms. Navire à *un seul* rang de *rames*.

MONOCULAIRE, adj. des 2 g. Qui n'a qu'un *œil*.

MONODIE, subs. fm. *Chant à une seule voix*.

MONOGRAMME, subs. ms. *Une seule lettre*.

Sorte de chiffre qui contient les lettres du nom de quelqu'un entrelacées en *un seul caractère*.

MONOGRAPHIE, subs. fm. Description d'un seul objet, d'un seul genre, etc.

MONOLITHE, subs. ms. Ouvrage fait *d'une seule pierre*, comme les statues, les sarcophages, etc. On le dit aussi adjectivement: *Colonne monolithe. Architecture.*

MONOLOGUE, subs. m. *Discours seul.* Scène dramatique dans laquelle un personnage *parle seul*, ou *se parle à lui-même*.

MONOMANIE, subs fm. Passion, fureur pour *un seul objet*, une idée unique. *Manie de la solitude.*

MONOÏQUE, adj. des 2. g. Plante qui porte sur le *même pied* des fleurs mâles et des fleurs femelles.

MONOME, subs. ms. Quantité qui n'a qu'un *seul* terme. *Algèbre.*

MONOPÉTALE, subs. ms. et adj. des 2 g. On désigne, par ce terme, des fleurs dont la corolle est d'*un seul pétale.*

MONOPHYLLE, adj. ms. Calice formé d'*une seule* pièce (une seule feuille).

MONOPOLE, subs. ms. — *mono*, seul, et *pôléin* (grec), vendre. Privilége exclusif de *vendre seul* certaine marchandise.

MONOPYRÈNE, adj. des 2 g. — *mono*, seul, et *purén* (grec), noyau. En botanique, qui ne renferme *qu'un seul noyau.*

MONORIME, subs. ms. *Seule et unique rythme.* Sorte de poëme dont tous les vers sont sur la *même rime.*

MONOSPERME, adj. des 2 g. Fruit qui n'a qu'*une seule semence. Botanique.*

MONASTIQUE, subs ms. Epigramme composée d'*un seul vers.*

MONOSTYLE, adj. des 2 g. *Seul style.* En botanique, fleur d'*un seul style* (espèce de pédicule grêle formant une portion du pistil).

MONOSYLLABE, subs. ms. Mot d'*une seule* syllabe.

MONOTHÉISME, subs. ms. — *mono*, seul, unique, et *théos*, Dieu. *Dieu unique.* Religion qui n'admet qu'*un seul Dieu.*

MONOTONE, adj. des 2 g. *Un seul ton.* Qui est toujours sur le *même ton*. Au figuré, qui est d'une *uniformité* fatigante, en parlant de style, et en peinture, qui est égale de *ton* et de couleur, qui est fade.

MONA

VARIÉTÉ DE MONO

MONACAL, E. (Moine), qui tient du *moine* (seul).

MONADELPHIE, subs. ms. — *mona*, (de *monos*, grec), seul, et *adelphos*, frère. *Un seul frère.* Plantes dont les étamines sont réunies par leurs filaments en *un seul corps.*

MONANDRIE, subs. fm. — *mona* (du grec, *monos*), seul, et *ander*, homme. Système de Linnée qui renferme les fleurs hermaphrodites qui n'ont qu'*une étamine*, ou organe.

MONARCHIE, subs. fm. — *mona* (du grec *monos*), seul, et *arché* (puissance). *Gouvernement d'un état par un seul chef.*

MONARQUE, subs. ms. — *mona*, seul, et *argos* (grec), chef. Qui est *seul* à la tête d'un gouvernement. Qui a seul l'autorité souveraine, le commandement du pays confié à sa sagesse.

MONASTÈRE, subs. ms. — *mona* (de *monos*, grec), seul, et de *stère*, solide, (ou mieux *bois*), *seul* dans un *bois*, retiré du monde. Lieu où l'on vit *seul; solitude*, couvent; demeure de religieux ou de religieuses.

MONASTIQUE, adj. des 2 g. (*Seul*). Qui regarde les *moines* et les religieuses.

MONAUT, adj. ms. — *mona*, seul, et *ous* (grec), oreille. *Une seule oreille. Chien, chat, monaut*, qui n'a qu'*une oreille.*

MOINE, subs. ms. Variété de *monos*, seul, formé du grec *monios*, solitaire; ce mot signifie proprement religieux, qui vit entièrement séparé du monde, comme les chartreux, etc. On a donné, par extension, ce nom à d'autres religieux.

MOINEAU, subs. ms. Selon Ménage, ce mot vient de *monios*, solitaire, parce qu'il y a une espèce de *moineau* qui aiment à vivre *seuls.* Suivant Belon, ce mot vient de *moine* à cause de la couleur grise de son plumage.

Ces deux auteurs sont d'accord sur l'étymologie: l'un en tirant ce mot de *monios*, moine, et l'autre de *moine*, mot purement français formé de *monios*, solitaire, etc. Ils ne diffèrent que dans l'application.

MYRI

DIX MILLE.

Cette particule ou élément créateur, que l'on retrouve dans *myria* et *myrio*, signifie **dix mille fois la chose dont il s'agit.**

MYRIAGRAMME, subs. ms. *Dix mille grammes.*

MYRIALITRE, subs. ms. *Dix mille litres.*

MYRIAMÈTRE, subs. ms. *Dix mille mètres,* ou deux lieues moyennes.

MYRIAPODE, subs. ms. *Dix mille pieds.*

MYRIARE, subs. ms. *Dix mille ares.*

MYRIASTÈRE, subs. m. *Dix mille stères.*

MYRIONIME. Qui a *dix mille* noms.

MYRIOTHÈQUE — *myri* (de *murioi*, grec), dix mille, et *théké*, étui; *dix mille étuis*. Espèce de fougère à capsules innombrables.

MYTHO

FABLE.

Formé du grec *mithos*, fable; cet élément ajoute aux mots français l'idée du mot *fable*.

MYTHOLOGIE, subs. fm. — *mytho*, fable, et *logos*, discours; c'est-à-dire *discours*, *science*, ou explication de la *fable*, de l'histoire *fabuleuse*, etc. Tous les dérivés ont la même origine et marquent la même idée absolue.

MYSTI

INITIÉ.

Cet élément, formé du grec *mustis*, signifie : *initié*, *sacré*, etc., il prend la forme de *mysta*, *mysté*.

MYSTAGOGIE — *mysta*, initié, et *agô*, je conduis. *Initiation* aux mystères.

MYSTÈRE. Pris dans le sens absolu, il signifie dogme dont le fonds est inaccessible à la raison humaine, c'est-à-dire sur lequel on doit se taire ou fermer la bouche. Chose cachée et difficile à comprendre.

MYSTICISME. Amour de la mysticité, enfin des choses *sacrées*.

MYSTIFIER, **MYSTIFICATION**, et les dérivés, représentent l'idée de *chose cachée*, *secrète*, parce que tout le monde est dans la confidence, excepté celui sur lequel retombe l'action dont il s'agit.

MYSTIQUE, adj. *Caché*, *secret*, sous cachet, allégorique, figuré. *Sens mystique*, en matière de religion. En jurisprudence, *testament mystique*, secret, sous cachet.

CONJUGAISON.

Verbes qui n'ont pas d'éléments créateurs dans les colonnes précédentes.

MAUDIRE, v. a. *Ind.* Je maudis, dis, dit, dissons, dissez, dissent. *Imp.* Je maudissais, dissais, dissait, dissions, dissiez, dissaient. *P. déf.* Je maudis, dis, dit, dîmes, dîtes, dirent. *Fut.* Je maudirai, diras, dira, dirons, direz, diront. *Cond.* Je maudirais, dirais, dirait, dirions, diriez, diraient. *Impér.* Maudis, dissons, dissez. *Subj.* Q. je maudisse, disses, disse, dissions, dissiez, dissent. *Imp. subj.* Q. je maudisse, disses, dît, dissions, dissiez, dissent. *P.* Maudissant, dit, e.

METTRE, v. a. *Ind.* Je mets, ets, et, tons, tez, tent. *Imp.* Je mettais, tais, tait, tions, tiez, taient. *P. déf.* Je mis, is, it, îmes, îtes, irent. *Fut.* Je mettrai, tras, tra, trons, trez, tront. *Cond.* Je mettrais, trais, trait, trions, triez, traient. *Impér.* Mets, mettons, mettez. *Subj.* Q. je mette, tes, te, tions, tiez, tent. *Imp. subj.* Q. je misse, isses, ît, issions, issiez, issent. *P.* Mettant, mis, e.

Conjuguez de même admettre, commettre, démettre, émettre, entremettre, permettre, omettre, promettre, remettre, soumettre, transmettre.

MESSEOIR et **SEOIR**, v. n. Messeoir, c'est ne pas convenir, ne pas être séant. Ce verbe n'est plus usité à l'infinitif. Seoir, c'est être convenable. Ce verbe, dont le sens est l'opposé de messeoir, se conjugue de la même manière que ce dernier qui lui sert de modèle.

Ind. Il messied, ils messiéent. *Imp.* Il messeyait, ils messeyaient. *F. déf.* Inusité. *Fut.* Il messiéra, ils messiéront. *Cond.* Il messiérait, ils messiéraient. *Impér.* Inusité. *Subj.* Qu'il messiée, qu'ils messiéent. *Imp.* Inusité. *P.* Messeyant, e, adj.

MORDRE, v. a. Je mords, ds, d, dons, dez, dent. *Imp.* Je mordais, dais, dait, dions, diez, daient. *F. déf.* Je mordis, dis, dit, dîmes, dîtes, dirent. *Fut.* Je mordrai, dras, dra, drons, drez, dront. *Cond.* Je mordrais, drait, drait, drions, driez, draient. *Impér.* Mords, dons, dez. *Subj.* Q. je morde, des, de, dions, diez, dent. *Imp. subj.* Q. je mordisse, disses, dît, dissions, dissiez, dissent. *P.* Mordant, du, e.

Ainsi se conjuguent démordre, tordre, détordre, remordre, retordre.

MOUDRE, v. a. *Ind.* Je mouds, ds, d, lons, lez, lent. *Imp.* Je moulais, lais, lait, lions, liez, laient. *P. déf.* Je moulus, lus, lut, lûmes, lûtes, lurent. *Fut.* Je moudrai, dras, dra, drons, drez, dront. *Cond.* Je moudrais, drais, drait, drions, driez, draient. *Imp.* Mouds, lons, lez. *Subj.* Que je moule, les, le, lions, liez, lent. *Imp. subj.* Que je moulusse, lusses, lût, lussions, lussiez, lussent. *P.* Moulant, lu, lue.

Pour émoudre, remoudre, rémoudre, même conjugaison.

MOUVOIR (verbe). *Ind.* Je meus, meus, meut, vons, vez, vent. *Imp.* Je mouvais, vais, vait, vions, viez, vaient. *P. déf.* Je mus, mus, mut, mes, tes, rent. *Fut.* Je mouvrai, vras, vra, vrons, vrez, vront. *Cond.* Je mouvrais, vrais, vraient, vrions, vriez, vraient. *Impér.* Meus, vons, vez. *Subj.* Que je meuve, ves, ve, vions, viez, vent. *Imp. subj.* Que je musse, musses, mût, sions, siez, sent. *P.* Mouvant, mû. e.

Il faut conjuguer de même les verbes émouvoir, promouvoir; ce dernier n'est en usage qu'au passé défini, je promus, et lorsqu'il est précédé de avoir ou être, avoir promu, être promu.

MOURIR (verbe). *Ind.* Je meurs, rs rt, rons, rez, rent. *Imp.* Je mourais, rais, rait, rions, riez, raient. *P. déf.* Je mourus, rus, rut, rûmes, rûtes, rurent. *Fut.* Je mourrai, ras, ra, rons, rez, ront. *Cond.* Je mourrais, rais, rait, rions, riez, raient.

Impér. Meurs, rons, rez. *Subj.* Que je meure, res, re, rions, riez, rent. *Imp. subj.* Que je mourusse, russes, rût, russions, russiez, russent. *P.* Mourant, mort, e.

NOUER (verbe). *Ind.* Je noue, es, e, ons, ez, ent. *Imp.* Je nouais, ais, ais, ions, iez. *déf.* Je nouai, as, a, âmes, âtes, èrent. *Fut.* Je nouerai, ras, ra, rons, rez, ront. *Cond.* Je nouerais, rais, rait, rions, riez, raient. *Impér.* Noue, ons, ez. *Subj.* Que je noue, es, e, ions, iez, ent. *Imp. subj.* Que je nouasse, asses, ât, assions, assiez, assent. *P.* Nouant, noué, e.

Selon quelques grammairiens, les verbes en *uer*, comme *nouer*, *puer*, etc., ont un tréma (··) sur l'*i* à la première et à la deuxième personne plurielles de l'imparfait de l'indicatif et du présent du subjonctif. Il faut suivre l'Académie.

Ob

RACINE ORIGINELLE :	RACINE FRANÇAISE :	VRAI SENS :
Préposition latine : *ob*,	*ob*,	*devant, au-devant, vis-à-vis, pour.*

Cet élément créateur (ou particule initiale) apporte au mot qu'il sert à constituer une idée de *position en face*, *en présence*, et même quelquefois, par opposition, celle d'*empêchement*.

Il se présente sous la forme de *oc*, *of*, *op*, ou de *o* seul, qui en sont les variétés.

OB

OBÉDIENCE, subs. fm. (Autrefois *obéissance*). Chez les religieux, ordre ou congé que donne un supérieur *pour* passer d'un couvent à l'autre.

OBÉISSANCE, subs. fm. Racine *ob*, pour, et *audire* (latin), écouter. C'est l'*action d'écouter* pour exécuter. Disposition qui nous amène *devant* quelqu'un pour nous soumettre à ses ordres, à ses volontés.

OBIT, subs. ms. — *obire*, mourir. Service fondé *pour* le repos de l'âme de quelqu'un.

OBJECTER, v. a. *Jeter au-devant*. Opposer une difficulté à une proposition, à un raisonnement. Comme neutre, on dit aussi objecter que. *Même étymologie* pour objection, etc., et les dérivés.

OBJET, subs. ms. *Chose jetée*, mise *devant* les yeux. Tout ce qui se présente à l'esprit ; tout ce qui occupe les facultés de l'âme.

OBJURGATION, subs. fm. *Reproche mis devant*. Action par laquelle on fait de l'opposition, on *réprimande* vivement. Ce mot, vieux, fut rajeuni par *La Harpe*.

OBLIGATION, subs. fm. — *ob*, d'avance, et *ligare*, lier. Engagement pris *vis-à-vis* de quelqu'un. Acte fait *devant* notaire, ou sous seing-privé. Engagement qu'impose le devoir, ou qui naît des services, des bons offices, des bienfaits reçus *d'avance*.

OBOMBRER, v. a. Mettre l'*ombre devant*. *S'opposer, couvrir* de son *ombre*. *Les anges l'obombraient de leurs ailes*, (le couvraient, mettaient l'*ombre au-devant*). Ce mot est vieux, et ne s'emploie que dans certains styles.

10

OBSCÈNE, adj. des 2 g. Racine *ob*, (*obs*), *devant*, *autour*, et *scène* (de *cœnum*), bourbier, fange, boue; qui blesse la pudeur; déshonnête.

OBSÉDER, v. a. — *ob*, et de *sedere*, être assidu. Être *en présence* continuellement de, *être assidu auprès* de quelqu'un, pour se rendre maître de son esprit, et quelquefois pour empêcher que d'autres ne l'approchent. *Il se prend toujours en mauvaise part.*

OBSTACLE, subs. ms. — *ob*, et *stare*, être. Être *situé devant; placé devant* pour empêcher. Ce qui *empêche* une affaire de réussir, ou une personne d'arriver à son but.

OBSTINER, v. a. et pron. *Tenir* ferme *devant* ce qu'on dit.

OBSTRUER, v. a. — *ob*, et *struere*, murer, *bâtir devant*. Interposer un obstacle, un passage. *Boucher* les conduits naturels.

OBTENIR, v. a. *Tenir devant soi.* Faire en sorte par ses prières, par ses sollicitations auprès de quelqu'un, qu'il accorde ce qu'on lui demande. Parvenir à un résultat.

Saint-Lambert, poëme des Saisons, a dit absolument : *avant d'en obtenir* (*d'obtenir de la cour*), *ils voulaient mériter.* C'est une faute ou plutôt deux fautes, car ces verbes ne s'emploient pas sans régime. Il fallait dire : *Avant d'obtenir des faveurs de la cour, ils voulaient les mériter.*

OBVIER, v. n. — *ob*, et *via*, chemin. *Aller au-devant*. Prendre (*auparavant*) les précautions, les mesures nécessaires pour prévenir un mal, un accident fâcheux. *Obvier à un malheur.*

OBVERS, subs. ms. Qui est *devant*, *en face*. Quelques antiquaires désignent par ce terme le côté d'une médaille *opposé* au *revers*, lorsque la médaille ne porte point de tête.

OC

OCCASION, subs. fm. Ce qui tombe, ce qui *vient devant*. Rencontre, conjoncture de temps, de lieux, d'affaires, convenable *pour* quelque chose.

OCCLUSION, subs. fm. État des intestins dont la cavité est bouchée ou rétrécie par un *obstacle* ou un empêchement quelconque. — *oc*, et *cludere*, fermer.

OCCULTATION, subs. fm. Disparition passagère d'une étoile ou d'une planète *cachée* par la lune (c'est-à-dire lorsque cette dernière est *au-devant*).

OCCULTE, adj. des 2 g. Caché et en *opposition*, mis en *présence* pour *empêcher*.

OCCUPER, v. a. Employé comme terme de palais, il signifie être placé *devant* le tribunal pour défendre une cause. Il se dit des choses qui sont l'objet d'un travail du corps ou d'une appli-

cation de l'esprit. Être occupé de quelque chose, c'est avoir cette chose *en face*, y penser, etc.

OCCURENCE, subs. fm. *Courir au-devant*. Rencontre *devant* soi d'une circonstance, d'un événement fortuit, d'une occasion, sans s'y attendre. — *oc*, et *currere*, courir.

OC

Pour ce qui concerne l'orthographe absolue de *oc*, il faut remarquer que tous les mots donnés pour exemples, et, en général, ceux qui marquent l'idée de la racine originelle *ob*, *devant*, *pour*, *au-devant*, etc., ont deux c à l'initiale *occ*.

OF

OFFENSER, v. a. S'*opposer* par des injures à ce qui peut faire plaisir à quelqu'un, au lieu de l'obliger. Mettre *empêchement* à ce qui peut être agréable. Blesser, choquer, etc.

OFFICIEUX, EUSE, adj. Qui va *au-devant* de, qui est porté à rendre service, obligeant, serviable. Ce mot (et ses composés), — *ficere*, faire, de *of*, pour *ef*.

OFFICIER, v. n. Célébrer, *devant* le peuple, la sainte messe à l'église.

OFFICIER, subs. ms. Ce terme se dit des gens de guerre qui sont *à la tête* ou *en face* de quelque compagnie, qui ont quelque commandement. C'est-à-dire qui marche *devant*.

OFFRIR, v. a. Racine *of* (pour *ob*), *devant*, et *ferre*, porter; *porter* ou *mettre devant*. C'est présenter une chose à quelqu'un. Offrande, offre, offreur et les dérivés ont la même étymologie.

OFFUSQUER, v. a. Racine *of* (pour *ob*), *devant*, et *fusquer*, formé de *fuscus*, sombre. *Mettre* quelque chose de *sombre devant*, pour empêcher de voir. Ces arbres offusquent ma maison. Donner de l'ombrage, déplaire : *Tout l'offusque.*

Ces étymologies, que l'on retrouve dans peu d'auteurs latins, n'en sont pas moins légitimes pour cela, dans le français moderne, où, à défaut d'autre, on reconnaît pour origine véritable, l'usage de la chose qui lui apporte sa signification, son vrai sens, quelles que soient d'ailleurs les transitions ou altérations dont ces éléments créateurs furent ou peuvent être susceptibles.

OF

Cette articulation initiale est orthographiée,

(par *off*,) avec deux *f*, dans tous les mots qu'elle sert à former, sans exception, dans notre langue. Écrivez avec deux *f* tous les mots français en *off*, *office*, *officier*, *offrande*, *offusquer*, etc.

OP

OPILER, v. a. Presser, fouler *devant*. Mettre quelque chose devant; boucher les conduits du corps, causer des obstructions. —*pileô*, je presse.

OPINIATRE, subs. et adj. des 2 g. Celui qui tient ferme *devant* ce qu'on prétend. Entêtement, obstination *en face* des sentiments contraires.

OPINER, v. n. Dire *devant* une assemblée, ou dans une compagnie, son avis sur un sujet qui a été mis en délibération.

OPPORTUN, adj. Racine *op* (pour *ob*), devant, et *portus*, port. C'est-à-dire *favorable, propre ;* selon le temps et le lieu.

OPPOSÉ, adj. Placé *vis-à-vis*. Contraire, en parlant des esprits, des humeurs, des intérêts. *Opposer*, v. a. Racine *op*, (pour *ob*), devant, et poser; Mettre une chose ou une personne pour faire obstacle à une autre. *Opposer la force à la force*.

OPPOSITE, subs. des 2 g. Le contraire. *Il est tout l'opposite de son frère*. Opposé.

OPPRIMER, v. a. Mettre *au-devant* de la chose, soit morale, soit corporelle, quelque obstacle.

OPPRESSER, OPPROBRE et les dérivés présentent à l'esprit la même idée de *placer devant*, de mettre obstacle, etc.

OPTER, v. n. Choisir entre deux ou plusieurs choses, mises en *présence*, et que l'on ne peut voir ensemble.

ORTHOGRAPHE ABSOLUE

OP

Cette articulation initiale est orthographiée avec deux *p* de suite, (par *opp*), quand elle est placée immédiatement avant l'une ou l'autre des deux lettres du mot *or*. Mais elle est orthographiée avec un seul *p*, (par *op*), dans tous les autres cas. EXEMPLES : Opposer, opportun, opprobre, opprimer, etc., ont deux *p* de suite, parce que, dans ces mots, *opp* est placé immédiatement avant *o* ou *r*, l'une ou l'autre des lettres du mot *or*. En effet, dans *opposer*, l'articulation *opp*, est placée immédiatement avant *o*, lettre du mot *or*; dans *opprobre*, l'articulation *opp* est suivie immédiatement de *r*, lettre du mot *or*. Il en est de même de tous les autres mots dont l'initiale *opp* prend deux *p*.

Cas contraire. Opacité, opaque, opération, opercule, opiat, opiler, opinion, opium, optatif, opulence, opuscule, etc., n'ont qu'un seul *p*, parce que l'articulation *op*, dans ces cas, ne se trouve pas suivie immédiatement de *o* ou *r*, l'une ou l'autre des lettres du mot *or*. En effet, dans *opacité*, *op* est suivi de *a* qui n'appartient pas au mot *or*; dans *opération*, *op* est suivi de *é* qui n'appartient pas au mot *or*; dans *opuscule*, *op* est suivi de *u*, qui n'est pas une lettre du mot *or*. Mêmes raisons pour tous les cas où *op* n'a qu'un *p*.

Cette loi de *mnémonique* n'admet pour exceptions que quelques termes qui n'appartiennent pas au génie de la langue française, et desquels on fait peu d'usage. Ce sont *opobalsamum* (beaume), *opopanax* (gomme), *oporique* (remède), *opodéocèle* (hernie), *oposperme* (plante), *opossum* (quadrupède).

Il suffit, pour l'intelligence, de se rappeler que *opo*, par un seul *p*, est formé de termes américains qui tous servent à désigner une espèce de *suc*.

O

De laborieuses recherches, mais peu fructueuses, n'ont pu nous donner que deux mots qu'il semble permis de ramener à cette étymologie ; ce sont *omettre* et ses dérivés, et *oraison* dont nous allons nous occuper.

OMETTRE, v. a. Racine *o*, (pour *ob*), devant, autour, et *mettre* (pour *mittere*), envoyer, laisser là, quitter, abandonner. Manquer à faire ou à dire quelque chose qui est d'obligation, d'usage, etc., ou qu'on s'était proposé de faire ou de dire.

OMISSION, subs. fm. Oubli quelquefois volontaire qui paraît signifier une chose destinée à être remis en *présence* pour être reprise ou faite à l'occasion.

ORAISON, subs. fm. Ouvrage d'éloquence composé pour être prononcé *devant* une assemblée pompeuse, dans une cérémonie solennelle. Prière adressée à Dieu et aux saints.

OCTO

HUIT.

Cet *élément créateur*, (ou initiale) qui entre dans la composition pour marquer l'idée de *huit*, prend quelquefois la forme de *octa, octi, octu*.

OCTACORDE, subs. ms. Instrument des anciens, à *huit* cordes.

OCTAÈDRE, subs. ms. Corps solide à *huit* faces égales, lesquelles sont autant de triangles équilatéraux. *Géométrie*.

OCTANDRIE, subs. fm. Plantes dont les fleurs hermaphrodites ont *huit* étamines. Racine *octa*, huit, et *andrie* (de *andros*), mari.

OCTAPLES, subs. ms. pl. Espèce de bible poligraphe imprimée à *huit* colonnes dont chacune contenait une *version* différente.

OCTATEUQUE, subs. ms. Nom des *huit* premiers *livres* de l'Ancien Testament.

OCTAVE, subs. fm. Les *huit jours* pendant lesquels on célèbre certaines fêtes.

OCTIDI, subs. ms. Huitième jour de la décade, dans le calendrier républicain français.

OCTIPÈDE, adj. des 2 g. Ce terme se dit des insectes qui ont *huit pattes*.

OCTOBRE, subs. ms. Racine *octo*, huit. C'est-à-dire *huitième* mois de l'année romaine qui commençait le premier (ou dans le mois) de mars. Le dixième mois de notre année, mois de la vendange.

Dans ses épigrammes, Maynard dit :

Ci-gît Jean, qui baissait les yeux
A la rencontre des gens sobres,
Et qui priait souvent les dieux
Que l'année eût plusieurs *octobres*.

OCTOGÉNAIRE, subs. et adj. des 2 g. Qui a quatre-vingts ans. (*Huit fois dix*).

OCTOGYNIE, subs. fm. Classe de plantes à *huit pistils*.

OCTONAIRE, subs. ms. Nom de soldats romains qui formaient la *huitième* légion.

OCTOPÉTALÉ, ÉE, adj. Qui a *huit pétales*. *Botanique*.

OCTOPHORE, subs. fm. Litière ou lit funèbre des Romains, *porté* par *huit* hommes.

OCTOSTYLE, subs. ms. et adj. des 2 g. Bâtiment ou édifice qui a *huit colonnes*.

OCTUPLE, OCTUPLER. Qui contient *huit fois* ; répéter *huit fois*.

OPHTOLMO

OEIL.

Formée du grec *ophthalmos*, œil, cette racine originelle varie dans *ophtalgie* et *ophthalmie*.

OPHTHALGIE, subs. fm.—*opthalmos* (grec), œil, et *algos*, douleur ; *douleur* de *l'œil*, sans inflammation.

OPHTHALMIE, subs. fm. — *ophthalmos*, œil. Maladie des yeux.

OPHTHALMOCÈLE. Radical , œil , et *kélé* (grec), tumeur. *Hernie* de *l'œil*. *Chirurgie*.

OPHTHALMODYNIE, subs. fm. Radical *œil*, et *oduné* (grec), douleur. *Douleur* de *l'œil*. *Médecine*.

OPHTHALMOTOMIE, subs. fm. Radical, *œil*, et *tomé*, incision. *Dissection anatomique* de *l'œil*.

OPHTHALMOMÉTRIE , et tous ses dérivés , marquent l'idée de *mesurer*, compasser *l'œil*, etc.

OPHTHALMOSCOPIE , subs. Radical , œil , et *skopéô*, j'examine , je considère. Art de connaître le tempérament ou le caractère d'une personne par *l'inspection des yeux*.

OPHI

SERPENT.

Cette racine, ou élément créateur, vient du grec *ophis*, qui veut dire *serpent*, et apporte la même idée que sa racine originelle aux mots qu'elle sert à former.

OPHIASE, subs. fm. *Pareil au serpent*. Maladie qui fait tomber les cheveux en différents endroits de la tête, en sorte qu'elle paraît mouchetée comme la peau d'un *serpent*. *Médecine*.

OPHICLÉIDE, subs. ms. *Serpent à clefs*, nouvel instrument en usage dans les grands orchestres et dans les églises.

OPHIOLATRE, subs. ms. et adj. des 2 g. Qui *adore* des *serpents*, qui rend un culte aux *serpents*.

OPHIOLOGIE , subs. fm. *Description* des *serpents*. *Traité des serpents*.

OPHIOMANCIE, subs. fm. Sorte de divination qui se faisait par le moyen des serpents.

OPHIOPHAGE, subs. fm. et adj. des 2 g. Qui *mange* le *serpent*. Anciens peuples de l'Éthiopie, qui, dit-on, se nourrissaient de *serpents*.

OPHIOPHAGIE, subs. fm. *Action, désir, habitude* de *nourrir de serpents*.

OPHIOURE, subs. fm. Plante d'Éthiopie , qui inspirait, dit-on, une telle frayeur des serpents, que ceux qui en avaient mangé se donnaient la mort volontairement.

OPHITE, subs. ms. et adj. des 2 g. Marbre *ophite*, marbre vert et mêlé de filets jaunes, comme la peau d'un *serpent*.

OPHIURE, subs. fm. *Queue de serpent*. Genre de zoophites. *Histoire naturelle*. Genre de plantes de la famille des graminées. *Botanique*.

CONJUGAISON.

Verbes qui n'ont pas d'éléments créateurs dans les colonnes précédentes.

OUVRIR (verbe). *Ind.* J'ouvre, vres, vre, vrons, vrez, vrent. *Imp.* J'ouvrais, vrais, vrait, vrions, vriez, vraient. *P. déf.* J'ouvris, vris, vrit, vrîmes, vrîtes, vrirent. *Fut.* J'ouvrirai, vriras, vrira, vrirons, vrirez, vriront. *Cond.* J'ouvrirais, vrirais, vrirait, vririons, vririez, vriraient. *Impér.* Ouvre, vrons, vrez. *Subj.* Que j'ouvre, vres, vre.

vrions, vriez, vrent. *Imp. subj.* Que j'ouvrisse, vrisses. vrît, vrissions, vrissiez, vrissent. *P.* Ouvrant, ouvert, e.

Il faut ainsi conjuguer couvrir, entr'ouvrir, rouvrir, découvrir, recouvrir.

OUIR (verbe). *Ind.* J'ois, ois, oit, oyons, oyez, oient. *Imp.* J'oyais, oyais, oyait, oyions, oyiez, oyaient. *P. déf.* J'ouïs, ouïs, ouït, ouïmes, ouïtes, ouïrent. *Fut.* J'oirai, oiras, oira, oyrons, oyrez, oyront. *Cond.* J'oirais, oirais, oirait, oyrions, oyriez, oyraient. *Imp. subj.* Que j'ouïsses, ouïsses, ouït, ouïssions, ouïssiez, ouïssent. *P.* Oyant, ouï, e.

Ouïr. Ce mot joue deux rôles diamétralement opposés; ou il signifie : *entendre, mais d'une manière confuse, comme par hasard et sans dessein;* comme dans ces phrases : *Je l'ai ouï dire, j'en ai ouï quelque chose;* ou il signifie écouter favorablement (exaucer), comme dans celles-ci : *Seigneur, daignez ouïr nos vœux. Daignez ouïr les prières de votre peuple.*

OCCIRE. Ce verbe est inusité. Le passé est *occis, occise.*

PAN

TOUT.

Cet élément créateur, formé du grec *pan*, tout, entre dans la composition des mots pour y ajouter l'idée de son origine.

PAN. Dieu des campagnes, des troupeaux de toutes espèces, et plus spécialement des bergers. *Mythologie.*

PANACÉE, subs. fm.— *pan*, tout, et *akéomai*, guérir. Remède qui, selon quelques-uns, *guérit tout.* Remède universel. *Médecine.*

PANCARTE, subs. m. — *pan*, tout. et *carte*, papier. *Papier* qui contient le tarif de *tous* les droits. Affiche-placard.

PANCHYMAGOGUE, adj. — *pan*, tout, *chumos*, humeur, *agô*, je chasse. Il se dit d'un remède qu'on regardait autrefois comme capable de *chasser toutes* les *humeurs.*

PANCRACE et PANCRATIE. — *pan*, tout, et *kratos*, force. Exercice gymnastique. *Histoire ancienne.*

PANDÉMIE, subs. fm. — *pan*, tout, *démos*, peuple. Synonyme de épidémie. *Médecine.*

PANOPHOBIE, subs. fm.— *pan*, tout, *phobos*, frayeur. Terreur nocturne avec fièvre. Sueur et convulsion dans les enfants.

PANORAMA, subs. ms. — *pan*, tout, *orama*, vue. *Vue* de la *totalité*, vue de l'ensemble. Grand tableau, etc.

PANSPERMIE.— *pan*, tout, et *sperme*, (de *sperma*), semence. Système de ceux qui croient

que tous les *germes* des corps organisés sont répandus *partout*, et se développeront.

PANTALON, subs. ms.— *pan*, tout, et *talon*, depuis le cou jusqu'au *talon*. Sorte de vêtement des Vénitiens. Aujourd'hui, culotte qui prend depuis les reins jusqu'au talon.

PANTHÉISTE.—*pan*, tout, *théos*, Dieu. Celui qui croit que *Dieu* est le tout, et le *tout Dieu.*

PANTHÉON. — *pan*, tout, et *théos*, Dieu. Temple consacré à *tous* les *dieux*, aux grands hommes.

PANTOGÈNE, adj. — *pantos*, de tout, et *géinomai*, je nais. Il se dit des cristaux dont chaque angle et chaque arrête subit un décroissement.

PANTOMIME, subs. fm. — *pan*, tout, et *miméomai*, imiter, contrefaire. Pièce de théâtre dans laquelle les acteurs suppléent à la parole par des gestes. Acteur qui exprime toutes sortes de choses par des gestes, sans parler.

PANTOPHAGE.— *pan*, tout, et *phagô*, je mange; qui *mange* de tout.

PANTOPHILE.— *pan*, tout, et *philos*, ami; Qui *aime tout.*

PANTOPHOBE. — *pan*, tout, et *phobos*, crainte; qui *craint tout.*

PARA

A CÔTÉ, AU DELA.

Cet élément créateur (particule initiale grecque) veut dire *à côté*, et entre dans la composition de plusieurs mots français, auxquels il apporte cette même signification.

PARABOLE, subs. fm. Similitude, allégorie qui consiste à présenter à l'esprit un objet important de manière à lui donner l'idée d'un autre qui est *à côté.*

PARACENTÈSE, subs. fm. *Piquer à côté.* Fonction au bas-ventre des hydropiques, pour évacuer les eaux.

PARACHRONISME, subs. ms. *Temps au delà.* Rapporter un fait à un temps postérieur à celui où il est réellement arrivé. Le *parachronisme* est opposé au *prochronisme*, qui place un événement *plus tôt* qu'il n'est arrivé.

PARACHUTE, subs. ms. Mis *à côté* pour prévenir la *chute.* Machine qui offre, par son déploiement, une résistance à l'air pour *ralentir* la *chute* des corps.

PARADOXE, subs. ms. Opinion qui est *à côté*, ou proposition *au delà*, contraire à l'opinion reçue.

PARAGRAMME, subs. ms. *Lettre à côté*, contre. Faute de grammaire, faute d'orthographe. Erreur dans l'arrangement des lettres.

PARAGRAPHE, subs. ms. Petite section d'un discours, que l'on mettait autrefois *à côté* d'un chapitre, etc.

PARALIPSE, subs. fm. *A côté de l'objet.* Figure de rhétorique qui consiste à fixer l'attention sur un *objet*, (*laissé à côté*) en feignant de le négliger.

PARALLÈLE, adj. des 2 g. Ligne tirée *à côté* d'une autre ligne dont elle est également distante dans toute son étendue.

Un *parallèle*, subs. ms. Jugement qui porte sur deux objets mis *à côté* l'un de l'autre.

PARALOGISME, subs. ms. *Raisonnement* qui est *au delà*, ou *à côté* de la vérité; faux raisonnement. *Paralogisme et sophisme.* Le paralogisme est un raisonnement faux, un argument vicieux, une conclusion mal tirée ou contraire aux règles; le *sophisme* un trait d'artifice, un raisonnement insidieux, un argument captieux.

PARANYMPHE, subs. ms. Proche, ou *à côté* de la *jeune épouse*. Chez les anciens romains, on désignait par ce terme le *jeune garçon* qui *accompagnait* la mariée chez son époux. Chez les Grecs, on donnait ce nom à une espèce d'officier qui présidait aux mariages.

PARAPHE, ou PARAFE, subs. ms. Trait de plume mis *à côté* de la signature, et qui, en certains cas, se met pour la signature même.

PARAPHERNAL, ALE. adj. *Dot outre*, *à côté.* Bien que la femme met hors de la communauté, afin de le conserver pour elle. On dit mieux, *biens paraphernaux.* Racine *pherné* (grec), dot.

PARAPHRASE, subs. fm. Explication *à côté* de la *phrase*, et plus étendue que le texte.

PARAPLUIE et PARASOL, sont des subs. ms. Qui marquent l'idée de *au-dessus, à côté* de soi, pour se garantir, etc., le premier de la *pluie*, le second du *soleil*, etc.

PARASÉLÈNE, subs. fm. *A côté de la lune.* Apparence d'une ou de plusieurs *lunes* autour ou *à côté* de la véritable. La *parasélène* est pour la *lune* ce que le *parhélie* est pour le soleil.

PARASITE, subs. ms. Racine *para*, proche, à côté, et *site* (de *sitos*), blé; *celui qui est près du blé.* Autrefois, ministre préposé pour recueillir le *blé* destiné au culte sacré, presque tous les dieux avaient leurs *parasites.* On donne à ce mot aujourd'hui un sens odieux: On appelle *parasite* un écornifleur, homme qui fait métier d'aller manger à la table d'autrui, et qui, sans y être invité, vient se mettre *à côté des vivres.* Adj. expression *parasite*, qui revient trop souvent. On dit, au figuré, *plante parasite*, qui végète sur une autre; *branche parasite*, qui suce l'arbre inutilement.

PARATONNERRE, subs. ms. Qui se met *à côté*, ou sur le *côté*, ou par-*dessus* ce qu'on veut garantir du tonnerre.

* Voir HÉLIO, soleil.

PENTA

CINQ.

Cet *élément créateur* (particule initiale formée du grec *pente*, qui signifie *cinq*) apporte au mot français qu'il sert à constituer la même signification que sa racine originelle (*cinq*).

PENTACONTARQUE, subs. ms. En Grèce, celui qui commandait à une compagnie de *cinquante* hommes, soit dans le civil, soit dans le militaire.

PENTACORDE. subs. ms. Lyre des anciens, ainsi nommée parce qu'elle avait *cinq cordes. Antiquité.*

PENTAGLOTTE, adj. des 2 g. Qui est en *cinq langues* *.

PENTAGONE, adj. des 2 g. et subs. ms. Qui a *cinq angles* et *cinq côtés.*

PENTAÈDRE, subs. ms. Corps solides à *cinq faces. Cinq bases, sièges.*

PENTAMÈTRE, adj. ms. et subs. *Cinq mesures.* Vers composé de cinq pieds ou mesures, chez les Grecs et les Latins.

PENTANDRIE, subs. fm. Classe de plantes dont la fleur a *cinq étamines*, ou organes *mâles.*

PENTARCHIE, subs. fm. *Gouvernement* de *cinq.*

PENTAPOLE, subs. fm. *Territoire* qui comprenait *cinq* villes principales. Racine *polis* (grec), ville.

PENTATEUQUE, subs. ms. Nom collectif des *cinq* premiers *livres* de la bible. — *teuchos*, livre.

PENTATHLE, subs. ms. La réunion des *cinq* espèces de jeux et combats auxquels les *athlètes* s'exerçaient dans les gymnases.

PENTECOTE, subs. fm. La racine originelle grecque n'a subi aucune altération dans ce mot. Par ce terme, on désigne le *cinquantième* jour après Pâques, fête célébrée en mémoire de la descente du Saint-Esprit sur les apôtres.

PAR et PER

AUGMENTATIF.

Ces deux initiales, l'une préposition latine et l'autre française, éveillent toutes deux *une idée de route, de passage, de traverse, de traversée en différents sens*, et celle *de cause, de départ, d'arrivée, de terme atteint, de chose entière-*

* Racine *penta*, cinq, *glotte*, langue.

ment achevée,et ajoutent cette signification à quelques mots qu'elles servent à former. On peut y ajouter aussi l'idée de *lieu*.

PARDONNER, v. a. Racine *par* (pour *per*, augmentatif) et *donner*, accorder; *accorder l'entière* rémission d'une faute. *Accorder* le pardon d'une faute, d'une injure : pardonner une offense.

PARCAGE, subs. ms. Le *séjour* des moutons dans une *enceinte* sur les terres labourables. *L'endroit* (le lieu) où ils ont passé la nuit.

PARCOURS, subs. ms. Droit de mener paître ses troupeaux sur un terrain à *l'endroit* indiqué, (au *lieu* indiqué).

PARFAIRE, v. a. Racine *par* (pour *per*, augmentatif), et *faire* ; C'est *faire entièrement*, *achever*, compléter.

PARFUM, subs. ms. Racine *par* (pour *per*), *à travers*, *au milieu*, et *fumus*, fumée; *vapeur* qui se *répand*.

PARFOURNIR, v. a. *Fournir* en *entier*, *achever* de *fournir*.

PARENTHÈSE, subs. fm. Ce mot est formé de *par* (de *para*), entre, de *en*, dans, et de *thithémi*, je place. Il signifie, mots qu'on insère dans quelque *période* et qui font un sens à part.

La *parenthèse*, considérée comme figure de construction, est une espèce d'hyperbate, c'est-à-dire d'inversion partielle, etc., ou enfin de *passage à travers* une idée, ou de changement de l'ordre, pour *l'entier achèvement* de la pensée, du discours, etc., pour éviter l'obscurité.

« J'ai vu sans mourir de douleur,
» J'ai vu, (siècles futurs vous ne pourriez le croire!
« Ah! J'en frémis encor de dépit et d'horreur!)
» J'ai vu mon verre plein, et je n'ai pu le boire. »

Lorsque la phrase qui fait *parenthèse* est très-courte, on se contente de la mettre entre deux virgules au lieu de faire usage de la *parenthèse*.

« Que direz-vous, races futures,
Quand un véritable discours
Vous apprendra les aventures
De nos abominables jours ? »

Considérée comme caractère orthographique, voici la figure qu'elle représente ( ), et sert à enfermer le sens accessoire, qui *traverse*, qui interrompt la continuité du sens principal. On n'en fait plus usage que dans le style commun, ou lorsque la phrase qui fait parenthèse est un peu longue.

PARODIE, subs. fm. Pièce de vers qui *traverse* en différents sens, en tous sens, l'esprit sérieux qu'elle rend comique, et dans le but de tourner en ridicule une autre pièce de vers qu'elle travestit entièrement.

PARVENIR. Racine *par*, (pour *per*), et *venir*. Venir en un *lieu désigné*. *Arriver* au terme, ordinairement avec difficulté.

PÉRÉGRINATION, subs. fm. *Pérégrinité*, subs. fm. Le second de ces deux mots exprime l'état, la situation du voyageur, et le premier sert à marquer l'action de voyager en pays étranger, éloigné, d'aller en pèlerinage, d'aller à travers champs, etc.

PERCER, v. a. Pénétrer, passer à *travers*. Se déceler, se manifester, faire jour à *travers* tous les obstacles. *Percer l'avenir*, c'est voir à *travers*, le prévoir.

PERFECTION, subs. fm. Qualité constitutive de ce qui est *entièrement* achevé, parfait dans son genre. Il se dit des qualités excellentes soit de l'âme, soit du corps.

PERFIDE, adj. des 2 g. Qui *traverse*, qui viole la foi donnée.

PÉREMPTION, subs. fm. Motif, espèce de prescription qui détruit *entièrement*, *termine*, ou annule une procédure civile.

PERMÉABLE, adj. des 2 g. Se dit des corps à *travers* lesquels la lumière, l'air ou d'autres fluides peuvent passer.

PÉRORAISON, subs. fm. Partie qui *termine* un discours oratoire, la conclusion.

PERSÉCUTER, v. a. Racine *per*, augmentatif, et *sequi* (latin), suivre, *Suivre avec acharnement*. Vexer, inquiéter par ses poursuites violentes et injustes.

PERSÉVÉRER, v. n. Racine *per*, augmentatif, et *sévère*, *rigoureux* ; qui ne cède point, qui ne se relâche point. C'est persister, demeurer ferme et constant dans la même résolution ou la même conduite.

PERSONNE, subs. fm. Racine *per*, augmentatif, et *son*; retentir *fortement*, résonner avec grand bruit. Il signifie proprement *masque* scénique, du latin *persona*, même acception que plus haut. Cette signification vient de ce que sur le théâtre des anciens la voix des acteurs, au moyen d'un *masque* qui enveloppait leur *tête entière*, *retentissait* beaucoup plus *fortement*. Ce nom a passé du *masque* au rôle de l'acteur ou au *personnage* qu'il représentait, ensuite à l'acteur lui-même, et enfin à tous les individus de l'espèce humaine, homme ou femme.

PERSONNAGE, subs. ms. Personne d'un rang élevé. Il ne se dit ordinairement que des hommes illustres qui ont *traversé* les choses communes pour s'élever au-dessus de tout ce qui est commun ou ordinaire.

PERSPICACITÉ, subs. fm. Talent de voir à *travers* les difficultés. Pénétration d'esprit.

PERVERSITÉ, subs. fm. Vice qui détourne *entièrement* l'homme de la saine raison, de la saine morale, qui le rend *entièrement* vicieux.

ORTHOGRAPHE ABSOLUE.

Par. et *per*, au commencement du mot, n'ont jamais qu'un seul *r*. Il faut excepter cinq mots : *Parrain, parricide, perron, perroquet, perruque,* et les dérivés de ces deux derniers.

PÉRI

AUTOUR.

Cet élément créateur, dont la racine originelle grecque est la même qu'en français, signifie *autour* et ajoute quelquefois au mot qu'il sert à former l'idée de *superfluité.*

PÉRIANTHE, subs. ms. *Enveloppe* extérieure de la *fleur.*

PÉRICARDE, subs. ms. Enveloppe (*autour*) du *cœur. Sac* membraneux dans lequel est logé le cœur.

PÉRICARPE, subs. ms. *Enveloppe* de la *graine, des semences.*

PÉRICRANE, subs. ms. Membrane qui est *autour* du crâne, qui couvre le crâne.

PÉRIDROME, subs. ms. Galerie ou espace couvert, servant de *promenade autour* d'un édifice.—*péri,* autour, et *dromos* (grec), course.

PÉRIGÉE, subs. ms. *Autour* et près de la *terre.*

PÉRIMER, v. n. Rester *autour* de l'instance, et la laisser *périr* faute de l'avoir poursuivie pendant un certain temps.

PÉRIMÈTRE, subs. ms. *Autour du mètre.* Circonférence, *contour.*

PÉRIODE, subs. fm. *Chemin autour.* Temps que met une planète à faire sa révolution.

PÉRIPHÉRIE, subs. fm. *Circonférence,* contour d'une figure curviligne.

PÉRIPHRASE, subs. fm. Racine *péri,* autour, et *phrase. Phrase autour;* plusieurs paroles *superflues* mises *autour* d'une seule pour une seule. On se sert de la périphrase :

1º *Par nécessité.* Lorsque la langue n'a pas le mot propre, ou plutôt quand on ne connaît pas le mot propre pour exprimer une idée. Soit, pour exemple, pour représenter le mot *perruque,* on dirait *une chevelure empruntée, une chevelure artificielle,* etc. Pour représenter le mot *baratte,* on dirait : *un tonneau dont on se sert pour battre la crème, afin de faire le beurre.* C'est par erreur que l'on dit *battre* le beurre.

2º *Par bienséance.* Dans ce cas on retombe dans l'euphémisme, pour envelopper des idées basses ou peu honnêtes, ou pour écarter des idées désagréables, mais on ne doit pas trop exagérer, comme on le fait dans les circonstances qui vont suivre : *Un compliment timbré,* pour un *exploit.* Cet exemple de Fourcil est de mauvais goût. On trouve cette bienséance aussi poussée trop loin dans les *Précieuses ridicules* de Molière, qui, pour inviter quelqu'un à s'asseoir, disent : *Contentez l'envie qu'a ce fauteuil de vous embrasser.* Et quand elles disent : *Le conseiller des grâces,* pour un miroir.

3º *Pour une plus grande clarté.* Dans ce cas, on substitue l'image, le tableau de la chose, au nom même et isolé de cette chose. Ces périphrases ne sont que des définitions, des analyses. En voici un exemple dans lequel Bossuet représente bien l'*Etre suprême :*

« Celui qui règne dans les cieux, de qui relève les empires, à qui seul appartient la gloire, la majesté, l'indépendance, et aussi celui qui fait la loi aux rois*, et qui leur donne, quand il lui plaît, de grandes et de terribles leçons. »

4º *En poésie, pour l'ornement du discours.* Voici comment Boileau exprime cinquante-huit ans accomplis :

> Mais aujourd'hui qu'enfin la vieillesse venue,
> Sous mes faux cheveux blancs déjà toute chenue,
> A jeté sur ma tête, avec ses doigts pesants,
> Onze lustres complets surchargés de trois ans.

PÉRIPATÉTITIEN, IENNE, adj. *Promener autour.* On désigne par ce terme celui qui suivait la doctrine d'Arioste et avait l'habitude de se promener autour du Lycée ou dans le Lycée, en traitant des matières de philosophie.

PÉRISSOLOGIE, subs. fm. *Discours superflu.* Figure de grammaire qui consiste dans la répétition inutile, superflue.

Beaucoup de personnes confondent à tort cette figure avec le *pléonasme.* Ce dernier marque seulement *abondance* et *richesse; Périssologie* marque la *superfluité* des mots dans chaque phrase, c'est-à-dire leur inutilité. Un *pléonasme* est souvent une beauté dans la diction. Une *périssologie* est un vice d'élocution. (Selon un auteur célèbre). Cet ouvrage est rempli de *beaucoup* de beaux traits. *Beaucoup* est une *périssologie;* car s'il en est rempli il en a beaucoup. J'ai des raisons *assez suffisantes. Assez* et *suffisante* présentent inutilement la même idée, dans la même nuance; on peut supprimer *assez.* J'ai mal à *ma* jambe. *Ma* est superflu, on sait bien qu'il ne s'agit pas de la jambe d'un autre.

Pléonasme est formé du grec *pléonazô,* je surabonde.

NOTA. Les exemples sont puisés dans l'usage que consacre l'Académie, considéré comme le législateur suprême et dont l'autorité sur les langues est absolue.

* On doit éviter ces discordances de son que l'on rencontre dans la *loi aux rois.*

Voici, pour faciliter l'intelligence et pour comparaison, un exemple du *pléonasme* : Et que *me* fait à *moi* cette Troie où *je* cours. RACINE. Et un autre de ce genre : *Je* l'ai vu, dis-je, vu, de *mes* propres yeux vu. Ces *pléonasmes* sont autorisés par l'usage et le bon goût.

Les irrégularités que l'usage a adoptées, consacrées et fait passer en lois, n'ont été introduites que pour donner à l'expression plus de vivacité ou de grâce, ou d'énergie, etc. Ces motifs méritent certes que l'on s'y soumette.

PÉRIPLE, subs. ms. Ancienne navigation *autour* de la mer.

PÉRISTYLE, subs. ms. Galeries à *colonnes* isolées, construites *autour* d'une cour ou d'un édifice.

PHILO

AMI.

Cet élément créateur (ou initiale) entre dans la composition des mots pour marquer l'idée d'*aimer*, et prend quelquefois la forme de *phila*, *phili*.

PHILADELPHIE, subs. et PHILADELPHE, adj. des 2 g. Ce dernier veut dire *ami* et *frère*. Ce nom fut donné, par ironie et par antiphrase, à un Ptolémée qui avait fait mourir deux de ses frères.—*adelphos*, frère.

PHILANTHE, subs. ms. *Ami des fleurs*. Insecte qu'on trouve sur les *fleurs*.

PHILANTHROPE, subs. ms. *Ami des hommes*. Celui qui, par disposition et bonté naturelle, est porté à *aimer* tout le monde, enfin tous les *hommes*.

PHILANTHROPIE, subs. fm. *Amour de l'humanité*.

PHILARÉTIE (*cie*), subs. fm. *Amour* pur de la *vertu;* pratique des actions morales et vertueuses.

PHILHARMONIE, subs. fm. PHILHARMONIQUE, adj. Ces deux mots expriment l'idée d'*aimer l'harmonie*[*].

PHILHELLÈNE, subs. des 2 g. *Ami des Hellènes*, des Grecs modernes.

PHILIPPIQUE, subs. fm. Ce mot est formé du nom propre *Philippe*, qui signifie en grec, dont il est tiré, *amateur de chevaux*.

PHILOLOGIE, subs. fm. *Amour du discours* et du *savoir*. Érudition qui embrasse diverses parties des belles-lettres, qui comprend les ouvrages de critique, etc.

PHILOMATHIQUE, adj. Qui *aime* les *sciences*. Racine *mathésis* (grec), connaissance.

PHILOMÈLE, subs. propre fm. Qui *aime* le *chant*. Racine *mélos* (grec), chant.

PHILOPHANE, adj. des 2 g. Qui *aime* la *lumière*, qui adore la *lumière*. On trouve ce mot dans Boiste, formé de *philo*, ami, et de *phane* (*phainô*), je brille. *Ami des lumières*.

PHILOSOPHIE, subs. fm. Racine *philo* (pour *phileo*), j'aime, et *sophie* (formé de *sophia*), sagesse. C'est-à-dire science qui a pour objet l'*amour* de la *sagesse*. Connaissance claire et certaine des choses physiques et morales par leur cause et par leurs effets. Étude de la nature et de la morale. Fermeté et élévation d'esprit.

PHILOTECHNIQUE, adj. Qui a pour objet l'*amour des arts*. Racine *techné* (grec), art.

PISCI

POISSON.

Cet élément créateur, tiré du latin *pisces*, ajoute aux mots qu'il sert à former l'idée de poisson, de *pêche*, de *pêcher*. Il prend la forme de *pisca* dans quelques mots.

PISCATOIRE, adj. des 2 g. Qui concerne la *pêche*, le *poisson*, le *pêcheur*.

PISCICEPTOLOGIE, subs. fm. — *pisci*, poisson, *capers* (latin), prendre, et du grec *logos*, traité. C'est l'*art de pêcher*, de *prendre* le *poisson*.

PISCINE, subs. fm. Vivier, réservoir d'eau où l'on nourrissait le *poisson*. Antiquité. Lavoir chez les Turcs.

PISCICULTURE, subs. fm. — *pisci*, poisson, et de *culture*, travail de la terre. Ce terme, un peu hasardé, qui fut donné, sans doute, par des ouvriers pêcheurs, ne présente pas à l'esprit l'idée de procréer, d'engendrer le poisson par des moyens artificiels, comme le prétend le néologue. Mais il serait mieux placé pour exprimer les travaux nécessaires à l'appropriation du terrain pour favoriser la fertilité du poisson. (*Voir Piscigénie*.)

PISCIGÉNIE, subs. fm. — *pisci*, poisson, et *génie*, (du grec *genô*), je nais, je produis. Qui a pour objet de faire engendrer, produire le poisson, qui en facilite la procréation. Qui a rapport à la *fécondité* du *poisson*.

PISCIVORE, subs. ms. — *pisci*, poisson, et du latin *vorare*, dévorer. Qui *mange* le *poisson*. Il se dit des oiseaux qui vivent de poissons. Espèce de serpent. *Histoire naturelle*.

[*] Ces mots sont formés par contraction de *philos*, ami.

Poly.

RACINE ORIGINELLE :	RACINE FRANÇAISE :	VRAI SENS :
Du grec, *polus*.	*poly*.	*plusieurs*.

Cette particule initiale apporte au mot qu'elle sert à constituer l'idée de *pluralité*, et signifie *plusieurs*.

POLY

POLYACANTHE, adj. des 2 g. Qui a *plusieurs épines. Botanique*.

POLYADELPHIE. subs. fm. *Plusieurs frères*. Plantes dont les fleurs hermaphrodites ont leurs étamines réunies en *plusieurs corps*.

POLYACOUSTIQUE, adj. des 2 g. Qui *multiplie* les *sons*.

POLYARCHIE, subs. fm. *Plusieurs pouvoirs. Gouvernement de plusieurs*.

POLYCHRESTE. adj. des 2 g. Qui sert à *plusieurs* usages. Sel purgatif. *Pharmacie*.

POLYCHOLIE (*ko*), subs. fm. Epanchement ou vomissement de bile. *Beaucoup de bile. Médecine*.

POLYCÉPHALE, adj. des 2 g. Qui a *plusieurs têtes*. Statue *polycéphale*.

POLYGAMIE, subs. fm. *Pluralité* de *femmes*. Racine *gamos* (grec), mariage.

POLYGLOTTE, adj. et subs. fm. Ecrit en *plusieurs langues. Bible polyglotte*. On appelle aussi *polyglotte* celui qui possède *plusieurs langues*.

POLYDIPSIE, subs. fm. Formé du grec qui signifie *beaucoup soif*, ce mot veut dire, en français, *soif excessive*, *désir* inextinguible de *boire*.

POLIGONE, adj. des 2 g. et subs. Qui a *plusieurs angles* et *plusieurs côtés*.

POLYGRAPHE, subs. ms. Auteur qui a *écrit* sur plusieurs matières.

POLYNOME, subs. ms. Quantité algébrique composée de *plusieurs termes* distingués par les signes + (plus), — (moins).

POLYPÉTALE, adj. des 2 g. Fleurs qui ont *plusieurs pétales*, c'est-à-dire plusieurs pièces à la corolle.

POLYPE, subs. ms. Animal qui a *plusieurs pieds*.

POLYSYLLABE, adj. des 2 g. Racine *poly*, plusieurs, et *syllabe, plusieurs syllabes*.

POLYTECHNIQUE, adj. ou plutôt subs. fm. Qui concerne, qui embrasse *plusieurs arts*, plusieurs *sciences*. Adj. École polytechnique.

En admettant le mot *polytechnie*, on pourra se dispenser d'employer le premier comme subs.

POLYSTYLE, adj. des 2 g. Edifice où il y a beaucoup de colonnes. *Plusieurs styles*.

POLYTHÉISME, subs. ms. *Plusieurs dieux*. Système de religion qui admet la *pluralité* des *dieux*.

POLYTROPHIE, subs. fm. *Abondance de nourriture*.

POST

APRÈS.

Cet élément créateur (ou initiale) apporte au mot qu'il sert à constituer une idée de *postériorité*, et signifie *après*.

POSTDATE, **POSTDATER**. Racine *post*, après, et *date, date* après la vraie *date* ; *date postérieure* à la vraie *date* d'un acte, d'un écrit.

POSTCOMMUNION, subs. fm. Racine *communion*, et *post*, après. *Après la communion*. Oraison que le prêtre dit *après la communion*.

POSTÉRIEUR, EURE, adj. Qui est *après* dans l'ordre des temps.

POSTÉRIORITÉ, subs. fm. Etat d'une chose qui vient *après* une autre.

POSTÉRITÉ, subs. fm. *Suite* de ceux qui descendent d'une même origine. Tous ceux qui viendront ou qui sont venus *après* certaine époque.

POSTFACE, subs. fm. Avertissement placé à la *suite* d'un ouvrage, à la fin d'un livre.

POSTHUME, adj. des 2 g. et subs. Qui est né *après* la mort de son père. *OEuvre posthume*, qui paraît *après* la mort de son auteur.

POSTICHE, adj. des 2 g. Qui est fait et ajouté *après* coup. Des dents postiches, dents fausses, ajoutées.

POSTCÉNIUM. subs. ms. La partie du théâtre des anciens qui était située *derrière* la scène.

POST-SCRIPTUM, subs. ms. Ce qu'on ajoute à une lettre *après* la *signature*.

Pré.

RACINE ORIGINELLE :	RACINE FRANÇAISE :	VRAI SENS :
du latin, *præ*.	*pré*.	*avant, au-dessus*.

Cet élément créateur (particule initiale) apporte au mot qu'il sert à former l'idée de *primauté*, de *supériorité*, ou d'*antériorité*, il entre dans la composition de 924 mots français et prend la forme de *pri* au commencement de 198 mots.

PRÉ

AVANT, AU-DESSUS.

PRÉACHAT, subs. ms. Payement que l'on faisait d'une marchandise *avant* que de l'avoir reçue. (V. *Préacheter*, *vieux* et peu usité. *Acheter avant* la mise en vente légale).

PRÉADAMITES, subs. plur. des 2 g. *Avant Adam*. Sectaires chrétiens qui prétendaient qu'*avant Adam* il avait existé d'autres hommes. Selon l'*Académie*, Napoléon Landais et d'autres disent que ces Sectaires prétendaient que les hommes existaient *avant Adam*, ils s'expriment d'une manière plus positive, sans plus de fondement.

PRÉALABLE, adj. des 2 g. *Avant de passer outre*. Qui doit être dit, être fait, être examiné (*avant tout*), *avant de passer outre*.

PRÉAMBULE, subs. ms. Discours qu'on fait *avant* d'entrer en matière. Espèce d'exorde. d'*avant-propos*. Racine *ambulare*, marcher.

PRÉCAUTION, subs. fm. *Être sur ses gardes*. Ce qu'on fait au*paravant*, par prévoyance, pour éviter quelque mal.

PRÉCÉDER, v. a. Racine *pré*, devant, et *céder* ; aller, *marcher devant*. Tenir le *premier* rang. « Je ne vous dirai pas marchez, je vous suivrai ; je marcherai le premier (je vous précéderai) et vous dirai suivez-moi. » Nobles et illustres paroles d'un grand prince qui a sauvé la France.

PRÉCIPITER, v. a. et pron. Se jeter la tête *avant* le corps. Jeter dans un lieu profond.

PRÉCIPUT, subs. ms. Avantage que le testateur ou la loi donne à un des cohéritiers *par-dessus* les autres. Avantage stipulé par contrat de mariage, en faveur de l'époux survivant.

PRÉCOCE, adj. des 2 g. Mûr *avant* la saison.

PRÉCURSEUR, subs. ms. Racine *pré* (pour *præ*), *devant*, et *currere* (latin), courir. Celui qui vient avant un autre pour en annoncer la venue. Saint Jean précurseur de Jésus-Christ.

PRÉCOMPTER, v. a. Racine *pré* avant, et *compter*. *Compter par avance* les sommes qui sont à déduire.

PRÉDIRE *Dire avant.*Prophétiser. Annoncer d'avance, par des régles certaines, ce qui doit arriver, Racine *pré*, devant, et *dire*. Tous les dérivés ou composés ont la même étymologie et servent à marquer la même idée. *Prédicateur, prédiction, prédilection*, etc.

PRÉDESTINER, v. a. Racine *pré*, devant, et *destiner*. *Prédestination*, subs. fm. *Même origine*. Décret de Dieu par lequel il a réglé *d'avance*. Arrangement immuable d'événements.

PRÉCITÉ, ÉE, adj. Énoncé aupar*avant*.

PRÉÉMINENCE, PRÉÉMINENT. *Même étymologie. Avantage* qui est *au-dessus* des autres choses du même genre. *Avantage, prérogative* en ce qui regarde la dignité et le rang.

PRÉEXCELLENCE, subs. fm. *Grande supériorité* prononcée, reconnue. Excellence au plus haut degré.

PRÉEXISTENCE, subs. fm. *Existence* (*avant*), ou *antérieure*, à celle d'un autre.

PRÉFACE, subs. fm. *Avant-propos.* Discours préliminaire, avertissement qu'on met à la tête d'un livre.

PRÉFET, subs. ms. Celui qui est *avant...,* Le *premier* magistrat chargé de l'administration générale d'un département. Le *préfet* d'un Lycée, d'un collége, d'un Athénée, celui qui est à la tête, le *premier* pour maintenir le bon ordre. Dans les fondations et institutions religieuses, on donne aujourd'hui le titre de mère *préfète*, à la religieuse qui dirige les études, mais qui n'est pas la supérieure du couvent. (Voir le mot *prieur* et *prieure*.)

PRÉMATURÉ, ÉE, adj. *Mûr avant* le temps.

PRÉMÉDITER, v. a. *Méditer* quelque temps sur une chose *avant* de l'exécuter.

PRÉLIRE, v. a. *Lire avant. Lire* la *première* épreuve à l'imprimerie *avant* de l'envoyer à l'auteur.

PRÉLUDE, subs. ms. Ce qu'on chante et ce qu'on joue *avant* de commencer un morceau de musique, pour se mettre dans le ton.

PRÉMICES, subs. fm. pl. Les *premiers* fruits, les *premiers* produits de la terre, etc. Les *premières* productions de l'esprit. Delille fait usage du singulier dans sa traduction du *Paradis perdu :* Cette tendre lueur, *prémice* de l'aurore, etc.

PRÉMISSES, subs. fm. pl. Racine *pré* (pour *præ*), avant, et *misses* (de *missus*), envoyé. Pré-positions *mises avant* la conséquence, *placées avant*. En logique, les deux *premières* propo-sitions d'un syllogisme, c'est-à-dire la majeure et la mineure.

PRÉOPINANT, subs. ms. Celui qui *opine avant* un autre.

PRÉOCCUPER, v. a. S'emparer d'*avance* de... *Occuper* fortement l'esprit, l'absorber presque tout entier.

PRÉSAGER, v. a. Indiquer d'*avance*, annon-cer une chose à venir.

PRÉSÉANCE, subs. fm. Droit de prendre place *au-dessus* de quelqu'un et de le pré-céder.

PRÉSIDER, v. a. et n. S'asseoir *au-dessus*. Occuper la *première place* dans une assemblée.

PRÉSUMER, v. a. Conjecturer, juger par induction. Avoir d'*avance* bonne opinion.

PRÉTENDRE, v. a. *Tendre devant*, mettre *devant*. Demander avec assurance comme une chose qui est due.

PRÉVENIR, v. a. *Venir* le *premier*, arriver *devant*. Etre le *premier* à faire ce qu'un autre voulait faire.

PRÉVOIR, v. a. *Voir avant*, voir les choses *futures*, juger par *avance* qu'une chose doit arriver.

PRIEUR, subs. ms. Celui qui a la *supériorité* dans certains monastères religieux.

PRIEURE, subs. fm. Religieuse qui a la *supé-riorité* dans un monastère de filles.

PRIMAIRE, adj. des 2 g. Qui est au *premier* ou du *premier degré* en commençant.

PRIMAUTÉ, subs. fm. *Prééminence, premier rang.*

PRIMAT, subs. ms. Prélat dont la juridiction est *au-dessus* des archevéques ; adj. *Prince primat.*

PRIMEUR, subs. fm. *Première* saison de certains fruits, des fleurs, des légumes, etc. On le dit même du vin. Ces vins ne sont bons que pour la *primeur*.

PRIMICIER, subs. ms. Qui a la *première dignité* dans certaines églises. On dit aussi *princier* dans le même sens.

PRIMORDIAL, ALE, adj. *Primitif*, qui est le *premier*.

PRIORI (A), locution adverbiale qui a rapport à ce qui *précède*, qui tient de l'*antécédent*, d'un *principe*. Argument, conclusion *à priori*.

PRIORITÉ, subs. fm. *Premier. Antériorité, primauté* en ordre de temps ou de rang.

PRIMITIF, IVE, adj. Qui est le *premier*, le plus *ancien*. En grammaire, ce terme s'applique au mot *radical* dont se forment les mots qu'on appelle *dérivés*.

Pro.

RACINE ORIGINELLE :	RACINE FRANÇAISE :	VRAI SENS :
Du grec, *pro*. du latin,	*pro*.	*devant, avant, pour.*

Cet élément créateur (ou particule initiale) entre dans la composition des mots pour leur donner une idée de *présence*, de mise en *avant*, il signifie quelquefois *pour*.

PRO

PROAROSIES, subs. fm. pl. Racine *pro*, avant, et *arosies* (de *arosis*), labourage. Ce mot, formé du grec, dans la mythologie, signifiait : Sacrifices à Cérés *avant* d'ensemencer les terres.

PROBLÈME, subs. ms. Racine *pro*, devant, et *blême* (de *ballô*), je jette. Question mise en *avant* (*jetée* en *avant*) pour être résolue suivant les régles de la science. Tout ce qui est difficile à concevoir.

PROCÉS, subs. ms. Instance *devant* un juge.

PROCÉDER. Racine *pro*, devant, et *céder* (formé de *cedere*), s'en aller. C'est *s'avancer*, *aller au delà*, *passer outre*. Agir en quelque affaire.

PROCESSION, subs. fm. Action de sortir, *s'avancer*, aller en *avant*.

PROCHRONISME, subs. ms. Placé *avant* son *époque*. Erreur de *chronologie* qui consiste à placer un fait dans un temps *antérieur* à celui où il est réellement arrivé.

PRODROME. subs. ms. *Courir devant*. Sorte de préface mise en *avant* pour servir de titre et d'introduction à certains ouvrages. En médecine, l'état d'une indisposition qui est l'*avant*-coureur d'une maladie.

PROJETER, v. a. *Jeter* en *avant*. Former un *projet*, un dessein.

PROLABIA, subs. ms. Le *devant* des *lèvres*.

PROLEPSE, subs. fm. *Anticipation*. Figure de rhétorique par laquelle on prévient et l'on réfute d'*avance* les objections que l'on pourrait essayer.

PROLOGUE, subs. ms. Racine *pro*, avant, et *logue* (de *lego*). je lis. Je *lis avant*. Préface de certains livres anciens. Aujourd'hui, ouvrage qui sert de *prélude* à une pièce dramatique.

PROLOGIES, subs. fm. pl. Racine *pro*, avant, et *logies* (de *lego*), je cueille. En Grèce, selon la Mythologie, fête qu'on célébrait *avant* de *cueillir* les fruits.

PROMETTRE, v. a. *Mettre* en *avant* sa parole, etc. Donner parole de vive voix ou par écrit, de faire, de dire, etc.

PRONOM, subs. ms. *Avant* le nom. Celle des parties d'oraison qui est censée tenir ou qui tient la place du *nom* substantif. Ce mot est, par conséquent, employé *pour* le nom.

PROPOSER, v. a. *Poser* en *avant*. *Mettre* quelque chose en *avant* pour l'examiner ou pour en délibérer.

PRONOSTIQUER, v. a. Prévoir, dire d'*avance* ce qui doit arriver. *Juger, connaître auparavant*.

PROROGER, v. a. Donner un autre terme plus éloigné que celui qu'on avait mis en *avant* pour quelque chose.

PROSOPOPÉE, subs. fm. Figure de rhétorique par laquelle l'orateur met en *avant*, dans son discours, soit une *personne* morte, absente ou feinte, soit une chose inanimée qu'il *fait* parler ou agir.

PROPHÉTISER, v. a. Dire d'*avance* ce qui arrivera, Prédire l'avenir par inspiration divine.

PROSPECTUS, subs. ms. Espèce de programme qui se publie *avant* qu'un ouvrage ne paraisse.

PROTECTION, subs. fm. Action de se mettre en *avant* pour défendre quelqu'un, pour lui porter secours et appui.

PROTECTEUR, subs. ms. *Tuteur* mis en *avant* pour représenter le véritable tuteur, mais qui n'a pas encore été nommé.

PROTOTYPE, subs. ms. *Pour le type.* Premier exemplaire, *original modèle.*

CONJUGAISON.

Verbes qui n'ont pas d'éléments créateurs dans les colonnes précédentes.

PAITRE et REPAITRE (verbe). *Ind.* Je pais, pais, pait, sons, sez, sent. *Imp.* Je paissais, sais, sait, sions, siez, saient. *P. déf. Inusité Fut.* Je paîtrais, tras, tra, trons, trez, tront. *Cond.* Je paîtrais, trais, trait, trions, triez, traient. *Impér.* Pais, sons, sez. *Subj.* Q. je paisse, ses, se, sions, siez, sent. *Imp. subj. Inusité.* P. paissant, pû (fauconnerie).

Paître a plusieurs significations, mais il se dit proprement des bestiaux qui broutent l'herbe, qui la mangent sur la racine.

PARTIR et REPARTIR (verbe) *Ind.* Je pars, pars, part, tons, tez, tent. *Imp.* Je partais, tais, tait, tions, tiez, taient, *P. déf.* Je partis, tis, tit, times, ttes, tirent. *Fut.* Je partirai, ras, ra, rons, rez, ront. *Cond.* Je partirais, rais, rait, rions, riez, raient. *Impér.* pars, tons, tez. *Subj.* Q. je parte, tes, te, tions, tiez, tent. *Imp. subj.* Q. je partisse, tisses, tît, tissions, tissiez, tissent. *P.* partant, ti, tie.

Repartir et *répartir.* Repartir, c'est retourner ou partir de nouveau : il se conjugue comme *partir.* Répartir, c'est partager, distribuer.

Partir et *repartir* (son composé) sont en tout conformes dans leur conjugaison ; mais, répartir (distribuer, partager), se conjugue différemment.

PARAITRE, APPARAITRE (verbe). *Ind.* Je parais, rais, rait, raissons, raissez, raissent. *Imp.* Je paraissais, sais, sait, sions, siez, saient. *P. déf.* Je parus, rus, rut, rûmes, rûtes, rurent. *Fut.* Je paraîtrai, tras, tra, trons, trez, tront. *Cond.* Je paraîtrais, trais, trait, trions, triez, traient. *Imp.* Parais, raissons, raissez. *Subj.* Q. je paraisse, ses, se, sions, siez, sent. *Imp. subj.* Q. je parusse, russes, rût, russions, russiez, russent. *P.* Paraissant, ru, rue.

Conjuguez de même apparaître, comparaître, disparaître, reparaître.

PAYER (verbe). *Ind.* Je paie, aies aie, yons, yez, aient. *Imp.* Je payais, yais, yait, yions, yiez, yaient. *P. déf.* Je payai, yas, ya, yâmes, yâtes, yèrent. *Fut.* Je paierai, ras, ra, rons, rez, ront. *Cond.* Je paierais, rais, rait, rions, riez, raient. *Impér.* Paie (paies-en), yons, yez. *Subj.* Q. je paie, aies, aie, yions, yiez, aient. *Imp. subj.* Q. je payasse, yasses, yât, yassions, yassiez, yassent. *P.* Payant, yé, yée.

Il faut ainsi conjuguer tous les verbes terminés à l'infinitif par, *ayer, oyer, uyer,* comme noyer, ployer, balayer, bégayer, ennuyer, essuyer, tutoyer, délayer, rudoyer, etc. Excepté le futur et le conditionnel qui sont formés irrégulièrement dans envoyer et renvoyer.

PERDRE et REPERDRE (verbe). *Ind.* Je perds perds, perd, dons, dez, dent. *Imp.* Je perdais, dais, dait, dions, diez, daient. *P. déf.* Je perdis, dis, dit, dîmes, dîtes, dirent. *Fut.* Je perdrai, dras, dra, drons, drez, dront. *Cond.* Je perdrais, drais, drait, drions, driez, draient. *Impér.* Perds, dons, dez. *Subj.* Q. je perde, des, de, dions, diez, dent. *Imp. subj.* Q. je perdisse, disses, dît, dissions, dissiez, dissent. *P.* Perdant, du, due.

PLAIRE (verbe). *Ind.* Je plais, plais, plaît, sons, sez, sent. *Imp.* Je plaisais, sais, sait, sions, siez, saient. *P. déf.* Je plus, plus, plut, plûmes, plûtes, plurent. *Fut.* Je plairai, ras, ra, rons, rez, ront. *Cond.* Je plairais, rais, rait, rions, riez, raient. *Impér.* Plais, sons, sez. *Subj.* Q. je plaise, ses, se, sions, siez, sent. *Imp. subj.* Q. je plusse, ses, ût, sions, siez, sent. *P.* Plaisant, plu.

Replaire, déplaire, se conjuguent, dans tous leurs temps et toutes leurs personnes , comme plaire.

PLEUVOIR (verbe). *Ind.* Il pleut. *Imp.* Il pleuvait. *P. déf.* Il plut. *Fut.* Il pleuvra. *Cond.* Il pleuvrait. *Impér. Inusité. Subj.* Qu'il pleuve. *Imp. subs.* Qu'il plût. *P.* Pleuvant, plu.

Le verbe pleuvoir s'emploie au figuré, aux troisièmes personnes du pluriel. *Les biens, les honneurs pleuvent sur lui.* (Académie).

PLOYER (verbe) *Ind.* Je ploie, ies, ie, yons, yez, oient. *Imp.* Je ployais, yais, yait, yions, yiez, yaient. *P. déf.* Je ployai, yas, ya, yâmes, yâtes, yèrent. *Fut.* Je ploierai, ras, ra, rons, rez, ront. *Cond.* Je ploierais, rais, rait, rions, riez, raient. *Impér.* Ploie, yons, yez. *Subj.* Q. je ploie, oies, oie, yions, yiez, oient. *Imp. subj.* Q. je ployasse, asses, ât, assions, assiez, assent *P.* Ployant, yé, e.

Tous les verbes en *..oyer* se conjuguent comme ployer, excepté le verbe envoyer et son composé renvoyer.

POURVOIR (verbe). *Ind.* Je pourvois, vois, voit, voyons voyez, voient *Imp.* Je pourvoyais, yais, yait, yions, yiez, yaient. *P. déf.* Je pourvus, vus, vut, vûmes, vûtes, vurent. *Fut.* Je pourvoirai, ras, ra, rons, rez, ront. *Cond.* Je pourvoirais, rais, rait, rions, riez, raient. *Impér.* Pourvois, yons, yez. *Subj.* Q. je pourvoie, ies, ie, yions, yiez, ient. *Imp. subj.* Q. je pourvusse, usses, ût, ussions, ussiez, ussent. *P.* Pourvoyant, vu, e.

POUVOIR (verbe). *Ind.* Je peux, peux, peut, pouvons, pouvez, peuvent. *Imp.* Je pouvais, vais, vait, vions, viez, vaient. *P. déf.* Je pus, pus, put, pûmes, pûtes, purent. *Fut.* Je pourrai, ras, ra, rons, rez, ront. *Cond.* Je pourrais, rais, rait, rions, riez, raient. *Impér. Inusité. Subj.* Q. je puisse, ses, se, sions, siez, sent. *Imp. subj.* Q. je passé, ses, ût, sions, siez, sent. *P.* Pouvant, pu. (Inv.)

Poindre, s'emploie dans le sens de commencer à paraître, quand il se dit du jour et de l'herbe. Dans le sens actif, il signifie piquer. *Oignez* vilain, il vous *poindra; poignez,* vilain, il vous *oindra.*

POINDRE (verbe). Il n'est guère usité qu'à l'*infinitif* et au *futur.* Le jour commence à poindre, il poindra.

PRENDRE, APPRENDRE (verbe). *Ind.* Je prends, nds, nd, nons, nez, nent. *Imp.* Je prenais, nais, nait, nions, niez, naient. *P. déf.* Je pris, is, it, îmes, îtes, irent. *Fut.* Je prendrai, dras, dra, drons, drez, dront. *Cond.* Je prendrais, drais, drait, drions, driez, draient. *Impér.* Prends nons, nez. *Subj.* Q. je prenne, nes, ne, nions, niez, nent *Imp. subj.* Q. je prisse, ses, ît, sions, siez, sent. *P.* Prenant, pris, se.

Conjuguez de même apprendre, comprendre, désapprendre, entreprendre, méprendre, reprendre, surprendre.

Tous les verbes en *ier* ont deux *i* de suite, aux deux personnes plurielles de l'imparfait de l'indicatif et du subjonctif présent. Il en est de même de tous ceux qui ont un participe présent en *iant,* riant, nous riions, etc.

PRIER (verbe). *Ind.* Je prie, es, e, ons, ez, ent. *Imp.* Je priais, ais, ait, ions, iez, aient. *P. déf.* Je priai, as, a, âmes, âtes, èrent. *Fut.* Je prierai, eras, era, erons, erez, eront. *Cond.* Je prierais, erais, erait, erions, eriez, eraient. *Impér.* Prie, ons, ez. *Subj.* Q. je prie, es, e, ions, iez, ent. *Imp. subj.* Q. je priasse, asses, ât, assions, assiez, assent. *P.* Priant, é, ée.

Ainsi se conjuguent, selon l'autorité, tous les verbes en *ier,* comme plier, nier, amplifier, étudier, expédier, lier, supplier, sacrifier, certifier, etc.

Selon quelques grammairiens, les verbes en *uer,* comme nouer, puer, etc., ont un tréma (··) sur l'*i* à la première et à la deuxième personne plurielles de l'imparfait de l'indicatif et du présent du subjonctif.

PUER (verbe). *Ind.* Je pue, es, e, ons, ez, ent. *Imp.* Je puais, ais, ait, ions, iez, aient. *P. déf.* Je puai, as, a, âmes, âtes, èrent. *Fut.* Je puerai, ras, ra, rons, rez, ront. *Cond.* Je puerais, rais, rait, rions, riez, raient. *Impér.* Pue, ons, ez. *Subj.* Q. je pue, es, e, ions, iez, ent. *Imp. subj.* Q. je puasse, asses, ât, assions, assiez, assent. *P.* Puant, pué. (Inv.)

QUADRA

QUATRE.

Cet élément créateur (ou initiale) entre dans la composition des mots pour marquer l'idée du nombre *quatre,* et prend quelquefois la forme de *quadri, quadra,* dans la même signification.

QUADERNES (*ka*), subs. ms. pl. *Quatre à quatre,* au jeu de trictrac.

QUADRAGÉNAIRE (*koua*), subs. et adj. des 2 g. Qui contient *quarante* unités. Quand on dit *un quadragénaire,* c'est toujours d'un homme qu'il s'agit.

QUADRAGÉSIME (*koua*), subs. fm. Le quarantième jour. Temps qui comprend *quatre* fois *dix* jours, 40 jours. On désigne ainsi le premier dimanche de carême.

QUADRANGULAIRE (*koua*), adj. des 2 g. Qui a *quatre angles.* ✦

QUADRATURE (*kaua*), subs. fm. Réduction géométrique de quelque figure curviligne à un carré. (Figure à *quatre côtés.*)

QUADRATURE. L'Académie donne aussi *cadrature.* Subs. fm. Assemblage des pièces qui servent à faire marcher les aiguilles du cadran, etc.

QUADRATIN, plutôt CADRATIN. Racine *cadra,* pour *quadra,* par corruption. Terme d'imprimerie, qui a *quatre côtés.* Même étymologie pour les dérivés *cadre, carré, carreler, carreaux,* etc., et tous les mots de cette famille qui sont autant d'heureuses modifications introduites dans notre langue, transformation euphonique dont l'étymologie doit tenir compte pour favoriser l'intellect. Il est probable que *carat* (4 grains) est aussi une contraction de *quadra.*

QUADRI

QUATRE.

QUADRICAPSULAIRE (*kona*), adj. Qui a *quatre capsules* (c'est-à-dire enveloppe qui renferment les semences de certaines plantes). *Botanique.*

QUADRIDENTÉ, ÉE (*koua*), adj. Qui a *quatre dents.*

QUADRIENNAL, ALE, adj. Selon l'Académie, on doit préférer *quatriennal,* office, charge qui s'exerce de *quatre années* l'une.

QUADRIFIDE (*koua*), adj. des 2 g. Qui a quatre divisions. *Botanique.*

QUADRIFLORE (*koua*), adj. des 2 g. Qui a *quatre fleurs;* à fleurs disposées *quatre à quatre. Botanique.*

QUADRILOBÉ, ÉE, (*koua*) adj. Qui a *quatre lobes. Botanique.*

QUADRIGE (*koua*), subs. ms. Char monté sur deux roux, et attelé de *quatre chevaux* de front.

QUADRILATÈRE (*koua*), subs. ms. Figure qui a *quatre côtés.*

QUADRILLE (*cad*), subs. ms. Espèce de jeu d'ombre (de cartes), qui se joue à *quatre.* Groupe de danseurs par *quatre.*

QUADRILLE (*cad*), subs, fm. Troupe de chevaliers d'un même parti, dans un carrousel.

QUADRINOME (*koua*), subs. ms. Grandeur composé de *quatre termes*.

QUADRU

QUATRE.

QUADRUMANE (*koua*), adj. des 2 g. et subs.

Quatre mains. Animaux qui ont des *mains* comme l'homme, et des pieds conformés comme des *mains*.

QUADRUPÈDE (*koua*), subs. ms. et adj. des 2 g. Qui a *quatre pieds*.

QUADRUPLE, subs. ms. et adj. des 2 g. *Quatre fois autant*, Qua, quan, quart, et en général tous les mots qui commencent par la particule *qua* marquent l'idée de *quatre*.

RE ou RÉ.

Cette particule initiale, ou élément créateur, sert à la composition des mots et ordinairement *réduplicative*, comme dans *réadmettre*, admettre une seconde fois, ou *de nouveau*. A l'idée *réduplicative* elle ajoute quelquefois celle de *rétroactivité*, comme dans *révéler*, jeter le voile *en arrière*. Pour permettre à l'intelligence de bien saisir ces deux nuances, nous donnons, sur deux colonnes, les exemples qui vont suivre:

RE			RÉ		
RAÇ. ORIGINELLE:	RAÇ. FRANÇAISE:	VRAI SENS:	RAÇ. ORIGINELLE:	RAÇ. FRANÇAISE:	VRAI SENS:
Du latin, *rursus*.	re.	de nouveau, une seconde fois.	Du latin, retro.	ré.	en arrière.

Cette initiale, sans l'accent, entre dans la composition de beaucoup de mots français pour leur apporter une idée de *redoublement*; elle signifie généralement *de nouveau, une seconde fois*. Re se change en *r* au commencement de *trente et un verbes actifs*, dont on trouve plus loin la nomenclature et les sens.

REBLANCHIR, v. a. *Blanchir* de nouveau, *blanchir* une seconde fois.

REBATISER, v. a. *Batiser* une seconde fois, ou donner de nouveau le baptême. V. pron. Se rebaptiser.

REBAPTISANT, E, subs. Hérétiques des premiers siècles.

REBATTRE, v. a. *Battre* de nouveau. *Rebattre* un matelas, c'est le faire de nouveau. Dans le style familier, c'est répéter inutilement et d'une manière ennuyeuse.

RECHARGER, v. a. *Charger* de nouveau,

Cette initiale,, avec l'accent, marque à peu près la même idée de redoublement que *re*, sans accent, mais elle ajoute de plus au mot qu'elle sert à constituer une idée de *rétroactivité*, et signifie généralement en arrière. Ré se change en re, et quelquefois reprend la forme de *ré*. Mais ces changements n'ont lieu que dans quelques cas.

RÉAGIR, v. n. *Agir* en arrière. Revenir sur des actions passées.

RÉASSIGNER, v. a. *Assigner* une seconde fois, mais sur un autre fonds resté *en arrière*. C'est remonter à la matière du procès, rétrograder pour recommencer sous une autre forme.

RÉCAPITULER, v. a. C'est jeter un coup d'œil en arrière, pour retrouver ce qui a été dit ou fait, et afin d'en faire le résumé. Répondre par chapitre.

RÉCLAMER, v. a. Faire des réflexions en arrière, revenir sur quelque acte passé, pour imposer de nouveau quelque *charge*. Faire une velle attaque, retourner au combat.

RE**LLER**, v. a. *Coller* de nouveau, ou une ois. *Recoller* des couvertures en par... u en veau, c'est les rejoindre et les ...lic tenu de nouveau.

RE**RCHER**, v. a. *Chercher* de nouveau, ... avec soin. Faire enquête de la vie ou ... ons de quelqu'un. Désirer de voir, de ... tre, de fréquenter. *Académie*.

RECOMMENCER, v. a. *Commencer* de nouveau à faire ce qu'on a déjà fait. *Recommencer* un élève ; cet enfant avait été mal montré, il a fallu le *recommencer*, c'est-à-dire, il avait eu de mauvais principes, il a fallu le remettre aux premières leçons. A l'idée de *redoublement* se lie dans cet exemple celle de *rétroactivité*.

RÉCRÉPIR, v. a. *Crépir* de nouveau. *Récrépir* un vieux mot. *Récrépir* son visage, mettre beaucoup de fard. *Récrépir* un conte, une histoire, les raconter en les accommodant à sa guise.

REDRESSER, v. a. *Élever* de nouveau. Remettre dans le droit chemin. *Redresser* les griefs, réparer les injustices, réformer les abus, etc.

REFONDRE, v. a. *Fondre* de nouveau. Mettre à la fonte *une seconde fois*. Il se dit en parlant d'un ouvrage d'esprit, d'une législation, etc., qui a besoin d'une meilleure forme, d'un meilleur ordre.

REFORMER, v. a. *Former de nouveau* ou former une seconde fois. V. pron. Se réunir en corps, en parlant des troupes dispersées.

REFRANCHIR, v. a. *Franchir de nouveau*, une seconde fois.

RÉHABILITER, v. a. Racine *ré*, rédublicative, une *seconde fois*, et *habile* (propre à). Rétablir, remettre en état, dans le premier état. *Réhabiliter* un mariage, réparer le vice d'un mariage par une nouvelle célébration. L'idée de rétroactivité semble aussi, dans ce cas, se lier à celle de redoublement.

REMANIER, v. a. *Manier de nouveau*. Refaire, raccommoder. On le dit dans le même sens en parlant des ouvrages d'esprit.

RÉPÉTER, v. a. *Redire, dine* une *seconde fois*, ou plusieurs fois ce qu'on a déjà dit. Repasser, en parlant d'un sermon, d'un rôle. Expliquer plus amplement à des écoliers ce que le professeur a dit en classe.

REPRÉSENTER, v. a. *Présenter de nouveau*. Tenir la place d'une ou de plusieurs personnes, en vertu du droit qu'on a reçu d'elle.

fonder une demande, pour implorer quelque faveur.

RÉCOLER, v. a. Faire revenir en arrière l'attention des témoins, et leur rappeler la déposition qu'ils ont faite, pour voir s'ils y persistent.

RÉCONCILIER, v. a. Revenir sur une opinion restée en arrière qui séparait des personnes, et les remettre bien ensemble, les accorder. *Réconcilier* l'hérétique à l'église, l'absoudre, etc.

RÉCONDUCTION, subs. fm. *Tacite réconduction*. Bail de ferme ou de terre, etc., dont le terme est expiré, mais qui continue son effet, selon les anciennes conditions, parce qu'on est resté en arrière pour remplir les formalités qui empêchaient de jouir de nouveau des objets dont il s'agit.

RÉCRIMINER, v. n. Répondre par d'autres accusations puisées *en arrière* à des reproches, à des accusations. Plusieurs font venir cette initiale du latin *rursus* qui n'est plus analogue au sens donné aujourd'hui à ce mot.

RÉCUSER, v. a. Refuser de soumettre sa cause à la connaissance et à la décision d'un juge contre qui l'on nourrit une *arrière-pensée* qui fait craindre quelque partialité.

RÉFLÉCHIR, v. a. Renvoyer *en arrière*, repousser, répercuter. Ce terme exprime l'action de la réverbération, de la méditation sérieuse, de là l'idée de *rétroactivité* et celle de penser mûrement.

RÉFORMER, v. a. C'est *rétrograder* pour *rétablir* l'ancienne *forme* ou pour en donner une meilleure. Corriger, retrancher ce qui est nuisible ou de trop.

RÉFUGIER (Se réfugier), v. pron. *Fuir* en *arrière*. Se retirer en lieu de sûreté.

REGRÈS, REGRESSION. Le premier exprime l'action de retourner ou de revenir *en arrière*; le second est une figure de rhétorique qui fait revenir les mots sur eux-mêmes avec un sens différent. Nous ne vivons pas pour boire et pour manger, mais nous buvons et nous mangeons pour vivre.

REGRET, REGRETTER, même étymologie et même sens (Le Duchat). C'est aussi retourner *en arrière*.

RÉMINISCENCE, subs. fm. *Ressouvenir* faible et léger, renouvellement d'une idée restée *en arrière* et presque effacée.

RÉPERCUTER, v. a. Frapper, pousser *en arrière*. En parlant de la lumière, de la chaleur, du son, c'est les *réfléchir* (les renvoyer *en arrière*). En parlant les humeurs du corps humain, c'est les faire rentrer en dedans, les *repousser*.

RÉPROBATION, subs. fm. Action dont l'effet

est *rétroactif*, c'est-à-dire par laquelle on jette *en arrière*, on blâme, etc.

REPROUVER, v. a. *Prouver de nouveau*.

REPLIER, v. a. *Plier de nouveau* une chose qui avait déjà été pliée. Courber, plier une ou plusieurs fois. V. pron. Dans un sens *rétroactif* il se dit des troupes qui font un mouvement *en arrière*. Il marque donc, comme v. pron., l'idée opposée du verbe actif.

REPRENDRE, v. a. *Prendre de nouveau*. Continuer quelque chose qui avait été interrompue.

REPRODUIRE, v. a. *Produire de nouveau*.

RETIRER, v. a. *Tirer* une *seconde fois*. Tirer à soi ce qu'on avait poussé dehors ou porté en avant.

RETOMBER, v. n. *Tomber* une *seconde fois*, tomber encore. Être attaqué de nouveau d'une maladie dont on se croyait guéri.

RETRACER, v. a. *Tracer de nouveau*. Raconter les choses connues et en renouveler la mémoire.

RETROUVER, v. a. *Trouver de nouveau*.

REVENIR, v. a. *Venir* une *autre fois*. Il est *revenu* nous chercher, il est venu la *seconde fois*.

REVOIR, v. a. *Voir de nouveau*, examiner de nouveau. Corriger, retoucher.

REVOLER, v. a. *Voler de nouveau* vers. Retourner quelque part.

RÉPROUVER, v. a. Jeter *en arrière*, désavouer, condamner.

RÉPUGNER, v. n. Pousser *en arrière*; être, en quelque façon, contraire à..., être plus ou moins opposé. Éprouver un sentiment d'aversion pour quelqu'un ou quelque chose qui nous tient *en arrière* au lieu de nous encourager.

RETENIR, v. a. Racine *re*, *en arrière*, et *tenir*. C'est tenir encore une fois, garder par devers soi.

RÉSONNER, v. n. Rendre un son *en arrière*. Renvoyer le son, retentir.

RÉSILIER, v. a. Sauter *en arrière*. Revenir sur les conséquences d'un acte, le casser, l'annuler.

RÉTROACTIF, IVE. Agir *en arrière*, qui agit sur le passé. Un effet *rétroactif*, qui agit en *arrière*.

RÉTROCÉDER, v. a. *Aller en arrière*, reculer. Remettre à quelqu'un le droit qu'il nous avait cédé.

RÉTROGRADER, v. a. Retourner *en arrière*.

RÉVERBÉRER, v. a. Réfléchir, repousser, renvoyer *en arrière*. C'est réfléchir la lumière, la chaleur.

RÉVÉLER, v. a. Jeter le *voile en arrière*, ôter le voile. Faire savoir une chose qui était inconnue et secrète.

RÉVOLTER, v. a. Se tourner *en arrière* ou contre. *Révolter* les enfants contre leur père.

RE CHANGÉ EN R

La particule initiale *re* se change en *r*, par contraction, au commencement de *trente et un verbes actifs* et de leurs dérivés, et marque également une idée *réduplicative*.

EN VOICI LA NOMENCLATURE COMPLÈTE.

Racheter,	v. a.	acheter de nouveau.	*Rallumer*,	v. a.	allumer de nouveau.
Ragrandir,	id.	rendre plus grand.	*Ramaigrir*,	id.	maigrir de nouveau.
Ragrafer,	id.	agrafer de nouveau.	*Ramasser*,	id.	amasser de nouveau.
Rajeunir,	id.	rendre plus jeune.	*Ramener*,	id.	amener de nouveau.
Rajuster,	id.	ajuster de nouveau.	*Ramollir*,	id.	amollir de nouveau.
Ralentir,	id.	devenir plus lent.	*Ranimer*,	id.	ranimer de nouveau.
Rallier,	id.	remettre tout ensemble.	*Rappareiller*,	id.	ajouter chose pareille.
Rallonger,	id.	rendre plus long.	*Rappeler*,	id.	appeler de nouveau.

Rapporter,	v. a.	apporter une seconde fois.
Rapprocher,	id.	approcher de nouveau.
Raréfier,	id.	augmenter de beaucoup le volume d'un corps.
Rassembler,	id.	assembler de nouveau.
Rasseoir,	id.	asseoir de nouveau, se placer.
Rasséréner,	id.	rendre serein.
Rassurer,	id.	assurer de nouveau.
Rattacher,	id.	attacher de nouveau.

Rattraper,	v. a.	attraper de nouveau.
Ravaler,	id.	avaler de nouveau.
Ravilir,	id.	avilir de nouveau.
Raviser,	id.	aviser de nouveau, changer d'avis.
Ravitailler,	id.	ajouter, remettre des vivres dans...
Raviver,	id.	rendre plus vif.
Ravoir,	id.	avoir de nouveau.

Ce dernier n'est usité qu'à l'infinitif.

La lettre *r* sert à former, comme initiale seulement, environ trois mille mots.

ROS

ROUGE.

ROSACE , ROSACÉE , ROSACIQUE , RO-SAGE, etc. Tous ces termes et leurs composés ou dérivés servent à marquer l'idée du mot *rose*, c'est-à-dire *rouge*, ou de la nuance *rouge* (pris dans son sens absolu).

ROSAIRE, subs. ms. Selon Ménage, ce mot signifie absolument *chapeau de roses, guirlande de roses*, à cause de sa ressemblance avec un chapeau de roses: il exprime, par extension, un *chapelet* composé de quinze dizaines.

ROSALIE, subs. fm. Racine *ros*, rouge. Dans l'antiquité, certaines cérémonies religieuses qui consistaient à jeter des *roses* sur le tombeau d'une personne chère, etc.

ROSBIF, subs. ms. Racine *ros*, rouge, et *bif*, pour bœuf; c'est-à-dire *bœuf rôti*. C'est la corruption de l'anglais *roast-beef*, qui donne la même signification.

RHIN

NEZ.

Cet élément créateur ajoute aux mots qu'il sert à former la signification du mot *nez*.

RHINAIRE, adj. des 2 g. Relative au nez. *Médecine.*

RHINALGIE, subs. fm. — *rhin*, nez, et *algie* (de *olgos*), douleur. *Douleur* qui siège dans le *nez. Médecine.*

RHINANTOÏDES, subs. fm. pl. — *rhin*, nez, et *anthoïdes* (de *anthos*), fleur, et de *éidos* (grec), forme. C'est-à-dire, plante dont la *fleur* paraît avoir quelque ressemblance à la *forme* du *nez* de l'homme. *Botanique.*

RHINITE, subs. fm. — *rhin*, nez. Inflammation dont le siège est dans le *nez.*

RHINION, subs. fm. Collyre qui guérit les durillons du *nez. Pharmacie.*

RHINGRAVE. Formé de l'allemand *rhein* (*rhin*), et *graff*, comte. C'est-à-dire, *comte du Rhin.*

RHINOCÉROS, subs. ms—*rhin*, nez, et *kéras*, corne. C'est le nom d'un grand quadrupède sauvage et féroce, qui a une corne sur le *nez.*

RHINOPLASTIE, subs. fm. — *rhin*, nez, et *plassô*, je forme. Art de faire des *nez* postiches.

RHINOPHONIE, subs. fm. — *rhin*, nez, et *phoné*, son. C'est la résonnance de la *voix* dans les fosses *nasales. Médecine.*

RHINORRHAGIE, subs. fm — *rhin*, nez, et de *rhéô*, je coule. *Écoulement* de sang par le *nez. Médecine.*

RHIZO

RACINE.

Cet élément créateur , formé du grec *rhiza*, racine, entre dans la composition des termes pour y ajouter la signification du mot *racine*. Il prend la forme de *rhisa, rhise.*

RHISAGRE, subs. ms. — *rhisa* (du grec *rhiza*), racine, et *agra*, prise ; c'est le nom d'un instrument qui sert à l'*extraction* des *racines* des dents. *Chirurgie.*

RHISE, subs. fm. *Plante* qui ne produit point de fleur. *Botanique.*

RHIZOLITHE, subs. fm. pl. *Rhizo* (de *rhisa*), racine, et *lithos*, pierre; *racines pétrifiées.*

RHIZOPHAGE, adj. des 2 g. — *rhizo* (du grec *rhiza*), racine et de *phagô*, je mange. Qui *mange* des racines, qui *vit* de *racines.*

RHIZOMORPHE. — *Rhizo* , racine, et

morphé (grec), forme. Espèce de champignon microscopique, en *racine*.

RHISOPHORE, subs. ms. *Rhizo*, racine, et *phérô*, je porte. Espèce de plante.

RHODE

ROUGE.

RHODES, subs. fm. pl.—*rhodon* (grec), rouge,

rose. Espèce de bois de couleur jaune et mêlée d'un *rouge* violet.

RHODIA, subs. ms. Racine qui répand une odeur de *rose*.

RHODOMEL.—*rhodo*, rouge, rose, et de *méli*, miel. *Miel rosat.*

Rub.

RACINE ORIGINELLE :	RACINE FRANÇAISE :	VRAI SENS :
rubeus.	*rube.*	*rouge.*

Cet élément créateur ou particule initiale entre dans la composition des mots pour y ajouter l'idée de *rouge*. Il prend quelquefois la forme de *ros*, *rhodi*, de *rhodo*[*], ou de *rou*, dans quelques mots.

RUB

RUBAN, subs. ms. C'est-à-dire *rouge*, parce que, selon Ménage, les plus beaux *rubans* sont couleur de feu. On a donné ensuite plusieurs nuances au ruban qui est un tissu de soie, de laine, de fil, etc., plat et mince, de la largeur de deux ou trois doigts.

RUBANER, v. a. Même étymologie que *ruban*. Garnir de *rubans*, etc.

RUBÉFIER, v. a., RUBÉFICATION, RUBÉFIANT. On retrouve dans tous ces termes l'idée de *rouge*, et en médecine celle de rougeur sur la peau.

RUBÉFIER, veut dire absolument : *rendre rouge*, ou *faire* que quelque chose soit *rouge*. Racine *rub* (formé de *rubeus*, rouge), et *facere*, faire; *faire* l'action de *rougir*.

RUBELLE, subs. fm. Vigne dont les feuilles sont *rouges* et le raisin noir.

RUBELLION, subs. ms. Poisson *rouge*, sorte d'insecte *rouge* du genre scarabé.

RUBÉOLE, subs. fm. Plante qui croît sur les montagnes, et étant exposée au soleil elle prend une nuance *rose*, *rougeâtre*. Elle est détersive, dessiccative et résolutive.

RUBÉOLIQUE, adj. des 2 g. Qui est *rougeâtre*. *Médecine.* Ce terme se dit des taches que la *rougeole* occasionne sur la peau.

RUBIA, RUBIACÉ C'est-à-dire *garance*, qui est de couleur *rouge*; *rubia* est la même plante que la *rubéole*, plante que l'on appelait anciennement garance.

RUBICAN, adj. ms. Racine *rubi* (formé de *rubeus*, rouge), et *can*, de *canus*, *blanc;* c'est-à-dire *rouge*, ou tirant sur le *rouge*, roux. On dit : *cheval rubican*, pour dire celui qui, étant noir, bai ou alezan, a sur les flancs des poils *blancs* ou gris semés çà et là. Le *rubican* n'est point une sorte de poil, mais un accident.

RUBICOND, E, adj. C'est-à-dire *rouge*, en parlant du visage, face *rubiconde*, etc.

[*] Avec la forme de *rhodo*, il n'existe que peu de mots. (Voyez plus haut, même page que *rub* pour *ros*, page 292.)

RUBINE, subs. fm. Mine d'argent *rouge*.

RUBIS, subs. ms. Sorte de pierre précieuse transparente d'un *rouge* plus ou moins vif.

RUBRIQUE, subs. fm. Racine *rubri*, rouge. Espèce de terre et de craie *rouge*. En terme d'imprimerie, encre, *rouge* qui servait autrefois à faire les titres, etc. Au figuré, ruse, détour, adresse, finesse, etc.

CONJUGAISON.

Verbes qui n'ont pas d'éléments créateurs dans les colonnes précédentes.

QUÉRIR (verbe), signifie chercher, et ne s'emploie qu'à l'infinitif, et avec les verbes *aller, venir, envoyer*. Aller *quérir* quelqu'un.

RENDRE (verbe) *Ind.* Je rends, rends, rend, rendons, rendez, rendent. *Imp.* Je rendais, dais, dait, dions, diez, daient. *P. déf.* Je rendis, dis, dit, dîmes, dîtes, dirent. *Fut.* Je rendrai, dras, dra, drons, drez, dront. *Cond.* Je rendrais, drais, drait, drions, driez, draient. *Impér.* Rends, dons, dez. *Subj.* Q. je rende, des, de, dions, diez, dent. *Imp. subj.* Q. je rendisse, disses, dît, dissions, dissiez, dissent *P.* Rendant, rendu, e.

Conjuguez de même : fendre, vendre, tendre, attendre, défendre, descendre, pendre, dépendre, entendre, épandre, étendre, mévendre, prétendre, refendre, répandre, revendre, condescendre. Dans épandre et son dérivé, c'est *an* et non *en*.

RESSORTIR (verbe). Sortir une seconde fois. *Ind.* Je ressors, sors, sort, tons, tez, tent. *Imp.* Je ressortais, tais, tait, tions, tiez, taient. *P. déf.* Je ressortis, tis, tit, tîmes, tîtes, tirent. *Fut.* Je ressortirai, ras, ra, rons, rez, ront. *Cond.* Je ressortirais, rais, rait, rions, riez, raient. *Impér.* Ressors, tons, tez. *Subj.* Q. je ressorte, tes, te, tions, tiez, tent. *Imp. subj.* Q. je ressortisse, tisses, tît, tissions, tissiez, tissent. *P.* Ressortant, ressorti, e.

Ressortir, quand il signifie *sortir une seconde fois*, se conjugue comme sortir. Lorsque *ressortir* veut dire *être de la dépendance de quelque juridiction*, il a la même conjugaison, dans tous ses temps et toutes ses personnes, que le verbe *assortir* qui lui sert de modèle.

RÉSOUDRE (verbe), se conjugue comme absoudre, excepté au passé défini et à l'imparfait où il fait *résolus* et *résolusse*. Son passé fait au féminin *résolue*.

Résoudre, a plusieurs significations. Il signifie proprement, *faire cesser la consistance, détruire l'union qui existe entre les parties d'un tout*. Il signifie aussi, *déterminer, décider une chose, prendre un parti*. Il signifie encore, *décider une question, lever un doute*. On dit dans le premier sens de résoudre : *Résoudre un corps en poussière*. Dans le deuxième on dit : *On a*

résolu de vous perdre. Dans le troisième on dit : *J'ai souvent essayé de résoudre cette difficulté*. Le passé de résoudre, employé dans l'un ou l'autre des trois sens plus haut cités, fait *résolu, résolue*.

Lorsque ce passé est employé pour exprimer des choses converties, changées en d'autres, il fait *résous*, et n'est usité qu'au masculin. *Brouillard résous* en pluie.

RIRE (verbe). *Ind.* Je ris, ris, rit, rions, riez, rient. *Imp.* Je riais, ais, ait, ions, iez, aient. *P. déf.* Je ris, ris, rit, rîmes, rîtes, rirent. *Fut.* Je rirai, ras, ra, rons, rez, ront. *Cond.* Je rirais, rais, rait, rions, riez, raient. *Impér.* Ris, rions, riez. *Subj.* Q. je rie, ries, rie, ions, iez, ient. *Imp. subj.* Q. je risse, isses, ît, issions, issiez, issent. *P.* Riant, ri, invariable.

Sourire, suit la même conjugaison.

ROMPRE (verbe). *Ind.* Je romps, romps, rompt, pons, pez, pent. *Imp.* Je rompais, pais, pait, pions, piez, paient. *P. déf.* Je rompis, pis, pit, pîmes, pîtes, pirent. *Fut.* Je romprai, pras, pra, prons, prez, pront. *Cond.* Je romprais, prais, prait, prions, priez, praient. *Impér.* Romps, pons, pez. *Subj.* Q. je rompe, pes, pe, pions, piez, pent. *Imp. subj.* Q. je rompisse, pisses, pît, pissions, pissiez, pissent. *P.* Rompant, rompu, e.

Pour *interrompre, corrompre* même conjugaison.

ORTHOGRAPHE ABSOLUE

SAC

Cet élément du mot n'a qu'un seul *c*, mais il prend deux *c* de suite dans quelques mots auxquels il apporte l'idée du mot *sucre* *, et dans : *saccader, saccage*, et leurs dérivés.

SACCARATE, (prononcez *ka*). Combinaison de *sucre*.

SACCHAREUX, (*ka*), adj. ms. Qui est de la nature du *sucre*, qui en contient le principe.

SACCHARIFIER (*ka*). C'est rendre *sucré*.

SACCHARUM, subs. ms. Qui comprend les cannes à *sucre*.

REMARQUE. Tous les autres mots français (non composés ni dérivés de ceux qui viennent d'être donnés pour exemple) sont orthographiés par sac, avec un seul *c*. Écrivez, sans hésiter, tous les autres mots : *sac, poche, sacrer, sacrifier, sacoche, bourse, sacrilége, sacristie, sacrum, os*, etc.

* Avec cette signification *sacchar* (prononcez *ka*) est tiré du grec *sakchar*, sucre.

ORTHOGRAPHE ABSOLUE

SAL

Cette articulation est orthographiée avec un seul l, dans tous les mots, excepté *salle*, tiré de l'allemand *saal*, principale pièce d'un appartement, *salle* à manger, etc. Ses dérivés *sallerant*, *sallette*, etc. Écrivez avec assurance tous les autres mots par *sal*, *salade*, *salaire*, *salaison*, *salé*, *salaud* (diminutif de *sale*), *sale* (malpropre) *saline*, *salon*, *salive*, *salut*, *salubre*, etc.

SCHIS

DIVISION

Cet élément, qui se forme du grec *schizô*, je divise, sert à la composition de quelques mots auxquels il apporte l'idée de *division*.

SCHISMATIQUE, adj., — *schizô*, je divise. État de celui qui se sépare de la communion d'une certaine religion.

SCHISME, subs. — *schizô*, je divise. *Division*, séparation de communion religieuse.

SCHISTE, subs. ms. Pierre qui se *divise*, enfin, se *sépare* par feuille.

SCHISTEUX, adj. *Séparation* par feuilles. Roche schisteuse.

SE

SÉPARER, ÉCARTER.

Cet élément créateur (particule initiale) est

formé du latin *seorsùm*, et entre dans la composition de quelques mots pour marquer l'idée de *séparation*, d'écart. Il varie dans *sobre*, *sobriété* (*séparation*, *écart* de l'ivresse).

SÉCANTE, subs. fm. Toute ligne qui en coupe une autre, la *sépare* ou la divise en deux parties.

SÉCABLE, adj. des 2 g. Qui peut être *coupé*, *séparé*, etc.

SECOUER, v. a. Remuer quelque chose fortement à plusieurs reprises, en sorte que toutes les parties en soient *ébranlées* ou *écartées*, etc. Pron. Se *séparer de*.

SECRET, ÈTE, adj. *Séparé*, *écarté*, mis à part; qui n'est connu que d'une ou deux personnes. Lieu *séparé* où l'on enferme le prisonnier, en ne lui laissant de communication qu'avec le geôlier.

SÉCRÉTION, subs. fm. Filtration et *séparation* qui se fait des humeurs alimentaires.

SÉCURITÉ, subs. fm. On désigne ainsi en temps de trouble un état d'*écart*, de *séparation*, où l'on est assuré. Tranquillité d'esprit.

SÉDUIRE, v. a. *Écarter* du chemin de la vertu, mener à l'*écart*. *Séparer* quelqu'un de la bonne société, par la subornation, la débauche, la persuasion, etc.

SÉGRÉGATION, subs. fm. Action par laquelle on *met à part*; *séparation* d'un tout, d'une masse.

SEMAINE, subs. fm. Racine *mana*, matinée; suite de *matinées séparées*, *écartées*. Dans le latin barbare on trouve cette origine: *septimana*, formé de *septem*, sept, et de *mana*, matinée; c'est-à-dire sept *matinées*, par conséquent sept jours suivants.

SEMER, v. a. Épandre de la graine en l'*écartant* de manière à la placer pour produire et multiplier. *Séminaire* marque à peu près la même idée et est formé de la même étymologie. — du latin *seminare*, épandre de la graine.

SÉQUESTRER, v. a. *Écarter*, *séparer* des personnes d'avec quelques autres.

Sub.

RACINE ORIGINELLE :	RACINE FRANÇAISE :	VRAI SENS :
Du latin *sub*.	*sub*.	*sous, dépendant*.

Cet élément créateur, (particule initiale), apporte au mot qu'il sert à constituer une idée *d'infériorité*, de *dépendance*, de *subordination*, et prend les diverses formes que voici : *sou, sous, su, suc, sug, sup*.

SUB

SUBALTERNE, adj. des 2 g. Qui est *sous* un *autre*, *subordonné*, *inférieur*, secondaire. Racine *sub*, sous, et *alterne* (de *alter*), autre.

SUBDÉLÉGUER, v. a. *Déléguer sous* ordre. Commettre avec pouvoir d'agir, de négocier.

SUBINTRANTE, adj. fm. *Entrer* l'un *sous* l'autre. En médecine, fièvre *subintrante*, dont l'accès commence avant la fin du précédent.

SUBIR*, v. a. *Aller sous;* souffrir, supporter de gré ou de force le commandement d'un supérieur, la peine qui est imposée, un mal, un mauvais traitement, etc., s'y *soumettre*.

SUBJONCTIF, subs. ms. *Joindre dessous*. Mode du verbe, ainsi appelé parce que ce verbe est *subordonné* à un autre qui lui est *joint* et en dépend. Il en dépend parce qu'avec lui il forme un sens, et que sans lui il n'en formerait pas. On appelle aussi ces temps du verbe *mode du doute*, parce qu'il ne s'emploie que pour exprimer le *doute*, l'*incertitude* ou le *désir;* dans ce dernier

cas, il prend le nom d'*optatif*, qui signifie *désirer*. Il y a cette différence entre l'*indicatif* et le *subjonctif :*

1° Que l'*Indicatif* exprime l'affirmation directement, absolument et *indépendamment* de tout autre mot qui pourrait *précéder*.

2° Que le *Subjonctif* n'exprime l'affirmation que d'une manière *indirecte* et *subordonnée* à quelques mots qui *précèdent*.

D'où il résulte que le *subjonctif* n'a plus de sens déterminé lorsqu'il est séparé de ce qui le précède, tandis que l'*indicatif*, s'il est précédé de quelques mots, n'en forme pas moins, sans ces mots, un sens clair et déterminé, et par conséquent une affirmation directe.

Pour mettre un terme à tant de querelles absurdes des grammairiens qui, au lieu de s'en référer au sens que l'on veut exprimer, et d'employer un moyen logique inhérent aux difficultés dont il s'agit, font usage de règles grammaticales dont l'usage et la raison ont prouvé l'impuissance, on pourrait établir la règle que voici :

RÈGLE UNIQUE

Il faut faire usage du mode *indicatif* lorsqu'on peut supprimer le premier verbe sans toucher au sens clair et déterminé de la phrase.

CAS CONTRAIRE. On emploie le *subjonctif*, quand cette suppression ne peut avoir lieu sans altérer le sens clair et déterminé de la phrase.

---

* Puisque tous les verbes à l'infinitif veulent toujours dire *faire l'action*, on retrouve, dans la plupart des *mots courts*, cette signification d'abord : *faire l'action* (voir ensuite l'initiale); dans ce cas, c'est l'initiale *sub*, *sous*, action d'aller *sous*. Ce moyen est infaillible, et permet, au premier coup d'œil, de saisir le sens propre, sans étude des langues étrangères.

INDICATIF.

L'expression affirmative, indépendante, doit être directe, positive. Les vues de l'esprit y sont évidentes, incontestables.

Je sollicite une place que je *peux* remplir.

On fait usage de l'*indicatif*, dans cette circonstance, parce que l'idée que l'on veut exprimer est déterminée, certaine, positive; enfin le choix de la place est fixé, et l'emploi dont il s'agit n'est pas difficile à remplir, on le connaît. En effet, si l'on retranche le verbe précédent *je sollicite*, cela n'empêchera pas de dire, sans altérer le sens primitif, une place que je *peux* remplir, ou mieux, je *peux* remplir une place.

Combien voit-on de parvenus qui *sont* hautains et insolents?

En supprimant le premier verbe on retrouve absolument la même idée qu'auparavant : *Des parvenus qui sont...*

Pensez-vous que sa protection m'*est* très-nécessaire? *Mêmes raisons*.

J'habiterai un pays qui me *plaît*, où je *serai* tranquille, que je *pourrai* parcourir sans crainte, et dont la température *est* douce.

On emploie l'indicatif, *mode affirmatif*, parce que, pour celui qui parle, il n'y a aucun doute sur le plaisir que lui procurera ce pays, sur la tranquillité dont il jouit, etc. *Il le connaît*.

Je te donnerai des raisons qui te *convaincront*; c'est-à-dire, je suis persuadé qu'elles te *convaincront*; j'en suis certain, parce que je *connais* les raisons dont il s'agit.

Je ferai mon devoir de manière qu'on n'*aura* rien à me reprocher. C'est-à-dire, je suis certain de le faire, car je le *connais*.

Le meilleur cortége qu'un prince *peut* avoir, c'est le cœur de ses sujets. C'est-à-dire, il est certain, il est positif qu'un prince *peut* avoir le cœur de ses sujets. En supprimant le verbe *c'est*, on retrouve cette pensée correcte, et même sentencieuse : *Un prince peut avoir le cœur de ses sujets pour cortége.*

Il semble que nous *augmentons* notre être, lorsque nous pouvons le porter dans la mémoire des autres.

* On peut dire : *Sa protection m'est très-nécessaire.*

SUBJONCTIF.

L'expression du doute doit être optative ou dubitative; elle forme une espèce d'euphémisme. L'esprit y flotte incertain avant de se prononcer.

Sollicitez une place que vous *puissiez* remplir.

On fait usage du *subjonctif*, dans cette circonstance, parce qu'on ne veut rien exprimer de certain, de positif; on veut marquer un *doute*, un désir; enfin l'idée n'est pas fixée, le choix de la place étant indéterminé, il n'y a pas d'affirmation directe, positive. On ne la connaît pas. En effet, si l'on essayait de retrancher le premier verbe *sollicitez*, il ne resterait plus que ce lambeau d'expression, que vous *puissiez* remplir, ou que vous *puissiez* remplir une place, non-seulement le sens n'est plus le même, mais il ne reste plus de sens.

Combien voit-on de parvenus qui *soient* affables et modestes?

On ne retrouve plus le même sens en supprimant le premier verbe, que signifierait des *parvenus qui soient...*

Pensez-vous que sa protection me *soit* très-nécessaire? *Mêmes raisons*.

J'habiterai un pays qui *plaise*, où je *sois* tranquille, que je *puisse* parcourir sans crainte, et dont la température *soit* douce.

On emploie le *mode du doute*, parce qu'on veut exprimer des idées incertaines, douteuses, des choses sur lesquelles porte le désir, mais que l'on ne connaît *pas positivement*.

Je te donnerai des raisons qui te *convainquent*; c'est-à-dire, je ferai en sorte qu'elles te *convainquent*. Ces raisons je les cherche et ne les connais pas encore.

Je ferai mon devoir de manière qu'on n'*ait* rien à me reprocher; c'est-à-dire, je tâcherai de faire ce dont il s'agit, j'espère y réussir, mais je ne *connais pas* encore.

Il n'y a que la mort qui *puisse* nous faire convenir que l'homme est bien peu de chose. C'est-à-dire je *doute*, je suppose que la chose soit ainsi, je ne l'*affirme* pas. Si l'on essaie de supprimer le verbe *est*, on retrouve cette espèce d'idée, *la mort qui* puisse *nous faire convenir*, idée qui, ainsi privée de son lien, n'offre plus aucun sens. En effet, que signifie *la mort puisse nous?..*

Il semble qu'on *ait* juré de ne jamais s'entendre, pour avoir le plaisir de disputer toujours.

* On ne peut pas dire : *Sa protection me soit très-nécessaire.*

SUBJUGUER, v. a. Mettre *sous le joug.* C'est par les talents de l'esprit et non par la force que les hommes *subjuguent* tous les animaux.

SUBLINGUAL, ALE, adj. *Sous la langue.* Qui est *sous* la langue, artère, glande sublingale.

SUBLUNAIRE, adj. des 2 g. *Sous la lune.* Qui est entre la terre et l'orbite de la lune. *Le monde sublunaire.*

SUBMERGER, v. a. Racine *sub,* sous, et *merger* (de *mergere*), plonger *sous l'eau; inonder, couvrir d'eau.*

SUBMERSION. Même étymologie.

SUBORDONNER, v. a. *Etablir* un ordre de dépendance de *l'inférieur* au supérieur.

SUBSTANCE, subs. fm. Racine *sub, sous, dessous,* et *stance* (formé du latin *stare*), être; ce qui *est sous* les qualités sensibles; *être* qui existe par lui-même. Il a plusieurs acceptions.

SUBREPTION, subs. fm. Surprise, mensonge, déguisement, d'un *inférieur* à l'égard d'un supérieur, pour obtenir des grâces de ce dernier.

SUBSTITUER, v. a. *Mettre dessous.* Mettre une personne ou une chose à la place d'une autre.

SUBSTITUT, subs.ms. *Sous la dépendance de.* Qui occupe une place en seconde ligne.

SUBTERFUGE, subs. ms. *Fuir sous, en-dessous.* Ruse échappatoire. Moyen adroit et subtil, mais en *dessous* de l'honneur, pour se tirer d'embarras.

SUBSTRUCTION, subs.fm. *Construction sous* une autre construction. Fondement d'un édifice ou construction *souterraine.*

SUBVERTIR, v. a. *Tourner sous.* Mettre *dessus ce qui était dessous,* renverser. Subvertir les lois, etc.

SOU

SOUBASSEMENT, subs. ms. Pente qu'on met au *bas* du lit et qui descend jusqu'à la terre. Par extension, peinture qui règne *sous* la tapisserie tout autour d'un appartement. *Base* d'un édifice.

SOUCHET, subs. ms. En maçonnerie, pierre qui se tire *au-dessous* du dernier banc des carrières.

SOUCOUPE, subs. fm. Contraction de *sous la coupe.* Espèce de petite assiette sur laquelle on sert les verres et la carafe.

SOUFFRIR, v. a. et n. *Porter par dessous.* Racine *souf,* (pour *sub*), *par dessous;* et *ferre,* porter. Permettre.

SOUHAITER, v. a. Racine *sou* (pour *sub*), un peu (par corruption), et *optare,* désirer. Désirer, vouloir, etc.

SOUMETTRE, v. a. *Mettre par dessous.* Réduire, ranger *sous* la puissance, *sous* l'autorité.

SOURIRE, v. n. *Rire en dessous,* rire sans éclat.

SOUPLE, adj. des 2 g. Qui *plie sous.* Flexible, qui se plie aisément, maniable.

SOUTANE, subs.fm. Ce mot, formé de l'italien *sotto,* sous, a la même signification qu'en français, dont la racine est également *sous.* C'est-à-dire habit long à manches étroites, que l'on porte *sous* une robe ou *sous* un manteau, et que l'on serre avec une ceinture.

SOUTENIR, v. a. *Tenir sous.* Appuyer, supporter.

SOUTERRAIN, AINE, adj. *Sous terre.* Qui vient de *dessous terre.*

REMARQUE. Dans *sublime, souverain,* et les dérivés, *sub* des latins, (changé en *sub,* et *sou* français), marque l'idée opposée de son étymologie, et signifie *au-dessus, supériorité,* etc.

SOUS-BARBE, subs. fm. Coup *sous* le menton.

SOUSCRIPTION, subs. fm. Signature mise *au-dessous* d'un acte pour l'approuver.

SOUS-MAITRE, subs. ms. *Sous* la place du maître, de la maîtresse.

SOUS-MARIN, E, adj. Qui est *sous la mer,* au fond de la mer.

SOUS-PRÉCEPTEUR, subs. ms. Celui qui *soulage* le précepteur dans ses fonctions.

SOUS-PRÉFET, subs. ms. Officier civil qui gouverne immédiatement *sous* le *préfet.*

SOUS-PRIEUR, E, subs. Celui ou celle qui *soulage* le prieur ou la prieure.

SOUSSIGNÉ, ÉE, participe du verbe *soussigner* qui n'est pas usité. Subs. *soussigné, ée.* Dont la *signature* est *ci-dessous.*

SOUSTRAIRE, v. a. *Tirer en-dessous,* ou soutirer. Oter par adresse, ou par fraude. Retrancher un nombre *inférieur* d'un nombre supérieur.

SU

SUFFOQUER, v. a. Presser, serrer *sous* la *gorge.* Etouffer, faire perdre la respiration.

SUFFUMIGATION, subs. fm. Faire de la *fumée sous, dessous.* Faire de la fumée ou brûler des parfums.

SUJET, ETTE, adj. Racine *su, dessous, sous;*

qui est *jeté sous, qui est mis dessous*. Soumis, astreint à... *subs*. ce qui est *jeté, mis dessous*.

SUJÉTION, subs. fm. *Dépendance*, assujettissement. Action de *mettre sous*.

SUSCEPTIBLE, adj. des 2 g. Qui est *sous* la domination de disposition à s'offenser aisément.

REMARQUE. L'initiale *sus* signifie généralement *au-dessus*, comme dans *susciter, exciter, mouvoir* par *dessus; suscription, écrit dessus*, adresse d'une lettre, etc.: *susdit, dit*, nommé *ci-dessus*. Par conséquent, *sus* peut être considéré plutôt comme une variété de *super* (au-dessus).

SUC

SUCCÉDER, v. n. *Entrer sous*, venir après, prendre la place de... *La nuit* succède *au jour;* les révolutions s'y sont rapidement *succédé*. Recueillir l'héritage d'une personne.

SUCCESSEUR, subs. ms. Celui qui est *sous* la *dépendance* d'un événement quelconque pour entrer à la place de quelqu'un, dans des biens, dans une dignité, dans un emploi. Qui vient en *seconde* ligne.

SUCCINCT, INCTE, adj. Racine *suc* (pour *sub*), *sous, dessous*, et *ceindre* (pour *cingere*), *ceindre sous*. Qui est *court, bref*. Il est opposé à *prolixe*, et se dit proprement du discours, et des personnes par rapport au discours.

SUCCOMBER, v. n. *Être* accablé *sous* un fardeau que l'on porte. Au figuré, se laisser vaincre.

ORTHOGRAPHE ABSOLUE

SUC

L'initiale *suc* est orthographiée avec deux *c* (par *succ*) avant l'une ou l'autre des lettres du mot *ouie;* mais on l'écrit avec un seul *c* (par *suc*) dans tous les autres cas. EXEMPLES : *Succomber* a deux *c*, parce que *succ*, dans ce cas, est suivi immédiatement de *o*, lettre du mot *ouie; succursale* a deux *c*, parce que *succ*, dans ce cas, est suivi immédiatement de *u*, lettre du mot *ouie; succinctement, succès*, sont orthographiés avec deux *c*, par *succ*, à cause des lettres *i* et *e* qui suivent immédiatement.

CAS CONTRAIRE : *sucrerie, sucrier, sucre, sucrin*, etc., sont orthographiés avec un seul *c* (par *suc*), parce que, dans ces cas, *suc* n'est pas suivi immédiatement d'aucune des lettres du mot *ouie*.

REMARQUE. Dans *sucer, suçoir, suçoter*, la première articulation est *su* et non pas *suk;* c'est pourquoi il est inutile d'appeler l'attention sur ces quelques mots dont la prononciation fait loi.

SUP

sous

SUPPLÉANT, subs. ms. Celui qui, étant *en dessous*, remplace un autre. *Juge suppléant*, dans ce cas il est adjectif, juge *secondaire*, remplaçant, etc.

SUPPLICATION, subs. fm. Action de *plier sous*. Se *mettre sous* la faveur de quelqu'un pour solliciter un service.

SUPPLIER, v. a. *Plier sous*. Prier avec soumission, avec instance.

SUPPORT, subs. ms. *Placé au-dessous*. Supporter, v. a. *Porter par dessous*. Porter, soutenir. Souffrir, endurer.

SUPPOSER, v. a. *Poser en dessous;* poser une chose pour établie, pour reçue, afin d'en tirer ensuite quelque induction.

SUPPRIMER, v. a. Passer *sous* silence, taire, ne pas exprimer. Empêcher de s'assembler, de se réunir, etc.

ORTHOGRAPHE ABSOLUE

SUP

Cette initiale est orthographiée avec deux *p* de suite (par *supp*), avant l'une ou l'autre des lettres du mot de mnémonique *lour;* mais elle ne prend qu'un seul *p* dans tous les autres cas*.

EXEMPLES : *suppléer, supplier, supplice*, etc., ont deux *p*, parce que, dans ces cas, l'élément *supp* est suivi immédiatement de la lettre *l*, qui est la première du mot *lour; support, supposer*, etc., ont deux *p*, parce que *supp*, dans ces cas, est suivi immédiatement de *o*, lettre du mot *lour; supputer, suppurer*, etc., ont deux *p*, parce que *supp*, dans ces cas, est suivi immédiatement de *u*, lettre du mot *lour; suppression* a deux *p*, parce que *supp*, dans ce cas, est suivi immédiatement de *r*, lettre du mot *lour*.

* L'imagination étant plus vivement frappée de l'ensemble de l'objet que de ses parties, on conçoit aisément le but du mot *lour* dans ce cas. En effet, il est plus facile de retenir ce mot que toutes ses lettres prises isolément. Enfin, il est donné comme moyen certain pour la mémoire, et non comme mot français.

CAS CONTRAIRES : *superbe, superflu, supé-rieur, superstition, superlatif, superposer,* etc., n'ont qu'un seul *p,* parce que *sup,* dans ces cas, n'est pas suivi immédiatement d'aucune des lettres du mot *lour; supin* n'a qu'un seul *p,* parce que *sup,* dans ce cas, est suivi immédiatement de la lettre *i,* qui n'appartient pas au mot *lour.*

Suprême et *suprématie* forment l'exception. Voir, pour le principe étymologique, la remarque à la fin de l'article *super.*

REMARQUE. Les mots donnés pour faciliter les opérations de la mémoire ne sont pas tous *fran-çais;* par exemple, pour combattre la difficulté des initiales *sup,* donner le mot *lourd,* ce serait faire une hérésie de la langue, puisqu'il n'y existe pas d'élément *sup* avant un *d.*

SUG

SOUS, AU DESSOUS.

SUGGÉRER, v. a. et SUGGESTION. On ne trouve que ces deux mots commençant par *sug.*

SUGGÉRER. *Porter en dessous;* mettre, insi-nuer, faire entrer quelque mauvais dessein dans l'esprit.

SUGGESTION, subs. fm. Instigation. Il ne s'emploie qu'en mauvaise part. C'est l'action de son verbe *suggérer.*

Super.

RACINE ORIGINELLE :	RACINE FRANÇAISE :	VRAI SENS :
du latin *super.*	*super.*	*sur, au-dessus.*

Cet élément créateur entre dans la composition des mots pour leur apporter une idée de position *supérieure, d'excellence,* etc., et signifie *sur, au-dessus.* Il a pour forme et variété *sur* qui en est la traduction. Quant à ses autres variétés il en sera parlé à la fin de cet article.

SUPER

SUPERBE, adj. des 2 g. et subs. *Au-dessus, excellent.* Il exprime la belle apparence, la gran-deur, la magnificence, etc. Pris en mauvaise part, il signifie orgueilleux, arrogant. *Tarquin le superbe.* Plein de fierté; *cette âme si superbe est* enfin dépendante.

SUPERCHERIE, subs. fm. Selon Ménage, ce mot serait la contraction de *supertricherie (tri-cherie extrême),* tromperie *au-dessus,* à l'*excès;* tromperie faite avec finesse : Je me fiais à lui, il m'a fait une supercherie.

SUPERFICIE, subs. fm. Qui n'a que ce qui se trouve *au-dessus,* sans profondeur.

SUPERFLU, UE, adj. Qui *coule par dessus,* qui déborde. Qui est de trop, inutile, qui n'est bon à rien pour la nécessité. Regrets *superflus,* paroles *superflues.*

SUPERFIN, INE, adj. *Au-dessus* du *fin,* très-fin. Ce terme est employé dans le commerce pour signifier un degré *supérieur* de finesse dans les choses de la même nature.

SUPÉRIEUR, E, subs. et adj. Celui ou celle qui est *au-dessus,* qui a la direction, le com-mandement, l'autorité. Adj. Qui est *au-dessus,* plus élevé, d'*en haut;* il est opposé à *inférieur.*

SUPERLATIF, subs. ms. *Porter au plus-haut point.* En grammaire il y a deux *super-latifs :* celui qu'on appelle *absolu* et celui qu'on appelle *relatif.* Lorsqu'on exprime la *supério-rité,* c'est un *superlatif relatif :* Il est le *plus sage.* Lorsqu'on exprime le *plus haut degré,* c'est le *superlatif absolu :* il est *très-sage.*

SUPERLATIF, IVE, adj. *Au-dessus* de ce qui est *relatif*. Par ce terme on exprime la qualité, bonne ou mauvaise, portée au *plus haut* degré.

SUPERPOSER, v. a. *Poser sur*. Poser une ligne, une surface *sur* une autre.

SUPERSTITION, subs. fm. Fausse idée, idée portée *au delà* de certaines pratiques de la religion. Tout *excès* d'exactitude, de soin, surtout dans le moral. Vain présage, etc.

SUPRÊME et SUPRÉMATIE sont formés du latin *supremus*, contraction de *superrimus*, superlatif de *superus* (d'*en haut*, qui est *en haut*, *élevé*). C'est-à-dire qui est *au-dessus* de tout ce qui est en son genre, en son espèce.

SUPRÉMATIE, subs. fm. *Supériorité, excellence, au-dessus* de tous les autres. Droit attribué aux rois d'Angleterre, depuis Henri VIII, d'être les *chefs suprêmes* de la religion anglicane.

REMARQUE. On peut établir, pour règle de principe, sans exception, que l'initiale *super* (au-dessus) n'a jamais qu'un seul *p* dans tous les mots qu'elle sert à former. *Suprématie* et *suprême* étant formés, par contraction euphonique, de ce même élément créateur (*super*), sont soumis à sa loi orthographique.

SUR

AU-DESSUS.

SURABONDANCE, subs. fm. *Excessive, très-grande abondance.*

SURACHETER, v. a. *Acheter au-dessus* du *prix*. Acheter une chose *plus* qu'elle ne vaut.

SURANNER, v. n. *Excès d'année ; au-dessus* de l'*année*. Avoir plus d'un an de date.

SURCHARGE, subs. fm. *Au-dessus* de la *charge. Charge* nouvelle ajoutée à la première. Mots écrits sur, *au-dessus* d'autres mots.

SURENCHÈRE, subs. fm. *Enchère au-dessus, par-dessus* une autre.

SURÉROGATION, subs. fm. *Au-dessus* de ce qu'on avait promis.

SURÉROGATOIRE, subs. fm. *Au delà* de ce qu'on avait promis ; *au delà* de ce qu'on doit.

SURFACE, subs. fm. *Sur la face ; au-dessus.* Le dehors d'un corps.

SURFAIRE, v. a. *Faire au-dessus* du prix, etc. Demander trop de la marchandise.

SURGIR, v. n. *S'élever au-dessus* de, sortir de, arriver, aborder.

SURHUMAIN, AINE, adj. Qui est *au delà* des *facultés humaines* ; qui surpasse les forces de l'homme, soit au physique, soit au moral.

SURINTENDANCE, subs. fm. Inspection et direction générale *au-dessus* des autres.

SURMENER, v. a. En parlant des bêtes de somme, les *excéder* de fatigue, les faire aller trop vite ou trop longtemps, *au delà* de leurs forces.

SURMONTER, v. a. *Monter au-dessus, surpasser*, vaincre, dompter. Objet qui s'*élève*, qui règne *au-dessus* d'un autre.

SURNATUREL, ELLE, adj. Qui est *au-dessus* des forces de la *nature*. Extraordinaire, singulier, fort *au-dessus* du commun.

SURNOM, subs. ms. *Nom au-dessus* du nom propre, nom qui vient après celui de famille.

SURNUMÉRAIRE, adj. des 2 g. Qui est *au-dessus* du *nombre* déterminé. Subs ms. Commis sans appointements.

SURPASSER, v. a. *Passer au-dessus*. Excéder, être plus haut, plus élevé. V. pron. Faire encore mieux qu'on ne fait à son ordinaire.

SURPAYER, v. a. *Payer au delà* de la juste valeur.

SURTAXE, subs. fm. *Au-dessus* de la *taxe. Taxe* excessive et illégale.

SURVEILLER, v. a. et n. *Veiller*, avoir l'œil *sur* quelqu'un ou *sur* quelque chose, afin que tout aille bien.

SURVIVRE, v. n. *Vivre au-dessus* du terme de la vie d'un autre. Vivre plus longtemps qu'un autre.

Les variétés de *super* sont en petit nombre. Les voici : *sobriquet, subrécot* (orthographe de l'autorité), *soubresaut, sourcil, susnommé*. On ne peut qu'attribuer aux caprices des langues et aux circonstances bizarres qui les ont accompagnées dès leur formation (et qui sont peut-être le motif de leur transformation), de telles anomalies qu'il faut cependant surmonter.

SOBRIQUET, subs. ms. C'est-à-dire *nom* mis *au-dessus* d'un autre *nom*. Surnom donné souvent par dérision.

SUBRÉCOT*, subs. ms. Portion d'argent à donner *au-dessus* de l'*écot*, de la quote-part convenue.

SOURCIL, subs. ms. Touffe de poils *au-dessus* des *cils, sur* les *cils*.

SUSNOMMÉ, ÉE, subs. *Nommé ci-dessus, plus haut*.

SOUBRESAUT, subs. ms. *Saut au-dessus*. Saut subit, inopiné et à contre-temps.

---

* Plusieurs lexicographes modernes remplacent ce mot par *surécot* qui leur paraît plus nouveau et préférable. L'Académie donne *subrécot*.

Syn.

RACINE ORIGINELLE.	RACINE FRANÇAISE :	VRAI SENS:
Du grec, *sun*.	*syn*.	*avec, ensemble*.

Cet élément créateur (particule initiale) entre dans la composition des mots pour y ajouter une idée de *simultanéité, d'ensemble*. Il a pour formes ou variétés : *sy, syl, sym*.

SYN

SYNAGOGUE, subs. fm. *Congrégation, assemblée*. Lieu où les juifs *s'assemblent* pour l'exercice public de leur religion.

SYNAXE, subs. fm. *Conduire avec*. Assemblée des anciens chrétiens, pour célébrer la *cène*. On donnait autrefois ce nom à la messe. *Célébration* des saints mystères. *Union avec Dieu*.

SYNCARPE, subs. ms. *Fruit avec, ensemble*. Fruit composé de plusieurs petits fruits nés d'une même fleur.

SYNCHRONE, adj des 2 g. Temps *avec, ensemble*. Qui se fait dans le même temps. Racine *syn* (pour *sun*) avec, ensemble, et *chrone* (pour *chronos*) temps.

SYNALLAGMATIQUE, adj des 2 g. Echange, commerce *avec, ensemble*. Contrat *synallagmatique*, par lequel deux personnes contractent des engagements *mutuels*.

SYNALÈPHE, subs. fm. *Réunion, jonction* de deux mots en un seul. Deux mots mis *ensemble*.

SYNCHRONISME, subs. ms. Temps *avec, ensemble*. Même étymologie que *synchrone*. Rapport de deux choses qui se font *dans un même temps*. Evénements qui sont arrivés *dans un même temps*.

SYNDIC, subs. ms. C'est-à-dire, dans l'origine, procès, *cause avec, ensemble*. Qui est chargé des affaires d'une *réunion* de créanciers.

SYNECDOCHE ou **SYNECDOQUE**, subs. fm. C'est-à-dire *prendre, recevoir avec*. Compréhension, conception. Figure de mots par laquelle on fait *entendre* le plus en disant le moins, ou le moins en disant le plus. Enfin, au moyen de laquelle on veut faire *concevoir* à l'esprit plus ou moins que ne l'exprime le mot dont on se sert. On prend le *genre* pour *l'espèce*, ou *l'espèce* pour le *genre*; le *tout* pour la *partie*, ou la *partie* pour le *tout*, etc. —*déchomai*, prendre, et *syn*, avec, Exemples divers :

1o Le *genre* pour *l'espèce*.

Les mortels sont égaux, ce n'est point la naissance,
C'est la seule vertu qui fait leur différence.

VOLTAIRE.

Le poëte prend, dans ce cas, le *genre* pour l'espèce, car il est évident qu'il n'a voulu parler que des hommes, et non de tous les êtres qui sont mortels.

2o Le *tout* pour la *partie*.

« Les français sont courageux et braves, amis des arts, polis, humains et spirituels, » c'est-à-dire, la plus grande partie des français. On prend, dans ce cas, le *tout* pour la plus grande *partie*.

3o La *partie* pour le *tout*.

Cent feux, pour *cent maisons ; cent voiles*, pour *cent vaisseaux*. Une maison peut avoir *plusieurs feux*, et *un vaisseau* peut avoir *plus d'une voile*. Il est évident que l'on prend, dans ces cas, la *partie* pour le *tout*.

Boileau, dans son ode sur la prise de Namur, dit l'*airain* pour les *canons* ; le *fer* pour les *boulets*.

Racan, prend *foyer* pour *maison* dans ces vers :

« Il coule sans chagrin, les jours de sa vieillesse,
« Dans ce même foyer, où sa tendre jeunesse
« A vu dans le berceau ses bras emmaillotés.

SYNÉRÈSE, subs. fm. C'est-à-dire, *je prends*

ensemble. Contraction, réunion de deux syllabes en une seule dans un même mot.

SYNGÉNÉSIE, subs. fm. *Naître avec*. Classe de plantes dont les *étamines* sont *réunies* par les *anthères*. Étamines tenues ensemble par le sommet.

SYNODE, subs. ms. *Ensemble, avec, dans la voie, le chemin*. Assemblée de théologiens, de curés et autres ecclésiastiques. Parmi les réformés, c'est l'assemblée de leurs ministres.

A Paris, assemblée de maîtres et de maîtresses d'école, qui se faisaient tous les ans, le 6 du mois de mai. (Voir le paronyme de ce mot, *cynode*.)

SYNONYME, adj. des 2 g. et subs. ms. *Avec le nom*. Il se dit des mots qui, examinés *ensemble*, ont à peu près la même signification.

SYNOPTIQUE, subs. ou plutôt adj. des 2 g. *Voir avec, ensemble*. Qui se *voit* d'un seul coup-d'œil. *Terme de didactique*.

SYNTAXE, subs. fm. Arrangement, *construction avec, ensemble*. Construction des mots et des phrases selon les règles de la grammaire.

SYNTHÈSE, subs. fm. *Mettre, placer ensemble*. Méthode de *composition*, où l'on descend des principes aux conséquences, des causes aux effets. Opération par laquelle on *réunit* (on *remet ensemble*) les parties divisées ou écartées, etc. *Voir* syllepse, *à la suite*.

SY

AVEC, ENSEMBLE.

SYMÉTRIE, subs. fm. Racine *sy* (pour *sun*), avec, et *métrie* (pour *metron*), mesure. *Avec mesure*. Proportion, rapport de deux choses *ensemble*.

SYCOMORE, subs. ms. Arbre qui *réunit* deux natures, qui tient de la nature du mûrier et de celle du figuier. On l'appelle aussi *faux platane*.

SYCOPHANTE, subs. ms. Qui *réunit* toutes les mauvaises qualités : Fourbe, menteur, fripon, coquin, délateur. Ce nom vient de ce qu'un dénonciateur ou délateur faisait souvent de fausses dénonciations, des *calomnies* contre ceux qui, au mépris de la loi, étaient soupçonnés de transporter des *figues* hors de l'Attique.

SYSSARCOSE, subs. fm. *Chair avec, ensemble;* liaison des os par le moyen des *chairs*, des muscles. Anatomie. — sy, avec, sarx, chair.

SYSTALTIQUE, adj. des 2 g. Qui *contracte*, qui resserre. *Anatomie*.

SYSTÈME, subs. ms. *Placer avec, ensemble;* assemblage de plusieurs principes vrais ou faux, liés *ensemble*, et des conséquences qu'on en tire

pour établir une opinion, pour expliquer quelque effet.

SYSTYLE, subs. ms. *Avec colonne*. Ordonnance architecturale par laquelle l'entrecolonnement est de deux diamètres ou quatre modules. *Portique systyle*, dans ce cas il est adj.

SYZYGIE, subs. fm. *Qui joint avec, ensemble;* conjonction et opposition d'une planète *avec le* soleil. On désigne plus particulièrement le temps de la nouvelle ou de la pleine lune. La lune est dans les *syzygies*.

SYL

AVEC, ENSEMBLE.

SYLLABE, subs. fm. Une voyelle ou plusieurs lettres *ensemble* qui se prononcent par une seule émission de voix.

SYLLEPSE, subs. fm. C'est-à-dire je *prends avec*, je *comprends*. Figure de grammaire par laquelle le mot répond plutôt à notre pensée qu'aux règles. Enfin, on prend *avec* l'esprit ce qu'on ne peut prendre *avec* les mots. On confond souvent la *synthèse* avec la *syllepse;* c'est pourquoi nous renvoyons à cet article pour les exemples. Voici un exemple où l'on prend à la fois le même mot au *proche* et au *figuré* dans la même phrase. C'est Pirrhus qui dit :

Je souffre tous les maux que j'ai fait devant Troie;
Vaincu, chargé de fers, de regrets consumés,
Brûlé de plus de *feux* que je n'en allumai.

RACINE, dans *Andromaque*.

Brûlé et *feux* sont au *figuré* par rapport à l'amour violent que Pirrhus ressent pour Andromaque, et ils sont au *propre* par rapport à la ville de Troie que Pirrhus détruisit par les flammes. —de syl, avec, *lambanô*, je prends.

SYLLOGISME, subs. ms. Ce mot, formé de *sullogismos* (en grec), signifie *conclure*, par raisonnement. Racine *syl* (pour *sun*), avec, et *logisme* (pour *legô*), je dis. Je *dis avec*. Raisonnement renfermé dans trois propositions : la *majeure*, la *mineure*, la *conséquente*.

SYM

AVEC, ENSEMBLE.

SYMBOLE, subs. ms. Figure ou image qui sert à représenter l'idée d'*ensemble*, de quelque chose, soit par le discours, soit par le moyen de la peinture, de la sculpture, etc. On appelle *symboles sacrés* les signes extérieurs des sacrements : Jésus-Christ nous a donné son corps et son sang dans l'Eucharistie sous les *symboles* du pain et du vin.

SYMPATHIE, subs. fm. Racine *sym* (pour *sun*), avec, et *pathie* (pour *pathos*), passion. *Avec passion, passion commune.* Affection qui met deux cœurs (ou plusieurs cœurs) *ensemble.* Il sert à désigner le rapport, la convenance que les choses ont entre elles.

SYMPHONIE, subs. fm. *Voix, son avec, ensemble. Unité* de sons. Chez les anciens, cette union de *voix* et de sons qui forment un concert. Aujourd'hui, *symphonie* se dit de toute musique instrumentale.

SYMPHYTE, subs. fm. Qui *joint ensemble.* Plante bonne pour consolider les plaies, nommée plus ordinairement *consoude.*

SYMPHYSE, subs. fm. Du grec qui signifie je *nais avec.* C'est la *liaison* ou la *connexion* de deux os *ensemble.*

SYMPLÉGADE, subs. fm. Selon Boiste, ce mot, formé du grec, veut dire : *qui se choque avec un autre; embrassement.* En Mythologie, deux gros rochers de la mer Noire, vers l'embouchure du Bosphore, très-peu séparés l'un de l'autre. Les poëtes en on parlé comme de deux monstres qui se rapprochaient et s'entrechoquaient pour engloutir les vaisseaux qui s'engageaient dans ce passage.

SYMPOSIARQUE, subs. ms. Chez les anciens Grecs, roi d'un repas.—*sumposion,* festin, *arché,* commandement.

SYMPOSIAQUE, subs. fm. Racine *sym* (pour *sun*), avec, et *posiaque* (pour *posis*), boisson. *Boisson avec,* chanson à boire.

SYMPOSIE, subs. fm. *Boire avec. ensemble.* Festin, banquet chez les Grecs, mais plus ordinairement *réunion* de philosophes dans un repas où se traitaient des questions de philosophie. (*Sumposion* en grec.)

SYMPTOME, subs. ms. Qui *tombe, arrive avec, ensemble.* Signe ou plusieurs signes qui indiquent ensemble, dans une maladie, quelle est sa nature, et font présumer quelle sera son issue. Indice, présage.

SYMPTOSE, subs. fm. Action de *tomber avec. Compression,* affaissement et contraction des vaisseaux du corps, etc.

CONJUGAISON.

Verbes qui n'ont pas d'éléments créateurs dans les colonnes précédentes.

SUIVRE (verbe). *Ind.* Je suis, is, it, vons, vez, vent. *Imp.* je suivais, vais, vait, vions, viez, vaient. *P. déf.* je suivis, vis, vit, vîmes, vîtes, virent. *Fut.* je suivrai, as, a, ons, ez, ont. *Cond.* je suivrais, ais, ait, ions, iez, aient. *Impér.* suis,

suivons, ez. *Subj,* que je suive, es, e, ions, iez, ent. *Imp.* que je suivisse, isses, ît, ions, iez, ent. *P.* Suivant, vi, vie.

Même conjugaison pour *poursuivre* et *s'ensuivre.* Ce dernier verbe n'a que les troisièmes personnes tant au singulier qu'au pluriel (il s'ensuit, il s'ensuivit); les choses qui s'ensuivaient.

SURSEOIR (verbe) signifie surprendre, remettre, différer. On dit surseoir le jugement d'un procès. Il y a quelques temps de ce verbe qui ne sont d'aucun usage.

Ind. Je sursois, sois, soit, yons, yez, soient. *Imp.* je sursoyais, ais, ait, ions, iez, aient. *P. déf.* je sursis, sis, sit,tmes,ttes,trent. *Fut.* je surseoirai, as, a, ons, ez, ont. *Cond.* je surseoirais, ais, ait, ions, iez, aient. *Impér.* sursois, ons, ez. *Subj.* que je surseoie, es, e, ions, iez, ent. *Imp.* que je sursisse, ses, sît, sions, siez, sent. *P.* Sursoyant, sursis, e.

SAVOIR (verbe). Dans le style familier, on dit à la première personne de l'indicatif : *je ne sache pas que,* et au pluriel, *nous ne sachions pas que.* Dans ces circonstances, il exprime plutôt un doute qu'une affirmation. A la question est-il venu quelqu'un? l'Académie répond : non pas, que je sache.

Ind. je sais, is, it, vons, vez, vent. *Imp.* je savais, ais, ait, ions, iez, aient. *P. déf.* je sus, sus, sut, sûmes, sûtes, surent. *Fut.* je saurai, ras, ra, rons, rez, ront. *Cond.* je saurais, ais, ait, ions, iez, aient. *Impér.* sache, chons, chez. *Subj.* que je sache, es, e, ions, iez, ent. *Imp.* que je susse, es, ût, sions, siez, sent. *P.* sachant, su, sue.

SOUFFRIR (verbe). *Ind.* je souffre, es, e, ons, ez, ent. *Imp.* je souffrais, ais, ait, ions, iez, aient. *P. déf.* je souffris, is, it, îmes, îtes, irent. *Fut.* je souffrirai, as, a, ons, ez, ont. *Cond.* je souffrirais, rais, rait, rions, riez, raient. *Impér.* souffre, frons, frez. *Subj.* que je souffre, fres, fre, frions, friez, frent. *Imp. subj.* que je souffrisse, frisses, frît, frissions, frissiez, frissent. *P.* souffrant, souffert, e.

SORTIR, voir, pour la conjugaison, le verbe *ressortir.*

SAILLIR, signifie former une éminence remarquable, déborder.

Ind. Il saille, ils saillent. *Imp.* Il saillait, ils saillaient. *P. déf.* Il saillit, ils saillirent. *Fut.* Il saillera, ils sailleront. *Cond.* Il saillerait, ils sailleraient. *Impér. inusité. Subj.* Qu'il saille, qu'ils saillent. *Imp. subj.* Qu'il saillît, qu'ils saillissent. *P.* Saillant, sailli.

SAILLIR, se dit de l'action de quelques animaux.

Ind. Il saillit, ils saillissent. *Imp.* Il saillissait, ils saillissaient. *P. déf.* Il saillit, ils saillirent. *Fut.* Il saillira, ils sailliront. *Cond.* Il saillirait, ils sailliraient. *Impér. inusité. Subj.* Qu'il saillisse, qu'ils saillissent. *Imp. subj.* Qu'il saillît, qu'ils saillissent. *P.* Saillissant, sailli (inv.)

SAILLIR, signifie jaillir, sortir avec impétuosité et par secousse. Dans ce dernier sens il a trois personnes (Laveaux). Ce verbe se conjugue dans tous ses temps et toutes ses personnes d'après la conjugaison du verbe précédent, mais il n'est pas défectueux.

SERVIR (verbe). *Ind.* Je sers, sers, sert, vons, vez, vent. *Imp.* Je servais, vais, vait, vions, viez, vaient. *P. déf.* Je servis, vis, vit, vimes, vîtes, virent. *Fut.* Je servirai, ras, ra, rons, rez, ront. *Cond.* Je servirais, rais, rait, rions, riez, raient. *Impér.* Sers, vons, vez. *Subj.* Que je serve, ves, ve, vions, viez, vent. *Imp. subj.* Que je servisse, visses, vît, vissions, vissiez, vissent. *P.* Servant, servi, e.

Conjuguez de la même manière desservir.

THÉO

DIEU.

Cet élément créateur, formé du grec *théos*, Dieu, entre dans la composition des mots pour y ajouter sa propre signification.

THÉOCRATIE, subs. fm. — *théo* (du grec *théos*), Dieu, et *cratie* (du grec *kratos*), pouvoir. Gouvernement des prêtres dont les chefs sont considérés comme les ministres de *Dieu*.

THÉODICÉE, subs. fm. — *théo*, Dieu, et du grec *diké*, justice. *Justice de Dieu*.

THÉOLOGIE, subs. fm. Ce mot et tous ses dérivés sont formés de *théo* (du grec *théos*), Dieu, et de *logos*, discours. C'est la *science* qui a Dieu pour objet.

THÉOMAQUE, subs. ms. — *théo*, Dieu, et du grec *macké*, combat. *Ennemi de Dieu*.

THÉOPHILE, subs. ms. — *théo*, Dieu, et du grec *philos*, ami. Qui aime *Dieu*, ami de *Dieu*.

THÉOPTIE (prononcez *cié*), subs. fm.—*théo*, Dieu, et du grec *optomai*, voir. *Apparition de Dieu*.

THÉORÈME, subs. ms. Dans ce terme et quelques autres, par altération, on retrouve l'idée de *contemplation*, de *vérité*, qui est l'idée diminutive de celle de *théos*, Dieu. — *théoréma*, contemplation. Ce mot représente, en mathématiques, la proposition d'une *vérité* spéculative qui se peut démontrer.

THÉORIE, subs. fm. — *théôréô* (grec), je contemple. Spéculation, connaissance qui s'arrête à la simple spéculation sans passer à la pratique. Principe.

THÉOXÉNIES, subs. fm. plur. — *théo*, Dieu, et *xénos* (grec), hôte. *Fêtes de tous les dieux. Mythologie*.

Trans.

RACINE ORIGINELLE :	RACINE FRANÇAISE :	VRAI SENS :
Du latin, *trans*.	*trans*.	*à travers, au delà, entre*.

Cet élément créateur (ou particule initiale) apporte au mot qu'il sert à constituer l'idée de *passage au delà*, de *traversée*, etc., et prend quelquefois les formes que voici : *Tra, tré, tres*.

TRANS

TRANSALPIN, INE, adj. Qui est *au delà* des *Alpes*.

TRANSACTION, subs. fm. *Action de pousser*

au delà, à travers, de conduire une affaire *au delà* du point où elle était. Acte par lequel on se désiste de ses prétentions, etc. Arrangement.

TRANSCENDANT, E, adj. Racine *trans*, au delà, et *ascendere*, monter ; élevé, sublime, qui excelle en son genre.

TRANSCRIRE, v. a. *Ecrire au delà, écrire*

de *nouveau*. *Ecrire* une seconde fois, transporter sur un autre papier, porter l'écrit d'un livre dans un autre.

TRANSFÉRER, v. a. Racine *trans*, au delà, et *férer* (pour *ferre*), porter ; *porter au delà*. Faire *passer* d'un lieu à un autre. Il ne se dit que de certaines choses. *Transférer* un prisonnier, un corps mort, un corps saint. Constantin *transféra* le siége de l'empire romain à Bizance. Céder, passer d'une main dans celle d'un autre. *Transférer* une obligation, une inscription. *Transférer* une fête, c'est la remettre d'un jour à un autre.

TRANSFIGURER, v. a. Racine *trans*, au delà, et *figure*. Prendre une *figure au delà* de la sienne ; changer d'une figure en une autre. V. pron. *Se transfigurer* : Jésus-Christ se *transfigura* sur le Thabor.

TRANSFUGE, subs. ms. *Fuir au delà*, qui *fuit au delà*. A la guerre, celui qui abandonne son parti pour suivre celui des ennemis.

TRANSGRESSER, v. a. *Passer outre*, *au delà*. Contrevenir à quelque ordre, à quelque loi, l'enfreindre, l'*outre*-passer. Violer les préceptes divins : ils ont *transgressé* les lois divines.

TRANSITIF, adj. et tous ses composés ont la même étymologie. Racine *transire* (en latin), passer. En grammaire, on désigne ainsi le verbe qui marque une action qui *passe* d'un sujet dans un autre.

TRANSLATION, subs. fm. Action de *passer au delà*, de *transférer* d'un jour à un autre, de *transporter* ; de là l'idée de changement, de traversée, etc. La *translation* des cendres de l'Empereur Napoléon I er, mort à Sainte-Hélène, est une satisfaction de l'amour national de la France.

TRANSMIGRATION, subs. fm. Action d'*aller*, de *passer au delà* ; sortir d'un champs pour aller dans un autre. Par extension, sorte de *passage* d'un peuple qui abandonne son pays pour *passer* dans un autre.

TRANSPLANTER, v. a. *Planter en delà* (au delà), dans un autre lieu.

TRANSPORTER, v. a. *Porter au delà*, de l'autre côté. Porter d'un lieu à un autre.

TRANSPOSER, v. a. *Poser au delà*; mettre *au delà*, de l'autre côté. Mettre une chose hors de l'ordre dans lequel elle devait être.

TRANSSUDER, v. n. *Suer au delà* ; transpirer, passer au travers des pores d'un corps par une espèce de *sueur*.

TRANSRHÉNANE, adj. fm. Qui est *au delà du Rhin*.

TRANSUBSTANTIATION, subs. fm. Racine *trans*, au delà, de l'autre côté, et *substance*; changement d'une *substance* en une autre ; changement de la substance du pain et du vin en la substance du corps et du sang de Jésus-Christ dans l'Eucharistie.

TRANSVERSAL, E, adj. Qui *traverse*, qui coupe obliquement. Ligne *transversale*, section *transversale*.

TRA

AU DELA, A TRAVERS.

TRACASSER, v. a. ou neutre, et quelquefois pron. *Aller çà* et *là* ; *traverser*, s'agiter, se tourmenter pour peu de chose.

TRADUIRE, v. a. Racine *tra* (pour *trans*), et *duire*—*ducere*, (latin), conduire; conduire *au delà* ; faire passer d'une langue un ouvrage en une autre. Traduire l'*Enéide* de Virgile en vers français.

TRAFIC, TRAFIQUER. Selon Le Duchat, ce mot est une corruption du latin *transnavica* (pour *transnavigation*), car, ajoute-t-il, le *trafic*, dans l'origine s'est dit proprement des trajets qu'on fait pour commercer *au delà* des mers. Commerce, négoce.

TRAJET, subs. ms. Jeter, *au delà*, *par delà*. Espace à *traverser* par eaux, d'un lieu à un autre, et par extension, *traverser* par terre. Action de *traverser* cet espace.

TRAME, subs. fm. Selon Pline, ce mot est formé de *trans*, au delà, par *delà*, et *meare*, couler, aller, se glisser ; fil conduit par la navette *entre* ceux qu'on nomme chaîne. Au figuré, complot, être l'auteur d'une trame, ourdir une trame.

TRAMONTANE, subs. fm. Racine *tra*, au delà, et *mont*; *au delà* des monts des Alpes. Il se dit pour le vent du nord, dans la Méditerranée. L'étoile du nord ou l'étoile polaire. *Perdre la tramontane*, se troubler.

TRAVAIL, subs. ms. Suivant Le Duchat, contraction et corruption du latin *trans* et *vigilia*, *au delà* ou *au travers* des veilles ; peine qu'on prend, fatigue qu'on se donne en veillant, fatigue qui fait *veiller*. Ce mot a pris de l'extension, il se dit en général de la peine qu'on prend, de la fatigue qu'on se donne pour faire quelque chose ; il se dit de l'esprit comme du corps, etc.

TRAVESTIR, v. a. Racine *tra*, (pour *trans*) au delà, de l'autre côté, et *vestir* (de *vestis*), habit; prendre un habit différent du sien, déguiser. Au figuré, travestir une pensée, c'est la représenter sous une forme *différente*.

TRÉ, TRES

AU DELA, A TRAVERS.

TRÉFILER, v. a. *Traverser du...*, faire *passer* du fer ou du laiton par la filière.

TRÉMOUSSER (se), v. pron. S'agiter d'un mouvement vif et qui est *au delà* de la marche et des fonctions ordinaires.

TRÉPAS, subs. ms. Racine *tré* (pour *trans*), *au delà*, *de l'autre côté*, et *pas*, *passage*, c'est-à-dire *passage au delà* de cette vie ; décès, mort de l'homme. L'Académie le définit : *Passage de la vie à la mort.* Cette définition de l'Académie est, il me semble, préférable à celle de l'étymologiste qui dit que le *trépas* est un pas de fait *au delà* de la vie. Quant à l'origine, cette dernière définition est d'une indubitable lucidité et d'un vrai incontestable ; mais la première paraît supérieure sous le rapport du génie, de la grâce, du goût, de la diction.

Dans toutes les circonstances ou dans la plupart, il y a un choix entre cette conseillère du bon goût, de l'usage raisonnable (de celui, enfin, qui régit le monde intelligent, sous le patronage de la législatrice suprême) et l'esprit de prétention du néologue. Nous n'insistons pas, dans l'occurrence, à dire notre avis qui est invariable et le même, sous ce rapport, pour toutes les matières. Car, en remontant à la source de cette autorité régulatrice aussi utile que légitime, autorité que nous considérons comme l'usage lui-même fondé, à l'abri du caprice, sur une métaphysique lumineuse, nous nous félicitons de pouvoir admirer ses perfectionnements notables jusqu'à un certain degré, et dans tout ce que réclament le progrès et le besoin, etc., sans craindre un jour de voir la langue se corrompre et se perdre au lieu d'acquérir. Et nous aurions à regretter notre temps et nos faibles connaissances, si nous nous fussions écarté de ces principes.

Tous les amis de la gloire littéraire de leur patrie, tous les esprits qui désirent faire les délices de la France nouvelle, voudront se réunir contre les efforts d'un néologisme fougueux que proscrit avec raison l'Académie, peu soucieuse sans doute, de créer de nouvelles difficultés à l'esprit laborieux, et à laquelle nous devons, il faut le dire, toute la stabilité des principes de notre idiome de *grande Nation* qui fait l'agrément de l'Europe savante et du monde civilisé.

TRESSAILLIR, v. n. *Sauter au delà*, de côté. Eprouver une émotion forte et subite qui fait *sauter de côté*, *au delà* du lieu où l'on se trouve.

TRESSER, v. a. *Passer* les racines des cheveux sur des soies et *entre* des soies qui sont bandées sur le métier. On trouve aussi l'idée de *trois* dans le mot *tresse*, formé du grec *trissos*, triple, composé de *trois*. (Voir ce mot).

TRI

TROIS

Cet élément créateur (particule initiale), formé du grec et du latin, entre dans la composition des mots pour marquer l'idée de *trois* ou de *supériorité*. Il prend quelquefois la forme de *très*, qui en est la variété.

TRIAGE, subs. fm. *Choix* entre les choses. La chose *triée*, *choisie*, supérieure.

TRIANGLE, subs. ms. Qui a *trois angles*, *trois côtés*.

TRIAIRES, subs. ms. plur. Soldats du *troisième* corps de la légion romaine.

TRIANDRIE, subs. fm. Classe contenant les plantes qui ont *trois étamines*.

TRIBU, subs. fm. Formé du grec *tritus*, le tiers ; la *troisième* partie, parce que, selon les plus anciens auteurs, le peuple romain fut dans l'origine divisé en *trois parties* ou *tribus*, une des *trois* parties dont un peuple est composé. On ne le dit guère que des peuples anciens et des Arabes qui sont encore divisés en tribus. C'est de là que viennent incontestablement les mots *tribuns*, *tribunal*, etc. qui représentent l'idée de rendre la justice aux *tribus*.

TRIDENT, subs. ms. Fourche à *trois dents* ou pointes.

TRIDI, subs. ms. Le *troisième jour* de la décade, dans le calendrier républicain.

TRIENNAL, ALE, adj. Qui dure *trois ans*. Qui est conféré pour *trois ans*.

TRIGONOMÉTRIE, subs. fm. *Mesures* des *triangles*.

TRILATÈRE, **TRILATÉRAL**. Qui a *trois côtés*.

TRILOGIE, subs. fm. Dialogue à *trois interlocuteurs*. Pièce de théâtre, chez les Grecs, *trois tragédies* que le même auteur était obligé de présenter.

TRINOME, subs. ms. Quantité composée de *trois termes*.

TRIOLET, subs. ms. Petite pièce de huit vers dont le premier se répète après le *troisième*, et le premier et le second après le *sixième* ; en sorte que de ces huit vers, il y en a *trois*, qui sont les mêmes, le *premier*, le *quatrième* et le *septième*.

TRIOMPHE, subs. ms. *Supériorité*, honneur ; cérémonie pompeuse qu'on célébrait chez les

Romains, à l'entrée d'un général d'armée, lors-qu'il avait remporté quelque grande victoire.

TRISMÉGISTE, adj. ms. *Trois fois très-grand*. Surnom que les Grecs donnaient au Mercure égyptien ou Hermès. Caractère d'imprimerie.

TRISSYLLABE, adj. des 2 g. Qui a *trois syllabes*.

TRIPHANE, subs. ms. Racine tri (pour *treis*, en grec), trois, et *phane* (de *phainô*), je luis, je brille. Substance minérale dont les coupes sont *nettes* dans les *trois* divisions dont elle est sus-ceptible.

TRISARCHIE, subs. fm. Gouvernement de *trois chefs*; pays gouverné par *trois chefs*. Racine (*trois pouvoirs*), tirée de *treis* et *archie*. (Voir *Triumvirat*).

TRISPERME, adj. des 2 g. Qui porte *trois graines. Trois semences.*

TRITON, subs. ms. Composé de *trois tons* entiers. Machine inventée en 1811, au moyen de laquelle l'homme peut plonger dans l'eau et y rester aussi longtemps qu'il le voudra. Le plongeur a les bras libres, peut porter avec lui une lanterne et entrer même dans les chambres des bâtiments submergés. On avait donné ce nom à la plupart des dieux marins.

TRIUMVIRAT, subs. ms. Ce mot est formé de *treis*, trois, et *vir*, homme. A Rome, l'association illégitime de *trois* citoyens puissants, qui s'unis-saient pour envahir toute l'autorité.

TRIVIAL, ALE, adj. *Triviaire*, adj. des 2 g. *Même étymologie*. Racine *tri*, (pour *tres*, latin) trois, et *via*, chemin ou rue. *Trois rues ou trois chemins*. Qui court les rues. Le premier, par extension, signifie carrefour, place publique; et commun, usé, rebattu en parlant d'un travail de l'intelligence, de la pensée, de l'expression.

TRÈS

(du grec *treis*, trois fois.)

TRÈS-HEUREUX.

*

TRÉFLE, subs. ms. Racine *treis* (du grec) trois, et *phullon*, feuille; *trois feuilles ;* plante vivace qui donne un excellent fourrage. *Botanique.*

TRESSE, subs. fm. Formé du grec *tressos*, triple, *composé de trois;* car les tresses sont or-dinairement de *trois pièces;* paille cordonnée. Tissu plat de cheveux, de cordons, de fils, etc., passés l'un dans l'autre.

TRÈS, adv. Cet adverbe, ajouté à des adjectifs ou à des adverbes, marque le superlatif absolu, et se joint à beaucoup de ces deux parties d'oraison, avec cette signification; formé du grec, il signifie *très-heureux, trois fois heureux: Très-bon,* *très-bien, très-fort. Très, fort, bien* (synonymes). *Très* marque précisément et clairement le super-latif, sans mélange d'autre idée ni d'aucun sentiment. *Fort,* le marque moins précisément, mais il ajoute une espèce d'affirmation. *Bien* exprime de plus un sentiment d'admiration. *Il est très-sage,* cela veut dire qu'il l'est réellement; au lieu que *bien* et *fort* peuvent quelquefois être employés dans un sens ironique, *il est bien sage, il est fort sage.*

CONJUGAISON.

Verbes qui n'ont pas d'éléments créateurs dans les colonnes précédentes.

TENIR (verbe). *Ind.* Je tiens, tiens, tient, nons, nez, nent. *Imp.* Je tenais, nais, nait, nions, niez, naient. *P. déf.* Je tins, tins, tint, inmes, intes, rent. *Fut.* Je tiendrai, dras, dra, drons, drez, dront. *Cond.* Je tiendrais, drais, drait, drions, driez, draient. *Impér.* Tiens, nons, nez. *Subj.* Que je tienne, nes, ne, nions, niez, nent. *Imp. subj.* Que je tinsse, tinsses, tint, sions, siez, sent. *P.* tenant, tenu, e.

Ainsi se conjuguent: abstenir, appartenir, rete-nir, venir, advenir et avenir (ces deux derniers n'ont que la troisième personne du singulier de chaque temps), circonvenir, contenir, convenir, détenir, devenir, disconvenir, entretenir, obtenir, mésavenir (passé invariable), devenir, maintenir, intervenir, prévenir, provenir, subvenir, contre-venir, souvenir, soutenir et tous leurs composés.

TEINDRE (verbe). *Ind.* Je teins, ns, nt, gnons, gnez, gnent. *Imp.* Je teignais, gnais, gnait, gnions, gniez, gnaient. *P. déf.* Je teignis, gnis, gnit, gnimes, gnites, gnirent. *Fut.* Je tein-drai, dras, dra, drons, drez, dront. *Cond.* Je tein-drais, drais, drait, drions, driez, draient. *Impér.* Teins, gnons, gnez. *Subj.* Q. je teigne, gnes, gne, gnions, gniez, gnent. *Imp. subj.* Q. je teignisse, gnisses, gnit, gnissions, gnissiez, gnissent. *P.* teignant, teint, e.

Conjuguez de même: ceindre, atteindre, astrein-dre, aveindre, dépeindre, déteindre, empreindre, enceindre, enfreindre, épreindre, éteindre, étreindre, feindre, geindre, peindre, ratteindre, repeindre, restreindre, reteindre.

Ceindre, c'est environner, mettre autour, ceindre une ville de murailles, de fossés. Se ceindre le front d'un diadème, c'est-à-dire se mettre un diadème sur le front.

TRAIRE (verbe). *Ind.* Je trais, trais, trait, yons, yez, ient. *Imp.* je trayais, yais, yait, yions, yiez, yaient. *P. déf. inusité,* on dit, j'ai trait, etc. *Fut.* Je trairai, ras, ra, rons, rez, ront. *Cond.* Je trairais, rais, rait, rions, riez, raient. *Impér.* trais, yons, yez. *Subj.* Q. je traie, ies, ie, yions, yiez, ient. *Imp. subj. inusité,* on dit: que j'eusse trait. *P.* trayant, trait, e.

ULTRA

AU DELA, EXCÈS, PAR-DESSUS.

Cet élément créateur, particule initiale, qui a pour synonyme *trans* (au delà), entre dans la composition des mots pour marquer l'idée de *au delà, avec excès, par-dessus*, et *outre* qui en est une forme ou variété en même temps que la traduction. *Ulté* et *ulti*, sont incontestablement des contractions de cet *élément créateur*.

ULTÉRIEUR, EURE, adj. Racine *ultra*, au delà, plus avant; qui est *au delà, après*. On appelle *demandes ultérieures*, les demandes qui se font après les premières prépositions; *prétentions ultérieures ; nouvelles ultérieures*, après d'autres, *par-dessus* les autres. En négociations: *On se réserve la liberté d'ajouter des demandes ultérieures aux demandes préliminaires*, c'est-à-dire *par-dessus, au delà, après* les premières.

ULTIMATUM, subs. ms. Les *dernières* conditions que l'on met à un traité, conditions qui viennent *après, par-dessus*.

ULTRA, subs. ms. Mot primitif, élément créateur, dont on se sert pour désigner une personne *exagérée* dans ses opinions politiques.

ULTRAÏSME, subs. ms. *Exagération* dans les opinions.

ULTRAMONDAIN, E, adj. Racine *ultra*, au delà, et *monde ;* qui est *au delà* du *monde*. *Physique*. Espaces *ultramondains*, parties de l'univers que l'on suppose *au delà* de notre monde.

ULTRAMONTAIN, E, adj. Racine *ultra*, au delà, par-delà, et *mont*, montagne; qui est situé *au delà des monts*, des *montagnes*. (On entend par ce terme (*mont*) les *Alpes*.)

OUTRE

OUTRAGE, subs. ms. Racine *ultra* (du latin barbare *ultragium*), outre, au delà; *agir au delà, outre;* injure *outre* mesure; injure atroce de fait ou de parole. *Faire outrage au bon sens*, dire des choses qui ne sont pas à dire. Ce mot est une contraction euphonique de *outre, ultra*, ainsi qu'on le trouve encore dans *outrance*. Tous les dérivés de *outrage* ont la même étymologie.

OUTRANCE, subs. fm. A la rigueur, avec violence, jusqu'à l'*excès*.

OUTRE. Mot primitif, élément créateur, préposition ou adverbe, est formé de *ultra*, qui signifie *au delà, par-dessus*.

OUTRÉ, ÉE, part. passé. *Exagérer. Outrer*, v. a. *Outre, au delà*. Accabler, *surcharger* de travail. *Outré* de douleur, de dépit, de colère, etc., c'est être *pénétré, transporté*. Il signifie aussi *fâché, indigné, irrité;* outré de cet affront. On est *outré*, dit M. Guizot, par le sentiment violent d'une injure personnelle; il suffit, pour être indigné, du sentiment de droiture et de justice qui fait qu'une âme honnête se soulève contre une mauvaise action, que l'effet nous en soit personnel ou étranger : On est *outré* du mauvais procédé d'un ami; *indigné* de la perfidie qu'il a mise dans sa conduite. Cet auteur considère comme synonymes *outré* et *indigné*.

OUTRECUIDANCE, subs. fm. *Penser, croire au delà;* présomption, témérité.

OUTREMER, subs. ms. *Au delà, par delà. Au delà des mers*.

OUTREMEUSE, subs. ms. *Au delà* de la *Meuse*.

OUTREMESURE. Déraisonnablement, avec *excès*,

OUTREPASSER, v. a. *Passer au delà* des bornes prescrites; *aller au delà de...*

UNA, UNI

UN.

On retrouve presque généralement l'idée *d'unité, d'ensemble*, d'un *seul tout*, dans les mots qui sont composés de *una, uni*.

UN, adj. et subs. Mot primitif, formé du latin *unus*, du grec *enos*, un. Le premier des nombres. Une seule chose.

UNANIME, adj. des 2 g. — *unus*, un, et *animus*, esprit; qui réunit tout; qui est en une seule voix, d'un sentiment commun.

UNIFORME, adj. des 2 g. — *uni*, seul, et *forme ;* conforme, égal, semblable autour, *d'une seule et même forme*.

UNION, subs. fm. Jonction de plusieurs choses ensemble. Concorde. ✱

UNIQUE, adj. *Seul*. Fils unique.

UNITÉ, subs. fm. *Une seule chose. Mathématique*.

UNIVERSALITÉ. Ce mot et ceux de sa famille expriment l'idée de *généralité*, de *réunion* en un *seul tout*, *d'ensemble* des choses de même nature.

UNIVERS, subs. ms. *Toute la terre et ses habitants*.

UNIVOQUE, adj. — *uni*, seul, et *vox*, voix. Il se dit des mots qui ont le même son, quoique la signification en soit différente. *Grammaire*.

URO

URINE.

Cet élément créateur, formé du grec *ouron*, urine, ajoute sa signification aux mots qu'il sert à constituer. Il prend la forme de *uré*, *uri*. Il ne faut pas confondre cet élément avec *uranô*, (du grec *uranos*, ciel) comme dans les mots *Uranie*, c'est-à-dire *céleste; uranologie*, discours, *traité sur le ciel; uranomètre*, qui sert à *mesurer* le *ciel*, à la mesure des astres, etc.

URÉE, subs. fm. — *ouron* (grec) urine; c'est-à-dire, substance découverte dans *l'urine.Chimie.*

URETÈRE, subs. ms. — *ouron*, urine, et de *téréô* (grec) je conserve. Canal double des reins à la *vessie.*

URIQUE, adj. — *ouron*, urine. Acide produit par *l'urine. Chimie.*

UROCRISIE, subs. fm. — *ouron*, urine, et *krisis*, jugement. Jugement de l'état d'un malade par l'inspection des *urines.*

URODYNIE, subs. fm.—*ouron*, urine, *odunê*, douleur; *douleur* en *urinant.*

UROMANE, subs. On désigne par ce terme quelqu'un qui prétend connaître les maladies par la seule inspection des *urines*. Quelques auteurs ont formé les mots *uromante*, *uromanciens*, etc. Hors d'usage, qu'ils destinent à représenter *uromane* qui me paraît mériter la préférence.

VERBE

Le *verbe* est le mot par excellence, l'âme du discours, puisqu'il entre nécessairement dans toutes les propositions. *Grammaire.*

Les Hébreux n'ont que deux temps dans leurs verbes, le *passé* et le *futur*. Boiste.

ORTHOGRAPHE ABSOLUE

VER

VER, subs. ms. — *vermis* (latin), petit animal à sang blanc, qui est long, rampant, sans enveloppe ni membres articulés. On a formé de ce mot *vermifuge, vermiculure, vermicelle, vermineux*, etc.

VERRE, subs. ms. — *vitrum* (latin). Corps transparent et fragile, etc., sorte de vase. On a formé de ce mot, *verrier*, verrerie, etc. En général, tous ses composés sont orthographiés par deux r.

VERS, subs. ms. — *versus* (latin). Assemblage de mots mesurés et cadencés selon les règles.

VERS — (*versus*). Préposition de lieu qui sert à désigner *à peu près*. *Situation*, certain endroit.

VERT. — *veridis* (latin), qui a la couleur des herbes. Selon l'origine, on écrivait autrefois *verd;* mais la dérivation *verte*, *vertement*, demande le changement du *d* en *t*. Selon l'orthographe académique.

Écrivez tous les mots par un seul *r*, *véracité, vérifier, vérité*, etc. Excepté : *verrat; verroterie, verrou, verrouiller, verrue*, à cause de leur origine probable.

VICE

(QUI TIENT LA PLACE DE)

Cet élément créateur, formé du latin *vice, vicis* (ablatif de *vicis*), est un mot primitif qui signifie *lieu et place*, et qui entre dans la composition des mots pour marquer une idée d'*infériorité*; il veut dire littéralement, *qui tient la place de...*

VICAIRE, subs. ms. Ce mot est une heureuse contraction de *vice, vicis*, lieu et place; *qui tient la place* d'un autre. Celui qui est établi *sous* un supérieur pour tenir sa place en certaines fonctions.Il y avait en Allemagne, etc., des princes qui se disaient *vicaires* de l'Empire. *Grand-vicaire*, suppléant d'un évêque.*Vicaire de Jésus-Christ*, titre qu'on donne au pape.

VICE-AMIRAL, subs. ms. *Qui tient la place* d'*amiral*. Officier le plus considérable après l'amiral.

VICE-CONSUL, subs. ms. *Qui tient la place de consul.*

VICE-CHANCELIER, subs. ms. *Qui tient la place de chancelier*, en l'absence de celui-ci.

VICE-LÉGAT, subs. ms. *Qui tient la place de légat*, en l'absence de celui-ci.

VICE-GÉRANT, subs. ms. *Qui tient la place du gérant*, en son absence.

VICE-OFFICIAL, subs. ms. *Celui qui tient la place de l'official*, en son absence (c'est-à-dire d'un juge ecclésiastique).

VICE-PRÉSIDENT, subs. ms. *Celui qui tient la place de président*, en l'absence de ce dernier.

VICE-ROI. *Qui tient la place, la dignité de roi*, qui gouverne un État, qui a eu ou qui a le titre de *royaume.*

VICE-SÉNÉCHAL. Lieutenant du sénéchal *qui tient la place de* ce dernier, en son absence.

CONJUGAISON

Verbes qui n'ont pas d'éléments créateurs dans les colonnes précédentes.

VAINCRE (verbe). *Ind.* Je vaincs, cs, c, quons, quez, quent. *Imp.* Je vainquais, quais, quait, quions, quiez, quaient. *P. déf.* Je vainquis, quis, quit, quîmes, quîtes, quirent. *Fut.* Je vaincrai, cras, cra, crons, crez, cront. *Cond.* Je vaincrais, crais, crait, crions, criez, craient. *Impér.* vaincs, quons, quez. *Subj.* Q. je vainque, ques, que, quions, quiez, quent. *Imp. subj.* Que je vainquisse, quisses, quît, quissions, quissiez, quissent. *P.* Vainquant, vaincu, e.

VALOIR (verbe). *Ind.* Je vaux, vaux, vaut, lons, lez, lent. *Imp.* Je valais, lais, lait, lions, liez, laient. *P. déf.* Je valus, lus, lut, lûmes, lûtes, lurent. *Fut.* Je vaudrai, dras, dra, drons, drez, dront. *Cond.* Je vaudrais, drais, drait, drions, driez, draient. *Impér. inusité. Subj.* Que je vaille, les, le, valions, liez, vaillent. *Imp. subj.* Que je valusse, lusses, lût, lussions, lussiez, lussent. *P.* valant, lu, e.

Revaloir, prévaloir, équivaloir, suivent en tout le même modèle de conjugaison.

VÊTIR (verbe). *Ind.* Je vêts, ts, t, tons, tez, tent. *Imp.* Je vêtais, tais, tait, tions, tiez, taient. *F. déf.* Je vêtis, tis, tit, tîmes, tîtes, tirent. *Fut.* Je vêtirai, tiras, tira, tirons, tirez, tiront. *Cond.* Je vêtirais, rais, rait, rions, riez, raient. *Impér.* vêts, tons, tez. *Subj.* Que je vête, tes, te, tions, tiez, tent. *Imp. subj.* Que je vêtisse, tisses, tît, tissions, tissiez, tissent. *P.* vêtant, tu, e.

Il faut ainsi conjuguer, revêtir, dévêtir.

VIVRE (verbe). *Ind.* Je vis, vis, vit, vons, vez, vent. *Imp.* Je vivais, vais, vait, vions, viez, vaient. *P. déf.* Je vécus, cus, cut, cûmes, cûtes, curent. *Fut.* Je vivrai, vras, vra, vrons, vrez, vront. *Cond.* Je vivrais, vrais, vrait, vrions, vriez, vraient. *Impér.* Vis, vons, vez. *Subj.* Que je vive, ves, ve, vions, viez, vent. *Imp. subj.* Que je vécusse, cusses, cût, cussions, cussiez, cussent. *P.* Vivant, vécu, invariable.

VOIR (verbe). *Ind.* Je vois, vois, voit, yons, yez, ient. *Imp.* Je voyais, yais, yait, yions, yiez, yaient. *P. déf.* Je vis, vis, vit, îmes, îtes, rent. *Fut.* Je verrai, ras, ra, rons, rez, ront. *Cond.* Je verrais, rais, rait, rions, riez, raient. *Impér.* vois, voyons, yez. *Subj.* Que je voie, ies, ie, yions, yiez, ient. *Imp. subj.* Que je visse, ses, vît, sions, siez, sent. *P.* voyant, vu, e.

Il faut conjuguer de la même manière revoir, entrevoir, pourvoir; excepté le futur et le conditionnel de ce dernier qui font pourvoirai, pourvoirions. Prévoir suit la même conjugaison, excepté le futur et le conditionnel, je prévoirai, je prévoirais.

VOULOIR (verbe). *Ind.* Je veux, veux, veut, lons, lez, lent. *Imp.* Je voulais, lais, lait, lions, liez, laient. *P. déf.* Je voulus, lus, lut, lûmes, lûtes, lurent. *Fut.* Je voudrai, dras, dra, drons, drez, dront. *Cond.* Je voudrais, drais, drait, drions, driez, draient. *Impér.* Veuille, lons, lez. *Subj.* Que je veuille, les, le, voulions, liez, veuillent. *Imp. subj.* Que je voulusse, lusses, lût, lussions, lussiez, lussent. *P.* voulant, lu, e.

W

Cette lettre n'étant pas française et ne nous donnant que quelques termes étrangers, sans importance, nous n'occuperons pas le lecteur de la difficulté que présente chacun de ses mots.

X

(prononcez *kce*, ou *gce*)

Nomenclature des principaux termes formés du grec, et les plus en usage.

XANTHE (*gzante*).—*xanthos*, jaune. *Plante jaune.*

XANTHIQUES (*gzante*), adj. pl. — *xanthos*, jaune. Fêtes macédoniennes.

XANTHACOME (*gzante*), adj. — *xanthos*, jaune. *Chevelure jaune.*

XÉNÉLASIE (*gzéné*), subs. ms. — *xénos*, étranger, et de *élaô*, j'éloigne; interdiction faite aux étrangers du séjour d'une ville.

XÉNOGRAPHIE (*gzéno*), subs. fm.—*xénos*, étranger, et *graphô*, j'écris. *Science des langues étrangères.*

XÉROPHAGE (*gzéro*), subs. — *xéros*, sec, et *phagô*, je mange; c'est-à-dire qui ne *vit* que de pain et de fruits *secs.*

XÉROTRIBIE (*gzéro*), subs. fm. — *xéros*, sec, et *tribô*, je frotte; friction sèche avec la main sur une partie du corps où l'on veut ramener la chaleur.

XILOGRAPHIE, subs. fm. — *xulon*, bois, et *graphô*, j'écris. Imprimerie avec des planches en bois gravées.

XILOPHAGE. — *xulon*, bois, et *phagô*, je mange; qui *ronge du bois.*

XYSTE, XYSTARQUE. Le premier de ces termes désigne le lieu de l'exercice, le second le chef du gymnase. — *xuston*, aplani, et *archos*, chef.

Y

Prononcez *i* seulement.

Cette lettre, comme initiale, ne présente aucun intérêt. Nous avons donné en temps la signification des termes qu'elle sert à former. Il serait désormais superflu de parler de nouveau de cette lettre, sans faire perdre un temps précieux aux lecteurs.

ZOO

ANIMAL.

Cet élément, formé du grec *zôon*, animal, ajoute aux mots la signification de son origine. Il prend, dans quelques mots français, la forme de *zo*.

ZOANTHE, subs. ms. — *zoôn* (grec), animal, et *anthos*, fleur; genre de *zoophites* (c'est-à-dire *animaux* qui ressemblent à une *fleur*).

ZODIAQUE, subs. ms. — *zoôn*, animal; grand cercle de la sphère divisé en douze signes qui représentent des figures d'*animaux*.

ZOOBIE, subs. fm. — *zoôn*, animal, et *bios*, (grec), vie; science de la *vie*.

ZOOBIOLOGIE. subs. fm. — *zôon*, animal, *bios*, vie, et *logos*, discours; *science de la vie animale*. Traité, etc.

ZOOLOGIE, subs. fm.—*zôon*, animal, et *logos*, discours; *science qui traite de tous les animaux*. *Histoire naturelle*.

ZOOMORPHITE, subs. fm.—*zôon*, animal, et *morphé*, forme; pierre qui représente la *forme* de quelque *animal* connu.

ZOONOMIE, subs. fm.—*zôon*, animal, *nomos* (grec), loi; *règle* sur la vie *animale*.

ZOOPHAGE, subs. ms.—*zôon*, animal, *phagô*, je mange; mouche qui (*mange*) suce les *animaux*.

ZOOPHYTE, subs. ms. — *zôon*, animal, et *phuton* (grec), plante; espèce d'*animaux* qui ressemblent à une *plante*.

ZOOTAXIE, subs. fm. — *zôon*, animal, et *taxis*, ordre; disposition, *organisation des animaux*. *Histoire naturelle*.

ZOOTOMIE.— *zôon*, animal, et *tomé*, dissection; *anatomie des animaux*.

ZOOTYPOLITHE, subs. fm. — *zôon*, animal, *tupos*, forme, et *lithos*, pierre; *pierre qui porte*, en tout ou en partie, l'*empreinte* d'un *animal*.

Résumé des difficultés dans les finales principales.

ATE, ITE, OUTE, UTE.

Orthographiez avec un seul t la finale de tous les mots terminés par ate, ite, oute, ute. EXEMPLES : Pirate, petite, doute, chute, pate, chate, minute, dispute, gite, il goûte (v. goûter, manger), visite, tacite, voûte, déroute, toute, etc.

EXCEPTÉ : Datte (fruit du dattier), natte, il flatte, il gratte, quitte, goutte (petite partie d'un liquide, maladie), il dégoutte, butte (colline, être en butte), hutte (cabane), lutte (combat), et leurs composés. L'Académie écrit *chatte* et *patte* avec deux *t*.

EUR.

Orthographiez par eur, sans e muet à la fin, tous les mots de cette terminaison, quel qu'en soit le genre. EXEMPLES : Chaleur, bonheur, longueur, couleur, douleur, amateur, frayeur, ardeur, pêcheur, confesseur, pasteur, seigneur, sauveur, vengeur, odeur, etc. EXCEPTÉ : *beurre, leurre* (piége), *demeure, heure, heurt* (choc) et le féminin des adjectifs terminés par *eur*.

REMARQUE. Quelques mots invariables sont terminés par *s*, ce sont : ailleurs, plusieurs, pleurs, mœurs.

ETTE.

Orthographiez par ette, avec deux t, la finale de tous les mots qui font entendre le son ette à la terminaison. EXEMPLES : Clochette, chansonnette, épaulette, il jette, fauvette, chaufferette, serviette, tablette, casquette, trompette, allumette, toilette, manchette, gloriette, lancette, planchette, fleurette, courette, cassette, etc.

EXCEPTÉ : planète, poète, prophète, diète, épithète, interprète, athlète, arbalète, anachorète, comète, proxénète, complète, discrète, replète.

REMARQUE. Quelques mots ont un accent circonflexe qui leur donne une prononciation différente et empêche toute équivoque, comme *fête*, *tête*. Les substantifs *défaite, retraite*, sont les seuls, vulgairement usités, qui aient la finale *aite*

IR.

Orthographiez par ir, l'élément final des verbes de la deuxième conjugaison, et celui des mots suivants : Désir, cuir, élixir, loisir, plaisir, soupir, zéphir, martyr (personne), saphir et quelques mots étrangers.

IRE.

Orthographiez par ire, *avec un* c *à la fin :*
1o *l'élément final des mots qui ont un participe
présent en* sant (zant), *ou en* vant, *que l'on peut
changer en* ire; 2o *la finale de tous les mots en*
ire, *non compris ceux de la case précédente.*
EXEMPLES : Dire, en supprimant *re*, que l'on
remplace par *sant;* fait *disant;* il en est de même
de lire, *lisant ;* luire, *luisant;* écrire, *écrivant.*
EXCEPTÉ : *servir.*

REMARQUE. Bruire, maudire, frire, martyre
(tourment), isolés de toute règle, prennent l'e
muet.

OIR.

Orthographiez par oir, *sans* e *à la fin, tous
les verbes de la troisième conjugaison, et l'élément final de tous les mots masculins formés
d'un participe présent, par le changement de*
ant *en* oir. EXEMPLES : Grattoir, mouchoir,
abreuvoir , parloir , couloir , trottoir , etc.,
étant masculins , sont orthographiés par *oir,*
à cause de leurs participes présents grattant,
mouchant , abreuvant, parlant, coulant, etc.,
où l'on change *ant* en *oir.*

OIRE.

Orthographiez par oire *tous les autres mots,
masculins ou féminins, qui sonnent ainsi à
l'oreille.* EXEMPLES : Glissoire (étant féminin)
malgré son participe glissant; auditoire (ms.) par
oire, n'ayant pas de participe; mémoire, écritoire,
mâchoire, etc., etc. EXCEPTÉ : *Espoir, soir,
noir, dortoir.*

ONNE.

Mettez deux n *de suite à tous les mots qui
font entendre ce son à leur finale.* EXEMPLES :
Couronne, colonne, nonne (religieuse), pouponne,
patronne, personne, mignonne, etc. EXCEPTÉ :
none (liturgie), monotone, polygone, amazone,
zone, Pomone, Latone, matrone, anémone, et les
dérivés ou composés.

OTTE.

Mettez deux t *de suite à ces terminaisons en*
otte. EXEMPLES : Botte, carotte, hotte, motte,
gavotte, sotte, marotte, il frotte, il flotte, il trotte,
il emmaillotte, etc.

EXCEPTÉ, *d'après l'Académie :* côte (os), antidote, compote, cote (marque numérale), galiote,
huguenote, litote, note, bigote, cagote, dévote,
idiote, il radote, il sanglote, capote, redingote.

TION.

Orthographiez cet élément par tion, *quand il
est précédé immédiatement de l'une ou l'autre
des lettres du mot* COUPAI, *ou des syllabes* ven
ou ten. EXEMPLES : Action est orthographié de
cette manière, parce que *tion* est précédé de *c*,
lettre de COUPAI; dévotion, par *tion*, à cause de
o, lettre de COUPAI; révolution, par *tion*, à cause
de *u*, lettre de COUPAI; écrivez de même révéla-
tion, expédition, rédaction, convention, préven-
tion, prétention, contention, etc. EXCEPTÉ :
passion, tension, suspicion et leurs composés ou
dérivés.

SSION.

*Orthographiez de cette manière les articula-
tions* ession, mission, cussion. EXEMPLES : Con-
fession, commission, etc., à cause de la dérivation.
EXCEPTÉ : *sujétion, discrétion, locution, exécution, persécution*, à cause de leur dérivation.

REMARQUE. Quelques mots prennent *x*, ce sont:
Complexion, connexion, fluxion, crucifixion,
génuflexion, annexion, inflexion, réflexion, et
leurs dérivés.

TABLE DES MATIÈRES

Qui donne en un coup d'œil le mot propre à exprimer la pensée, l'origine de ce mot, son vrai sens, son orthographe.

Pour l'orthographe et les préliminaires, voir la table particulière à la suite de celle-ci.

P. S. Les verbes sont casés selon l'ordre alphabétique, sans égard aux *éléments créateurs*, dont ils sont formés. Par exemple, pour les verbes *arguër, arguer*, voir à la suite de *at* (privatif), page 24 ; voir, pour le verbe *courir*, page 137, initiale *cou*; pour les verbes *bouillir, bruir, braire, etc.*, voir à la suite des initiales *bour, etc.* Il faut, pour avoir le verbe que l'on désire conjuguer, recourir à son initiale, ou à la fin de l'article relatif à l'initiale de ce verbe. Pour les verbes en *eindre*, voir *teindre*.

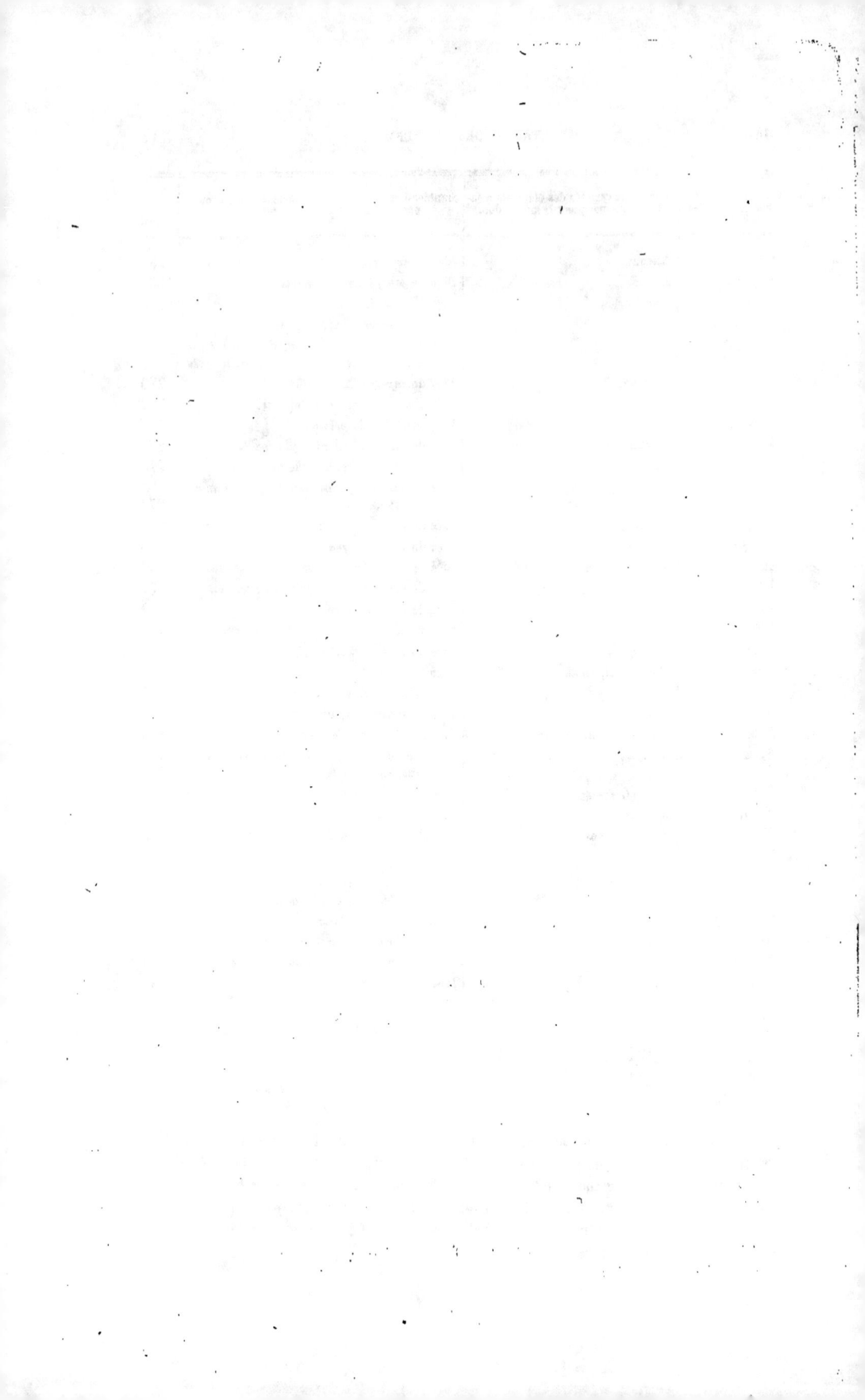

TABLE PARTICULIÈRE

PRÉLIMINAIRES ET ORTHOGRAPHE ABSOLUE

(Voir pour les origines la table des matières qui précède.)

ERRATA

—◦◦◦—

Page **XV**, *Nota*, 4ᵉ ligne, au lieu de : *mais aussi pour*, lisez : *mais elles sont aussi traitées pour aider les rhétoriciens, etc.*

A.   Page   1 (du texte), au lieu de : 2ᵉ *origine*, lisez : 4ᵉ *origine*.

A.   Page   2   »   article *abandon*, 4ᵉ ligne, au lieu de : *faveur, du lien*, lisez : *faveur du lien.*

A.   Page 10   »   article *acope*, 3ᵉ ligne, au lieu de : *acapeux, acapeuse*, lisez : *acopeux, acopeuse.*

An.   Page 17   »   article *anodynie*, 2ᵉ ligne, au lieu de : *adynie, aduné*, lisez : *odynie, oduné.*

A.   Page 52   »   article *anoblir*, avant dernière ligne, au lieu de : *annoblir*, lisez : *ennoblir.*

Ac.   Page 35   »   *acensez*, dernière ligne, au lieu de *page 64*, lisez : *page 32.*

Ac.   Page 36   »   article *acrostiche* (Anvers), 5ᵉ vers, au lieu de : *régénérer*, lisez : *régénéré.*

Amphi.   Page 70   »   1ʳᵉ ligne de cet article, au lieu de : *cette initiale*, lisez : *Cet élément.*

Anté.   Page 78   »   avant dernière ligne de cet article (*en tête*), au lieu de : *antannoire*, lisez : *antannaire.*

Anté.   Page 80   »   article *antésinistre*, 4ᵉ ligne, au lieu de : *réprésentait*, lisez : *représentait.*

Anti.   Page 89   »   article *antonomase*, 2ᵉ ligne, au lieu de : *anoma*, lisez : *onoma.*

Auto.   Page 97   »   2ᵉ article, au lieu de : *autacéphale*, lisez : *autocéphale.*

Calli.   Page 102   »   article *callicarpe*, 2ᵉ ligne, au lieu de : *korpos*, lisez : *karpos.*

Calli.   id. id.   »   article *callionyme*, 2ᵉ ligne, au lieu de : *anoma*, lisez : *onuma.*

Cata.   Page 104   »   colonne de gauche, en tête, au lieu de : CAT, lisez : CATA.

Méta.   Page 248   »   article *métamorphose*, 4ᵉ ligne, au lieu de : *avoir été fait*, lisez : *avoir été faits.*

Dé.   Page 152   »   article *députer, députation*, 3ᵉ ligne, au lieu de : *puter*, lisez : *putare* (latin), séparer.

Mona.   Page 253   »   article *moineau*, 3ᵉ ligne, au lieu de : *moineau*, lisez : *moineaux.*

Ophtalmo. Page 262   »   en tête de cet article, au lieu de : *ophtolmo*, lisez : *ophtalmo.*

Quadra.   Page 284   »   4ᵉ ligne, en tête de cet article, au lieu de : *quadra*, lisez : *quadru.*

Re ou Ré. Page 286   »   en tête de cet article, 1ʳᵉ ligne, au lieu de : *et ordinairement*, lisez : *et est ordinairement.*

FIN